भारत की अन्तर्राष्ट्रीय विदेश नीति

भारत की अन्तर्राष्ट्रीय विदेश नीति

डॉ. सतीश गुप्ता

इशिका पब्लिशिंग हाउस
जयपुर दिल्ली

इशिका पब्लिशिंग हाउस

ए –25, ''गणेश सदन'', गली न. 4, आदर्श बस्ती,
बी.एल. हाउस के पास, टोंक फाटक,
जयपुर–302018 (राजस्थान) भारत
फोन : 0141-2761280, Mob. 9887532741
Email: ishikapublishinghouse@yahoo.in

दिल्ली कार्यालय : 102, प्रथम मंजिल, 'सत्यम हाउस'
4324/3, अंसारी रोड़, दरियागंज, नई दिल्ली – 110 002
फोन : 011–45652440

ISBN: 9788189471033

Price: ₹ 1750.00

टाइपसेटिंग : बी.एस. कम्प्यूटर्स, जयपुर

मुद्रक : थॉमसन प्रेस, नई दिल्ली

भूमिका

अन्तर्राष्ट्रीय विदेश नीति मानवीय विचारों की अवधारणा का अहम पहलू है इससे मानवीय सम्बन्ध विषय युद्ध एवं शान्ति के प्रश्नों से सम्बन्धित है। विभिन्न राष्ट्रों के बीच गम्भीर आपसी मामलों के समाधान हेतु कभी-कभी युद्ध भी हो जाता है। वर्तमान में आर्थिक प्रतिबन्धों के द्वाराभी राष्ट्र एक-दूसरे के विरुद्ध आर्थिक युद्ध लड़ सकते हैं। युद्ध की परम्परा में शीत युद्ध एक 'नया आयाम' रहा है। अन्तर्राष्ट्रीय सम्बन्ध अधिकांशत: युद्ध एवं शांति के प्रश्नों के इर्द-गिर्द चक्कर काटते हैं। अत: अन्तर्राष्ट्रीय सम्बन्ध विषय के अन्तर्गत इन प्रश्नों का अध्ययन किया जाता है। द्वितीय विश्वयुद्ध के पश्चात् 'साम्यवादी गुट' पूंजीवादी पाश्चात्य गुट, गुट-निरपेक्ष राज्य, अरब समुदाय, अफ्रीकी देश, जी-8, जी-15, ग्रुप-77 जैसे अनेक राजनैतिक गुट निरपेक्ष असितत्व में आये जो संयुक्त राष्ट्र संघ के मंच पर अथवा उसके बाहर अनेक मामलों पर मिल-जुलकर कार्य करते हैं। इन गुटों को जोड़ने वाले तत्त्वों, उनके मतभेदों तथा विवादों का अध्ययन भी अन्तर्राष्ट्रीय सम्बन्ध के क्षेत्र के अन्तर्गत आता है। जब राजनैतिक गुट अपने सदस्यों के बीच सैनिक सन्धियां कर लेते हैं तो ये सैनिक गुट कहलाने लगते हैं। नाटो, सीटो, वार्साय, पैक्ट, सैण्टो आदि ऐसे ही सैनिक गुट रहे हैं। अन्तर्राष्ट्रीय सम्बन्धों के अन्तर्गत इन सैनिक गुटों के निर्माणकारी तत्त्व तथा उनकी गतिविधियों का अध्ययन किया जाता है। राज्यों के आर्थिक हित राजनीतिक क्रिया-कलापों को प्रभावित करते हैं। विदेश-व्यापार राज्यों के राजनैतिक सम्बन्धों को घनिष्ठ बनाता है। विभिन्न अन्तर्राष्ट्रीय निगम विदेशी व्यवसाय को नियन्त्रित करते हैं। विकसित देशों द्वारा विकासशील देशों को दी जाने वाली आर्थिक सहायता, व्यापार समझौते आदि भी अन्तर्राष्ट्रीय सम्बन्धों को प्रभावित करते हैं। अत: अन्तर्राष्ट्रीय सम्बन्ध विषय के अन्तर्गत इनका भी अध्ययन किया जाता है। राष्ट्रों के आपसी व्यवहार को नियन्त्रित एवं निर्देशित करने के लिए कुछ अवधारणाओं का प्रचलन रहा है, जैसे— शक्ति सन्तुलन की अवधारणा, क्षेत्रीय नि:शस्त्रीकरण तथा शस्त्र नियन्त्रण, सामूहिक सुरक्षा, विश्व जनमत, कूटनीति आदि इन सभी का अध्ययन अन्तर्राष्ट्रीय सम्बन्धों के अन्तर्गत होता है। अन्तर्राष्ट्रीय सम्बन्ध में मानवीय व्यवहार भी महत्त्वपूर् है क्योंकि अन्तर्राष्ट्रीय सम्बन्धों में निर्णय लेने की प्रक्रिया का बहुत महत्त्व है। ये निर्णय ऐसे व्यक्तियों या व्यक्ति समूहों द्वारा लिये जाते हैं जो पहचाने जा सकें। वर्तमान में राज्यों के साथ-साथ असंख्य पार-राष्ट्रीय तथा बहुराष्ट्रीय संगठन, गैर-सरकारी तथा अर्द्ध-सरकारी संगठन भी अन्तर्राष्ट्रीय राजनीति में महत्त्वपूर्ण भूमिका अदा करते हैं।

लेखक

अनुक्रमणिका

1

भारत का अन्तर्राष्ट्रीय सम्बन्ध

अन्तर्राष्ट्रीय सम्बन्ध अन्तर्राष्ट्रीय स्तर पर सामाजिक सम्बन्धों का विवेचन है, लेकिन मूलतः यह अन्तर्राष्ट्रीय समाज के राजनीतिक तथा कूटनीतिक सम्बन्धों को ही व्यक्त करता है। विभिन्न विद्वानों ने अन्तर्राष्ट्रीय सम्बन्धों की प्रकृति को स्पष्ट करने का प्रयास किया है। यथा—

(1) पामर एवं परकिन्स—अन्तर्राष्ट्रीय सम्बन्धों की प्रकृति को स्पष्ट करते हुए पामर एवं परकिन्स ने लिखा है कि—

(i) अन्तर्राष्ट्रीय सम्बन्ध विषय का अभ्युदयस राजनीति विज्ञान तथा इतिहास जैसे सुविकसित अनुशासनों से हुआ है, किन्तु यह आज भी एक संगठित अनुशासन का स्तर प्राप्त नहीं कर सका है।

(ii) अन्तर्राष्ट्रीय सम्बन्ध के अध्ययन का कोई स्पष्ट सैद्धान्तिक ढांचा अभी तक उभरकर नहीं आया है और आज भी हमारे पास इसके अध्ययन की क्रमबद्ध वैज्ञानिक अवधारणा का अभाव है।

(iii) आज भी अन्तर्राष्ट्रीय सम्बन्ध विषय अपनी विषय-सामग्री के लिए अन्य विकसित अनुशासनों पर निर्भर है।

(2) कार्लिन ए. कॉपर जॉनसन के अनुसार, "अन्तर्राष्ट्रीय सम्बन्ध विषय अपने अध्ययन और विश्लेषण के लिए जो सामग्री एकत्रित करता है, वह दूसरे शास्त्रों की सामग्री से स्पष्टत: भिन्न है.... ....साथ ही उस सामग्री को समन्वित करने की उसकी पद्धति भी निराली है, अत: सामाजिक विज्ञानों में उसे एक स्वायत्त विषय का दर्जा दिया जा सकता है।"

(3) मॉर्गेन्थाउ ने लिखा है कि, "यथार्थ में अन्तर्राष्ट्रीय प्रक्रिया एक ऐसा बौद्धिक अनुशीलन है जो वर्तमान इतिहास और नवीन घटनाओं से भिन्न है, साथ ही अन्तर्राष्ट्रीय कानून एवं राजनैतिक सुधारों से भी भिन्न है। इसके तथ्य बड़ी शीघ्रता से बदलते रहते हैं तथा इसका विषय अनिश्चित होता है।"

(4) क्विंसी राइट—क्विंसी राइट ने अन्तर्राष्ट्रीय सम्बन्धों की प्रकृति को स्पष्ट करते हुए लिखा है कि, "अन्तर्राष्ट्रीय सम्बन्धों का अध्ययन राष्ट्रों के बीच सम्बन्धों को समझने, उनके विषय में भविष्यवाणी करने, उनका मूल्यांकन तथा उन पर नियन्त्रण करने एवं विश्व समुदाय की स्थिति समझने में योगदान देते हुए, यह एक साथ इतिहास भी है, विज्ञान भी है और दर्शन व कला भी है।"

अन्तर्राष्ट्रीय राजनीति और अन्तर्राष्ट्रीय सम्बन्ध में अन्तर
(International Relations and International Politics)

अन्तर्राष्ट्रीय राजनीति के विद्वानों में इस सम्बन्ध में मतभेद पाया जाता है कि अन्तर्राष्ट्रीय राजनति तथा अन्तर्राष्ट्रीय सम्बन्ध एक ही हैं या अलग-अलग। **हंस मॉर्गेन्थाउ** तथा **कैनेथ थॉम्पसन** दोनों को एक ही बताते हैं। वे अन्तर्राष्ट्रीय राजनीति को अन्तर्राष्ट्रीय सम्बन्ध का मूल आधार बताते हैं। लेकिन दूसरे विद्वान इससे सहमत नहीं हैं। उनका मानना है कि अन्तर्राष्ट्रीय राजनीति तथा अन्तर्राष्ट्रीय सम्बन्ध पृथक्-पृथक् हैं। 'अन्तर्राष्ट्रीय सम्बन्ध' और 'अन्तर्राष्ट्रीय राजनीति' में निम्नलिखित अन्तर है—

(1) अध्ययन क्षेत्र के आधार पर—अन्तर्राष्ट्रीय राजनीति का क्षेत्र संकुचित है। इसमें राज्यों के मध्य केवल उन्हीं सम्बन्धों का अध्ययन किया जाता है जिसमें राष्ट्रीय शक्ति और राष्ट्रीय हित जुड़े होते हैं, जबकि अन्तर्राष्ट्रीय सम्बन्धों का क्षेत्र बहुत व्यापक है। इसमें राज्यों तथा व्यक्तियों के मध्य स्थापित होने वाले राजनीतिक, आर्थिक व सांस्कृतिक नैतिक सम्बन्धों के अध्ययन के साथ-साथ विभिन्न संस्थाओं के मध्य के सम्बन्धों का भी अध्ययन किया जाता है।

(2) स्वरूप के आधार पर—अन्तर्राष्ट्रीय राजनीति का अध्ययन सैद्धान्तिक होता है जबकि अन्तर्राष्ट्रीय सम्बन्धों का अध्ययन घटना-प्रधान, व्यावहारिक तथा ऐतिहासिक होता है।

(3) विषय-सामग्री के आधार पर अन्तर—अन्तर्राष्ट्रीयस राजनीति का क्षेत्र अन्तर्राष्ट्रीय सम्बन्धों की तुलना में सीमित है। इसके अन्तर्गत केवल राज्यों के मध्य शक्ति के सम्बन्ध व उसके द्वारा समस्याओं का निदान की बात आती है। जब तक यहसंघर्ष बना रहता है तभी तक यह अन्तर्राष्ट्रीय राजनीति का विषय है। जैसे ही संघर्ष या समस्या समाप्त हो जाती है अन्तर्राष्ट्रीय राजनीति की सीमा भी समाप्त हो जाती है, जबकि अन्तर्राष्ट्रीय सम्बन्धों के अध्ययन की कोई सीमा नहीं है। अन्तर्राष्ट्रीय सम्बन्ध के अन्तर्गत समाजशास्त्र, अर्थशास्त्र, मनोविज्ञान, तिहास, भूगोल, अन्तर्राष्ट्रीय कानून, अन्तर्राष्ट्रीय राजनीति, कूटनीति का अध्ययन सम्मिलित रहता है।

(4) अन्तर्राष्ट्रीय व्यवहार—अन्तर्राष्ट्रीय राजनीति में अन्तर्राष्ट्रीय व्यवहार को समझने काप्रयास किया जाता है तथा सिद्धान्तों की खोज पर बल दिया जाता है, जबकि अन्तर्राष्ट्रीय सम्बन्धों में अन्तर्राष्ट्रीय व्यवहारको समझने जैसी कोई बात नहीं होती।

(5) अध्ययन की दृष्टि से—अन्तर्राष्ट्रीय राजनीति में राज्यों के अथवा स्वतन्त्र राजनीतिक समुदायों के अपने-अपने एवं पारस्परिक संघर्श के कारण पैदा होने वाली क्रियाओं, प्रतिक्रियाओं तथा सम्बन्धों का अध्ययन किया जाता है जबकि अन्तर्राष्ट्रीय सम्बन्धों में जनता, सरकार तथा राष्ट्र आदि समुदायों के साथ-साथ धार्मिक व आर्थिक समुदायों का भी अध्ययन किया जाता है।

उपर्युक्त विवेचन से स्पष्ट होता है कि अन्तर्राष्ट्रीय सम्बन्ध तथा अन्तर्राष्ट्रीय राजनीति के विषय क्षेत्र में अन्तर है। अन्तर्राष्ट्रीय सम्बन्धका क्षेत्र व्यापक (राजनीतिक तथा गैर-राजनीतिक दोनों) है, जबकि अन्तर्राष्ट्रीय राजनीति का क्षेत्र अपेक्षाकृत सीमित (राजनीतिक) है। लेकिनल वर्तमान काल में शान्ति की चिन्ता ने अन्तर्राष्ट्रीय राजनीति के क्षेत्र को भी व्यापक बनाया है। अन्तर्राष्ट्रीय राजनीति के क्षेत्र की व्यापकता के साथ-साथ दोनों का अन्तर भी कम होता जा रहा है।

दोनों विषयों की समानताएँ—दोनों विषयों की समानताएँ इस प्रकार बतायी जा सकती हैं—

(1) दोनों ही विषय अन्तर्राष्ट्रीय घटनाओं से सम्बन्धित हैं। अन्तर्राष्ट्रीय राजनीति अन्तर्राष्ट्रीय सम्बन्धों का केन्द्र तथा मूल आधार है।

(2) दोनों के लक्ष्य में समान होने की प्रवृत्ति पायी जाती है। इसका आधार शान्ति की प्राप्ति है।

(3) अन्तर्राष्ट्रीय क्षेत्र में राज्य द्वारा सम्बन्ध मुख्यत: राजनीतिक उद्‌देश्यों की पूर्ति के लिए ही स्थापित किये जाते हैं। अत: दोनों की प्रकृति राजनैतिक है।

(4) अन्तर्राष्ट्रीय सम्बन्धों का अध्ययन करते हुए अन्तर्राष्ट्रीय संस्थाओं तथा विभिन्न देशों द्वारा शक्ति प्राप्त करने के लिए की जाने वाली प्रतिस्पर्द्धाओं का तथा अन्तर्राष्ट्रीयस राजनीति का अनुशीलन किया जाता है।

संक्षेप में, अन्तर्राष्ट्रीय राजनीति अन्तर्राष्ट्रीय सम्बन्धों का राजनैतिक पक्ष है। अन्तर्राष्ट्रीय सम्बन्धों में राजनैतिक और गैर-राजनैतिक सभी सम्बन्ध आ जाते हैं, जबकि अन्तर्राष्ट्रीय राजनीति में राजनैतिक सम्बन्ध ही आते हैं। अतः इस दृष्टि से अन्तर्राष्ट्रीय सम्बन्धों का क्षेत्र अन्तर्राष्ट्रीय राजनीति की तुलना में व्यापक एवं विस्तृत है। वर्तमान में अधिकांश देशों के विश्वविद्यालयों में किसी न किसी रूप में अन्तर्राष्ट्रीय सम्बन्ध विषय का अध्ययन-अध्यापन हो रहा है, लेकिन इस सम्बन्ध में यह प्रश्न निरन्तर उठाया जा रहा है कि क्या अन्तर्राष्ट्रीय सम्बन्ध एक स्वायत्त विषय और ज्ञान की पृथक् शाखा है अथवा नहीं? इस सम्बन्ध में दो प्रमुख विचार सामने आते हैं—

द्वितीय विश्व युद्ध तक अन्तर्राष्ट्रीय सम्बन्ध का अध्ययन एक पृथक् अथवा स्वायत्त ज्ञान शाखा के रूप में प्रतिष्ठित नहीं हो सका था क्योंकि अन्तर्राष्ट्रीय सबन्ध की विषय-सामग्री इतिहास, अन्तर्राष्ट्रीय संस्थाओं व संगठनों, अन्तर्राष्ट्रीय विधिआदि में वितरित थी। इस अध्ययन के समर्थकों के समक्ष प्रमुख समस्या अन्तर्राष्ट्रीय सम्बन्ध से सम्बन्धित बिखरी हुई विषय-सामग्री को एक पृथक् स्थान पर एकत्रित एवं एकीकृत कर उसे व्यवस्थित रूप प्रस्तुत करने की थी। इससे स्पष्ट होता है कि 1945 तक (i) अन्तर्राष्ट्रीय सम्बन्ध जैसा कोई स्वायत्त विषय नहीं उभर पाया था। (ii) एक पृथक् विषय के रूप में इसका अस्तित्व अभी भी संदेहास्पद है, चूंकि इसके सार को विशिष्ट, संक्षिप्त और तार्किक व सैद्धान्तिक दृष्टि से स्पष्ट करना कठिन है। (iii) राजनीतिक चिंतन, अन्तर्राष्ट्रीय विधि और संगन, कूटनीतिक इतिहास आदि इसके प्रधान निर्णायक विषय हैं। (iv) 1945 तक अन्तर्राष्ट्रीय सम्बन्ध विषय के लेखकों में सिद्धान्त निर्माण के सम्बन्ध में अरुचि व्याप्त थी। द्वितीय विश्वयुद्ध के बाद अन्तर्राष्ट्रीय सम्बन्ध पर अनेक लेख व पुस्तकें प्रकाशित हुईं। अन्तर्राष्ट्रीय अध्ययन के अध्ययन में यह संक्रमण की अवस्था रही। इसकी विषय-सामग्री तथा अध्ययन-पद्धति के विषय में इस काल में विद्वानों ने भिन्न-भिन्न दृष्अिकोण अपनाये। अभी तक वे सभी प्रयास संख्यात्मक अधिक थे, गुणात्मक कम। इस काल में अन्तर्राष्ट्रीय सम्बन्ध के अध्ययन के विषय में **स्टेनले हॉफमैन** ने लिखा है कि, "इसका अध्ययन एक असम्बद्ध तथा 'भीड़ भरी दुकान' की भांति हो गया और एक पृथक् ज्ञान की शाखा के रूप में अन्तर्राष्ट्रीय सम्बन्ध के अध्ययन की लगभग दयनीय दशा थी।" वर्तमान में भी हमारे पास अन्तर्राष्ट्रीय सम्बन्ध का कोई सामान्य सिद्धान्त नहीं है। इस दृष्टि से इसे एक स्वायत्त विषय नहीं कहा जा सकता। **पामर** और **पार्किन्स** जैसे विद्वान अन्तर्राष्ट्रीय सम्बन्ध को एक स्वायत्त विषय मानते हैं और उनका तर्क है कि इस विषय के अध्ययन हेतु

विशिष्ट पद्धति, विशिष्ट सिद्धान्तों तथा एक विशिष्ट प्रकार के ज्ञान का प्रयोग किया जाता है। प्रथम विश्वयुद्ध के बाद से ही अन्तर्राष्ट्रीय सम्बन्ध विषय के अध्ययन में अमरीकी विद्वानों ने वैज्ञानिक झुकाव का परिचय दे दिया था। इस सम्बन्ध में विद्वानों द्वारा पृथक् रूप से ग्रन्थ लिखे गये तथा अन्तर्राष्ट्रीय सम्बन्ध की विषय-सामग्री को व्यवस्थित करने तथा अध्ययन-क्षेत्र को निश्चित करने के भी प्रयत्न हुए, विदेशी नीति के विषय में सन्दर्भ ग्रन्थ सूची का भी संकलन किया गया तथा फ्रेंक रसेल ने अन्तर्राष्ट्रीय सम्बन्धों के सिद्धान्त के विषय में एक अध्ययन प्रस्तुत किया। इस प्रकार इन ग्रन्थों से अन्तर्राष्ट्रीय सम्बन्ध को एक स्वायत्त ज्ञान की शाखा के रूप में स्थापित होने में समर्थन मिला। द्वितीय विश्वयुद्ध के बाद के दशक में अन्तर्राष्ट्रीय सम्बन्ध पर अनेक पुस्तकें व शोध लेख प्रकाशित हुए जिनमें अन्तर्राष्ट्रीय सम्बन्धों के विविध पक्षों पर कुछ सैद्धान्तिक और विश्लेषणात्मक अध्ययन का समावेश हुआ। पिछले एक दशक से अन्तर्राष्ट्रीय सम्बन्ध का अध्ययन परम्परागत आदर्शवादी अध्ययन परिधि लांघकर एक व्यापक, किन्तु निश्चित क्षेत्र ग्रहण करता जा रहा है। अन्तर्राष्ट्रीय सम्बन्ध को स्वायत्त विषय का दर्जा दिलाने में अमरीकन विद्वानों, विशेषकर मॉर्गेन्थाऊ, रिचार्ड सी. स्नाइडर, चार्ल्स मेक्सेलेण्ड, फ्रेड सोण्डरमेन आदि का विशिष्ट योगदान है। आज अनेक अमरीकी विश्वविद्यालयों में इस विषय का अध्ययन-अध्यापन एक स्वायत्त विषय के रूप में हो रहा है। भारत में भी दिल्ली के जवाहरलाल नेहरू विश्वविद्यालय में अन्तर्राष्ट्रीय सम्बन्ध एवं राजनीति विषय का अध्ययन-अध्यापन एक स्वायत्त विषय के रूप में ही रहा है तथा इस विषय पर स्नातकोत्तर उपाधि भी प्रदान की जा रही है। इस प्रकार स्पष्ट होता है कि अनेक विद्वान आज अन्तर्राष्ट्रीय सम्बन्ध को एक स्वायत्त विषय स्वीकार करते हैं।

समकालीन अन्तर्राष्ट्रीय सम्बन्धों को प्रभावित करने वाले तत्त्व
(Factors influencing Contemporary International Relations)

समकालीन अन्तर्राष्ट्रीय सम्बन्ध को प्रभावित करने वाले कुछ प्रमुख तत्त्व निम्नलिखित हैं—

(1) राज्यों की संख्या में वृद्धि—राज्य अन्तर्राष्ट्रीय सम्बन्ध के प्रमुख कर्त्ता (Actor) हैं। द्वितीय विश्वयुद्ध के बाद अन्तर्राष्ट्रीय जगत में, साम्राज्यवाद तथा उपनिवेशवाद के उन्मूलन के कारण, राज्यों की संख्या में काफी वृद्धि हुई है। 1946 में जहाँ संयुक्त राष्ट्र संघ के 51 राज्य सदस्य थे, वहाँ आज इसके सदस्यों की संख्या बढ़कर 192 हो गयी है। नए प्रभुतव सम्पन्न राज्यों के उदय से अब अन्तर्राष्ट्रीय सम्बन्ध को कुछ प्रमुख राज्यों के बीच होने वाले घटनाचक्र के रूप में नहीं देखा जा सकता। एशिया, अफ्रीका और लेटिन अमेरिका के नवोदित राज्यों की अपनी आर्थिक,

सामाजिक, प्रशासनिक तथा राजनैतिक समस्यायें हैं। अब इन राज्यों की समस्याओं की उपेक्षा करके अन्तर्राष्ट्रीय सम्बन्ध को नहीं समझा जा सकता।

(2) यूरोपीय राजनीति से परे अन्तर्राष्ट्रीय सम्बन्धों का अभ्युदय—द्वितीय विश्वयुद्ध से पूर्व तक अन्तर्राष्ट्रीय सम्बन्ध एवं राजनीति यूरोपीय राज्यों के सम्बन्ध का पर्याय थी क्योंकि सक्रिय अन्तर्राष्ट्रीय राजनीति में भाग लेने वाले अधिकांश पात्र यूरोपीय महाद्वीप से ही सम्बन्धित थे। अब एशिया, अफ्रीका, लैटिन अमरीका के अधिकतर राज्य भी अन्तर्राष्ट्रीय राजनीतिक प्रक्रिया में सक्रिय भागीदार बन गये हैं जिससे अन्तर्राष्ट्रीय सम्बन्धों का आधार व्यापक होकर वास्तव में 'अन्तर्राष्ट्रीय' बन गया है।

(3) विदेश नीति का प्रजातंत्रीकरण—विदेश नीति अन्तर्राष्ट्रीय सम्बन्धों के अध्ययन का केन्द्र-बिन्दु है। पहले अधिकांश देशों में राजतंत्रात्मक शासन व्यवस्था थी और राजा के इर्द-गिर्द रहने वाला अभिजात्य वर्ग ही विदेश नीति सम्बन्धी निर्णय लेता था। इस प्रकार पहले विदेश नीति का निर्माण व संचालन एक छोटा सा शासक-वर्ग करता था। द्वितीय विश्वयुद्ध के बाद लोकतांत्रिक शासन व्यवस्थाओं वाले देशों की संख्या तेजी से तथा निरन्तर बढ़ी है। इसके अन्तर्गत जन-सम्पर्क और प्रचार के साधनों का भी प्रयोग बढ़ा है। अब विदेशी मामलों में जनमत को भी महत्त्व दिया जाने लगा है। इस प्रकार लोकमत का दबाव विदेश नीति को प्रभावित करने लगा है। इससे स्पष्ट होता है कि अन्तर्राष्ट्रीय सम्बन्ध अब पहले की अपेक्षा अधिक प्रजातांत्रिक हो गए हैं।

(4) तकनीकी और प्रौद्योगिकी का विकास—20वीं सदी में टेक्नोलोजी और प्रौद्योगिकी का अत्यधिक विकास हुआ है इसने हथियारों के स्वरूप में परिवर्तन कर दिया है और इसके माध्यम से अन्तर्राष्ट्रीय सम्बन्ध एवं राजनीति के स्वरूप को भी बदल डाला है। प्रौद्योगिकी के विकास के कारण अब राष्ट्रों की सैनिक शक्ति में परिवर्तन इतनी तीव्र गति से होने लगे हैं कि अन्तर्राष्ट्रीय व्यवस्था अस्थिर-सी नजर आती है। अतः तकनीकी और प्रौद्योगिकी के निरन्तर विकास के कारण आज की अन्तर्राष्ट्रीय राजनीति एवं सम्बन्धों की प्रक्रिया इतनी अधिक गतिशील है जिनती पहले कभी नहीं रही।

(5) परमाधु शक्ति और शांति के लिए बढ़ती हुई चिन्ता—परमाणु शक्ति के आविष्कार ने अन्तर्राष्ट्रीय सम्बन्धों में भय-जनित समस्यायें पैदा कर दी हैं। आज सर्वत्र यह भय छाया हुआ है कि कभी भी कोई आकस्मिक घटना सर्वनाशकारी परमाणु युद्ध की चिनगारी भड़का सकती है। इसी कारण अब अन्तर्राष्ट्रीय सम्बन्धों के शोधार्थी शांति के लिए चिन्तित हैं और द्वितीय विश्वयुद्ध के बाद दिनोंदित शांति आन्दोलन

बढ़े हैं। अत: अन्तर्राष्ट्रीय सम्बन्धों के अध्ययन का आज सबसे महत्त्वपूर्ण ध्येय यही माना जा रहा है कि युद्ध से कैसे बचें और शांति कैसे कायम रखें।

(6) अन्तर्राष्ट्रीय संगठनों का बढ़ता हुआ महत्त्व—आज अनतर्राष्ट्रीय सम्बन्धों की सर्वाधिक चिन्ता शान्ति की खोज है और अन्तर्राष्ट्रीय संगठन शांति तक पहुँचने के संस्थात्मक साधन हैं। अन्तर्राष्ट्रीय संगठनों के अस्तित्व से राष्ट्रों के आचरण की स्वतन्त्रता पर गम्भीर अंकुश लगने की सम्भावनाएँ बढ़ी हैं। इससे अन्तर्राष्ट्रीय सम्बन्धों में अन्तर्राष्ट्रीय व्यवस्था के कामय होने की सम्भावनाएँ बढ़ती जा रही हैं।

(7) गैर-राज्यीय अन्तर्राष्ट्रीय संगठनों का बढ़ता महत्त्व—अन्तर्राष्ट्रीय सम्बन्धों में अनेक गैर-राज्यीय अन्तर्राष्ट्रीय संगठन, जैसे—विश्व बैंक, विश्व-व्यापार संगठन, ग्रुप-8, जी-15 आदि भी प्रभावी भूमिका निभा रहे हैं।

(8) व्यापार और वाणिज्य—आजकल अन्तर्राष्ट्रीय सम्बन्धों में व्यापार एवं वाणिज्य तत्त्व का महत्त्व बढ़ता जा रहा है। अधिकांश राष्ट्र व्यापार और वाणिज्य के परिप्रेक्ष्य में विदेश नीति सम्बन्धी निर्णय लेने ले हैं। अमरीका ने चीन में अपार व्यापारिक हितों को देखते हुएसन् 1971 में राजनयिक सम्बन्ध स्थापित कर लिये।

(9) वैश्वीकरण और उदारीकरण—वर्तमान समय में वैश्वीकरण और उदारीकरण का दौर चल रहा है। इस दौर में व्यापारी सम्बन्धों में उदारता तथा बहुराष्ट्रीय निगमों की स्थापना की स्वतन्त्रता में अन्तर्राष्ट्रीय सम्बन्धों के स्वरूप को ही बदल दिया है तथा विकसित देश बहुसंख्यक जनसंख्या वाले विकासशील देशों में अपने बाजार का विस्तार कर रहे हैं।

अन्तर्राष्ट्रीय सम्बन्ध अपेक्षाकृत एक नया विषय है और इसलिये अभी तक इसका क्षेत्र निश्चित नहीं हो पाया है। ग्रेसन कर्क, विन्सेट बेकर, चार्ल्स श्लाइचर, हन्स जे. मॉर्गेन्थाऊ, क्विंसी राइट, स्प्राउट तथा पामर एवं परिकन्स आदि विद्वानों ने इसके क्षेत्र के विषय में अपने मत प्रतिपादित किये हैं, जिनमें काफी भिन्नता है। इन सभी विद्वानों के मतों के आधार पर अन्तर्राष्ट्रीय सम्बन्ध की विषय-वस्तु (क्षेत्र) को निम्नलिखित बिन्दुओं के अन्तर्गत स्पष्ट किया जा सकता है अन्तर्राष्ट्रीय सम्बन्ध के प्रमुख कर्ता या पात्रराज्य होते हैं और इसके अन्तर्गत राज्यों के बाह्य-व्यवहार का अध्ययन किया जाता है। राज्यों के आपसी सम्बन्ध बड़े जटिल और कई प्रकार के तत्त्वों, जैसे—भू-राजनैतिक, ऐतिहासिक, धार्मिक, वैचारिक, सामारिक तत्त्वों से प्रभावित होते हैं। प्रत्येक देश अपनी भौगोलिक स्थिति के अनुसार अन्य देशों से सम्बन्ध स्थापित करता है। इस प्रकार स्पष्ट है कि अन्तर्राष्ट्रीय सम्बन्ध में अन्तर्राज्यीय सम्बन्धों का अध्ययन किया जाता है। अन्तर्राष्ट्रीय सम्बन्ध के अन्तर्गत शक्ति के अध्ययन पर अत्यधिक बल दिया जाता है। **मॉर्गेन्थाऊ** के शब्दों में, "अन्तर्राष्ट्रीय सम्बन्ध प्रत्येक

सम्बन्ध की भाँति शक्ति-संघर्ष है। अन्तर्राष्ट्रीय सम्बन्ध का अन्तिम लक्ष्य चाहे कुछ भी हो, शक्ति सदैव तात्कालिक लक्ष्य रहती है।'' इससे स्पष्ट होता है कि अन्तर्राष्ट्रीय जगत् में सभी राज्य शक्ति बढ़ाने के लिए प्रयत्नशील रहते हैं और शक्ति का यह दृष्टिकोण उनकी विदेश नीति में निर्णायक भूमिका निभाता है। अन्तर्राष्ट्रीय सम्बन्ध के अन्तर्गत अन्तर्राष्ट्रीय राजनीतिक संस्थाओं व संगठनों का अध्ययन भी किया जाता है। संयुक्त राष्ट्र संघ की स्थापना ने अन्तर्राष्ट्रीय संगठनों के महत्त्व में अत्यधिक वृद्धि कर दी है। वर्तमान में संयुक्त राष्ट्र संघ के अतिरिक्त अन्य अनेक अन्तर्राष्ट्रीय संगठनों, जैसे—यूरोपियन साझा बाजार, विश्व बैंक, विश्व व्यापार संगठन, नाटो, अबर लीग, अमरीकी राज्यों का संगठन, अफ्रीकी एकता संगठन, सार्क, आसियान, यूनेस्को, अन्तर्राष्ट्रीयस मजदूर संगठन आदि का अध्ययन किया जाता है। फैलिक्स ग्रॉस का मत है कि अन्तर्राष्ट्रीय सम्बन्ध का अध्ययन वास्तव में विदेशी नीतियों का अध्ययन है। अन्तर्राष्ट्रीय सम्बन्धों के माध्यम से विभिन्न राष्ट्र अपने-अपने हितों की रक्षा करने का प्रयत्न करते हैं। यह प्रक्रिया प्रकट रूप में राज्यों की विदेशी नीति के माध्यम से चालू रहती है। अतः अन्तर्राष्ट्रीय सम्बन्ध के अन्तर्गत विदेशी नीति निर्माण की प्रक्रिया का अध्ययन किया जाता है। स्वतन्त्र राज्यों के पारस्परिक सम्बन्धों का संचालन करने में अन्तर्राष्ट्रीय कानून का अत्यधिक महत्त्व है। कोई भी राज्य बिना अन्तर्राष्ट्रीय नियमों के अन्य राज्यों से अपने विभिन्न प्रकार के सम्बन्ध नहीं बना सकता। अतः अन्तर्राष्ट्रीय सम्बन्ध के अन्तर्गत अन्तर्राष्ट्रीय कानून के अध्ययन पर बल दिया जाता है। अन्तर्राष्ट्रीय सम्बन्ध विषय युद्ध एवं शान्ति के प्रश्नों से सम्बन्धित है। विभिन्न राष्ट्रों के बीच गम्भीर आपसी मामलों के समाधान हेतु कभी-कभी युद्ध भी हो जाता है। वर्तमान में आर्थिक प्रतिबन्धों के द्वाराभी राष्ट्र एक-दूसरे के विरुद्ध आर्थिक युद्ध लड़ सकते हैं। युद्ध की परम्परा में शीत युद्ध एक 'नया आयाम' रहा है। अन्तर्राष्ट्रीय सम्बन्ध अधिकांशतः युद्ध एवं शांति के प्रश्नों के इर्द-गिर्द चक्कर काटते हैं। अतः अन्तर्राष्ट्रीय सम्बन्ध विषय के अन्तर्गत इन प्रश्नों का अध्ययन किया जाता है। द्वितीय विश्वयुद्ध के पश्चात् 'साम्यवादी गुट' पूंजीवादी पाश्चात्य गुट, गुट-निरपेक्ष राज्य, अरब समुदाय, अफ्रीकी देश, जी-8, जी-15, ग्रुप-77 जैसे अनेक राजनैतिक गुट निरपेक्ष असितत्व में आये जो संयुक्त राष्ट्र संघ के मंच पर अथवा उसके बाहर अनेक मामलों पर मिल-जुलकर कार्य करते हैं। इन गुटों को जोड़ने वाले तत्त्वों, उनके मतभेदों तथा विवादों का अध्ययन भी अन्तर्राष्ट्रीय सम्बन्ध के क्षेत्र के अन्तर्गत आता है। जब राजनैतिक गुट अपने सदस्यों के बीच सैनिक सन्धियां कर लेते हैं तो ये सैनिक गुट कहलाने लगते हैं। नाटो, सीटो, वार्साय, पैक्ट, सैण्टो आदि ऐसे ही सैनिक गुट रहे हैं। अन्तर्राष्ट्रीय सम्बन्धों के अन्तर्गत इन सैनिक गुटों के निर्माणकारी तत्त्व तथा उनकी गतिविधियों का अध्ययन किया जाता है। राज्यों के आर्थिक हित राजनीतिक क्रिया-कलापों को प्रभावित करते हैं। विदेश-व्यापार राज्यों के राजनैतिक सम्बन्धों को घनिष्ठ

बनाता है। विभिन्न अन्तर्राष्ट्रीय निगम विदेशी व्यवसाय को नियन्त्रित करते हैं। विकसित देशों द्वारा विकासशील देशों को दी जाने वाली आर्थिक सहायता, व्यापार समझौते आदि भी अन्तर्राष्ट्रीय सम्बन्धों को प्रभावित करते हैं। अतः अन्तर्राष्ट्रीय सम्बन्ध विषय के अन्तर्गत इनका भी अध्ययन किया जाता है। राष्ट्रों के आपसी व्यवहार को नियन्त्रित एवं निर्देशित करने के लिए कुछ अवधारणाओं का प्रचलन रहा है, जैसे—शक्ति सन्तुलन की अवधारणा, क्षेत्रीय निःशस्त्रीकरण तथा शस्त्र नियन्त्रण, सामूहिक सुरक्षा, विश्व जनमत, कूटनीति आदि इन सभी का अध्ययन अन्तर्राष्ट्रीय सम्बन्धों के अन्तर्गत होता है। अन्तर्राष्ट्रीय सम्बन्ध में मानवीय व्यवहार भी महत्त्वपूर् है क्योंकि अन्तर्राष्ट्रीय सम्बन्धों में निर्णय लेने की प्रक्रिया का बहुत महत्त्व है। ये निर्णय ऐसे व्यक्तियों या व्यक्ति समूहों द्वारा लिये जाते हैं जो पहचाने जा सकें। वर्तमान में राज्यों के साथ-साथ असंख्य पार-राष्ट्रीय तथा बहुराष्ट्रीय संगठन, गैर-सरकारी तथा अर्द्ध-सरकारी संगठन भी अन्तर्राष्ट्रीय राजनीति में महत्त्वपूर्ण भूमिका अदा करते हैं। इन सभी का अध्ययन अन्तर्राष्ट्रीय सम्बन्धों की विषयवस्तु है। उपर्युक्त विवेचन से स्पष्ट होता है कि अन्तर्राष्ट्रीय सम्बन्ध के अध्ययन क्षेत्र के अन्तर्गत राज्यों के पारस्परिक सम्बन्ध, उनकी विदेशी नीतियाँ, अन्तर्राष्ट्रीय कानून, अन्तर्राष्ट्रीय राजनैतिक तथा सैनिक संगठन, विदेशी व्यापार तथा अन्तर्राष्ट्रीय आर्थिक संगठन तथा शक्ति के अध्ययन को शामिल किया जाता है।

स्वतन्त्र तथा सम्प्रभु राष्ट्रों के पारस्परिक सम्बन्धों को अन्तर्राष्ट्रीय सम्बन्ध कहा जाता है। इन सम्बन्धों में राष्ट्रों के आपसी सम्बन्धों के सभी पहलुओं जैसे—राजनीतिक, गैर-राजनीतिक, आर्थिक, भौगोलिक, सरकारी, गैर-सरकारी, सांस्कृतिक, धार्मिक, शैक्षिक, तकनीकी, वैज्ञानिक, सामरिक और शान्तिपूर्ण आदि पर विचार किया जाता है। अन्तर्राष्ट्रीय सम्बन्धों के अर्थ के सम्बन्ध में सामान्यतः दो दृष्टिकोण प्रचलित हैं। यथा संकुचित दृष्टिकोण के अनुसार अन्तर्राष्ट्रीय सम्बन्धों के अन्तर्गत स्वतन्त्र तथा सम्प्रभु राज्यों के उन्हीं राजकीय सम्बन्धों को सम्मिलित किया जाता है जिनका संचालन इन देशों के सत्ता प्राप्त व्यक्तियों द्वारा किया जाता है। इस सम्बन्ध में **प्रो. डन** का मत है कि—"वे वास्तविक सम्बन्ध जो कि राष्ट्रीय सीमाओं के पार स्थापित होते हैं अथवा उन सम्बन्धों के विषय में वह ज्ञानजो हमें किसी निश्चित समय पर प्राप्त होता है, अन्तर्राष्ट्रीय सम्बन्धों के अन्तर्गत आते हैं।" व्यापक दृष्टिकोण के अनुसार अन्तर्राष्ट्रीय सम्बन्धों के अन्तर्गत राजकीय सम्बन्धों के अतिरिक्त राज्यों के मध्य स्थापित होने वाली सभी तरह के सम्बन्धों का अध्ययन किया जाता है। इस दृष्टिकोण के समर्थक **क्विन्सी राइट** का मत है कि, "अन्तर्राष्ट्रीय सम्बन्ध उन तत्त्वों तथा गतिविधियों से सम्बन्धित होते हैं जिनसे बाह्य नीतियाँ प्रभावित होती हैं, जिनमें विश्व विभाजित है।"

अन्तर्राष्ट्रीय सम्बन्धों की परिभाषाएँ

(Definitions of International Relations)

अन्तर्राष्ट्रीय सम्बन्धों की विद्वानों ने भिन्न-भिन्न परिभाषाएँ दी हैं, जिनमें से अधिकांश विद्वानों ने अन्तर्राष्ट्रीय सम्बन्धों को अन्तर्राष्ट्रीय राजनीति से सम्बद्ध किया है। अन्तर्राष्ट्रीय सम्बन्धों की प्रमुख परिभाषाएँ निम्नलिखित हैं—

(1) **हार्टमैन (Hartman)** के अनुसार, "अन्तर्राष्ट्रीय सम्बन्धों का आशय उन प्रणालियों के अध्ययन से है जिनके द्वारा विभिन्न राष्ट्रीय हितों का सामंजस्य दूसरे राष्ट्रों के हितों के साथ बैठता है।"

(2) **बर्टन (Burton)** के शब्दों में, "अन्तर्राष्ट्रीय सम्बन्धों के क्षेत्र में सामान्य बातों के अतिरिक्त वे सभी घटनाएँ एवं परिस्थितियाँ भी शामिल हैं जिनका प्रभाव एक से अधिक राज्यों पर पड़ता है। यह शांतिपूर्ण संचारों की व्यवस्था है जहाँ राज्य सोच-समझ कर तथा स्व-हित में विवादों को टालना चाहते हैं, क्योंकि विवाद उन्हें बड़े महंगे पड़ते हैं।"

(3) **स्प्राउट एवं स्प्राउट** के अनुसार, "अन्तर्राष्ट्रीय सम्बन्धों के अन्तर्गत राष्ट्रीय सीमा के एक तरफ स्थित वह सारा मानव व्यवहार आ जाता है जो कि सीमा के उस पार मानव व्यवहार को प्रभावित करता है।"

(4) **कैनेथ थॉम्पसन (Keneth Thompson)** के अनुसार, "राष्ट्रों के मध्य छिड़ी हुई स्पर्धा के साथ-साथ उनके आपसी सम्बन्धों को सुधारने या बिगाड़ने वाली परिस्थितियों एवं संस्थाओं का अध्ययन अन्तर्राष्ट्रीय सम्बन्धों के अन्तर्गत आता है।"

(5) **चार्ल्स श्लाईचर (Charles Schleicher)** के अनुसार, "सभी अन्तर्राष्ट्रीय सम्बन्धों को अन्तर्राष्ट्रीय राजनीति में शामिल किया जा सकता है, यद्यपि वह यह मानते हैं कि सभी अन्तर्राष्ट्रीय सम्बन्ध राजनीतिक नहीं होते।" उपर्युक्त परिभाषाओं से स्पष्ट होता है कि अन्तर्राष्ट्रीय सम्बन्धों के अन्तर्गत देशों के मध्य सरकारी सम्बन्धों का ही अध्ययन नहीं होता बल्कि विभिन्न देशों के मध्य समस्त मानवीय सम्बन्धों का भी अध्ययन किया जाता है। 1 सितम्बर, 1939 से 2 सितम्बर, 1945 तक द्वितीय विश्व युद्ध लड़ा गया। 7 मई, 1945 को जम्रनी और 2 सितम्बर, 1945 को जापान ने बिना शर्त आत्म-समर्पण के दस्तावेजों पर हस्ताक्षर कर दिये। इस प्रकार संयुक्त राष्ट्र संघ की विजय हुई। अमेरिका, सोवियत संघ और ब्रिटेन विजेताओं में प्रमुख राष्ट्र थे। धुरी राष्ट्रों का एक अन्य प्रमुख सदस्य इटली 1943 में ही आत्म-समर्पण कर चुका था। द्वितीय विश्व युद्ध की यह प्रमुख विशेषता थी कि विजेताओं ने पराजित राष्ट्रों के साथ युद्ध विराम न कर उन पर पूर्ण अधिकार कर लिया था

तथा सन्धि करते समय अपनी ही शर्तें मनवाने के लिये विवश किया। यह स्थिति 1918–1919 से भिन्न थी, जबकि पराजित राष्ट्रों (जर्मनी, ऑस्ट्रिया, हंगरी आदि) पर विजेताओं ने अधिकार नहीं किया था।

जापान-अमेरिका की सुरक्षा सन्धि (Security Pact between Japan & America)—8 सितम्बर, 1951 को जापान और अमेरिका में पृथक् से एक सन्धि हुई जिसकी शर्तें निम्नलिखित थीं—

(1) जापान ने अपनी सुरक्षा के लिए अपने यहाँ अमेरिकी सेनाएँ रखना स्वीकार कर लिया।

(2) जापानी प्रार्थना पर आन्तरिक अशांति या पद्रवों के मदन के लिए अमेरिकन सेनाओं के प्रयोग पर सहमति हुई।

(3) जापान किसी अन्य देश को अपने आन्तिक मामलों में हस्तक्षेप नहीं करने देगा।

(4) जब दोनों देशों में सहमति हो जायेगी, तो अमेरिकन सेनायें जापान से हट जायेंगी।

1960 में जापान और अमेरिका में एक अन्य सन्धि हुई, जिसके अनुसार जापान में सभी प्रकार का अमेरिकन नियन्त्रण समाप्त हो गया और जापान एक पूर्ण सार्वभौम राज्य बन गया।

भारत ने जापान के साथ पृथक् रूप से एक सन्धि 9 जून, 1952 को की। इसके अनुसार दोनों देशों ने एक-दूसरे की जब्त की गई सम्पत्ति एक-दूसरे को लौटा दी। जापान ने भारत को व्यापारिक मामलों में अनेक सुविधाएँ देने का वचन दिया। भारत ने जापान से युद्ध हर्जाने की रकम नहीं ली। सन् 1956 में जापान और रूस के मध्य एक समझौता हुआ, जिससे उनके मध्य युद्ध की स्थिति समाप्त हो गई, परन्तु दोनों देशों में अभी तक विधिवत् शांति-सन्धि नहीं हुई है।

जापानी शांति-सन्धि का महत्त्व (Importance of the Japanese Treaty)—द्वितीय विश्व-युद्ध के बाद मित्र राष्ट्रों द्वारा धुरी राष्ट्रों के साथ जो शांति सन्धियाँ की गई उनमें जापान के साथ हुई सन्धि अत्यन्त महत्त्वपूर्ण है। इस सन्धि का अन्तर्राष्ट्रीय सम्बन्धों पर काफी प्रभाव पड़ा। इसके महत्त्व को निम्नलिखित बिन्दुओं के अन्तर्गत स्पष्ट किया गया है—

(1) शीत युद्ध में प्रगति—जिस समय जापान से शांति-सन्धि की वार्तायें चल रही थीं, उस समय रूस और अमेरिका के मध्य शीत युद्ध तेजी पकड़ चुका था, चीन में साम्यवादी सरकार स्थापित हो चुकी थी, नाटो सैनिक संगठन बन चुका

था और टूमैन सिद्धान्त तथा मार्शल योजना के द्वारा साम्यवाद के प्रसार को रोकने के लिए जोर-शोर से प्रयत्न किया जा रहा था। यही कारण था कि सोवियत रूस ने इस सन्धि पर हस्नाक्षर नहीं किये। यद्यपि मित्र राष्ट्रों को जापान के साथ शांति-संधि करने में उनपरिस्थितियों का सामना नहीं करना पड़ा जिनका उन्हें ऑस्ट्रिया और जम्रनी के साथ शांति-सन्धियाँ करने के समय करना पड़ा था, क्योंकि जापान को अकेले अमेरिका ने पराजित किया था, जापान विदेशी सेनाओं द्वारा अधिकृत नहीं था और न ही वह क्षेत्रों में विभक्त था, बल्कि वहाँ स्थानीय शासन विद्यमान था और राजनीतिक व आर्थिक दृष्टि से एक इकाई था तथा इसके साथ शामिल सन्धि में देरी इस कारण हुई कि रूस 1947 में आयोग के समक्ष प्रस्तुत शांति प्रस्तावों को मानने के लिये तैयार नहीं था। वह जापान के साथ शांति-सन्धि में चार बड़ों द्वारा की जाने वाली शांति-सन्धि का समर्थक थ, जिसके लिये अमेरिका तैयार नहीं था। इस शांति-सन्धि में यही विरोध-प्रतिरोध इसके महत्त्व को स्पष्ट करते हैं। इस सन्धि से शीत युद्ध को और बढ़ावा मिला। परिणामस्वरूप जापान पर अमेरिका का प्रभुत्व स्थापित हो गया।

(2) जापान की विस्तारवादी आकांक्षा का अन्त—इस सन्धि के द्वारा जापान पर निःशस्त्रीकरण का अंकुश लगा दिया गया। उसे कोरिया, फारमोसा, क्यूराइल तथा सखालीन आदि टापुओं के अधिकार को छोड़ना पड़ा। उसकी सर्वोच्च सत्ता और प्रभुता सीमित कर दी गई। इस प्रकार इस सन्धि ने जापान को शक्तिहीन बना दिया, जिससे उसकी साम्राज्यवादी और विस्तारवादी आकांक्षा का अन्त हो गया।

(3) जापान में संवैधानिक लोकतन्त्र की स्थापना का मार्ग खुला—एक तरफ इस सन्धि द्वारा जापान की प्रभुसत्ता को सीमित किया गया। उसको शक्तिहीन करके उसकी साम्राज्यवादी आकांक्षा को समाप्त किया गया, दूसरी ओर जापान पर अमेरिका के प्रभुत्व के कायम रहने से जापान में लोकतन्त्र की स्थापना को सहयोग मिला। अमेरिका ने जापान में संविधान निर्माण तथा लोकतन्त्र की स्थापना में पर्याप्त सहयोग दिया और वहाँ संवैधानिक लोकतन्त्र स्थापित कराया।

(4) साम्यवाद के प्रसार पर अंकुश—चीन में साम्यवादी सरकार की स्थापना हो जाने से शीत युद्ध बढ़ गया था, अमेरिका ने साम्यवाद के प्रसा को रोकने के लिये नाटो आदि संगठन बनाए, टूमैन सिद्धान्त तथा मार्शल योजनायें कार्यान्वित हुईं, उसके प्रसार को रोकने की कड़ी के रूप में इस सन्धि को लिया गया और अमेरिका इस सन्धि के द्वारा जापान में साम्यवाद के प्रसार को रोकने में सफल रहा। इस दृष्टि से यह सन्धि अत्यन्त महत्त्वपूर्ण स्थान रखती है।

(5) आर्थिक महत्त्व—अमेरिका के प्रभुत्व में आने से अमेरिका ने एक तरफ जापान में लोकतन्त्र की स्थापना में सहयोग देकर और दूसरी तरफ पर्याप्त आर्थिक सहायता देकर जापान की लोकतान्त्रिक नींव को सुदृढ़ किया। अमेरिका ने आर्थिक सहायता के द्वारा एक तरफ युद्ध की हानि को पूरा किया, दूसरी तरफ उसे व्यापारिक समृद्धि की तरफ अग्रसर किया, जिसके कारण जापान आज व्यावसायिक दृष्टि से विश्व के चोटी के राष्ट्रों में गिना जाता है।

शांति सन्धियाँ करने में कठिनाइयाँ

(Hindrances in the Way of Peace Treaties)

1946–47 में 1918–19 की अपेक्षा शान्ति-संधियाँ करने का कार्य बहुत सरल था। 1945 में धुरी राष्ट्रों की पूर्णतः पराजय हो गर्ग थी। मित्र राष्ट्रों ने युद्ध के दौरान एटलाण्टिक चार्टर, मॉस्को, काहिरा, याल्टा तथा पोट्सडाम सम्मेलनों द्वारा शत्रु राष्ट्रों के साथ की जाने वाली सन्धियों की रूपरेखा पहले से ही तैयार कर ली थी, परन्तु फिर भी सन्धियाँ करने में अनेक कठिनाइयों का सामना करना पड़ा, जिसके प्रमुख कारण निम्नलिखित थे—

1. शक्ति सन्तुलन का बिगड़ जाना—द्वितीय विश्व युद्ध के पश्चात् विगत शक्ति सन्तुलन बिगड़ गया। इंगलैण्ड और फ्रांस द्वितीय श्रेणी के राष्ट्र हो गये, चीन गृहयुद्ध में फंसा होने के कारण अत्यन्त शक्तिहीन हो गया। अब केवल संयुक्त राज्य अमेरिका और सोवियत संघ दो ही महाशक्तियाँ रह गई, जिनके हाथों में अब विश्व का सन्तुलन केन्द्रित हो गया और जो अपने-अपने ढंग से अपने-अपने साम्राज्य और प्रभाव क्षेत्रों का विस्तार करने लगे।

2. युद्धकालीन सहयोग की समाप्ति—सामान्य शत्रु के पूर्णतः पराजित हो जाने के पश्चात् बड़े राष्ट्रों में सहयोग समाप्त हो गया। पारस्परिक सहयोग और विश्वास का स्थान पारस्परिक अविश्वास, असहयोग, भय, प्रतिस्पर्धा, संघर्ष आदि ने ले लिया। विश्व स्पष्ट रूप से दो गुटों में बंट गया और शीत युद्ध शुरू हो गया।

3. सैद्धान्तिक मतभेद—दोनों महाशक्तियों में सामाजिक, राजनैतिक और आर्थिक मामलों में कभी दूर न होने वाले सैद्धान्तिक मतभेद थे। एक महाशक्ति (अमेरिका) लोकतन्त्र और पंजीवाद की समर्थक थी तथा दूसरी (सोवियत संघ) साम्यवाद की। इन दोनों महाशक्तियों ने अपनी-अपनी विचारधाराओं को फैलाने के लिये जोर-शोर से प्रयत्न शुरू कर दिये। इन दिनों केवल अमरीका के पास ही अणुबम था। इन सब तथ्यों ने दोनों महाशक्तियों में एक-दूसरे के प्रति अविश्वास और सन्देह को बढ़ाया।

4. निषेधाधिकार—पोट्सडाम सम्मेलन में यह निर्णय लिया गया था कि युद्ध की समाप्ति के बाद प्रथम विश्व युद्ध जैसा कोई शाति सम्मेलन, आयोजित नहीं किया जायेगा, बल्कि पाँच बड़ी शक्तियों (अमेरिका, सोवियत संघ, ब्रिटेन, फ्रांस और चीन) के विदेशमन्त्रियों की एक परिषद् गठित की जायेगी और प्रत्येक शक्ति को निषेधाधिकार (वीटो) प्राप्त होगा। इससे भी सन्धियाँ होने में देरी हुई और अनेक कठिनाइयों का सामना करना पड़ा। कुछ समस्याओं पर बड़ी शक्तियों में गमीीर मतभेद थे, जैसे—ट्रीस्टे, क्षतिपूर्ति की राशि, शत्रु देश से विदेशी सेनायें हटाना, इटली और यूगोस्लाविया के मध्य सीमा, इटली की बस्तियाँ, डेन्यूब का अन्तर्राष्ट्रीय नियन्त्रण आदि। उक्त कारणों से ही महाशक्तियों में एकता और सूझ-बूझ का अभाव था। सितम्बर-अक्टूबर, 1945 में लन्दन तथा दिसम्बर, 1945 में मॉस्कों में विदेश-मन्त्रियों की परिषद् के सम्मेलन हुए। जुलाई-अक्टूबर, 1946 में 21 राष्ट्रों का एक सामान्य सम्मेलन पेरिस में हुआ, जिसमें विदेश मन्त्रियों की परिषद द्वारा पाँच राष्ट्रों के साथ की जाने वाली शांति सन्धियों के प्रारूपों पर विचार-विमर्श हुआ। 4 नवम्बर, 1946 को न्यूयॉर्क में फिर इसी प्रकार का सम्मेलन हुआ और पाँच पराजित राष्ट्रों (इटली, रूमानिया, बल्गारिया, हंगरी और फिनलैण्ड) ने पाँच शांति सन्धियों पर 10 फरवरी, 1947 को पेरिस में हस्ताक्षर कर दिये। 10 फरवरी, 1947 के दिन जिन पाँच राष्ट्रों ने शांति सन्धियों पर हस्ताक्षर किये, उनकी शर्तों का विवरण निम्नलिखित है—

1. इटली के साथ सन्धि (Treaty with Italy)—इटली के साथ की गई सन्धि में 90 धाराएँ और 17 परिशिष्ट थे। इस सन्धि की मुख्य व्यवस्थाएँ निम्नलिखित थीं—

(i) प्रादेशिक धाराएँ—सन्धि की प्रमुख प्रादेशिक धाराएं निम्नलिखित थीं—

(a) फ्रेंच-इटालियन सीमा को नाइसे के पास परिवर्तित करके **सेन्ट बर्नार्ड का दर्रा** और **ब्रीगा टाण्डा** का प्रदेश फ्रांस को दे दिया गया।

(b) **डोडेकेनीज, रोड्स** तथा **काल्टेलोरिजों** के द्वीप यूनान (ग्रीस) को दिये गये।

(c) **पूर्वी वानात्स्या जूलया** ने 3,000 वर्गमील का प्रदेश **जारा** और **एड्रियाटिक सागर के कुछ द्वीप** यूगोस्लाविया को दे दिए गये।

(d) **सोजेनो** का द्वीप अल्बानिया को दिया गया।

(e) **दक्षिणी टिरोल** को यद्यपि इटली के पास ही छोड़ दिया गया, परन्तु उसे इस प्रदेश के जर्मन भाषियों को समान अधिकार एवं मर्यादित स्वायत्त शासन प्रदान करना पड़ा।

(f) **ट्रीस्टे, एरिट्रिया** और **वानात्स्या** के एक भाग को स्वतन्त्र घोषित कर दिया गया।

(ii) इटली को अपने उपनिवेशों को छोड़ना—इटली को लीबिया, इटालियन सोमालीलैण्ड और एरिट्रिया पर से अपना अधिकार छोड़ना पड़ा। इनके सम्बन्ध में अन्तिम निर्णय होने तक उनमें प्रशासन का कार्य ब्रिटेन को सौंप दिया गया। इटली ने अल्बानिया और इथियोपिया से अपना अधिकार हटा लिया और चीन से प्राप्त रियायतें समाप्त कर दीं।

(iii) क्षतिपूर्ति सम्बन्धी धाराएँ—इटली पर 36 करोड़ स्टर्लिंग की क्षतिपूर्ति का भार डाला गया, जिसमें से 10 करोड़ रूस को, 12 करोड़ यूगोस्लाविया को, 10 करोड़ यूनान को, 2.50 करोड़ इथियोपिया को और 50 लाख अल्बानिया को देने का निश्चय किया गया। इटली में मित्र राष्ट्रों की सम्पत्ति को पहुँचायी गयी क्षति के लिये इटली को पर्याप्त क्षतिपूर्ति करने के लिये कहा गया।

(iv) निःशस्त्रीकरण—इटली की थील, जल और वायु सेनाओं की संख्या को क्रमश: 2.50 लाख, 25 हजार और 22.50 हजार निश्चित कर दिया गया। इटली की नौसेना के पोतों की संख्या भी सीमित कर दी गई। इटली ने फ्रांस और यूगोस्लाविया की सीमाओं पर की गई किलेबन्दियाँ नष्ट कर दीं।

इटालियन सन्धि की समीक्षा—यह सत्य है कि इटली धुरी गुट का एक प्रमुख सदस्य था और जून, 1940 में फ्रांस पर धोखे से आक्रमण कर जर्मनी के साथ मित्र-राष्ट्रों के विश्व युद्ध में सम्मिलित हो गया था, परन्तु 1943 में इटली की फासिस्ट सरकार को अपदस्थ कर दिया गया और अक्टूबर, 1943 में इटली मित्र राष्ट्रों की ओर से जर्मनी के विरुद्ध युद्ध में सम्मिलित हो गया था। फिर भी उसके साथ बहुत बड़ी शर्तों के साथ सन्धि की गई। उसे अपने समस्त उपनिवेशों के अतिरिक्त ट्रीस्टे जैसे महत्त्वपूर्ण बन्दरगाह से हाथ धोना पड़ा। उस पर भारी क्षतिपूर्ति का भार डाल दिया गया और उसकी सैनिक शक्ति अत्यन्त सीमित कर दी गई। इटली को इस प्रकार एक तृतीय श्रेणी का राष्ट्र बना दिया गया।

2. रूमानिया के साथ सन्धि (Treaty with Rumania)—रूमानिया के साथ की गई सन्धि की शर्तों के अनुसार उसे **बेसारिबिया** और **उत्तरी बुकोबिना** के प्रदेश सोवियत संघ को देने पड़े, **दक्षिण दोब्रुजा** को बल्गारिया को देना पड़ा और 1940 में हिटलर के दबाव के कारण ट्रांसिल्वानिया द्वारा जिस पदेश को उसे हंगरी को देना पड़ा था, वह उसे वापस मिल गया। क्षतिपूर्ति के रूप में रूमानिया ने सोवियत संघ को 30 करोड़ डॉलर का सामान आठ वर्षों में देना स्वीकार कर लिया। यमानिय की सैनिक शक्ति अत्यन्त सीमित कर दी गई।

3. बल्गारिया के साथ सन्धि (Treaty with Bulgaria)—बल्गारिया के साथ की गई सन्धि की शर्तों के अनुसार इसके प्रदेश छीने नहीं गये, परन्तु उसे एजियन सागर तक पहुँचने के लिये कोई भी मार्ग प्राप्त नहीं हुआ। रूमानिया से बल्गारिया को दोब्रुजा प्राप्त हुआ। उसे यूनान और यूगोस्लाविया को सात करोड़ डॉलर की क्षतिपूर्ति की राशि देनी पड़ी। बल्गारिया की सैनिक शक्ति भी बहुत सीमित कर दी गई। यूनान की सीमा पर किसी प्रकार की किलेबन्दी पर रोक लगा दी।

4. हंगरी के साथ सन्धि (Treaty with Hungary)—हंगरी के साथ की गई सन्धि की शर्तों के अनुसार, उसे ट्रांसिल्वानिया रूमानिया को लौटाना पड़ा। चेकोस्लोवाकिया का वह इलाका जो रिबन ड्रेप के साथ वियना समझौता, 1938 के अन्तर्गत मिला था, पुनः चेक राज्य को लौटाया गया। डेन्यूब नदी के दक्षिणी किनारे के कुछ भाग भी हंगरी को चेकोस्लोवाकिया को दे पड़े (ये भाग हंगरी ने म्यूनिख समझौते के बाद अपने अधिकार में कर लिये थे)। हंगरी को कुल 20 करोड़ डॉलर क्षतिपूर्ति के रूप में रूस को तथा 5 करोड़ डॉलर यूगोस्लाविया और 5 करोड़ डॉलर चेकोस्लावाकिया को कच्चे माल के रूप में क्षतिपूर्ति के समय देने पड़े। हेंगरी की सशस्त्र सेनाओं की शक्ति भी बहुत कम कर दी गई।

5. फिनलैण्ड के साथ सन्धि (Treaty with Finland)—फिनलैण्ड को 1939 के अन्त में रूस के आक्रमण का शिकार होना पड़ा था। जून, 1941 में वह जर्मनी के साथ रूस के विरुद्ध युद्ध में सम्मिलित हो गया। सन्धि की शर्तों के अनुसार, फिनलैण्ड को **करेवियन स्थल डमरूमध्य, सल्ला क्षेत्र** और **पेतसायों** के प्रान्त रूस को देने पड़े। फिनलैण्ड को 50 वर्षों के पट्टे पर **पोरक्कला उद्द** में रूस को एक नौसैनिक अड्डा बनाने की आज्ञा दे दी। फिनलैण्ड ने आठ वर्षों की अवधि में रूस को तीस करोड़ डॉलर की वस्तुएँ युद्ध हर्जाने के रूप में देना स्वीकार किया। फिनलैण्ड की सशस्त्र सेनाओं में भी बहुत कमी कर दी गई।

पाँचों सन्धियों की समीक्षा—उपर्युक्त पाँचों सन्धियाँ 15 सितम्बर, 1947 में लागू कर दी गईं, परन्तु इनकी शर्तों का बहुत कम सीमा तक पालन किया गया। **पामर** और **पर्किन्स** के अनुसार, "हंगरी, बल्गारिया और रूमानिया के लोगों की स्वतन्त्रता प्रायः दिखावटी रही है। डेन्यूब की स्वतन्त्रता प्रायः नगण्य रही है और उस पर नियन्त्रण सोवियत गुट का रहा है। बल्गारिया, हंगरी और रूमानिया की शांति सन्धियों की तरह इटली के साथ की गई शांति सन्धि भी प्रायः मृत रही है। इटली ने पश्चिमी शक्तियों से प्रोत्साहन पाकर रूस पर बदनीयती का आरोप लगाकर और यह बहनाना बनाकर कि पूर्ण स्वतन्त्रता और राष्ट्रीय सुरक्षा उसके अस्तित्व के लिये अनिवार्य है, उसने शान्ति सन्धि का परित्याग कर दिया।" इन शांति सन्धियों ने शांति

स्थापित करने की बजाय शीत युद्ध को और अधिक उग्र बना दिया। प्रत्येक गुट अपने-अपने समर्थकों का, शांति सन्धियों का उल्लंघन करने में, साथ देने लगा।

6. ऑस्ट्रिया के साथ शांति सन्धि (Treaty with Austria)—मार्च, 1938 में हिटलर ने ऑस्ट्रिया का विलय जम्रनी में कर लिया था। ऑस्ट्रिया में जम्रन लाग निवास करते हैं। द्वितीय विश्व युद्ध के दौरान ऑस्ट्रियन लोगों ने कुछ अपवादों को छोड़कर, जम्रनी का हृदय से साथ दिया था। युद्ध के पश्चात् जर्मनी और बर्लिन की तरह, ऑस्ट्रिया और इसकी राजधानी वियना भी चार भागों में विभक्त करदी गई थी। इतना होने पर भी ऑस्ट्रिया के प्रति विजेताओं का अपेक्षाकृत उदाहर व्यवहार ही रहा। ऑस्ट्रिया के साथ सन्धि करने के सम्बन्ध में रूस ने अनेक बाधाएं उपस्थित कीं। युद्ध की समाप्ति के बाद दस वर्षों तक सन्धि के सम्बन्धि में प्रयत्न किये जाते रहे। अन्त में 15 जुलाई,1955 को ऑस्ट्रिया के साथ 'चार बड़ों' ने शांति सन्धि कर ली।

ऑस्ट्रियन सन्धि की शर्तें—द्वितीय विश्व युद्ध के बाद आरम्भ हुए शीत युद्ध के दौरान ऑस्ट्रियन सन्धि दोनों गुटों का पहला प्रमुख समझौता था। इस सन्धि की निम्नलिखित मुख्य शर्तें थीं—

(i) ऑस्ट्रिया को एक सार्वभौम, स्वतन्त्र एवं लोकतान्त्रिक राज्य के रूप में मान्यता प्रदान कर दी गई।

(ii) ऑस्ट्रियन सरकार ने तटस्थता की नीति अपनाने कावचन दिया तथा मित्र राष्ट्रों ने उसकी स्वतन्त्रता एवं अखण्डता की सुरक्षा का वचन दिया।

(iii) ऑस्ट्रिया ने इस बात पर अपनी सहमति प्रकट की कि वह प्रत्यक्ष या परोक्ष रूप में जर्मनी के साथ राजनीतिक या आर्थिक एकीकरण नहीं करेगा।

(iv) ऑस्ट्रिया किसी भी गुट के सैनिक संगठन की सदस्यता ग्रहण नहीं करेगा।

(v) 1 जनवीर, 1938 को ऑस्ट्रियन सीमाओं को स्वीकार कर लिया गया।

(vi) ऑस्ट्रिया खतरनाक अस्त्रों का न निर्माण करेगा, न अपने पास उन्हें रखेगा।

(vii) समस्त विदेशी सेनाएँ 1955 के अन्त तक ऑस्ट्रियन भूमि पर से हट जायेंगी।

ऑस्ट्रिया की शांति संधि दो दृष्टियों से महत्त्वपूर्ण थी—

(i) ऑस्ट्रिया को 17 वर्ष के बाद विदेशी शासन से स्वतन्त्रता प्राप्त हुई।

(ii) शीतयुद्ध में यह पश्चिम और पूर्व में पहला समझौता था तथा यह महाशक्तियों में देतांत व्यवहार की शुरूआत थी।

7. जर्मनी के साथ सन्धि (Treaty with Germany)—जर्मनी एक ऐसा राष्ट्र है जो प्रारम्भ से ही यूरोप के प्रथम श्रेणी के राष्ट्रों में गिना जाता है। दोनों ही विश्व युद्धों में जर्गनी को उत्तरदायी राष्ट्र माना जाता है। प्रथम विश्वयुद्ध में भारती पतन के बाद इस राष्ट्र ने जिनते कम समय में अपनी क्षतिपूर्तियाँ कर संसार के शक्तिशाली राष्ट्रों को चुनौती दी, वह आश्चर्यकारी थी। द्वितीय विश्वयुद्ध के बाद मित्र राष्ट्रों द्वारा इसकी शक्ति को बुरी तरह कुचल दिया गया और 5 जून, 1945 को बर्लिन घोषणा के अनुसार इसको चार भागों में विभाजित कर दिया गया। द्वितीय विश्व युद्ध के बाद जम्रनी का युद्ध प्रारम्भ करने का मुख्य अपराधी होने, विजेता शक्तियसों में परस्पर अविश्वास होने तथा अपने-अपने प्रभाव क्षेत्र को बढ़ाने के प्रयासों के कारण जम्रनी के सम्बन्ध में पश्चिमी गुट और साम्यवादी गुट अर्थात् सोवियत संघ, अन्य राष्ट्रों की तरह कोई शान्ति समझौता नहीं करसके। परिणामतः जम्रनी का विभाजन कर देना पड़ा। प्रारम्भ में चारों क्षेत्रों पर उनके सेनापतियों का पूरा नियन्त्रण एवं सर्वोच्च अधिकार रखा गया। इन चारों ही देशों को मिलाकर एक '**मित्र राष्ट्रीय नियन्त्रण परिषद**' (Allied Control Commission) की स्थापना की गई, जिसे बर्लिनल में स्थापित किया गया। बर्लिन को भी चार भागों में बांट दिया गया।

'मित्र-राष्ट्रीय नियन्त्रण परिषद' भी चारों राष्ट्रों के आपसी मतभेद के कारण सन् 1948 में समाप्त हो गई। इसके बाद सन् 1949 में जर्मनी के रूसी भाग (पूर्वी जर्मनी) को लोगों का '**जनतांत्रिक गणराज्य**' (People's Democractic Republic) घोषित कर दिया गया। अन्य तीन भागों में तीनों पश्चिमी शक्तियों (इंग्लैण्ड, फ्रांस और अमेरिका) का परस्पर सम्बन्ध बना रहा और 21 सितम्बर, 1949 को तीनों क्षेत्रों को मिलाकर 'पश्चिमी जर्मनी में संघीय राज्य' की स्थापना की गई। 5 मई, 1955 को पश्चिमी जर्मनी पर से पश्चिमी राष्ट्रों ने अपना सैनिक अधिकार समाप्त कर दिया और पश्चिमी जर्मनी को पूर्ण स्वाधीनता और सर्वोच्चता प्राप्त हो गई। 1966 ई. में सोवियत संघ ने बर्लिन की नाकाबन्दी कर दी और 1968 में पूर्वी जर्मनी की पुलिस ने अपने क्षेत्र को पश्चिमी जर्मनी के लिए सील कर दिया। इस प्रकार पूर्वी जर्मनी और पश्चिमी जर्मनी की सीमाओं के मार्ग बन्द हो गये। इसके बाद से जर्मनी के एकीकरण की मांग जारी रही जो 3 अक्टूबर, 1990 को पूरी हुई।

8. जापान के साथ सन्धि (Treaty with Japan)—पश्चिमी राष्ट्रों और सोवियत संघ के बीच जापान के साथ शांति संधि के सम्बन्ध में काफी मतभेद रहा। 1951 में सेन फ्रांसिस्कों में 50 राष्ट्रों के सम्मेलन में जापान के साथ संधि की शर्तें तय हुईं, लेकिन रूस ने इन शर्तों का विरोध किया और उसके संधि पत्र पर हस्ताक्षर नहीं किये। अन्य देशों और जापान के मध्य 8 सितम्बर, 1951 को शांति संधि हो गयी।

सन्धि की प्रमुख धाराएँ (Main Provisions of the Treaty)—जापान के साथ्न जो संधि हुई, उसकी प्रमुख शर्तें निम्नलिखित थीं—

(1) जापान ने कोरिया की स्वतन्त्रता स्वीकार कर ली।

(2) जापान ने फारमोसा, पेस्काडोरस, क्यूराइल, दक्षिणी सखालिन और प्रशान्त महासागर में अनेक द्वीपों पर से अपना अधिकार हटा लिया और चीन में अपने विशेषाधिकारों को त्याग दिया।

(3) जापान ने र्‍यूक्यू और बोनिन पर अमेरिकन न्यास को स्वीकार कर लिया।

(4) यह तय हुआ कि सन्धि पत्र पर हस्ताक्षर होने के 90 दिनों में मित्र राष्ट्रों की सेनाएँ जापान से हट जायेंगी, परन्तु जापान यदि चाहे, तो एक या अधिक मित्र-राष्ट्रों की सेनाएँ वहां रह सकेंगी।

(5) जापान आक्रामक हथयार नहीं रखेगा तथा चार्टर के अनुसार आचरण करेगा, परन्तु आत्म-रक्षा के लिये शस्त्रों का प्रयोग कर सकेगा।

(6) जापान ने युद्ध में विध्वंस किये गये देशों को सहायता देना स्वीकार किया।

(7) जापान की आर्थिक दुर्दशा देखते हुए क्षतिपूर्ति की राशिका प्रश्न फिलहाल स्थगित कर दिया गया।

(8) जापान की सम्प्रभुता एवं स्वतन्त्रता का क्षेत्र चार बड़े तथा कुछ छोटे द्वीपों तक सीमित कर दिया गया, जिनका क्षेत्रफल एक लाख पचास हजार वर्ग मील है।

(9) जापानी युद्धबन्दी स्वतन्त्र कर दिये गये।

(10) जापान ने युद्ध से पूर्व लिये गये ऋणों की अदायगी स्वीकार कर ली।

(11) जापान ने मित्र राष्ट्रों को चार वर्ष तक के लिये व्यापारिक मामलों में **परम् इष्ट व्यवहार** की सुविधाएँ देना स्वीकार किया।

◆◆◆

2

भारत की विकासात्मक विदेश नीति

वर्तमान विश्व के नवीन परिवर्तनों के विषय में **टी.वी. कालिजार्वी** लिखते हैं कि "आजकल अन्तर्राष्ट्रीय राजनीतिक व्यवस्था का पुनर्गठन हो रहा है जिसमें पूर्ववर्ती राज्य व्यवस्था एवं राष्ट्रीय राज्य व्यवस्था धीरे-धीरे नवीन राजनीतिक रूपों में परिवर्तित हो रही है, साम्राज्यों का पतन हो रहा है और उपनिवेश स्वतन्त्रता प्राप्त करते जा रहे हैं। राष्ट्रीय राज्य एक बड़े संघ में विलीन होते जा रहे हैं।" द्वितीय विश्व-युद्ध से लेकर वर्तमान तक अन्तर्राष्ट्रीय राजनीति को प्रभावित करने वाले अनेक तत्त्व उभर कर आये हैं। संयुक्त संघ के जन्म के बाद अन्तर्राष्ट्रीय राजनीति में अनेक परिवर्तन आए, जिन्होंने संयुक्त राष्ट्र संघ के संगठन, सदस्य देशों के दृष्टिकोण तथा कार्यप्रणाली को समय-समय पर प्रभावित किया है। वर्तमान में संयुक्त राष्ट्र संघ की प्रासंगिकता को बताने वाले प्रमुख तत्त्व हैं। शीतयुद्ध की समाप्ति के फलस्वरूप अब महाशक्तियों की आपसी सैनिक होड़ समाप्त हो चुकी है। कोई महाशक्ति एक-दूसरे को नीचा दिखने के लिए सुरक्षा परिषद् में अपने निषेधाधिकार (वीटो) का प्रयोग नहीं करती है। आज सभी राष्ट्र शांति, युद्ध-विराम व राहत पहुंचाने सम्बन्धी प्रस्तावों को बातचीत द्वारा सुनिश्चित कर लेते हैं। आज अधिकांश राष्ट्र अपनी समस्याओं के समाधान हेतु संयुक्त राष्ट्र संघ की मध्यस्थता, तकनीकी सलाह और शान्ति सेनाओं की सहायता की मांग करने लगे हैं। अमेरिका जैसी महाशक्तिय भी इराक (1991)

तथा हैती (1994) में हस्तक्षेप करने से पहले संयुक्त राष्ट्र की मंजूरी आवश्यक समझती है। यदि विश्व सरकार के स्वप्न को साकार करना है तो संयुक्त राष्ट्र संघ ही इसका एकमात्र माध्यम है। इसी के माध्यम से सामूहिक सुरक्षा विश्व-व्यवस्था, शांति, न्याय, राज्यों की सार्वभौम प्रभुसत्ता की रक्षा की जा सकती है। एक तरह जहाँ शतीयुद्धोत्तर काल में जहाँ संयुक्त राष्ट्रसंघ के सदस्यों के दृष्टिकोण में कुछ सकारात्मक परिवर्तन लखित हो रहे हैं, वहाँ दूसरी तरफ शीतयुद्धकाल का सन्देह व कूटनीतिक चालें अभी पूर्णतया समाप्त नहीं हुई है तथा शीतयुद्धोत्तर काल में अनेक ऐसे नकारात्मक स्वरूप सामने आ रहे हैं, जिनके कारण कुछ विद्वान यह कह रहे हैं कि चार्टर का संयुक्त राष्ट्र लुप्त हो गया है, आज यह अप्रासंगिक होता जा रहा है। संयुक्त राष्ट्र संघ को प्रभावहीन करने वाले प्रमुख परिवर्तनों को निम्नलिखित बिन्दुओं के अन्तर्गत देखा जा सकता है—

आजकल अन्तर्राष्ट्रीय समुदाय एक विश्वव्यापी बिखराव और विखण्डन की प्रक्रिया से गुजर रहा है। इस प्रक्रिया की सक्रियता के दो कारण दिखाई देते हैं— (i) उपनिवेशवाद का विलोप होना तथा (ii) पश्चिमी उदारवादी राजनीतिक दर्शन के अन्तर्गत विकसित हुए आत्मनिर्णय के अधिकार को मान्यता मिलना। यदि यह मानकर चलें कि विश्व की सभी सम्भावित स्वाधीनता की आकांक्षाओं को सफलता मिल जायेगी तो उसके फलस्वरूप 305 राष्ट्रीय राज्य प्रकट होंगे जिनमें से 136 (44.6%) राज्य लघुतम श्रेणी के, 91 (29.8%) राज्य लघु श्रेणी के, 65 (21.3%) मध्य श्रेणी के तथा केवल 13 (4.3%) राज्य भीमकाय श्रेणी के होंगे। इसका अभिप्राय यह होगा कि भविष्य में संयुक्त राष्ट्र संघ एक ऐसे बहुमत के नेतृत्व में कार्य करेगा जो कि स्वयं विश्व के अल्पमत (जनसंख्या के सन्दर्भ में) का प्रतिनिधित्व करेगा।

वर्तमान में यह एक अजीब विडम्बना है कि एक तरफ मालदीव और बारबडोस जैसे लघुतम राष्ट्र हैं, दूसरी तरफ अमेरिका और चीन जैसे बड़े राष्ट्र हैं और दोनों को एक मत देने का अधिकार है, जो कि सर्वथा अतार्किक और अबौद्धिक है। वर्तमान में कबीलों के मुखियाओं ने राष्ट्र राज्य के मुखिया का रूप धारण कर लिया है और ऐसे राज्यों के हाथों में संयुक्त राष्ट्रसंघ के बारे मं बुनियादी फैसले लेने की शक्ति सिमट कर रह गई है। दूसरी तरफ इन सारे प्रस्तावों के क्रियान्वयन की जिम्मेदारी उन पर न होकर बड़े तथा मध्यम दर्जे के राष्ट्रों पर है। फलस्वरूप ये बड़े राष्ट्र जानबूझ कर इन प्रस्तावों को कार्यान्वित नहीं करेगें, क्योंकि ऐसा करने से उनके हित प्रभावित होंगे, फलस्वरूप सिद्धान्त और व्यवहार का अन्तर निरन्तर बढ़ता जा रहा है।

अपनी स्थापना के बाद से संयुक्त राष्ट्र के सदस्यों की संख्या में लगभग 4 गुनी बढ़ोत्तरी हुई है, किन्तु सुरक्षा परिषद् जो कि इसका सर्वाधिक महत्वपूण अंग है, के सदस्यों की संख्या में 1965 के बाद से कोई बढ़ोतरी नहीं हुई। संगठन के

विस्तार की दृष्टि से अब परिषद् के सदस्यों की संख्या 25 से 30 के बीच होनी चाहिए, जो कि केवल 15 है। इसके अलावा इसके स्थायी सदस्यों की संख्या भी बहुत समय से पांच पर टिकी हुई है। इस बीच विश्व में कई महत्त्वपूर्ण शक्ति केन्द्रों का उदय हुआ है, जो क्षेत्रीय स्तर पर सुरक्षा सम्बन्धी महत्त्वपूर्ण भूमिका निभा रहे हैं या फिर आर्थिक तथा संसाधनों की दृष्टि से महाशक्तियों के रूप में उभरकार सामने आए हैं। ब्राजील (लेटिन अमेरिका), जर्मनी (यूरोप), भारत, जापान (एशिया), नाइजीरिया (अफ्रीका) को आमतौर पर इस वर्ग में माना जाता है। वर्तमान में इस बात पर गम्भीरता से विचार किया जा रहा है। यही कारण है कि 2005 में इस सम्बन्ध में संयुक्त राष्ट्र महासभा के समक्ष निम्नलिखित प्रस्ताव रखे गये—

(i) मार्च, 2005 में संयुक्त राष्ट्र संघ के महासचिव ने सुरक्षा परिषद् के सदस्यों की संख्या बढ़ाने हेतु 24 सदस्यों के दो पृथक्-पृथक् प्रस्ताव महासभा में रखे। पहले प्रस्ताव में 5 पुराने स्थायी सदस्य (वीटो अधिकार सहित), 6 नये स्थायी सदस्य (बिना वीटो के अधिकार के) तथा 13 अस्थायी सदस्यों की बात कही गयीं। दूसरे प्रस्ताव में 5 पुराने वीटो सहित स्थायी सदस्य, 1 बिना वीटो के नया स्थायी सदस्य तथा 18 अस्थायी सदस्यों की बात कही गयी।

(ii) जी-4 के देशों (भारत, जर्मनी, जापान, ब्राजील) ने जुलाई, 2005 में संयुक्त राष्ट्र महासभा में एक संयुक्त प्रस्ताव रखा कि सुरक्षा परिषद में 6 नये स्थायी सदस्यों सहित कुल 10 नये सदस्य लिये जायें। 6 नये स्थायी सदस्यों में जी-4 के चारोंदेशों के अतिरिक्त अफ्रीका से दो और देश लिये जायें। जी-4 देशों के इस प्रस्ताव में नये स्थायी सदस्यों को 15 वर्ष तक वीटो के अधिकार से रहित रखने की बात कही गयी।

(iii) अफ्रीकी देशों ने भी इस सम्बन्ध में महासभा में अपना पृथक् प्रस्ताव रखा। जब तक सुरक्षा परिषद् में अन्तर्राष्ट्रीय जगत के इस नए उभरते स्वरूप के अनुसार सदस्यता का निर्धारण नहीं होगा, तब तक यह परिषद् संयुक्त राष्ट्रसंघ के चार्टर की भावना के अनुरूप संगठित नहीं हो पायेगी। आज अन्तर्राष्ट्रीय राजनीति में व्यापार, वाणिज्य तथा आर्थिक तत्त्वों का महत्त्व बढ़ रहा है। संयुक्त राष्ट्र संघ की गैर-राजनीतिक गतिविधियों में इस नवीन प्रवृत्ति को देखा जा सकता है। इस समय संयुक्त राष्ट्र संघ गम्भीर वित्तीय संकट का सामना कर रहा है। सन् 1980 के बाद से सदस्य देशों की ओर से इन विश्व संगठन के लिएदिये जाने वाले योगदान का भुगतान नहीं किया गया है। संयुक्त राष्ट्र संघ का वार्षिक व्यय लगभग 80 करोड़ डॉलर है एवं उसके सदस्य राष्ट्र व्यय इस प्रकार वहन करते हैं—

अमरीका 31.91%, रूस 14.92%, ब्रिटेन 7.21%, फ्रांस 6.9%, चीन 5.75%, कनाडा 3.25%, भारत 1.85% तथा अन्य देश 29.02%। अभी तक

अमरीका संयुक्त राष्ट्र संघ को बहुत उदारतापूर्वक वित्तीय सहायता देता रहा है, लेकिन अब कदम पीछे हटाने लगा है। अब अमरीकी जनता यह समझने लगी है कि मंच केवल अमरीका का विरोध करने का एक माध्यम बन कर रह गया है। वर्तमान में इस संस्था के पास धन का अत्यधिक अभाव है क्योंकि लगभग 84 करोड़ 80 लाख डॉलर का धन इसके सदस्य देशों की तरफ संस्था का बकाया है, इसके अतिरिक्त लगभग इतना ही धन इसकी अन्य संस्थाओं का सदस्य देशों पर बकाया है।

धन के अभाव में यह संस्था अपने दायित्वों को पूरा करने में समर्थ नहीं हो पा रही है। शीत युद्ध की समाप्ति (1991) और सोवियत संघ के बिखराव (1991) के बाद उदीयमान नई विश्व व्यवस्था में अमरीकी दादागीरी तथा धौंस का खतरा बढ़ गया है। यूरोप तथा अमेरिका के मध्यम विवाद उभरा है। तीसरी दुनिया के देशों के प्रति अमेरिका सहित पश्चिमी देशों का दबाव बढ़ गया ह। अंकटाड और समुद्री कानूनों के अन्तर्गत इस व्यवस्था को गरीबी देशों के विरुद्ध देखा जा सकता है। 1996 में तथा 2003 में क्रमशः अमरीका ने इराक द्वारा कुर्दों पर हमे तथा इराक में खतरनाक जैविक व रासायनिक हथियारों के भण्डार होने को आधार बनाकर इराक पर आक्रमण कर दिया। किसी भी देश को दूसरे देश पर आक्रमण करने से पहले औपचारिक रूप से संयुक्त राष्ट्रसंघ से अनुमति लेना जरूरी होता है, जैसाकि अमरीका ने स्वयं 1991 के खाड़ी युद्ध के समय ली थी। लेकिन बाद में, विशेषकर 2003 में तो अमरीका ने इस तरह की औपचारिकता भी निभाने की जरूरत महसूस नहीं की। रूस और चीन ने इस हमले को संयुक्त राष्ट्र घोषणा पत्र का क्रूर उल्लंघन बताया। इसी क्रम में मार्च, 1999 में अमेरिकी नेतृत्व में नाटो द्वारा यूगोस्लाविया पर कोसावो समस्या को सुलझाने के लिए हवाई आक्रमण करना भी इसी दादागीरी का एक उदाहरण है। स्पष्ट है कि सोवियत संघ के बिखराव के बाद अमरीकी दादागीरी व धौंस निरन्तर बढ़ती जा रही है। संयुक्त राष्ट्र संघ अमेरिका की इस दादागीरी को रोकने में अपने को असहाय पा रहा है।

संयुक्त राष्ट्रसंघ ने अपने जीवन के इतिहास में पहली बार अकालग्रस्त, युद्धग्रस्त, रोगी ओर हिंसाचारी अराजक सोमालिया में 'ऑपरेशन रेस्टोर होप' के अन्तर्गत राहत पहुंचाने का कार्य प्रारम्भ किया। इस हेतु उसने सोमालिया. में सशस्त्र हस्तक्षेप किया। इस हस्तक्षेप के मुख्य उद्देश्य थे—(i) शांति स्थापित करना, (ii) युद्धरत सोमालियों को निःशस्त्र करना, (iii) मानवीय सहायता प्रदान करना तथा (iv) राजनीतिक-आर्थिक संस्थाओं को पुनः स्थापित करना। लेकिन सोमालिया में संयुक्त राष्ट्र संघ की ये शांति सेनाएँ निष्प्रभावी रहीं तथा उन्हें 31-3-1995 तक वहाँ से हटा लिया गया। दूसरे, संयुक्त राष्ट्र संघ अन्तर्राष्ट्रीय मादक द्रव्यों की तस्करी तथा अन्तर्राष्ट्रीय आतंकवाद पर अंकुश लगाने में समर्थ नहीं हो पा रहा है। वह पर्यावरण

प्रदूषण की समस्या का भी हल नहीं खोज पा रहा है क्योंकि महाशक्तियाँ इन कार्यों में उसे पर्याप्त सहयोग नहीं कर रही हैं। इस प्रकार आज संयुक्त राष्ट्रसंघ के सम्मुख सबसे बड़ी चुनौती परिवर्तित परिस्थितियों के अनुरूप स्वयं को सम्पूर्ण विश्व समुदाय के लिए प्रासंगिक, उपयोगी तथा महत्त्वपूर्ण बनाये रखना है। इस हेतु संयुक्त राष्ट्र को आज निम्नलिखित तत्त्वों पर ध्यान देने की आवश्यकता है—

(i) मानवाधिकारों के संरक्षण के लिए अधिक सक्रिय, सचेत तथा उत्तरदायित्वपूर्ण भूमिका निभानी होगी। उसमें सम्पूर्ण मानवता के अधिकारों की रक्षा की महती जिम्मेदारी सफलतापूर्वक निभानी है और इस दृष्टि से इस महत्त्वपूर्ण विषय को राजनीति का खेल बनने से रोकना होगा।

(ii) आतंकवाद संयुक्त राष्ट्र संघ के समक्ष वर्तमान में सबसे बड़ी चुनौती है। आतंकवाद का समान कोई अकेली सरकार नहीं करसकती, यह पिछले कुछ वर्षों की घटनाओं से स्पष्ट हो चुका है तथा अब तो अमेरिका भी इसका अनुभव कर चुका है। अतः इस अन्तर्राष्ट्रीय संस्था को ही इस दिशा में सकारात्मक कदम उठाने होंगे।

(iii) संयुक्त राष्ट्र संघ को शांति, स्थापना, सुरक्षा तथा निःशस्त्रीकरण की दिशा में भी कदम उठाने होंगे तथा इसके लिए अन्तर्राष्ट्रीय स्तर पर उपयुक्त वातावरण का निर्माण करना होगा जिससे विश्व के विकासशील देश शस्त्रों पर व्यय कम करके आर्थिक-सामाजिक विकास पर अपना ध्यान केन्द्रित कर सकें।

(iv) यही नहीं संयुक्त राष्ट्र संघ आर्थिक तथा सामाजिक परिषद् को आगे आने वाले वर्षों में एक अत्यधिक महत्त्वपूर्ण तथा सकारात्मक भूमिका निभाते हुए विश्व में गरीबी तथा भुखमरी हटाने के प्रयास करने होंगे।

(v) खुलापन तथा प्रजातन्त्र एक अच्छे प्रशासन के मुख्य आधार स्तम्भ होते हैं। इस हेतु एक सभ्य समाज की स्थापना को भूतपूर्व महासचिव कोफी अन्नान ने भी संयुक्त राष्ट्र संघ का उद्‌देश्य माना। इस दिशा में भी आने वाले वर्षों में बहुत कुछ किया जाना शेष है। विश्व में मानव अधिकारों की सुरक्षा एवं प्रोन्नति में यू. एन. ओ. की महत्त्वपूर्ण भूमिका है। मानवाधिकारों के संरक्षण के लिए विश्व स्तर की संस्था के रूप में संयुक्त राष्ट्र संघ को ही देखा जाता है। संघ के चार्टर के **अनुच्छेद 55** में कहा गया है कि संयुक्त राष्ट्र संघ बिना किसी जाति, लिंग, भाषा और धर्म के विभेद के, मानवाधिकारों को बढ़ावा देने के लिए मानवाधिकारों के प्रति सम्मान बढ़ाने एवं उनकी देखभाल करने और मानवीय आधारभूत स्वतन्त्रताओं को बढ़ावा देने के लिए कार्य करेगा। इसी प्रकार अनुच्छेद 56 में कहा गया है कि अनुच्छेद 55 में दिये गये प्रावधानों को बढ़ावा देने के लिए प्रत्येक सदस्य राष्ट्र संयुक्त रूप से

या अकेले ही संघ्ज्ञ को सहयोग प्रदान करेगा। संयुक्त राष्ट्र संघ के चार्टर के उक्त प्रावधानों से स्पष्ट होता है कि संघ का उद्देश्य विश्व की जनता को उनके अधिकारों से केवल परिचति कराना ही नहीं, बल्कि ऐसा वातावरण उत्पन्न करना है, जिसमें सभी लोग स्वतन्त्रता, समानता एवं गरिमा के साथ जीवनयापन कर सकें। संयुक्त राष्ट्र संघ द्वारा इन उद्देश्यों की प्राप्ति हेतु समय पर विभिन्न अंगों की स्थापना कर चार्टर की भावना को लागू करने का प्रयास किया जाता रहा है। वर्तमान में संयुक्त राष्ट्र संघ के 192 सदस्य हैं। संयुक्त राष्ट्र संघ के संगइन के अन्तर्गत विभिन्न अंग स्थापित किये गये हैं, जिनमें प्रमुख 6 अंग निम्नलिखित हैं—

(1) महासभा (2) सुरक्षा परिषद् (3) आर्थिक एवं सामाजिक परिषद् (4) न्यास परिषद् (5) अन्तर्राष्ट्रीय न्यायालय एवं (6) सचिवालय।

महासभा का एक प्रमुख कार्य यह है कि यह महासभा आर्थिक, सामाजिक, सांस्कृतिक, शैक्षिक तथा स्वास्यि के क्षेत्रों में अन्तर्राष्ट्रीय सहयोग को बढ़ावा देने तथा बिना जाति, लिंग, भाशा एवं धर्म के भेदभाव के मानवीय अधिकारों तथा मौलिक स्वतन्त्रताओं की प्राप्ति के लिए अध्ययन करवाये तथा सिफारिशें दे। [अनु. 13(3)]।

लेकिन महासभा के प्रस्ताव बन्धनकारी न होकर केवल संस्तुति होते हैं। इसके प्रस्ताव तथा घोषणाएँ सदस्य राज्यों पर सामान्यतया बन्धनकारी नहीं होते हैं। लेकिन दक्षिणी-पश्चिमी अफ्रीका के बाद में न्यायाधीश जेसप ने कहा कि महासभा के प्रस्ताव व घोषणाएँ यद्यपि एक अन्तर्राष्ट्रीय वैधानिक प्रकृति के नहीं होते हैं, परन्तु जातीय भेदभाव की भर्त्सना के सम्बन्ध में एकत्रित अभिव्यक्तियाँ तत्कालीन अन्तर्राष्ट्रीय स्तर के साक्ष्य हैं तथा अन्तर्राष्ट्रीय न्यायालय इनकी ओर ध्यान देने को बाध्य है। इसी प्रकार जनवध अभिसमय के आरक्षित अधिकार सम्बन्धी वाद में न्यायाधीश अलवरेज ने महासभा के प्रस्तावों व घोषणाओं के सम्बन्ध में कहा कि इन्होंने अभी तक एक बन्धकारी प्रकृति प्राप्त नहीं की है, लेकिन वे प्राप्त कर सकते हैं, यदि उन्हें जनमत का सहारा मिल जाये। महासभा का दूसरा प्रमुख कार्य पर्यवेक्षण सम्बन्धी है। इसके अन्तर्गत महासभा दूसरे प्रमुख अंगों तथा विशिष्ट एजेन्सियों पर अपना नियन्त्रण रखती है। महासभा विशेष रूप से संयुक्त राष्ट्र के दो प्रमुख अंगों—आर्थिक एवं सामाजिक परिषद् तथा न्यासधारिता परिषद् पर अपना नियन्त्रण रखती है। वास्वत में आर्थिक तथा सामाजिक परिषद् महासभा के अधीनस्थ अंग के रूप में कार्य करती है। मानवाधिकारों के संरक्षण के सम्बन्ध में महासभा ने आर्थिक एवं सामाजिक परिषद् को जिम्मेदारी दी है। इस दृष्टि से वह सामाजिक-आर्थिक परिषद् के मानवाधिकार सम्बन्धी कार्यों का पर्यवेक्षण का कार्य करती है। यह आर्थिक एवं सामाजिक परिषद् के 27 सदस्यों का चयन भी करती है। मानवाधिकारों के क्षेत्र में महासभा ने अनेक महत्त्वपूर्ण कार्य किये हैं—

महासभा ने मानवाधिकार आयोग द्वारा मानवाधिकार की सार्वभौमिक घोषणा के प्रायप को, जिसे उसने महासभा के समक्ष 7 दिसम्बर, 1948 को प्रस्तुत किया, महासभा ने 10 दिसम्बर, 1948 को अंगीकृत कर मानवाधिकारों को सभी सदस्य राष्ट्रों द्वारा पालन किये जाने का नैतिक दायित्व बना दिया। इसी को मानवाधिकारों की सार्वभौमिक घोषणा, 1948 कहा जाता है। यह घोषणा यद्यपि संधि नहीं थी और महासभा द्वारा कनूनी बिल के बिना प्रस्ताव के रूप में अपनायी गयी थी, फिर भी यह घोषणा विश्व के सभी राष्ट्रों के लिए आदर्श संहिता के रूप में सामने आयी। यह घोषणा मानवाधिकारों से सम्बन्धित अगली सभी प्रसंविदाओं का आधार बनी। महासभा ने इस घोषणा को सभी लोगों तथा सभी राष्ट्रों के लिए उपलब्धि के सामान्य मानक के रूप में घोषित किया और सभी सदस्य राज्यों तथा सभी लोगों से इसमें वर्णित अधिकारों तथा स्वतन्त्रताओं के प्रभावी मान्यता और अनुपालन में अभिवृद्धि करने और सुनिश्चित करने का अनुरोध किया। महासभा ने दिनांक 24 अक्टूबर, 1970 को अपने प्रस्ताव 2625 (XXV) में कहा कि मानव अधिकारों के बारे में घोषणा अन्तर्राष्ट्रीय समुदाय का प्राधिकारिक कथन है।

सिविल एवं राजनैतिक अधिकारों की अन्तर्राष्ट्रीय प्रसंविदा को 16 दिसम्बर, 1966 को प्रस्ताव संख्या 2200 ए (XXI) द्वारा संयुक्त राष्ट्र की महासभा द्वारा पारित किया गया तथा इस प्रसंविदा को व्यावहारिक रूप देने के लिए महासभा ने 23 मार्च, 1976 को इसका प्रॉटोकॉल लागू किया। महासभा द्वारा सिविल तथा राजनैतिक अधिकारों की अन्तर्राष्ट्रीय प्रसंविदा का द्वितीय ऐच्छिक नवाचार 15 दिसम्बर, 1989 को स्वीकार किया गया, जिसके अन्तर्गत सदस्य देशों से मृत्युदण्ड समाप्त करने के उपाय हेतु अनुरोध किया गया था जिसे 1992 को 12 सदस्य राष्ट्रों द्वारा स्वीकार भी किया जा चुका था। महासभा द्वारा 1966 में आर्थिक, सामाजिक एवं सांस्कृतिक अधिकारों की अन्तर्राष्ट्रीय प्रसंविदा को पारित किया गया। इस प्रसंविदा द्वारा सदस्य देशों के नागरिकों पर डाला गया है। महासभा ने 1988 में मानवाधिकारों की सार्वभौमिक घोषणा, 1948 की 50वीं वर्षगांठ के अवसर पर पारित किया। यह घोषणा न केवल स्वतन्त्रताओं व अधिकारों के साथ दायित्वों के संतुलन का रास्ता है बल्कि यह विचारधाराओं, विश्वासों और राजनैतिक दृष्टिकोणों के समायोजन का भी एक साधन है। संयुक्त राष्ट्र महासभा ने 20 दिसम्बर, 1993 को मानवाधिकारों के लिए संयुक्त राष्ट्र उच्च आयुक्त के पद का सृजन करने के लिए पारित किया। महासचिव के निर्देशों एवं प्राधिकार के अधीन उच्च आयुक्त सभी आर्थिक, सामाजिक एवं राजनैतिक अधिकारों को प्रोन्नत तथा संरक्षण करेगा। मानवाधिकारों के क्षेत्र में महासभा द्वारा पारित उक्त घोषणाओं, प्रसंविदाओं व प्रोटोकाल के अतिरिक्त महासभा ने अन्य अनेक प्रस्ताव, घोषणाएं व प्रसंविदाएँ पारित की हैं, जिनमें प्रमुख हैं—नरसंहार के अपराध

रोकने एवं दण्ड से सम्बन्धित प्रसंविदा, 1948; संघ बनाने एवं संगठित होने के अधिकारों से सम्बन्धित 120 का संविदा संख्या 87, 1948; दासता, दास व्यापार को रोकने से सम्त्रन्धित पूरक प्रसंविदा, 1956; शरणार्थी प्रसंविदा 1951 तथा अतिरिक्त प्रोटोकॉल 1967; रंगभेद से सम्बन्धित अपराधों को कम करने एवं दण्ड व्यवस्था से सम्बन्धित प्रसंविदा, 1973; महिलाओं से सम्बन्धित सभी प्रकार के विभेदीकरण की समाप्ति से सम्बन्धित प्रसंविदा, 1979; बाल-अधिकार प्रसंविदा, 1989 आदि।

संयुक्त राष्ट्र संघ का जन्म
(Birth of U.N.O.)

संयुक्त राष्ट्र संघ की स्थापना की दिशा में सर्वप्रथम प्रयास 12 जून, 1941 को 14 मित्र राष्ट्रों की लन्दन घोषणा से माना जाता है। इस घोषणा में यह कहा गया कि संसार में स्थायी शान्ति तभी स्थापित हो सकती है जबकि स्वतन्त्र राष्ट्र परस्पर स्वेच्दता से सहयोग करें, आक्रमण के भय से मुक्त हों और आर्थिक तथा सामाजिक सुरक्षा का उपयोग करते हों। 14 अगस्त, 1941 को अमरीका के राष्ट्रपति रूजवेल्ट और ब्रिटिश प्रधानमन्त्री चर्चिल ने संयुक्त राष्ट्र अटलाण्टिक चार्टर की घोषणा की। सितम्बर, 1942 में सोवियत रूस तथा यूरोप की दस अन्य सरकारों ने इस घोषणा पर हस्ताक्षर कर लिये। अक्टूबर, 1944 में वाशिंगटन में **'डम्बार्टन ओक्स'** नामक स्थान पर चीन, ब्रिटेन, संयुक्त राज्य अमरीका और सोवियत संघ के प्रतिनिधियों का सम्मेलन हुआ, जिससे भावी विश्व-संगठन की रूपरेखा तैयार की गयी। अप्रैल, 1945 में सेन फ्रांसिस्को में 50 राष्ट्रों का सम्मेलन हुआ। दो माह के अथवा प्रयासों के बार संयुक्त राष्ट्र संघ का संविधान तैयार किया गया। अंत में संसार के 50 राष्ट्रों के 10 हजार शब्दों के मसविदे पर हस्ताक्षर करके 26 जून, 1945 को इस अन्तर्राष्ट्रीय संगठन की स्थापना की। हस्ताक्षरकर्त्ताओं में से अनेक राष्ट्रों द्वारा संयुक्त राष्ट्र संघ की सदस्यता ग्रहण करने के लिए उनकी संसद की स्वीकृति आवश्यक थी। यह प्रक्रिया 24 अक्टूबर, 1945 को पूरी हो गयी और इसी दिन संयुक्त राष्ट्र संघ की औपचारिक रूप से स्थापना हुई।

संयुक्त राष्ट्र संघ के उद्देश्य
(Objects of U.N.O.)

संयुक्त राष्ट्र संघ की भूमिका अर्थात् उसके कार्यों का विवेचन करने से पूर्व संक्षेप में संयुक्त राष्ट्र संघ के उद्देश्यों पर विहंगम दृष्टि डालना आवश्यक है। चार्टर के अनुसार संयुक्त राष्ट्र संघ के प्रमुख उद्देश्य निम्नलिखित हैं—

(1) भावी सन्तति को युद्ध की विभीषिका से बचाना।

(2) मूल मानवीय अधिकारों, मानव व्यक्तित्व की प्रतिष्ठा और योग्यता, स्त्री-पुरुषों के समान अधिकारों और छोटे-बड़े सभी राष्ट्रों की समानता के प्रति विश्वास की पुनः पुष्टि करना।

(3) ऐसी परिस्थितियों का निर्माण करना जिनमें न्याय, सन्धियों तथा अन्तर्राष्ट्रीय कानून के अन्य स्रोतों से उत्पन्न होने वाले उत्तरदायित्वों के प्रति आदर की भावना को बनाए रखना सम्भव हो।

(4) व्यापक स्वतन्त्रता के जीवन में उच्च स्तरों और सामाजिक प्रगति को प्रोत्साहित करना।

संयुक्त राष्ट्र संघ के सिद्धान्त

संयुक्त राष्ट्र संघ के चार्टर की धारा 2 में इसके अग्रलिखित मूल सिद्धान्त बताये गये हैं—

(1) संयुक्त राष्ट्र संघ का पहला सिद्धान्त छोटे-बड़े सब देशों को समानता तथा सम्प्रभुता के सिद्धान्त को मान्यता देना है।

(2) इसके सभी सदस्य उन पर चार्टर द्वारा लागू होने वाले दायित्वों का पालन ईमानदारी से करेंगे।

(3) सभी सदस्य अन्तर्राष्ट्रीय झगड़ों का निपटारा शांतिपूर्ण साधनों से करेंगे।

(4) इसके सदस्य किसी देश की स्वतन्त्रता का हनन करने की या आक्रमण करने की न तो धमकी देंगे और न ऐसा कार्य करेंगे।

(5) कोई भी देश चार्टर के प्रतिकूल काम करने वाले देश की सहायता नहीं करेगा।

(6) संयुक्त राष्ट संघ, इसक सदस्य न बनने वाले राज्यों से भी अन्तर्राष्ट्रीय शान्ति और सुरक्षा बनाए रखने वाले सिद्धान्त का पालन करायेगा।

(7) संयुक्त राष्ट संघ किसी देश के घरेलू मामलों में हस्तक्षेप नहीं करेगा।

संयुक्त राष्ट्र संघ की सदस्यता

संयुक्त राष्ट्र संघ की सदस्यता उन सभी राज्यों के लिए खुली है जो शान्तिप्रिय हों और चार्टर में विश्वास करते हों। अनुच्छेद 4 के अनुसार नयेसदस्य बनाने के लिए अनिवार्य शर्तें निम्नलिखित हैं—

(i) वह शांतिप्रिय राज्य हो।

(ii) चार्टर द्वारा प्रस्तावित कर्त्तव्यों को वह पूरा करता हो।

(iii) संघ के निर्णय के अनुसार उन कर्त्तव्यों को पूरा करने में समर्थ हो।

(iv) संघ के निर्णयानुसार उन कर्त्तव्यों को पूरा करने की इच्छा रखता हो।

महासभा के दो-तिहाई बहुत और सुरक्षा परिषद् के 15 सदस्यों में से 5 स्थायी सदस्यों सहित 9 सदस्यों की स्वीकृति से किसी नये देश को सदस्यता प्रदान की जा सकती है। महासभा के निर्णय से पहले सुरक्षा परिषद् की स्वीकृति आवश्यक होती है।

सदस्यों का निलम्बन—सुरक्षा परिषद् की रिपोर्ट पर किसी सदस्य देश को महासभा से निलम्बित भी किया जा सकता है। अनुच्छेद 5 के अनुसार संघ के किसी सदस्य को, चार्टर के सिद्धान्तों पर निरन्तर उल्लंघन करने पर सुरक्षा परिषद् की सिफारिश पर महासभा द्वारा सदस्यता से वंचित किया जा सकता है एवं उसकी सुविधाओं पर बंधन भी लगाया जा सकता है।

सदस्यों का निष्कासन—चाद्दर के अनुच्छेद 6 के अनुसार, यदि कोई सदस्य जान-बूझकर तथा लगातार चार्टर में वर्णित सिद्धान्तों का उल्लंघन करता है तो उसे सुरक्षा परिषद् के सुझाव पर महासभा द्वारा संस्था से निकाला जासकता है। इसके लिए सुरक्षा परिषद् के 9 सदस्यों की सकारात्मक सहमति (जिसमें 5 स्थायी सदस्य शामिल होने चाहिए) तथा महासभा का दो-तिहाई बहुमत से निर्णय आवश्यक है।

सदस्यता छोड़ना—चार्टर में संघ की सदस्यता छोड़ने के सम्बन्ध में कोई व्यवस्था नहीं है। सदस्य राज्य, सम्प्रभु होते हैं। अतः वे सदस्यता जब चाहे तब छोड़ सकते हैं। उदाहरण के लिए, 1965 में मलेशिया को जब सुरक्षा परिषद् का अस्थायी सदस्य चुना गया तो इण्डोनेशिया ने संयुक्त राष्ट्र संघ की सदस्यता छोड़ दी थी, लेकिन एक वर्ष बाद इण्डोनेशिया ने पुनः इसकी सदस्यता ग्रहण कर ली थी।

गैर सदस्य राज्य—कुछ देश ऐसे भी हैं जिन्होंने अभी तक संयुक्त राष्ट्र संघ की सदस्यता प्राप्त नहीं की है। यथा—

(i) स्विटजरलैण्ड—पूर्ण तटस्थीकरण की रीति के कारण स्विटजरलैण्ड ने संयुक्त राष्ट्र संघ की सदस्यता ग्रहण नहीं की है।

(ii) ताइवान—जब साम्यवादी चीन को संयुक्त राष्ट्र का स्थायी सदस्य बनाया गया तो ताइवान को उसकी प्राथकि सदस्यता से वंचित कर दिया गया था तथा यह कहा गया था कि वह ताइवान के नाम से सदस्यता प्राप्त कर ले किन्तु उसने यह स्वीकार नहीं किया।

चार्टर में संशोधन—संयुक्त राष्ट्र संघ के चार्टर में संशोधन की व्यवस्था अध्याय 18 में अनुच्छेद 108 और 109 में दी गई है। यथा—

(i) अनुच्छेद 108 के अनुसार चार्टर में संशोधन 5 स्थायी सदस्य राष्ट्रों की सहमति प्राप्त होने पर साधारण सभा के 2/3 बहुत में स्वीकृत किया जा सकता है।

(ii) अनुच्छेद 109 के अनुसार वर्तमान चार्टर की पुनरावलोकन करने के लिएसदस्य राज्यों का एक सामान्य सम्मेलन महासभा के 2/3 बहुमत तथा सुरक्षा परिषद के किन्हीं 9 सदस्य राज्यों के बहुमत से बुलाया जा सकता है।

संयुक्त राष्ट्र संघ के कार्य

(Activities of United Nations Organization)

अमेरिका के भूतपूर्व राष्ट्रपति फ्रैंकलिन रूजवेल्ट ने संयुक्त राष्ट्र संघ का आकलन दो संयुक्त राष्ट्रों के रूप में किया था—एक, राजनीतिक स्तर पर काम करने वाला संयुक्त राष्ट्र और दूसरा, सामाजिक विकास और सांस्कृतिक स्तर पर काय करने वाला संयुक्त राष्ट्र। संयुक्त राष्ट्र संघ के उपर्युक्त उल्लिखित उद्‌देश्यों को ध्यान में रखते हुए इसके कार्यों को दो भागों में विभाजित किया जा सकता है जो निम्नलिखित हैं—

I. संयुक्त राष्ट्र संघ के राजनीतिक कार्य।

II. संयुक्त राष्ट्र संघ के सामाजिक व सांस्कृतिक कार्य।

I. संयुक्त राष्ट्र संघ के राजनीतिक कार्य (Political Activities of U.N.O.)—संयुक्त राष्ट्र संघ के प्रमुख राजनीतिक कार्य निम्नलिखित हैं—

(1) अन्तर्राष्ट्रीय शांति एवं सुरक्षा को बनाये रखना—संयुक्त राष्ट्र संघ का सबसे प्रमुख एवं महत्त्वपूर्ण कार्य अन्तर्राष्ट्रीय शांति एवं सुरक्षा को बनाये रखना है। अपने इस कार्य का सुचारु रूप से एवं सफलतापूर्वक संचालन करने के लिये वह दो प्रकार के साधनों को काम में लेता है अर्थात् उसके अन्तर्राष्ट्रीय शांति एवं सुरक्षा बनाये रखने सम्बन्धी कार्य को दो भागों में बाँट दिया गया है, प्रथम, शांतिमय कार्य और द्वितीय, प्रवर्तन कार्य।

(i) शांतिमय कार्य—शांतिमय कार्य के अन्तर्गत संयुक्त राष्ट्र संघ विवादों का शांतिमय ढंग से निपटारा करने के प्रयास करता है। इसके लिये वह विचार-विमर्श, बातचीत, पूछताछ, मध्यस्थता, जाँच-पड़ताल, मेल-मिलाप, अपील, निवारक एवं मौन कूटनीति, पंच निर्णय, न्यायिक निर्णय एवं क्षेत्रीय अभिकरणों का प्रयोग करता है।

(ii) प्रवर्तन कार्य—यदि शांतिमय कार्यों से अन्तर्राष्ट्रीय विवादों का समाधान करना सम्भव न हो तो संयुक्त राष्ट्र प्रवर्तन कार्यों को करता है। प्रवर्तन कार्यों के अन्तर्गत वह आर्थिक सम्बन्धों में पूर्ण या आंशिक प्रतिबन्ध लगाता है, संचार व्यवस्थाओं में, जैसे—रेल, समुद्र, वायु, डाक, तार, रेडियो आदि में बाधा डालता है, कूटनीतिक सम्बन्धों का विच्छेद कर सकता है, आपात सेनाओं का प्रयोग कर सकता है तथा

जल, थल एवं वायु सेनाओं द्वारा सामूहिक कार्यवाही कर सकता है। उसका प्रयत्न यह रहता है कि ऐसी परिस्थितियाँ उत्पन्न की जायें जिससे शांति भंग होने के अवसर न आयें। सुरक्षा परिषदऔर महासभा दोनों ने अन्तर्राष्ट्रीय शांति एवं सुरक्षा को बनाये रखने के लिये निरन्तर प्रयास किये हैं। यद्यपि इनको इनमें पूर्ण सफलता नहीं मिल सकी है तथापि वे युद्ध को टालने में कामयाबद अवश्य हुए हैं।

(2) स्वतन्त्रता को बनाये रखने सम्बन्धी कार्य—संयुक्त राष्ट्र संघ का एक अन्य प्रमुख राजनीतिक कार्य अस्वशासित क्षेत्रों की स्वतन्त्रता की रक्षा करना है संयुक्त राष्ट्र संघ ने इस सम्बन्ध में जिन 11 क्षेत्रों को न्यास पद्धति के अन्तर्गत रखा था, वे सब आज स्वतन्त्रता का उपयोग कर रहे हैं।

(3) शांति के लिये एकता प्रस्ताव के अन्तर्गत महासभा के शांति एवं सुरक्षा सम्बन्धी कार्य—जब सुरक्षा परिषद किसी विवार का सुलझाने में एकमत न हो सके और ऐसी स्थिति में महासभा को यह महसूस हो कि शांति व सुरक्षा की दृष्टि से सदस्य देश की स्वतन्त्रता पर एवं अन्तर्राष्ट्रीय शांति के भंग होने का खतरा आ सकता है तो 'शांति' स्थापना की दृष्टि से महासभा बहुमत से निर्णय लेती है। महासभा ने दो बार ही ऐसे कार्य किये हैं—प्रथम बार 1950 में कोरिया के प्रश्न पर और दूसरी बार 1980 में अफगानिस्तार से विदेशी सेनाओं के तुरन्त एवं बिना शर्त वापस किये जाने के सम्बन्ध में।

(4) अन्तर्राष्ट्रीय कानून की संरचना का कार्य—संयुक्त राष्ट्रसंघ का एक अन्य प्रमुख कार्य अन्तर्राष्ट्रीय कानून की व्याख्या करना है। संयुक्त राष्ट्र संघ ने अपने अन्तर्राष्ट्रीय न्यायालय के द्वारा अन्तर्राष्ट्रीय कानूनों की पुनः रचना के सम्बन्ध में महत्त्वपूर्ण कार्य किया है। अन्तर्राष्ट्रीय न्यायालय के माध्यम से संयुक्त राष्ट्रसंघ अनेक शब्दों की व्याख्या कर रहा है तथा अनेक समस्याओं पर अपनी घोषणायें कर राज्यों का उस ओर ध्यानाकर्षित कर रहा है। जैसे—मानव अधिकार सम्बन्धी घोषणा (1948), उपनिवेश देशों में लोगों की स्वतन्त्रता सम्बन्धी घोषणा (1960) तथा जाति भेदभाव के उन्मूलन सम्बन्धी घोषणा (1963) आदि।

(5) निःशस्त्रीकरण पर बल तथा अणु शक्ति का शांतिमय कार्यों के लिये प्रयोग पर बल—उपर्युक्त कार्यों के अतिरिक्त संयुक्त राष्ट्रसंघ अपने विचार-विमर्श शांति सम्मेलनों द्वारा अणु शक्ति से शांतिमय कार्यों में प्रयोग करने पर बल दे रहा है।

II. संयुक्त राष्ट्र संघ के सामाजिक एवं सांस्कृतिक कार्य [Social and Cultural (Functional) Activities of U.N.O.]—संयुक्त राष्ट्र सघ के राजनीतिक कार्यों के अतिरिक्त दूसरे प्रमुख कार्य सामाजिक एवं सांस्कृतिक हैं। संयुक्त

राष्ट्र संघ इन कार्यों को 'आर्थिक एवं सामाजिक परिषद' के माध्यम से पूरा करता है। आर्थिक एवं सामाजिक परिषद इन कार्यों को निम्न प्रकार से पूरा करती है—

(i) अन्तर्राष्ट्रीय आर्थिक, सामाजिक, सांस्कृतिक, शैक्षणिक तथा स्वास्थ्य सम्बन्धी समस्याओं का अध्ययन करना एवं उनके बारे में महासभा को प्रतिवेदन एवं सिफारिशें प्रस्तुत करना। इन सभी क्षेत्रों में संयुक्त राष्ट्र संघ के अनेक अभिकरण तथा सहायक संस्थाएँ हैं। मसलन, स्वास्थ्य के क्षेत्र में 'विश्व स्वास्थ्य संगठन', शिक्षा के क्षेत्र में 'यूनेस्को' प्रमुख है। आर्थिक क्षेत्र में अन्तर्राष्ट्रीय पुनर्निर्माण बैंक, अन्तर्राष्ट्रीय विकास परिषद, अन्तर्राष्ट्रीय मुद्रा कोष प्रमुख हैं। तकनीकी क्षेत्र में सक्रिय संगठनों में विश्व मौसम विज्ञान सम्बन्धी संगठन, विश्व डाक संघ, अन्तर्राष्ट्रीय दूर संचार आदि हैं।

(ii) मानव अधिकार एवं स्वतन्त्रता सम्बन्धी सिफारिशें प्रस्तुत करना।

(iii) अन्तर्राष्ट्रीय सम्मेलन बुलाना एवं अपने विषय के सम्बन्ध में आवश्यक परामर्श देना।

पामर एवं पर्किन्स के अनुसार, "संयुक्त राष्ट्र संघ के विशिष्ट अभिकरणों का सम्बन्ध मानवता की सभी मूलभूत आर्थिक तथा सामाजिक समस्याओं से है जिस कारण अन्तर्राष्ट्रीय सहयोग बढ़ाने तथा विश्व के लोगों के जीवन-स्तर को ऊँचा उठाने में उसकी महत्त्वपूर्ण भूमिका है।"

संयुक्त राष्ट्र संघ के कार्यों का मूल्यांकन
(Evaluation of Activities of the U.N.O.)

संयुक्त राष्ट्र संघ के कार्यों का मूल्यांकन निम्नलिखित बिन्दुओं के अन्तर्गत किया गया है—

(1) विश्व शांति की स्थापना सम्बन्धी कार्यों का मूल्यांकन—संयुक्त राष्ट्र संघ की जब से स्थापना हुई है तब से आज तक अन्तर्राष्ट्रीय शान्ति व सुरक्षा सम्बन्धी अनेक विवाद इसके समक्ष लाए गए हैं। इन विवादों को सुलझाने में यद्यपि संघ सदैव सफल नहीं हुआ, तथापि अनेक बार युद्ध की सम्भावनाओं को टालकर विश्व शान्ति की दिशा में उल्लेखनीय भूमिका निभायी है। संयुक्त राष्ट्र संघ एक ऐसी संस्था है जहाँ विवादों को निपटाने के लिए एक ओर तो विचार-विमर्श किया जा सकता है तो दूसरी ओर युद्ध की सी स्थितियों के निराकरण के लिए प्रस्तावों के रूप में उपाय सुझाये जाते हैं।

संयुक्त राष्ट्र संघ की स्थापना के बाद से 5-6 बड़े, संघर्ष या अन्तर्राष्ट्रीय संकट के प्रसंग उत्पन्न हुए—(1) बर्लिन का संकट (1948-49), (2) क्यूबा प्रक्षेपास्त्र संकट (1962), (3) हंगरी का संकट (1956), (4) चेकोस्लोवाकिया का संकट

(1968), (5) वियतनाम युद्ध (1968-73)। हाल के वर्षों में तीन गम्भीर संकट की स्थितियाँ हैं—(1) अफगानिस्तार संकट, (2) पौलेण्ड का संकट, और (3) इराक का संकट। इन सभा में एक न एक महाशक्ति प्रत्यक्ष प्रत्यक्ष या परोक्ष रूप से हिस्सेदार थी। इसलिए इनमें सुरक्षा परिषद् कोई असरदार कार्यवाही नहीं कर सकी। मई, 2003 में तो सुरक्षा परिषद् ने इराक मसले पर अमरीका के सामने घुटने टेक दिये। इससे स्पष्ट होता है कि जब उस अन्तर्राष्ट्रीय संकट में कोई महाशक्ति प्रतयक्ष या अप्रत्यक्ष रूप से संलग्न रही है, उस अन्तर्राष्ट्रीय संकट का समाधान करने में संयुक्त राष्ट्र संघ की सुरक्षा परिषद् असफल रही है। लेकिन सम्भावित परमाणु युद्ध के भीषण परिणामों के एहसासा के कारण महायुद्ध नहीं हो पाया है।

(2) युद्ध निरोधक भूमिका—संयुक्त राष्ट्र संघ की युद्ध निरोधक की भूमिका को देखे तो पिछले पाँच दशकों में क्षेत्रीय स्तर पर लगभग 150 छोटे-बड़े सैन्य संघर्ष हुए। इन सबाक निपटारा वस्तुतः सम्बन्ध देशों की सीधी वार्ता या दूसरे की मध्यस्थता हुआ और उसमें संयुक्त राष्ट्र संघ की या तो कोई भूमिका नहीं रही या नगण्य रही। कुछ विवादों को सुरक्षा परिषद् ने उलझाकर जटिल बना दिया है।

(3) उपनिवेशवाद का विघटन—14 दिसम्बर, 1960 को सं.रा. संघ महासभा ने 'उपनिवेशवाद के विघटन की घोषणा' पारित की। इस घोषणा के बाद 50 राष्ट्रों को स्वाधीनता प्राप्त हुई तथा विभिन्न उपनिवेशों में स्वाधीनता सेनानियों को इस घोषणा से नया बल और प्रोत्साहन मिला। लेकिन इस क्षेत्र में संयुक्त राष्ट्र संघ का कोई सीधा व ठोस योगदान नहीं बताया जा सकता। **रूपर्ट इमरसन** के शब्दों में, "उपनिवेशवाद के क्षेत्र में सं.रा. संघ कोई ठोस कार्यवाही नहीं कर सका है। उपनिवेशवाद के विघटन की अधिकांश राजनीति संयुक्त राष्ट्र संघ के घेरे में नहीं गुजरी। प्रायः उपनिवेशवाद विघटन सम्बन्धी सभी कार्यवाहियाँ उपनिवेश-निवासियों के शांतिपूर्ण या गैर-शांतिपूर्ण प्रयासों के फलस्वरूप हुईं।"

(4) निरस्त्रीकरण—निरस्त्रीकरण के प्रश्न पर जनवरी, 1946 में हुए महासभा के प्रथम सत्र में विचार-विमर्श हुआ था। इसके बाद प्रायः महासभा के हर वार्षिक सम्मेलन में इस पर विचार होता रहा। इसके अतिरिक्त 'आंशिक परीक्षण निरोक्ष संधि' (1963) और 'परमाणु अप्रसार सन्धि' (1968) से सम्बन्धित विचार-विमर्श में संयुक्त राष्ट्र संघ का सीमित योगदान रहा। दोनों साल्ट समझौते भी अमरीका और सोवियत संघ की सीधी बातचीत के फलस्वरूप ही हुए।

परन्तु इन कमजोरियों के बावजूद यह मानना होगा कि संयुक्त राष्ट्र संघ ने कई स्थितियों, जैसे—कांगों और साइप्रस, में शांति स्थापना के क्षेत्र में महत्त्वपूर्ण योगदान किया है। इसी प्रकार कई अन्तर्राष्ट्रीय विवादों में, जैसे—भारत-बांग्लादेश विवाद,

पश्चिम एशिया संकट आदि में संयुक्त राष्ट्र संघ ने सलाह-मशविरे के माध्यम से तनाव को कम करने की भूमिका निभाई है। अफगानिस्तान से सोवियत संघ की वापसी, इराक-ईरान युद्ध त्रिराम, नामीबिया की स्वतन्त्रता आदि संयुक्त राष्ट्र संघ की महत्वपूर्ण उपलब्धियाँ रही हैं। 1945 से अब तक संघ की देखरेख में लगभग 172 क्षेत्री संघर्षों का निदान शांतिपूर्ण समझौतों द्वारा किया जा चुका है। संक्षेप में, संयुक्त राष्ट्र संघ अन्तर्राष्ट्रीय विवादों को उग्र होने से रोकने के लिए 'सेफ्टी वाल्व' का काम करता है।

संयुक्त राष्ट्र संघ को प्रभावशाली बनाने के उपाय

(संयुक्त राष्ट्र संघ को प्रभावशाली बनाने के उपायों का विवेचन प्रश्न संख्या 13 के उत्तर में किया गया है)।

संयुक्त राष्ट्र संघ की महासभा—संयुक्त राष्ट्र संघ की महासभा को 'विश्व की नगर सभा', 'विश्व का उन्मुक्त अन्तःकरण', 'मानव समाज की चेतना का केन्द्र' आदि नामों से विभूषित किया गया है। महासभा में सदस्य राज्यों के प्रतिनिधि विश्व की समस्याओं पर बातचीत, विचार-विमर्श आदि करते हैं। वे इनका अध्ययन कर, रिपोर्ट, प्रस्ताव और सिफारिश प्रस्तुत करते हैं। इनता होते हुए भी **महासभा एक मंच मात्र है, जिसके प्रस्ताव निष्कर्ष होते हैं, निर्णय नहीं। यह सिफारिशें ही कर सकती है, जिनके पीछे कोई शक्ति नहीं होती। यह व्यवस्थापिका नहीं, बल्कि इसके निकट है। इसके प्रस्ताव कानून नहीं होते, क्योंकि उनके पीछे कोई बाध्यकारी शक्ति नहीं होती, केवल प्रभाव होता है और प्रभाव कानून नहीं होता।**

महासभा का संगठन

(Organization of General Assembly)

संयुक्त राष्ट्र संघ के चार्टर के अनुच्छेद-9 की धारा-1 के अनुसार महासभा में संयुक्त राष्ट्र सघं के सभी सदस्य रहेंगे। वर्तमान में इसके सदस्यों की संख्य 192 हो गई है। प्रत्येक सदस्य देश 5 प्रतिनिधि और 5 वैकल्पिक प्रतिनिधि भेज सकता है, किन्तु प्रत्येक सदस्य देश का एक ही मत होता है। प्रतिनिधियों को वाद-विवाद में भाग लेने का अधिकार होता है।

अधिवेशन—महासभा का नियमित व सामान्य अधिवेशन प्रत्येक वर्ष सितम्बर के तीसरे मंगलवार से आरम्भ होता है और प्रायः दिसम्बर तक चलता है। सुरक्षा परिषद अथवा संयुक्त राष्ट्र संघ के बहुसंख्यक सदस्यों के आग्रह पर महासभा के विशेष अधिवेशन भी आयोजित होते रहे हैं। पूर्वी येरूशलम के हारहोमा क्षेत्र में इजराइली बस्तियों के बसाने के काम को तत्काल रोकने के प्रश्न पर 26 अप्रैल, 1997 को महासभा का आपातकालीन विशेष अधिवेशन बुलाया गया। प्रत्येक सत्र के लिये

महासभा अपना एक अध्यक्ष तथा 21 उपाध्यक्ष तथा अपनी छः मुख्य समितियों के लिये सभापति निर्वाचित करती है।

मतदान प्रक्रिया—चार्टर के अनुच्छेद 18 के अनुसार, मतदान में महासभा के प्रत्येक सदस्य का एक ही मत होगा। महासभा में 'एक राज्य एक वोट' के सिद्धान्त को मान्यता देकर छोटे-बड़े राज्यों का भेद मिटा दिया गया है। महत्त्वपूर्ण प्रश्नों के निर्णयों के लिए उपस्थित सदस्यों का 2/3 बहुमत और साधारण प्रश्नों के निर्णयों के लिए साधारण बहुमत प्राप्त होना अनिवार्य होता है।

महत्त्वपूर्ण प्रश्नों की सूची के अन्तर्गत—(1) अन्तर्राष्ट्रीय शांति, सुरक्षा बनाए रखने सम्बन्धी सिफारिशें, (2) सुरक्षा परिषद के अस्थायी सदस्यों का निर्वाचन, (3) आर्थिक एवं सामाजिक परिषद के सदस्यों का निर्वाचन, (4) चार्टर के अनुच्छेद 86 के खण्ड 1(ग) के अनुसार न्यास परिषद के सदस्यों का निर्वाचन, (5) संयुक्त राष्ट्र संघ में नवीन सदस्यों का प्रवेश, (6) सदस्यता के अधिकारों एवं विशेषधिकारों का निलम्बन, (7) सदस्यों का निष्कासन, (8) न्यास परिषद् के परिचालन सम्बन्धी प्रशन तथा (9) बजट सम्बन्धी प्रश्न आदि। इस सूची में नवीन प्रश्नों को बहुमत के आधार पर घटाया-बढ़ाया जा सकता है।

महासभा की समितियाँ—अपने कार्यों को सुचारू रूप से सम्पन्न कराने के लिये महासमिति ने निम्नलिखित समितियों का गठन कर रखा है—

(i) राजनीति एवं सुरक्षा समिति, (ii) आर्थिक एवं वित्तीय समिति, (iii) सामाजिक, मानवीय एवं सांस्कृतिक समिति, (iv) न्याय समिति, (v) प्रशासनिक एवं बजट समिति, (vi) कानूनी समिति। उपर्युक्त समितियों के अतिरिक्त, दो प्रक्रिया सम्बन्धी समितियाँ भी गठित की गई हैं—(i) सामान्य या संचालन समिति तथा (ii) प्रमाण-पत्र समिति। इन सभी समितियों के अतिरिक्त महासभा विशेष उद्देश्यों की पूर्ति के लिये विशिष्ट या तदर्थ या उपसमितियों की स्थापना भी कर सकती है। प्रत्येक सत्र के लिये महासभा एक अध्यक्ष का निर्वाचन करती है, जो इसकी बैठकों की अध्यक्षता करता है। समान भौगोलिक प्रतिनिधित्व प्रदान करने की दृष्टि से महासभा की अध्यक्षता प्रतिवर्ष राज्यों के पांच समूहों—अफ्रीका, एशियाई, पूर्वी यूरोपीय, लैटिन अमेरिकन और पश्चिमी यूरोपीय तथा अन्य राज्यों में बारी-बारी से दी जाती है।

महासभा के कार्य एवं भूमिका

(Functions and Role of the General Assembly)

महासभा के कार्यों एवं भूमिका का अध्ययन निम्नलिखित शीर्षकों के अन्तर्गत किया जा सकता है—

1. विचार-विमर्शात्मक शक्तियाँ—महासभा चार्टर के क्षेत्र के अन्तर्गत आने वाले किसी प्रश्न या विषय या संयुक्त राष्ट्र संघ के किसी अंग की शक्तियों का कार्यों से सम्बन्धित किसी प्रश्न या विषय पर विचार-विमर्श कर सकती है तथा अपनी सिफारिशें सुरक्षा परिषद् या सदस्यों को प्रस्तुत कर सकती है, परन्तु चार्टर के **अनुच्छेद 12** के अनुसार, जब सुरक्षा परिषद किसी प्रश्न या विषय पर विचार-विमर्श कर रही हो, तो महासभा उस पर विचार-विमर्श कर सकती है, किन्तु उस पर सिफारिशें नहीं कर सकती। लेकिन नवम्बर, 1950 में **'शांति के लिए एक प्रस्ताव'** पास होने से शांति और सुरक्षा के सम्बन्ध में महासभा की भूमिका में वृद्धि हुई।

2. शांति के लिए एकता प्रस्ताव—**'शांति के लिये एकता प्रस्ताव'** के अनुसार, ''शांति को खतरा, शांति भंग या आक्रमण की विभीषिका के सम्बन्ध में स्थायी सदस्यों के एकमत न होने के कारण यदि सुरक्षा परिषद कार्य संचालन में असफल रहे, तो महासभा तुरन्त ही उस पर विचार कर सकती है और सामूहिक कदम उठाने के लिये उचित सिफारिशें कर सकती है तथा शांति भंग एवं आक्रमण होने की अवस्था में शक्ति के प्रयोग की सिफारिशें कर सकती है, ताकि अन्तर्राष्ट्रीय शांति और सुरक्षा बनी रहे।'' महासभा ने समय-समय पर इस अधिकार का उचित प्रयोग किया है। इसी अधिकार के अनन्तर उसने 1950 में कोरिया में साम्यवादी चीन के हस्तक्षेप को रोका, 1951 में उसने चीन के खिलाफ सामूहिक आर्थिक प्रतिबन्ध लगाने की सिफारिश की। 1956 में मध्यपूर्व के संकट में शांति स्थापित की। 1956 में नामीबिया की समस्या के हल हेतु, 1980 में अफगानिस्तान तथा फिलिस्तीन के प्रश्नों पर तथा 1986 में 'अफ्रीका के विकास' के प्रश्न आदि पर विचार करने हेतु महासभा के विशेष अधिवेशन बुलाये गये थे। शांति के लिए एकता प्रस्ताव की प्रमुख 5 धाराएँ हैं जो निम्नलितिखत हैं—

(1) सुरक्षा परिषद् के किन्हीं 9 सदस्यों के मतों या महासभा के बहुमत सदस्यों द्वारा प्रार्थना किये जाने पर 24 घण्टे की अल्पसूचना पर महासभा का आपातकालीन विशेष अधिवेशन बुलाया जा सकता है।

(2) प्रस्ताव ने 5 स्थायी सदस्यों सहित एक 14-सदस्यीय शान्ति निरीक्षण आयोग की स्थापना की है। इसका कार्य अन्तर्राष्ट्रीय तनाव उत्पन्न होने की स्थिति में निरीक्षण करना तथा रिपोर्ट देना है।

(3) इस प्रस्ताव ने एक 14 सदस्यीय सामूहिक समिति की स्थापना की है। इसका सम्बन्ध अन्तर्राष्ट्रीय शांति तथा सुरक्षा को सुदृढ़ करने वाले उपायों का अध्ययन करना है।

(4) इस प्रस्ताव में यह भी सिफारिश की गई है कि संयुक्त राष्ट्र के उद्देश्यों के लिये सदस्य अपनी राष्ट्रीय सशस्त्र सेवाओं की टुकड़ियों को प्रशिक्षित, संगठित एवं सुसज्जित करें।

(5) प्रस्ताव में सदस्य राष्ट्रों से यह सिफारिश की गई है कि वे संयुक्त राष्ट्र संघ के प्रति अपनी निष्ठा दोहराएँ। इनमें आर्थिक स्थिरता और सामाजिक प्रगति के लिए भी आग्रह किया गया है। इस प्रकार इस प्रस्ताव का उद्देश्य आक्रमणकारी के समक्ष यह प्रदर्शन करना है कि संयुक्त राष्ट्र संघ एक सक्रिय क्रियाशील अन्तर्राष्ट्रीय निकाय है। इसके अन्य उद्देश्य हैं—छोटी-मोटी भिड़न्तों को रोकना, आक्रमण या हस्तक्षेप को रोकने के लिए प्रभावी दबाव डालना तथा कीटों के डंक को कम करना।

3. अन्तर्राष्ट्रीय सहयोग के विकास से सम्बन्धित शक्तियाँ—चार्टर के **अनुच्छेद 13** के अनुसार, राजनीतिक, आर्थिक, सामाजिक, सांस्कृतिक, शैक्षणिक, स्वास्थ्य आदि के क्षेत्रों में अन्तर्राष्ट्रीय सहयोग का विकास करने हेतु और जाति, लिंग, भाषा या धर्म के भेद-भाव के बिना मानव अधिकारों और मूल स्वतन्त्रताओं की सिद्धि के लिये अन्तर्राष्ट्रीय कानून के विकास और संहिताकरण के लिये महासभा अध्ययनों को आरम्भ करा सकती है तथा सिफारिशें कर सकती है।

4. निर्वाचन सम्बन्धी शक्तियाँ—सुरक्षा परिषद के 10 अस्थायी सदस्यों, आर्थिक तथा सामाजिक परिषद के 54 सदस्यों और न्यास परिषद के अस्थायी सदस्यों को महासभा निर्वाचित करती है। सुरक्षा परिषद के साथ मिलकर यह अन्तर्राष्ट्रीय न्यायालय के न्यायाधीशों और महासचिव का निर्वाचन करती है। सुरक्षा परिषद की सिफारिशों के आधार पर यह नये सदस्यों को संयुक्त राष्ट्र संघ की सदस्यता प्रदान करती है।

5. निरीक्षणात्मक एवं जाँच सम्बन्धी शक्तियाँ—महासभा, सुरक्षा परिषद एवं संयुक्त राष्ट्र संघ के अन्य अंगों से वार्षिक और विशिष्ट प्रतिवेदन प्राप्त करती है तथा उन पर विचार-विमर्श करती है। न्यास व्यवस्था से सम्बन्धित कुछ कार्यों को भी महासभा सम्पन्न करती है।

6. नियन्त्रणात्मक अर्थात् बजट सम्बन्धी शक्तियाँ—महासभा संयुक्त राष्ट्र संघ के वार्षिक बजट पर विचार कर उसे स्वीकार करती है तथा संयुक्त राष्ट्र संघ के खर्चों में यहसदस्यों के हिस्सों को निश्चित करती है। परन्तु खर्चे के हिस्से को निश्चित करने की महासभा की शक्ति उसे 'सरकार' या 'व्यवस्थापिका' का स्वरूप प्रदान नहीं करती।

7. संवैधानिक कार्य—महासभा को संयुक्त राष्ट्र के चार्टर में संशोधन के अधिकार प्राप्त हैं। अपने दो-तिहाई बहुमत से यह चार्टर में संशोधन कर सकती है, किन्तु संशोधन को मान्यता तभी प्राप्त होती है जब संयुक्त राष्ट्र के दो-तिहाई सदस्य

इन संशोधनों को संवैधानिक प्रक्रिया से मान्यता प्रदान कर दें। महासभा, सुरक्षा परिषद् के साथ सम्मिलित रूप से, मूल चार्टर के पुनरावलोकन हेतु भी सामान्य सम्मेलन आहूत कर सकती है।

सुरक्षा परिषद तथा महासभा के पारस्परिक सम्बन्ध

(Relationship of General Assembly with Security Council)

महासभा और सुरक्षा परिषद के परस्पर घनिष्ठ सम्बन्ध हैं। कुछ विद्वान महासभा को संयुक्त राष्ट्र संघ की संसद कहते हैं और सुरक्षा परिषद् को कार्यपालिका। इनके सम्बन्धों को निम्न बिन्दुओं के अन्तर्गत स्पष्ट किया गया है—

(1) परस्पर सहयोगी तथा पूरक—दोनों अंग परस्पर सहयोग से अनेक कार्य पूरा करते हैं। यथा—

(क) अन्तर्राष्ट्रीय न्यायालय के न्यायाधीशों का निर्वाचन करना।

(ख) संयुक्त राष्ट्र संघ का नया सदस्य कोई भी राष्ट्र तभी बन सकता है तब उसके प्रार्थना पत्र पर सुरक्षा परिषद अपनी सहमति प्रदान करे तथा महासभा निर्धारित बहुमत से उस पर निर्णय ले।

(ग) सदस्यों के निलम्बन और निष्कासन में भी दोनों का सहयोग आवश्यक है।

(2) सुरक्षा परिषद का महासभा के प्रति उत्तरदायित्व—सुरक्षा परिषद को अपनी वार्षिक रिपोर्ट महासभा को भेजनी पड़ती है, इसके बजट को भी महासभा पारित करती है और जब सुरक्षा परिषद अपनी विश्व शांति व सुरक्षा की जिम्मेदारी पूरी करने में असमर्थ रहती है तो वह इस विषय में भी कार्यवाही कर सकती है। अतः स्पष्ट है कि दोनों परस्पर पूरक व सहयोगी अंग हैं।

महासभा की प्रतिष्ठा में वृद्धि के कारण—वर्तमान समय में महासभा की शक्तियों में निरन्तर वृद्धि हो रही है, इसके प्रमुख कारण निम्नलिखित हैं—

(1) महासभा में सभी देशों को प्रतिनिधितव मिला हुआ है। जनमत की शक्ति के कारण इसके द्वारा लिये गये निर्णयों की उपेक्षा करना कठिन होता है।

(2) राज्यों के आपसी विवादों को दूर करने के लिए महासभा द्वारा जो प्रस्ताव पारित किये गये, उनका असाधारण महत्त्व हे, जिससे इसकी शक्तियों व प्रभाव में वृद्धि हो गयी है।

(3) सुरक्षा परिषद् में निषेधाधिकार के बार-बार प्रयोग होने से उत्पन्न गतिरोध को दूर करने के लिए इसने पहले 'छोटी सभा' बनायी और फिर शांति के लिए एकता प्रस्ताव पारित किया। इनसे इसकी प्रतिष्ठा व शक्तियों में वृद्धि हुई है।

(4) महासभा विश्व का उन्मुक्त अंतःकरण है क्योंकि यह विश्व की सभी समस्याओं पर विचार कर सकती है तथा सिफारिश कर सकती है।

(5) आपातकालीन सेना की नियुक्ति के कारण ही महासभा की शक्तियों और प्रतिष्ठा में वृद्धि हुई है।

(6) महासभा का अन्वेषणात्मक तथा निरीक्षणात्मक अधिकार उसे संघ के अन्य अंगों की अपेक्षा विशिष्ट स्थिति प्रदान करता है।

सचिवालय

(The Secretariat)

सचिवालय संयुक्त राष्ट्र संघ के छः प्रमुख अंगों में से एक है। सचिवालय संयुक्त राष्ट्र का एक प्रशासनिक अंग है। अन्तर्राष्ट्रीय लोक सेवा ही इसकी अन्तर्राष्ट्रीय विशेषता है। यह एक स्थायी संस्था है जिसका काम निरन्तर चलता रहता है। संयुक्त राष्ट्र संघ के **अनुच्छेद 97 से 101** में सचिवालय और अन्य कर्मचारियों की व्यवस्था निम्न प्रकारसे की गई है—

(1) मुख्य कार्यालय—सचिवालय का मुख्य कार्यालय न्यूयार्क में है। इसकी एक शाखा जिनेवा में है। संघ के अधिकांश कर्मचारी (परामर्शदाता, विशेषज्ञ, प्रशासक, अनुवादक, प्रतिवेदक, लिपिक) आदि मुख्य कार्यालय में कार्य करते हैं तथा अनेक कर्मचारी संघ से सम्बन्धित एजेन्सियों, क्षेत्रीय आयोगों, विशिष्ट अभिकरणों एवं सूचना केन्द्रों में भी कार्य करते हैं।

(2) महासचिव तथा अन्य कर्मचारी—सचिवालय में महासचिव तथा अन्य कर्मचारी होते हैं। महासचिव की नियुक्ति 5 वर्षों के लिए सुरक्षा परिषद् की सिफारिश पर महासभा द्वारा की जाती है।

(3) कर्मचारियों की नियुक्ति—सचिवालय कर्मचारियों की नियुक्ति, महासभा द्वारा निर्धारित नियमों के अनुसार, महासचिव द्वारा होती है। संयुक्त राष्ट्र संघ के सचिवालय में लगभग 8900 कर्मचारी नियमित बजट के अन्तर्गत नियुक्तिपाकर न्यूयार्क स्थित मुख्यालय और संघ के अन्य केन्द्रों पर कार्यरत हैं। कर्मचारियों की नियुक्ति में प्रमुख विचार दक्षता, योग्यता और ईमानदारी का होता है किन्तु अनुच्छेद 101 में इसबात की व्यवस्था की गई है कि कर्मचारियों की भर्ती व्यापक भौगोलिक आधार पर की जाये। इस व्यवस्था का मूल उद्देश्य सचिवालय सेवाओं में अधिकाधिक देशों को प्रतिनिधित्व देना अर्थात् उनका अन्तर्राष्ट्रीयकरण करना है।

(4) अन्तर्राष्ट्रीय सेवाओं का अन्तर्राष्ट्रीयकरण—चार्टर के अनुच्छेद 100 के अनुसार महासचिव तथा अन्य कर्मचारी न तो किसी सरकार से और न संघ के अतिरिक्त किसी अन्य सत्ता से किन्हीं अनुदेशों की मांग करेंगे और न उन्हें प्राप्त करेंगे। इस तरह चाद्रर अन्तर्राष्ट्रीय सेवाओं का अन्तर्राष्ट्रीयकरण करता है। अन्तर्राष्ट्रीय सेवाओं की निष्ठा संघ के प्रति है, उस देश के प्रति नहीं जिसके वे नागरिक हैं। चाद्रर के सेवकों से अपने पद के कार्यों को करने की तटस्थता के व्यवहार की अपेक्षा करते हैं। जहाँ महासभा के प्रतिनिधि अपने राष्ट्र का प्रतिनिधित्व करते हैं वहाँ सचिवालय के कर्मचारी संयुक्त राष्ट्र संघ के हितों का प्रतिनिधित्व करते हैं और उसके सिद्धान्तों को बढ़ावा देते हैं तथा उसके निर्णयों को कार्यान्वित करते हैं।

(5) सचिवालय के विभाग—सचिवालय के प्रशासनिक तंत्र को आठ विभागों में संगठित किया गया है। ये हैं—(1) सुरक्षा परिषद् के मामलों का विभाग (2) आर्थिक विभाग (3) न्यास एवं अस्वशासित क्षेत्रों से प्राप्त सूचनाओं सम्बन्धी मामलां का विभाग (4) सार्वजनिक सूचना विभाग (5) सम्मेलन एवं सामान्य सेवा विभाग (6) प्रशासनिक एवं वित्तीय सेवा विभाग (7) कानून विभाग तथा (8) सामाजिक विभाग।

प्रत्येक विभाग का एक अध्यक्ष एवं एक उप-महासचिव होता है।

सचिवालय की शक्तियाँ एवं कार्य—सचिवालय संयुक्त राष्ट्र संघ का प्रशासनिक कार्यालय और महासचिव उसका प्रमुख प्रशासनिक अधिकारी है, जिसक नियुक्ति सुरक्षा परिषद की सिफारिश पर महासभा द्वारा 5 वर्ष के लिये होती है। सचिवालय क्रे मुख्य कार्य निम्नलिखित हैं—

(1) सचिवालय संयुक्त राष्ट्र संघ के विभिन्न अंगों, आयोगों और अभिकरणों की बैठकों का प्रबन्ध करता है।

(2) सचिवालय बैठकों से सम्बन्धित सूचनायें एकत्रित करता है तथा उनका अध्ययन, जाँच, समीक्षा और व्याख्या करता है।

(3) सचिवालय बैठकों के प्रस्तावों, निर्णयों आदि का रिकॉर्ड रखता है तथा आवश्यकतानुसार उन्हें विश्व भरा में प्रसारित करता है।

(4) सचिवालय गृह-प्रबन्ध के लिये सचिवालय स्टाफ, वित्तीय प्रशासन, सम्पत्ति की सुरक्षा, सार्वजनिक सूचना, प्रसार सामग्री, सदस्यों और संगठन में संचारण के मार्ग आदि की व्यवस्था करता है।

(5) विश्वभर में फैले हुये अपने सूचना केन्द्रों के द्वारा सचिवालय संयुक्त राष्ट्र संघ कीभावना अर्थात् अन्तर्राष्ट्रीयता का विकास करने में महत्त्वपूर्ण योग देता है।

संयुक्त राष्ट्र संघका महासचिव
(Secretary General of the U.N.O.)

महासचिव सचिवालय का प्रमुख प्रशासनिक अधिकारी होता है। उसकी नियुक्ति, कार्य तथा भूमिका का विवेचन निम्नलिखित बिन्दुओं के अन्तर्गत किया गया है—

(अ) महासचिव की नियुक्ति—

संयुक्त राष्ट्र संघ के प्रमुख अंग सचिवालय के शीर्ष बिन्दु पर महासचिव कापद एवं उसका कार्यालय है।महासचिव की नियुक्ति सुरक्षा परिषद् कीसंस्तुति पर महासभा द्वारा 5 वर्ष के लिये की जाती है। वर्तमान में **'बान की मून'** (कोरिया) संयुक्त राष्ट्र संघ के महासचिव हैं। महासचिवों की नियुक्ति से स्पष्ट होता है कि वे प्राय: छोटे तथा तटस्थ राष्ट्रों के विख्यात नागरिकों में से होते हैं। किसी महाशक्ति या महाशक्ति से सम्बद्ध राज्य के नागरिक के लिए महासचिव पद पर नियुक्त होना कठिन है। महासचिव सचिवालय का मुख्य संचालक है।

(ब) महासचिव के कार्य—

संयुक्त राष्ट्र महासचिव के प्रमुख कार्य निम्नलिखित हैं—

(1) प्रशासनिक कार्य—महासचिव प्रमुख प्रशासनिक अधिकारी की हैसियत से महासभा, सुरक्षा, परिषद्, आर्थिक एवं सामाजिक परिषद् तथा न्यास परिषद् सभी की बैठकों में भाग लेता है तथा इनके कार्यों को सम्पादित करता है। वह संस्था के कार्य की वार्षिक रिपोर्ट महासभा को प्रेषित करता है। सचिवालय के प्रशासन का सम्पूर्ण उत्तरदायित्व उस पर ही होता है। वह महासभा द्वारा निर्धारित नियमों के अनुसार सचिवालय के कर्मचारियों की नियुक्ति करता है। वास्तव में महासभा का वार्षिक अधिवेशन महासचिव की रिपोर्ट पर बहस से प्रारम्भ होता है।

(2) तकनीकी कार्य—महासचिव संयुक्त राष्ट्र संघ की अन्य संस्थाओं द्वारा सौंपे तकनीकी कार्यों को भी सम्पादित करता है। वह तकनीकी कार्यों में लगभग सभी प्रकार के प्रश्नों पर अध्ययन, सर्वेक्षण तथा रिपोर्ट प्रस्तुत करता है।

(3) वित्तीय कार्य—वह संयुक्त राष्ट्र का बजट तैयार करता है जिसे बजट सलाहकार समिति के सम्मुख प्रस्तुत किया जाता है। वह संयुक्त राष्ट्र की सभी निधियों का अभिरक्षक है तथा उनके व्यय के लिए उत्तरदायी है।

(4) प्रतिनिध्यात्मक कार्य—महासचिव संयुक्त राष्ट्र संघ के प्रतिनिधि के रूप में कार्य करता है, विभिन्न वार्ताओं में वह संघ का प्रतिनिधित्व करता है तथा संघ की ओर से समझौता करता है।

(5) राजनीतिक कार्य—वह अन्तर्राष्ट्रीय शांति एवं सुरक्षा से सम्बन्धित किसी भी मामले की ओर सुरक्षा परिषद का ध्यान दिला सकता है। इस अधिकार व कार्य के अनन्तर वह संयुक्त राष्ट्र का प्रधान राजनीतिक अभिकर्त्ता बन गया है। इस सन्दर्भ में आज उसे एक अन्तर्राष्ट्रीय वार्ताकार, प्रतिष्ठारक्षक सूत्रों का रचयिता तथा विश्व की आत्मा की आवाज का संरक्षक कहा जाने लगा है।

(स) महासचिव की भूमिका—

महासचिव की भूमिका को निम्नलिखित बिन्दुओं के अन्तर्गत स्पष्ट किया जा सकता है—

(1) महासचिव की सामान्य (प्रशसनिक) भूमिका—प्रशासनिक कार्यों में महासचिव की भूमिका एक आरम्भ जैसी है। वह संयुक्त राष्ट्र के सामान्य, तकनीकी तथा वित्तीय प्रशासन के उत्तरदायित्वों को पूरा करता है। बजट तैयार करता है, निणियों की अभिरक्षा तथा व्यय के लिए उत्तरदायी है तथा सचिवालय के प्रशासन व उसके कर्मचारियों की नियुक्ति के कार्य को पूरा करता है। सामान्य भूमिका के अनन्तर महासचिव की भूमिका सीमित है। संयुक्त राष्ट्र संघ के प्रथम महासचिव **एरिक ड्रमूंड** की भूमिका यहीं तक सीमित रही।

(2) नीति निर्धारण में साझेदारी—महासचिव का प्रमुख कार्य प्रशासन करना तथा सेवाएं प्रदान करता है, लेकिन अनेक बार नीति निर्धारण करने वाले अंगों की आज्ञाएं इतनी सामान्य होती हैं कि प्रशासकों को विशिष्ट विषयों या संकट के समय सारवान महत्त्वपूर्ण प्रश्नों पर भी निर्णय लेना पड़ता है। उदाहरण के लिये—**कांगो संकट** के समय (31 जुलाई, 1960 को कांगो को स्वतन्त्रता मिलते ही वहाँ गृह युद्ध छिड़ गया था) सचिव ने सुरक्षा परिषद के प्रस्ताव के अन्तर्गत शीघ्रता से काग्र करते हुये सेनाओं का ऐसा ऐसा निर्देशन किया था कि मानो महासचिव कही देश कावास्तविक शासक हो। इस प्रकार महासभा ने तकनीकी सहायता के प्रोग्रामों को प्राधिकृत करते समय अनेक बार सेवाओं की मात्रा और वित्तीय शर्तों को निर्धारित करने का अधिकार महासचिव को प्रदान किया।

(3) समझौतों में साझेदारी—महासचिव तथा उसके सहयोगी औपचारिक या अनौपचारिक वार्ताओं या मध्यस्थता द्वारा समझौते के आधारों को ढूंढने का प्रयास करते हैं तथा संघ के प्रस्तावों एवं निर्णय के बारे में समर्थन प्राप्त करते हैं। उदाहरण के लिए, सन् 1964 में जब साइप्रस के लिये संयुक्त राष्ट्र संघ की सेनाओं की रचना की गयी तो महासचिव को ग्रीक और तुर्की समुदायों में मेल-मिलाप कराने के लिये एक मध्यस्थ की नियुक्ति के लिए प्रार्थना की गयी। इस प्रकार मौन राजनय द्वारा महासचिव और उसके सहयोगी राज्यों तथा समुदायों में समन्वय उत्पन्न करते हैं।

(4) शांति स्थापना में साझेदारी—चार्टर के **अनुच्छेद 99** के अन्तर्गत महासचिव की इस भूमिका का विकास हुआ है। इसकी इस भूमिका के प्रभाव को देखते हुए **मार्गेन्थाऊ** ने कहा है कि, "इस प्रकार महासचिव संयुक्त राष्ट्र का एक प्रकार का प्रधानमंत्री बन गया।" अपने लम्बे कार्यकाल तथा सम्पूर्ण संयुक्त राष्ट्र का एकामत्र प्रवक्तार होने के कारण उसकी यह भूमिका अत्यन्त व्यापक बन गयी है। महासभा के विशाल आकार तथा उसके परामर्शदात्री स्वरूप के कारण महासभा के अभिकर्त्ता के रूप में महासचिव को **शांति संस्थापक की भूमिका** सौंपी गई। उसका राजनीतिक कार्य "अनुनय का प्रयोग करने तथा सार रूप में पहिले से ही प्राप्त किये गये समझौतों को निरूपित करने तक" का ही रहा है। मौन-कूटनीतिक प्रयस के माध्यम से पिछले कुछ वर्षों में महासचिव ने अपनी शांति संस्थापक की भूमिका को सफलतापूर्वक निभाते हुए अफगान समझौता (1988), ईरान-इराक युद्ध विराम (20 अगस्त, 1988) तथा नामीबिया की स्वाधीनता (21 मार्च, 1990) के क्षेत्र में कामयाबी पाई। पूर्व महासचिव बुतरस बुतरस घाली ने विश्व संस्था केसमक्ष जनवरी, 1992 की रिपोर्ट 'शान्ति के लिए कार्यक्रम' के नाम से एक दस्तावेज प्रस्तुत किश, जिसमें उसने निवारक कूटनीति, शांति-स्थापना, शान्ति बनाए रखने एवं शांति निर्माण सम्बन्धी अनेक प्रस्ताव पेश किये। अन्तर्राष्ट्रीय राजनीति में शांति एवं विकास के क्षेत्र में घाली की उपलब्धियों के लिए फ्रांस द्वारा उन्हें अपने सर्वोच्च सम्मान 'लोजियन ऑफ ऑन' से सम्मानित किया गया। **30 जुलाई, 2002** को संयुक्त राष्ट्र महासचिव कोफी अन्नान व द. अफ्रीका राष्ट्रपति थाबोम्बेकी की मध्यस्थता से मध्य अफ्रीका के कांगो व रवांडा के बीच ऐतिहासिक शांति समझौते पर हस्ताक्षर हो सके।

(5) अन्तर्राष्ट्रीयता का प्रवक्ता—महासचिव संयुक्त राष्ट्र संघ का ही प्रवक्ता नहीं, बल्कि अन्तर्राष्ट्रीयता का भी प्रवक्ता है। वह चार्टर के सिद्धान्तों और उद्देश्यों को फैलाने और भ्रातृभाव के विचार का व्यापक प्रचार करने का प्रयास करता है। वह वार्षिक प्रतिवेदनों, भाषणों और प्रेस को अभिव्यक्त किये गये विचारों एवं विश्व जनमत को प्रभावित करने का प्रयास करता है। वह विविध निकायों के कार्यक्रमों को तैयार करते समय और विविध अंगों की बैठकों में विवाद में वास्तविक भाग लेकर अपने प्रभाव को महसूस करा सकता है। उदाहरणत: **डाग हैमरशोल्ड** ने संयुक्त राष्ट्र संघ को सरकारों का 'एक गतिशील मंच' बनाने का प्रयास किया। इस प्रकार अनेक कारणों से संयुक्त राष्ट्र संघ के महासचिव की भूमिका व्यवहार में उससे कहीं अधिक व्यापक और प्रभावशाली हो गई है जितनी कि चाद्दर के निर्माताओं ने परिकल्पित की थी। किन्तु फिर भी इसकी भूमिका की अपनी निश्चित सीमाएँ हैं। अगर महाशक्तियों के मध्य तनाव कम हो जाता है तो स्वयं सुरक्षा परिषद् की अपने शांति **स्थापना** के उत्तरदायितव को पूरा करने की क्षमता बढ़ जाती है और उसी अनुपात में महासभा

और महासचिव की भूमिका संकुचित हो जाती है। इसके विपरीत यदि महाशक्तियों के पारस्परिक मतभेदों के कारण सुरक्षा परिषद् में गतिरोध उत्पन्न हो जाता है तो महासचिव के पास बात मनवाने के लिये कोई वास्तविक शक्ति नहीं रह जाती।

सुरक्षा परिषद् का परिचय—सुरक्षा परिषद् संयुक्त राष्ट्र संघ का सर्वाधिक महत्त्वपूर्ण अंग है। राजनीतिक विषयों में यह संघ की कार्यपालिका है और इस रूप में यह उकसा मूल और प्रधान अंग है। सुरक्षा परिषद् को संयुक्त राष्ट्र की 'कुंजी' और 'कार्य अभिकरण' कहा जाता है। सुरक्षा परिषद् ही संघ का एकमात्र अंग है जो अन्तर्राष्ट्रीय शांति और सुरक्षा बनाये रखने के लिये तथा आक्रमण के विरुद्ध सामूहिक अनुशासन का प्रयोग कर सकता है।

सुरक्षा परिषद् का संगठन
(Composition of Security Council)

चार्टर के 5वें अध्याय में अनुच्छेद 23 से 32 तक परिषद् के संगठन, कार्यों एवं मतदान का उल्लेख है। **निकोलस** के शब्दों में, "वास्तव में यह एक 'पुलिसमैन' के समान है जो सशस्त्र है और थोड़े से इशारे पर तलवार खींच सकता है और इसका सम्बन्ध अधिकांशत: शांति और व्यवस्था से है न कि अच्छाई और बुराई से।"

प्रारम्भ में सुरक्षा परिषद के सदस्यों की संख्या 11 थी जिनमें 5 स्थायी तथा 6 अस्थायी सदस्य थे। 1965 में चार्टर का संशोधन कर सदस्यों की संख्या बढ़ा दी गई है। अब सुरक्षा परिषद् के सदस्यों की संख्या 15 है, जिनमें 5 स्थायी सदस्य तथा 10 अस्थायी सदस्य हैं। स्थायी सदस्य इस प्रकार हैं—**संयुक्त राज्य अमेरिका, इंग्लैण्ड, फ्रांस, रूस, चीन।**

दस अस्थायी सदस्यों का निर्वाचन संयुक्त राष्ट्र संघ की महासभा द्वारा, दो-तिहाई बहुमत से, दो वर्षों के लिये किया जाता है। कोई भी अस्थायी सदस्य तत्काल पुन: निर्वाचित किया जा सकता है। किसी भी अस्थायी सदस्य का निर्वाचन करते समय महासभा दो बातों से प्रभावित होती है—

(1) अन्तर्राष्ट्रीय शांति और सुरक्षा को बनाये रखने और संघ के उद्देश्यों की प्राप्ति में राष्ट्रों का योगदान, तथा

(2) साम्यिक भौगोलिक वितरण।

वर्तमान समय में 10 अस्थायी सदस्यों का भौगोलिक वितरण इस प्रकार है—अफ्रीका और एशिया से पांच सदस्य, पूर्वी यूरोप का एक सदस्य, लेटिन अमेरिका के दो सदस्य और पश्चिमी यूरोप तथा अन्य देशों के दो सदस्य। सोवियत संघ के

विघटन के पश्चात् सुरक्षा परिषद् के स्थायी सदस्य का स्थान 'रूस' को प्रदान कर दिया गया है।

(1) सुरक्षा परिषद् की कार्यप्रणाली—सुरक्षा परिषद् निरनतर कार्यरत निकाय है, जो स्थायी रूप से सत्र में रहती है। इसकी बैठक 14 दिन में एक बार होती है और आवश्कयता पड़ने पर 24 घण्टे के नोटिस पर बुलायी जा सकती है। परिषद् की बैठकें कहीं भी बुलाई जा सकती हैं। इसकी कार्यप्रणाली का विवेचन निम्न प्रकार किया गया है—

(i) प्रक्रिया सम्बन्धी मामलों में निर्णय के लिए 9 मतों कीआवश्यकता होती है। प्रक्रिया सम्बन्धी विषयों का आशय ऐसे मामलों से है जिनमें सुरक्षा परिषद् की बैठक केसमय या स्थान का निर्णय करना, इसके सहायक अंगों की स्थापना करना, कार्यवाही चलाने के नियम और सदस्यों को बैठक में सम्मिलित होने के लिए निमन्त्रित करना आदि।

(ii) लेकिन महत्त्वपूर्ण मामलों (Substantive Matters) में निर्णय के लिए 9 स्वीकारात्मक मतों के साथ यह भी आवश्यक है कि पाँचों स्थायी सदस्य भी उस निर्णय से सहमत हों। इस प्रकार प्रत्येक स्थायी सदस्य को महत्त्वपूर्ण विषयों में निषेधाधिकार (Veto) प्राप्त है। यदि कोई अस्थायी सदस्य किसी महत्त्वपूर्ण विषय पर असहमति प्रकट करता है तो उसे अस्वीकृत कर दिया जाता है।

(iii) परिषद् की बैठक में किसी सदस्य की अनुपस्थिति को वीटो का प्रयोग नहीं माना जाता है।

(iv) चार्टर में प्रक्रिया सम्बन्धी और महत्त्वपूर्ण विषय की कोई स्पष्ट व्याख्या नहीं की गई है। अतः इस पर जब विवाद उत्पन्न हो जाये कि विषय प्रक्रिया सम्बन्धी है या महत्त्वपूर्ण, इसका निर्धारण भी सुरक्षा परिषद् 9 सदस्यों के बहुमत से करती है, लेकिन पांचों स्थायी सदस्यों को इस पर भी वीटो का अधिकार प्राप्त है। इसी को **दोहरे वीटो की व्यवस्था** कहा गया है।

पश्चिमेशिया, हंगरी, कांगों, अफगानिस्तान, खाड़ी जैसी महत्त्वपूर्ण समस्याओं को लेकर सुरक्षा परिषद् के आपातकालीन अधिवेशन बुलाये गये। सुरक्षा परिषद् के इतिहास में पहली बार उसके सभी सदस्यों का एक **शिखर सम्मेलन** न्यूयार्क में 31 जनवरी, 1992 को बुलाया गया था। जिसका उद्देश्य शीत युद्धोत्तर काल में संयुक्त राष्ट्र संघ की बढ़ती हुई भूमिका पर विचार करना था। संघ का कोई भी सदस्य या वह गैर-सदस्य राज्य, जो परिषद् के सम्मुख प्रस्तुत विवाद से सम्बन्धित या प्रभावित है, परिषद् के विवचेन में भाग ले सकता है, परन्तु उसे मतदान में भाग लेने का

अधिकार नहीं होता। सुरक्षा परिषद् की अध्यक्षता, माह के प्रथम दिन, परिषद के सदस्यों में से अंग्रेजी वर्णमाला के अनुसार बदलती रहती है।

(2) सुरक्षा परिषद् की प्रमुख समितियाँ—अपने कार्यों को सुचारु रूप से सम्पन्न करने के लिये **परिषद् ने कुछ समितियों की भी स्थापना की है,** जिनमें **(i) विशेषज्ञ समिति** तथा नवीन सदस्यों को प्रवेश देने वाली समिति प्रमुख है, **(ii) सैनिक स्टाफ कमेटी** और **(iii) नियन्त्रीकरण आयोग** सुरक्षा परिषद् के ही अधीन हैं।

सुरक्षा परिषद् के कार्य एवं भूमिका

(Functions and Role of Security Council)

सुरक्षा परिषद् के कार्य, क्षेत्राधिकार एवं उसकी भूमिका को निम्नलिखित बिन्दुओं के अन्तर्गत स्पष्ट किया गया है—

(1) शांति और सुरक्षा सम्बन्धी कार्य

(2) विविध कार्य

(1) शांति और सुरक्षा सम्बन्धी कार्य—जब कभी और जहाँ कहीं विश्व शांति और सुरक्षा को खतरा उत्पन्न होताहे, या शांति भंग होती है या आक्रमण होता है, वहाँ शांति और सुरक्षा को बनाये रखने के लिये सुरक्षा परिषद् चार साधनों का प्रयोग कर सकती है—

(i) विचार-विमर्श, बातचीत, पूछताछ, मध्यस्थता, जाँच-पड़ताल, मेल-मिलाप के माध्यम से शांति सुरक्षा की स्थापना का प्रयास करती है।

(ii) पंच निर्णय, न्यायिक समझौता, क्षेत्रीय व्यवस्थाओं या अन्य शांतिमय उपायों का प्रयोग।

(iii) प्रवर्तन साधनों का प्रयोग, जिनके अन्तर्गत परिषद् संयुक्त राष्ट्र संघ के सदस्यों की शांति और सुरक्षा के लिये खतरा उत्पन्न करने या शांति भंग करने या आक्रमणकारी राज्य के विरुद्ध पूर्ण या आंशिक आर्थिक सम्बन्धी रेल, समुद्री, वायु, डाक, तार, रेडियो, संचारण के अन्य साधनों और कूटनीतिक सम्बन्धों के विच्छेद के प्रयोग के लिये कर सकती है।

(iv) आवश्यकता हो तो सुरक्षा परिषद् अन्तिम उपाय के रूप में वायु, जलऔर थल सेनाओं द्वारा भी कार्य कर सकती है। संयुक्त राष्ट्र संघ के सदस्य सुरक्षा परिषद् की मांग पर सशस्त्र सेनाएं तथा अन्य प्रकार की सहायता देने के लिये वचनबद्ध हैं। खाड़ी संकट के समय (1990-91) इराक के खिलाफ सुरक्षा परिषद् ने सैनिक

कार्यवाही तथा अप्रैल, 1992 में लीबिया के खिलाफ आर्थिक प्रतिबन्ध लगाने का निर्णय लिया। इन निर्णयों में हवाई सम्पर्कों पर प्रतिबन्ध लगाना शामिल है जिसके कारण लीबिया का वायुमार्ग के जरिये शेष विश्व सेसम्पर्क कट गया। सुरक्षपरिषद् ने प्रवर्तन साधनों के बजाय शान्ति साधनों का ही प्रयोग किया है।

(2) विविध कार्य—सुरक्षा परिषद् के विविध कार्य निम्नलिखित हैं—

(I) निर्वाचन एवं आरम्भन सम्बन्धी कार्य—महासचिव के निर्वाचन और संयुक्त राष्ट्र संघ में नवीन सदस्यों के प्रवेश के सम्बन्ध में सुरक्षा परिषद् की आरम्भन और सहमति दोनों की आवश्यकता होती है। सदस्यता प्राप्त करने के लिए किसी भी देश को संयुक्त राष्ट्र के महासचिव के पास आवेदन प्रस्तुत करना पड़ता है जिसे वह सुरक्षा परिषदृ के पास विचार हेतु भेज देता है। सुरक्षा परिषद् सदस्यता प्रदान करने से सम्बन्धित अपनी समिति की राय पर उक्त देश की सदस्यता की पात्रता पर विचार करती है जिसमें वह बहुत ही विशिष्ट परिस्थितियों में संतुष्ट होकर महासभा के पास अपनी सिफारिश भेज देती है, किन्तु इसके लिये यह अनिवार्य है कि पाँचों स्थायी सदस्यों की सहमति मत प्रवेश सम्बन्धी प्रस्ताव के पक्ष में हो।

संयुक्त राष्ट्र का महासचिव भी सुरक्षा की सिफारिश पर महासभा द्वारा नियुक्त किया जाता है। महासचिव की नियुक्ति के सम्बन्ध में भी पाँचों स्थायी सदस्यों की सहमति आवश्यक है। महासभा के साथ मिलकर सुरक्षा परिषद् अन्तर्राष्ट्रीय न्यायालय के न्यायाधीशों की नियुक्ति करती है। जो सदस्य-राज्य चार्टर के सिद्धान्तों की निरन्तर उपेक्षा करता है, उसे निकालने की सिफारिश सुरक्षा परिषद् कर सकती है। किसी सदस्य राज्य के अधिकारों और विशेषाधिकारों की सुरक्षा परिषद् बिना महासभा की सहमति के ही, पुनः स्थापना कर सकती है।

(II) निरीक्षण सम्बन्धी कार्य—सुरक्षा परिषद् न्यास व्यवस्था के अन्तर्गत सामरिक महत्त्व के न्याय क्षेत्रों का निरीक्षण कर सकती है। परिषद् का यह कार्य उसकी सुरक्षात्मक भूमिका से सम्बन्धित है।

अन्तर्राष्ट्रीय विवादों को निपटाने के सुरक्षा परिषद् के तरीके

अन्तर्राष्ट्रीय विवादों को निपटाने के लिए सुरक्षा परिषद् निम्नलिखित चार प्रकार के तरीके अपना सकती है—

(1) **सबसे पहले**; यह सम्बन्धित राष्ट्रों को आपसी वार्ता व पत्र-व्यवहार के लिए प्रेरित करती है।

(2) **दूसरे**; यह पंचों, मध्यस्थों और अन्तर्राष्ट्रीय न्यायालयों द्वारा निर्णय का सुझाव रखती है।

(3) **तीसरे**; यह संस्थ दोषी राष्ट्र के विरुद्ध आर्थिक प्रतिबन्धों की आज्ञा दे सकती है।

(4) **चौथे**; आवश्यकता पड़ने पर यह अन्तिम उपाय के रूप में सैनिक कार्यवाही कर सकती है।

सुरक्षा परिषद् की भूमिका का मूल्यांकन—बड़े राष्ट्रों ने सुरक्षा परिषद् को अपने राजनीतिक स्वार्थों की पूर्ति के लिए औजार की तरह प्रयोज किया है। इस कारण सुरक्षा परिषद् के महत्त्व में पहले की अपेक्षा कमी आई है। इसके प्रमुख कारणों को अग्रलिखित बिन्दुओं के अन्तर्गत स्पष्ट किया गया है—

(1) मतैक्य का अभाव—सुरक्षा परिषद् की स्थापना जिन उद्देश्यों की पूर्ति के लिये की गई थी, उनकी प्राप्ति पूर्णतया नहीं हो सकी है। **प्लेनो और रिंग्स** के अनुसार, "संयुक्त राष्ट्र संघीय व्यवस्था के किसी भी अंग अथवा अभिकरण ने विशेषाधिकारों और क्रियान्वयन में इतना अधिक अन्तर पैदा नहीं किया, जितना कि सुरक्षा परिषद् ने किया है।"

(2) महासभा का बढ़ता हुआ महत्त्व (शांति के लिये एकता प्रस्ताव)—महाशक्तियों के पारस्परिक मतभेदों के अतिरिक्त 'शांति के लिये एकता प्रस्ताव' ने महासभा को यह अधिकार प्रदान कर दिया है कि यदि वीटो के प्रयोग के कारण परिषद् शक्तिहीन बना दी गई हो तो महासभा उस पर विचार कर सिफारिश कर सकती है।

(3) क्षेत्रीय संगठन—आज सदस्य राज्य क्षेत्रीय व्यवस्थाओं पर ही अधिक विश्वास करने लगे हैं, न कि संयुक्त राष्ट्र संघ की सामूहिक सुरक्षा व्यवस्था पर। **चीवर और हैवीलैण्ड** के अनुसार, "अनुच्छेद 51 एक बचाव का रास्ता है, जिससे अन्तर्राष्ट्रीय समुदाय के प्रतिरोधक चरित्र को भारी आघात पहुंचा है।"

(4) अमरीका द्वारा सुरक्षा परिषद् की उपेक्षा करना—अमेरिका के नेतृत्व में मार्च, 1999 में नाटो द्वारा यूगोस्लाविया पर कोसावो समस्या के समाधान के लिए जो सैनिक हमला किया गया, वह स्पष्ट रूप से संयुक्त राष्ट्र संघ और अन्तर्राष्ट्रीय कानूनों की अवहेलना है। अन्तर्राष्ट्रीय नियमों के अन्तर्गत केवल एक संस्था हे, जो इस प्रकार के सैन्य प्रयोजन की अनुमति दे सकती है, वह संयुक्त राष्ट सुरक्षा परिषद् ही हो सकती है। संयुक्त राष्ट्र संघ के चाद्दर की धारा-7 में ऐसे मामलों पर निर्णय लिए जाने के लिए विशद निर्देश मौजूद हैं। सितम्बर, 1998 में कोसावो मामले पर संयुक्त राष्ट्र संशोधन, 1199 पारित किया गया था, जिसमें यूगोस्लाविया सरकार से अल्बानियाई ।विद्रोहियों पर आक्रमण की नीति छोड़ देने के लिए कहा गया था, किन्तु नाटो या किसी भी दूसरे संगठन को इसके लिए अधिकृत करने की बात नहीं कही

गयी थी। हाँ, यूगोस्लाविया द्वारा इन निर्देशों का पालन न करने की स्थिति में सुरक्षा परिषद दुबारा मीटिंग कर सकती थी। लेकिन अमेरिका और मित्र देशों ने सुरक्षा परिषद् की परवाह किगे बगैर यूगोस्लाविया पर आक्रमण कर संयुक्त राष्ट्र संघ की उपेक्षा कर दी। मार्च, 2003 में संयुक्त राज्य अमेरिका तथा ब्रिटेन का इराक पर सैनिक हमला भी संयुक्त राष्ट्र संघ का स्पष्ट उल्लंघन था इससे स्पष्ट होता है कि सुरक्षा परिषद् शक्तिशाली राष्ट्रों के हाथ में खिलौना मात्र है। **दूसरे,** आजकल महाशक्तियों का सहारा पाकर सदस्य राष्ट्र सुरक्षा परिषद् के निर्णयों की अनसुनी कर देते हैं। **तीसरे,** बड़े राष्ट्रों की इच्छा के विपरीत किसी भी तरह का निर्णय वहाँ सम्भव नहीं।

(5) शक्तिहीनता—सुरक्षा परिषद् की सफलता में उसकी शक्तिहीनता भी बाधक है। उसके पास अपनी कोई फौज नहीं है।

सुरक्षा परिषद् को अधिक प्रभावी बनाने के लिए सुझाव

सुरक्षा परिषद को अधिक प्रभावी बनाने की दृष्टि से पिछले कुछ वर्षों से सुरक्षा परिषद् के विस्तार व उसके पुनर्गठन की मांग उठ रही है। यह मांग विशेषकर विश्व के विकासशील देशों से उठी है।

(1) सुरक्षा परिषद् का गठन वर्तमान विश्व राजनीति के अनुरूप किया जाना चाहिए—विद्वानों का मत है कि सुरक्षा परिषद् का वर्तमान स्वरूप पचास वर्ष पुराना है। अत: यह 1945 की विश्व राजनीति की स्थिति पर आधारित है न कि 2005 की स्थिति पर आधारित। पिछले 60 वर्षों में विश्व राजनीति में अत्यधिक परिवर्तन आ गये हैं। इनमें सबसे प्रमुख हैं—पूर्व सोवियत संघ का पतन, जापान का एक आर्थिक शक्ति के रूप में उदय, जम्रनी का एकीकरण चीन का अभ्युदय तथा एशिया व अफ्रीका के अनेक राष्ट्रों का स्वतन्त्रत होना तथा विकास की दिशा में आगे बढ़ना। इसके साथ ही साथ संयुक्त राष्ट्र संघ के सदस्यों की संख्या में भी अत्यधिक वृद्धि हो गई है। इस प्रकार इन वर्षों में राष्ट्रों की शक्ति व स्थिति में आया यह परिवर्तन सुरक्षा परिषद के वर्तमान स्थायी सदस्यों में प्रतिबिम्बित नहीं होता है। इसलिए इसे प्रभावी बनाने के लिए यह आवश्यक है कि सुरक्षा परिषद् का पुनर्गठन व विस्तार किया जाये। सुरक्षा परिषद् के पुनर्गठन की आवश्यकता को गुट-निरपेक्ष आन्दोलन में तथा स्वयं संयुक्त राष्ट्र संघ में उठाया गया है।

संयुक्त राष्ट्र संघ के भूतपूर्व महासचि कोफी अन्नान ने 21 मार्च, 2005 को संयुक्त राष्ट्र संघ में सुधार के लिए महासभा में एक प्रस्ताव प्रस्तुत किया। इस सुधार प्रस्ताव में सुरक्षा परिषद् के विस्तार के लिए दो प्रारूप दिये गये। दोनों ही प्राझपों के तहत विस्तारित सुरक्षा परिषद् में सदस्यों की संख्य 24 होगी तथा स्थायी सदस्यों के रूप में परिषद् में शामिल किये जाने वाले नेय सदस्यों को वीटो का अधिकार

दोनों ही प्रारूपों में नहीं दिया गया। पहले प्रारूप में 6 नये स्थायी सदस्य तथा 3 नये अस्थायी सदस्य सुरक्षा परिषद् में जोड़े जायेंगे। इससे परिषद् की सदस्य संख्या बढ़कर 24 हो जाऐगी। दूसरे प्रारूप में एक नया स्थायी सदस्य तथा 8 नये अरथाई सदस्य 4 वर्ष के लिए होंगे। चार वर्ष की अस्थायी सदस्यता वाले सदस्यों की सदस्यता लगातार अगले कार्यकाल के लिए जारी रखी जा सकेगी।

(2) सदस्य देशों की संख्या में अत्यधिक वृद्धि—1945 में जहाँ संयुक्त राष्ट्र संघ के सदस्यों की संख्या 51 थी, जो कि वर्तमान में 192 हो गई है। जब संयुक्त राष्ट्र संघ के सदस्यों की संख्या 51 थी, तब भी सुरक्षा परिषद के स्थायी सदस्यों की संख्या 5 थी और अब 192 सदस्यों के बीच भी स्थायी सदस्यों की संख्या वही 5 बनी हुई है। यह असंगतिपूर्णता एवं अलोकतांत्रिकता को दर्शाता है। जब तक सुरक्षा परिषद में उसके सदस्य राष्ट्रों के आकार, विविध भौगोलिक क्षेत्रों तथा विकसित व विकासशील देशों के आधार पर सही प्रतिनिधित्व नहीं होग, तब तक सुरक्षा परिषद प्रभावी ढंग से अपनी भूमिका का निर्वाह नहीं कर सकेगी। इसलिए यह आवश्यक है कि सुरक्षा परिषद् के स्थायी सदस्यों की संख्या में वृद्धि की जाए। गुट-निरपेक्ष राष्ट्रों ने सुरक्षा परिषद के सदस्यों की संख्या बढ़ाकर 26 कर देने की सलाह दी है। जिसमें चार सदस्य पश्चिमी यूरोप एवं अन्य ग्रुप से, तीन पूर्वी यूरोपीय ग्रुप से, सात एशियायी ग्रुप से, सात अफ्रीकी ग्रुप से और पाँच लेटिन-अमरीकी-कैरेबियन ग्रुप से लिये जाएँ।

(3) विकासशील देशों का प्रतिनिधित्व हो—पूर्व सोवियत संघ के पतन के बाद अमेरिका सुरक्षा परिषद के हाईजैक करने की स्थिति में है। खाड़ी युद्ध के समय यह बात स्पष्ट हो चुकी है। इसका एक प्रमुख कारण यह भी है कि सुरक्षा परिषद के वर्तमान स्थायी सदस्यों में विकासशील व गुटनिरपेक्ष देशों को कोई प्रतिनिधित्व प्राप्त नहीं है। क्यूबा के राष्ट्रपति **फिदेल कास्त्रो** ने संयुक्त राष्ट्र की पचासवीं वर्षगांठ के साथ महासभा को सम्बोधित करते हुए कहा था कि, **''चन्द ताकतों का सुरक्षा परिषद पर नियन्त्रण उपनिवेशवाद का नया रूप है।''** इसलिए सुरक्षा-परिषद् प्रभाव ढंग से कार्य कर सके, इसके लिए आवश्यक है कि सुरक्षा-परिषद में विकासशील देशों का स्थायी प्रतिनिधित्व हो ताकि सुरक्षा परिषद पश्चिमी हितों से सम्बन्धित निर्णयों को इन देशों पर थोप न सके।

(4) स्थायी सदस्यों में क्षेत्रीय सन्तुलन स्थापित हो—सुरक्षा परिषद के स्थायी सदस्यों में क्षेत्रीय व अन्य प्रकार का असन्तुलन व्याप्त है। इनमें तीसरी दुनिया के देशों (विकासशील गुटनिरपेक्ष देशों) को कोई प्रतिनिधित्व प्राप्त नहीं है। अफ्रीका, लेटिन अमेरिका, पश्चिमी व दक्षिणी एशिया क्षेत्र का कोई भी प्रतिनिधि इसमें नहीं है। इस प्रकार स्थायी सदस्यों के प्रतिनिधित्व में क्षेत्रीय असन्तुलन व्याप्त है। जब

तक सुरक्षा परिषद में यह असन्तुलन व्याप्त रहेगा, सुरक्षा परिषद प्रभावी भूमिका निभाने में असमर्थ रहेगी।

(5) लोकतांत्रिक औचित्यपूर्णता की स्थापना की जाए—सुरक्षा परिषद के निर्णयों में लोकतांत्रिक औचित्यपूर्णता का अभाव है क्योंकि सुरक्षा परिषद पश्चिमी राष्ट्रों की मुट्ठी में है। अकेला अमेरिका उसे हाँक रहा है। जब तक सुरक्षा परिषद् के निर्णय लोकतांत्रिक ढंग से खुले में नहीं लिये जायेंगे तब तक संयुक्त राष्ट्र संघ अपनी प्रभावी भूमिका नहीं निभा सकेगा।

(6) सुरक्षा परिषद की सदस्यता हेतु मापदण्डों का निर्धारण—सुरक्षा परिषद को अधिक प्रभावी बनाने के लिए यह आवश्यक है कि इसका पुनर्गठन किया जाये, इसका विस्तार किया जाये। इस हे यहआवश्यक है कि सुरक्षा परिषद की स्थायी सदस्यता प्रदान करने के लिए कुछ कसौटियाँ तय की जाएँ। कुछ कसौटियाँ निम्न हो सकती हैं—(i) राष्ट्रों की सैनिक तथा आर्थिक व प्रौद्योगिक शक्ति, (ii) राष्ट्र का आकार व उसकी जनसंख्या, (iii) क्षेत्रीय प्रतिनिधित्व तथा (iv) विकसित व विकासशील राष्ट्र आदि। सुरक्षा परिषद के विस्तार को धनी देशों के समूह-8 (G-8) का विस्तृत संस्करण नहीं बनने देना चाहिये। इसमें विकासशील (गुट-निरपेक्ष) देशों को प्रतिनिधित्व मिलना चाहिये।

(7) चार्टर में संशोधन की आवश्यकता—सुरक्षा परिषद के स्थायी सदस्यों के पुनर्गठन व विस्तार के लिए सुरक्षा परिषद के चार्टर में संशोधन किया जाना आवश्यक है। यह संशोधन तभी पारित हो सकता है जब सुरक्षा परिषद के वर्तमान पांचों स्थायी राष्ट्र सकारात्मक मत दें तथा महासभा उसे बहुमत से स्वीकार कर ले।

सुरक्षा परिषद् का विस्तार व भारत की दावेदारी

वर्तमान समय में संयुक्त राष्ट्र सुरक्षा परिषद का विसतार एक ज्वलंत मुद्दा है। इस क्षेत्र में प्रमुख बाधा स्थायी सदस्यों की मानसिकता है। नये राज्यों के आने पर पाँचों स्थायी सदस्यों को अपनी मानमानी न कर पाने एवं उसमें अन्य सदस्यों के हस्ताक्षर का भय है। अत: वे इसे टालते आ रहे हैं। सत्य तो यह है कि अब अहंकारी प्रवृत्ति को त्याग करके सुरक्षा परिषद् के पांचों स्थायी सदस्य इस दिशा में निर्णायक कदम उठायें। वर्तमान में संयुक्त राष्ट्र सुरक्षा परिषद के स्थायी सदस्यों के प्रबल दावेदार देशों में चार देशों (भारत, जर्मनी, ब्राजील व जापान) का नाम प्रमुख है। इन देशों ने अपने उद्देश्यों की पूर्ति हेतु G-4 नामक समूह का गठन भी कर रखा है। संयुक्त राष्ट्र सुरक्षा परिषद की स्थायी सदस्यता हेतु भारत की दावेदारी के पक्ष में निम्नलिखित तर्क दिये जा सकते हैं—

(1) विश्व शान्ति एवं सुरक्षा बनाये रखने में भारत की अग्रणी भूमिका—सभ्यता और संस्कृति के इतिहास में भारत कभी भी आक्रान्त देश नहीं रहा। विश्व में किसी भी प्रकार के आतंकवाद, मानत्राधिकारों के हनन तथा शोषण का भारत घोर विरोधी रहा है। 'सर्वे भवन्तु सुखिनः सर्वे संतु निरामया' की नीति का अचारण करते हुए भारत ने पुरातन काल से ही विश्व कल्याण की कामना की है।

(2) भारत की विराट जनसंख्या एवं नीतिगत स्पष्टता—भारत एकअबर से अधिक जनसंख्या वाला विशाल, जिम्मेदार और प्रौढ़ राष्ट्र है। अतः वर्तमान परिदृश्य में भारत की महत्त्वपूर्ण भूमिका से मुँह नहीं मोड़ा जा सकता।

(3) सुदृढ़ अर्थव्यवस्था—अपनी क्रमय क्षमता के अनुसार भारत विश्व की चौथी सबसे बड़ी अर्थव्यवस्था है। यही कारण है कि G-8 सदस्य देशों ने भारत के महत्त्व को पहचान कर उसे भविष्य में G-8 देशों का सदस्य बनाये जाने का मन बनाया है। इस दृष्टि से भारत भी प्रबल दावेदार है।

(4) विश्व का सबसे बड़ा लोकतन्त्र—भारत विश्व का सबसे बड़ा व सफल लोकतन्त्र के रूप में विख्यात है। भारतीय लोकतन्त्र में विश्व के सबसे बड़े आम चुनाव सम्पन्न होते हैं जिसमें लगभग 70 करोड़ मतदाता अपने मताधिकार का प्रयोग करते हैं। यही कारण है कि विश्व में भारतीय चुनाव अन्तर्राष्ट्रीय राजनीति को प्रभावित करने वाले माने जाते हैं। इस प्रकार भारत विलक्षणता, विविताओं से युक्त राष्ट्र है। भारत की नीतियों में धूर्तता, कपट, चालाकी या बेईमानी नहीं है। विश्व शांति एवं विश्व मंगल के लिए भारत पूरे मनोयोग तथा दायित्व से जुटा है। इस प्रकार ये सभी तत्त्व सुरक्षा परिषद् की स्थायी सदस्यता हेतु भारत की दावेदारी को स्पष्ट करते हैं। अन्तर्राष्ट्रीय न्यायालय संयुक्त राष्ट्र संघ का प्रमुख न्यायिक अंग है। इसकी स्थापना 3 अप्रैल, 1946 को हॉलैण्ड के हेग नगर में की गई। संयुक्त राष्ट्र संघ के चाट्रर के अनुसार, सभी सदस्य यथातथ्यतः अन्तर्राष्ट्रीय न्यायालय की संविधि के सदस्य हैं। यदि कोई राज्यसंयुक्त राष्ट्र संघ का सदस्य नहीं होता, तो भी वह सुरक्षा परिषद् की सिफारिशों के आधारों पर, महासभा द्वारा लगई़ गई शर्तों के साथ संविधि का पक्षकार बन सकता है। इसप्रकार चार्टर पर हस्ताक्षरकर्त्ता राज्य तथा शर्तों को स्वीकार करने वाले राज्य अन्तर्राष्ट्रीय न्यायालय द्वारा व्यवस्थित सुविधाओं का उपयोग कर सकते हैं।

◆ ◆ ◆

3

भारत का अन्य देशों से राजनीतिक सम्बन्ध

एशिया सभ्यता और संस्कृति का केन्द्र रहा है। यूनानी सभ्यता पर एशिया का बहुत प्रभाव पड़ा। विश्व के सभी महान् धर्मों—यहूदी, बौद्ध, पारसी, ईसाई, मुस्लिम, हिन्दू तथा कन्फ्यूशियस का उदय एशिया में ही हुआ। एशिया के सभी देशों की प्रमुख समस्याएँ अत्यधिक जनसंख्य, आर्थिक पिछड़ापन, दरिद्रता, निरक्षरता, सामाजिक कुरीतियाँ आदि की रही हैं। एशिया में जापान और थाईलैण्ड को छोड़कर सभी देशों पर प्रत्यक्ष या अप्रत्यक्ष रूप से यूरोप के देशों का अधिकार व प्रभाव रहा है, चीन पर भी अप्रत्यक्ष रूप से यूरोप के देशों का प्रभुत्व रहा। एशिया में राष्ट्रीय आन्दोलनों के उदय और विकास में सामाजिक और धार्मिक सुधार आन्दोलनों की प्रमुख भूमिका रही है, जैसे—भारत में ब्रह्म समाज, आर्य समाज आदि। पश्चिम के प्रभाव ने एशिया के लोगों को एक विचार, एक आदर्श और एक आशा प्रदान की। विदेशी आर्थिक शोषण ने एशिया के देशों में असन्तोष की लहर फैला दी। 19वीं शताब्दी के अग्रिम भाग में एशिया में राष्ट्रवादी आन्दोलन शुरू हो गये। जापान और भारत में इस काल में राष्ट्रवादी आन्दोलन का आरम्भ हुआ। चीन में राष्ट्रवाद का विकास 1911-1912

की क्रान्ति से हुआ। इसके साथ ही टर्की में भी राष्ट्रवाद का विकास हुआ। 1904-05 में जापान की रूस पर विजय हुई, जिसने एशियाई राष्ट्रवाद को बहुत बढ़ावा दिया। द्वितीय विश्व युद्ध के बाद प्रमुख उपनिवेशवादी देश इंग्लैण्ड और फ्रांस की शक्ति बहुत क्षीण हो गई, जिससे एशिया के राष्ट्रवादियों को स्वतन्त्रता प्राप्त करने में आसानी हो गई।

एशिया की जागृति के कारण निम्नलिखित हैं—

(1) एशिया के राष्ट्रों का पुनर्जागरण आन्दोलन—एशिया के राष्ट्रों की जागृति में उन देशों के सामाजिक तथा धार्मिक सुधार आन्दोलनों की प्रमुख भूमिका रही है, विशेषकर भारत को अठारहवीं और उन्नीसवीं शताब्दी के ब्रह्म समाज, आर्य समाज, रामकृष्ण मिशन, थियोसोफिकल सोसायटी आदि व धार्मिक तथा सामाजिक सुधार आन्दोलनों ने भारतीय समाज में व्याप्त कुरीतियों में सुधार के साथ-साथ नागरिकों में नव-जीवन, राष्ट्रीय चेतना, देश-प्रेम तथा स्वशासन और स्वराज्य की भावनायें विकसित कीं।

(2) पश्चिमी शिक्षा—एशिया के अधिकांश राष्ट्र पश्चिमी राष्ट्रों, विशेषकार ब्रिटेन तथा फ्रांस के पराधीन थे। साम्राज्यवादी राष्ट्रों ने अपनी साम्राज्यिक उपनिवेशी आवश्यकताओं की पूर्ति के लिए इन राष्ट्रों में पश्चिमी शिक्षा का प्रारम्भ किया जिससे यहाँ के निवासी एक सामान्य भाषा, जैसे अंग्रेजी के कारण पारस्परि सम्पर्क में आये और उनके विचारों का आदान-प्रदान सम्भव हो सका। पश्चिमी शिक्षा के कारण ही यहाँ के निवासी पाश्चात्य संस्कृति के सम्पर्क में आए तथा स्वतन्त्रता के महत्त्व को समझा, राष्ट्रीयता तथा राष्ट्रीय एकता के विारों का बीजारोपण हुआ। जैसा **टायनबी** का कथन है कि, "**पश्चिम** के प्रभाव ने एशिया के लोगों को विचार, एक आदर्श और एक आशा प्रदान की।" परिणामस्वरूप इन राष्ट्रों के लोगों में जागृति आई।

(3) विदेशी शासकों की शोषण की नीति—उपनिवेशी शक्तियों ने एशिया के पराधीन राष्ट्रों के साथ **मुक्त व्यापार और आर्थिक शोषण** की नीति को अपनाया। इस नीति के फलस्वरूप इन देशों के उद्योग-धन्धे नष्ट हो गए और यहाँ की जनता में बेरोजगारी एवं असन्तोष का विकास हुआ। इस शोषण की नीति के साथ-साथ विदेशी शासकों ने **जातीय अहंकार तथा जाति भेदभाव** की नीति को भा समान्तर चलाये रखा। इस जातीय तथा रंगीय भेदभाव की नीति के परिणामस्वयप यहाँ के निवासियों में उपनिवेश विरोधी, जाति भेद विरोधी भाव का संचार हुआ जो आगे चलकर राष्ट्रवाद की भावना में पुष्पित हुआ।

(4) जापान की रूस पर विजय—द्वितीय विश्व युद्ध में जापान की रूस आदि योरोपीय देशों पर लगातार विजय ने भी एशिया के निवासियों में बैठी हुई इस

भावना को खत्म किया कि योरोप के लोग एशिया के लोगों से कहीं अधिक श्रेष्ठ हैं, शक्तिशाली हैं। फलस्वरूप इस हीन ग्रन्थि के समाप्त होते ही एशिया के राष्ट्रों में स्वराज्य की भावना बलवती हुई।

(5) उपनिवेशवादी शक्तियों की दुर्बलता—द्वितीय विश्व युद्ध के पश्चात् यूरोप की उपनिवेशवादी शक्तियाँ इतनी निर्बल हो गयी थीं कि वे एशियाई देशों के स्वतन्त्रता आन्दोलनों को बदा नहीं पायीं तथा उन्हें इन देशों को स्वतन्त्रत करने के लिए विवश होना ही पड़ा। इस प्रकार द्वितीय विश युद्ध ने जन-धन का संहार तो किया किन्तु अप्रत्यक्ष रूप से वह एशिया के लिए वरदान साबित हुआ अन्यथा इन देशों को स्वतन्त्रता प्राप्त करने में बहुत समय लग जाता।

(6) अमेरिका की दोहरी नीति—द्वितीय विश्व युद्ध के बाद अमेरिका सबसे अधिक शक्तिशाली राष्ट्र के रूप में उभर कर सामने आया। उसने विश्व राजनीति में दोहरी नीति अपनाई। एक तरफ वह एशिया के नये स्वतन्त्र राष्ट्रों के स्वाधीनता आन्दोलनों का समर्थक बना, दूसरी तरफ उसने उपनिवेशवादी राष्ट्रों को सहायता दी। इस नीति कापरिणमा यह हुआ कि यहाँ के नागरिकों को, आन्दोलनों को नैतिक बल मिला और साम्राज्यवादी शक्तियाँ फिर इसे दबा नहीं सकीं।

(7) शीत युद्ध का प्रारम्भ—शीत युद्ध के प्रारम्भ ने भी विश्व को दो गुटों में विभाजित कर दिया। पश्चिमी शक्तियाँ साम्यवाद के प्रसार को रोकने के लिए सामने आईं। इस प्रकार सोवियत संघ उपनिवेशवाद तथा साम्राज्यवाद के विरोधी तथा आर्थिक समानता का नारा देकर आगे बढ़ा। इस शीत युद्ध में एशिया और अफ्रीका के जागरण आन्दोलनों को नैतिक तथा पर्यावरणिक लाभ मिला। एक तरफ साम्यवाद के प्रसार को रोकने के लिए इन देशों को स्वतन्त्रता प्रदान की, दूसरी तरफ इनको स्थायित्व एवं विकास हेतु सहायता दी जिससे इन देशों में जागृति को बहुत बल मिला।

(8) संयुक्त राष्ट्र संघ की भूमिका—द्वितीय विश्व युद्ध के बाद अन्तर्राष्ट्रीय मंच पर सुरक्षा व शान्ति की स्थापना हेतु राष्ट्र संघ के स्थान पर संयुक्त राष्ट्रसंघ की स्थापना की गई। इस संस्था ने उपनिवेशों में इसके शासकों पर संवैधानिक सुधार के लिए जोर डाला तथा इन्हें स्वतन्त्र करने के लिए कहा गया। परिणामस्वरूप एशिया व अफ्रीका की जागृति को बल मिला।

(9) रूस और समाजवादी राष्ट्रों का मजबूत होना—द्वितीय विश्व युद्ध के बाद रूस एक बड़ी शक्ति के रूप में उभरा। वह और उसके साथ समस्त पूर्वी यूरोप साम्यवादी व्यवस्था के अन्तर्गत आ गया। इससे साम्राज्यवाद व उपनिवेशवाद विरोधी शक्तियों को अत्यधिक प्रोत्साहन मिला। रूस ने इन्हें सहायता दी। इस प्रकार

रूस और समाजवादी राष्ट्रों के अभ्युदय ने एशिया, अफ्रीका के जागरण में अत्यधिक सहायता पहुंचायी है।

विश्व राजनीति में एशिया के जागरण के प्रभाव
(Effects of Awakening of Asia on World Politics)

विश्व राजनीति में एशिया के जागरण का बहुत बड़ा प्रभाव पड़ा। विश्व राजनीति में आज एशिया विश्व राजनीति का केन्द्र बन गया है। प्रायः सभी ताकतें एशिया में अपना अधपित्य जमाने हेतु संघर्ष कर रही हैं। एशिया के जागरण से विश्व राजनीति पर प्रभाव का विवेचन निम्न शीर्षकों के अन्तर्गत किया गया है—

(1) एशिया विश्व राजनीति का केन्द्र-बिन्दु बन गया है—एशिया के राष्ट्रों के जागरण तथा उनके स्वतन्त्र होते ही कुछ ऐसे तत्त्वों का विकास हुआ है, जिनके कारण विश्व राजनीति का केन्द्र अब योरोप न रहकर एशिया बन गया है। ये तत्त्व निम्नांतिक हैं—

(i) एशिया विश्व राजनीति का केन्द्र-बिन्दु बन गया है—एक तरफ सोवियत संघ और चीन एशिया में साम्यवाद का विकास चाहते रहे हैं, दूसरी तरफ से अमेरिका एशिया में साम्यवाद के विस्तार को रोकना चाहता है, साम्यवाद के प्रभाव को बचाकर लोकतन्त्र की स्थापना करना चाहता है। वह एशिया में साम्यवाद के प्रसार को अमरीकी हित के विरुद्ध मानता रहा है।

(ii) बड़ी शक्तियों के परस्पर विरोधी हित—एक तरफ साम्राज्यवादी ताकतें जैसे अमेरिका अपनी आर्थिक, सैनिक एवं तकनीकी सहायता से एशिया में अपना प्रभाव जमाना चाहता है, दूसरी तरफ चीन व सोवियत संघ एशिया में अपना प्रभाव-क्षेत्र बढ़ाना चाहते हैं। जापान आर्थिक साम्राज्य स्थापित कर रहा है और भारत संलग्नता के माध्यम से अपना प्रभुत्व बढ़ाना चाह रहा है। ये विविध हित एशिया को संघर्ष केन्द्र बना रहे हैं।

(iii) आर्थिक प्रलोभन—एशिया में कच्चा माल प्रचुर मात्रा में है। यह कच्चा माल विकसित देशों के आकर्षण का प्रमुख कारण है क्योंकि यदि इन देशों को एशिया का कच्चा माल न मिले तो उनके अनेक उद्योग ठप हो जाएँ। इसलिये ये राष्ट्र कच्चे माल की पूर्ति पर अधिकार करने की दृष्टि से एशिया में अपना प्रभाव जामन के प्रयस कर रहे हैं। कच्चे माल के अतिरिक्त एशिया के देश उनके निर्मत माल की खतप भी करते हैं। अतः येयहाँ की व्यापार प्रक्रिया व साधनों पर अपना वर्चस्व स्थापित करने के लिए संघर्षशील हैं।

(iv) हिन्द महासागर का सामरिक महत्त्व—महाशक्तियों के लिए सामारिक दृष्टि से हिन्दी महासागर का महत्त्वपूर्ण स्थान है। इसके किनारे पर एशिया व अफ्रीका के नव-स्वतन्त्र देश हैं जो सैनिक दृष्टि से कमज़ोर हैं। प्रत्येक महाशक्ति यहाँ अपना प्रभाव बढ़ाना चाह रही है। इस कारण एशिया आज विश्व राजनीति का केन्द्र बन गया है।

(2) चीन का अभ्यदुय—साम्यवादी चीन विश्व में स्वतन्त्रता के कुछ समय पश्चात् ही तीसरी शक्ति के रूप में अभ्युदित हुआ। अपने प्रारम्भिक काल में यह साम्यवादी रूस के अत्यन्त निकट था और सोवियत संघ तथा चीन के संयुक्त प्रयास से एशिया में साम्यवाद के प्रसार का खतरा एकदम महसूस किया जाने लगा, फलस्वरूप एशिया के दूसरे राष्ट्रों को दोनों ही पक्ष अपने प्रभाव क्षेत्र में लाने का प्रयास करने लगे। बाद में चीन स्वयं में तीसरी शक्ति के रूप में विकसित हो गया जिससे शक्ति सन्तुलन पर असर दिखाई दिया और अमेरिका ने उसके साथ मित्रता के प्रयास किए जिसमें वह काफी हद तक सफल हुआ। इस प्रकार स्पष्ट है कि चीन के अभ्युदयस ने विश्व-राजनीति को अत्यधिक प्रभावित किया।

(3) असंलग्न विचारधारा का उदय और एशिया के अधिकांश राष्ट्रों का समर्थन—एक अन्य तत्व जो एशिया के जागरण से जुड़ा हुआ है वह है गुट-निरपेक्ष अवधारणा का जन्म और उसका विकास। इस अवधारणा का प्रभाव अधिकांश एशिया व अफ्रीका के नव-स्वतन्त्र राष्ट्रों पर पड़ा और उन्होंने इसकी सदस्यता स्वीकार कर ली। भारत इसका अग्रणी बना। असंलग्न राष्ट्रों ने विश्व राजनीति को अत्यधिक प्रभावित किया है। उसने शीत युद्ध पर परस्पर समझौते के लिए माध्यम का काम किया है और शान्तिवादी नीति तथा सहयोगात्मक नीति को अपना कर तनाव शैथिल्य या देतान्त को बल प्रदान किया। आज विश्व के हर संघर्ष में इस आन्दोलनों से शान्ति प्रयासों की अपेक्षा की जाती है।

(4) संयुक्त राष्ट्र संघ में एशिया तथा अफ्रीका का प्रभाव—संयुक्त राष्ट्रसंघ में भी एशिया का प्रभाव बढ़ता जा रहा है। वे अब संयुक्त राष्ट्र संघ में महाशक्तियों की मनमानी के विरुद्ध आवाज उठाते हैं और उनको बिल्कुल नजरअन्दाज नहीं किया जा सकता।

निष्कर्ष—इस प्रकार स्पष्ट है कि विश्व राजनीति में एशिया के राष्ट्रों की पारस्परिक फूट और सहयोग की कमी के कारण वे न केवल तीसरी शक्ति बनसके, बल्कि उनके विवादों ने महाशक्तियों को हस्तक्षेप करने का असुवअसर प्रदान कर दिया। एशिया के बाद अफ्रीका सबसे बड़ा महाद्वीप है। यह एक अल्पविकसित निर्धन महाद्वीप है। यहाँ कृषि भौतिक उत्पादन का मुख्य स्रोत है। यहाँ उद्योगों का विकास

भी कम हुआ है। कृषि स्थानीय लोगों के हाथ में है जबकि खनिज व उद्योगों पर विदेशी पूँजी का नियन्त्रण है, इसलिए यहाँ कृषि और उद्योग एक-दूसरे के पूरक नहीं। इसकी राजनीतिक शक्ति, अच्छी भूमि और व्या॰ार पर यूरोपीय लोगों का नियन्त्रण रहा है, एशिया के लोग प्राय: छोटे व्यापारी अथवा श्रमिक रहे हैं, अफ्रीकावासी अपने ही देश में दास रहे हैं। द्वितीय महायुद्ध की समाप्ति के समय अफ्रीका फ्रांस, ब्रिटिश, बेज्लियम, स्पेनिश, पुर्तगाली उपनिवेशी शक्तियों में विभक्त था। **जार्ज एच. टी. किम्बाल** ने कहा है कि "अफ्रीका के सम्बन्ध में सबसे अन्धकारपूर्ण बात यह है कि उसके सम्बन्ध में हमेशा हमारी अज्ञानता रही है।" अफ्रीकावासियों की दासता, अज्ञानता, अनभिज्ञता, अन्धविश्वास, दरिद्रता और रोग के कारण ही अफ्रीका अन्धमहाद्वीप के नाम से जाना जाता रहा है। यहाँ पर हमार प्रतिपाद्य विषय अफ्रीका में स्वतन्त्र राज्यों का उदय, स्वतन्त्र अफ्रीकी राज्यों की प्रमुख राजनीतिक समस्यायें व अन्तर्राष्ट्रीय सम्बन्धों पर उनके प्रभाव का विवेचन करना है।

अफ्रीका में स्वतन्त्र राज्यों का उदय
(Emergence of Independent States in Africa)

अफ्रीका का उदय, एशिया के उदय की तरह, बीसवीं शताब्दी की एक प्रमुख घटना है। **टॉम मबोया** ने कहा कि, "समकालीन विश्व का सबसे महत्त्वपूर्ण तथ्य उपनिवेश शासन की जेल की कोठरियों और विदेशी प्रभुत्व द्वारा थोपे गये अन्धकार से अफ्रीका और अफ्रीकी लोगों का पुनरुत्थान है।" अफ्रीका का उदय तो बीसवीं शताब्दी की सातवीं शताब्दी में हुआ। लेकिन अफ्रीकीवाद के विचारों का उदय तो कई वर्ष पूर्व ही हो गया था जब विलियम, ड्यूबाइस और मैथ्यू गार्वे जैसे वेस्ट इण्डियन और अमरीकी नीग्रो नेताओं ने यहूदियों की भाँति नीग्रोस्वदेश की माँग की थी।

द्वितीय महायुद्ध के बाद पश्चिमी साम्राज्यवादी शक्ति निर्बल हो गई। अब पश्चिमी राष्ट्रों को राष्ट्रीय आन्दोलनप के कारण प्राचीन उपनिवेशों को अपने अधीन रखना मुश्किल हो गया। परिणामत: अफ्रीका ने पश्चिमी साम्राज्यवाद का धीरे-धीरे अन्त हो गया। युद्ध समाप्ति पर केवल चार स्वतन्त्र राज्य थे—लेकिन आज अफ्रीका में 50 से अधिक स्वतन्त्र राज्य हैं। स्वाधीन अफ्रीकी राज्यों की बाढ़ इस कथन को सिद्ध करती है कि "अफ्रीका उपनिवेशवाद का अन्तिम सुदृढ़ गढ़ है और स्वतन्त्र विश्व की अन्तिम सीमा।"

अफ्रीका का उदय किसी एक कारण या घटना का परिणाम नहीं, यह अनेक आन्तरिक और बाह्य शक्तियों का संचित परिणाम है जिन्हें हम निम्न शीर्षकों के अन्तर्गत अभिव्यक्त करने का प्रयास करेंगे—

(1) अफ्रीकी राष्ट्रवाद—अफ्रीकी राष्ट्रवाद का उदय 'विरोध आन्दोलन' तथा 'विद्रोह आन्दोलन' के रूप में हुआ था, जिसने समय पाकर उपनिवेशवाद विरोध का रूप धारण कर लिया। जिन अफ्रीकी नेताओं ने पश्चिम में शिक्षा ग्रहण की वे राष्ट्रवाद की भावना से ओत-प्रोत थे। नये स्वतन्त्र अफ्रीकी राज्यों में विविधताओं एवं विवादों के बावजूद राष्ट्रवाद सबसे प्रभावशाली शक्ति है, यह शक्ति ऐसी है जो उन्हें संगठित कर अफ्रीकीवाद की भवनाएँ पैदा करती है व अफ्रीकी व्यक्तित्व में गौरव अनुभव करने की प्रेरणा देती है। यह दासोचित उपनिवेशी मनोवृत्ति से मानसिक मुक्ति है। अफ्रीकी राष्ट्रवाद अफ्रीकी व्यक्तितव की पहचान है, उसके गौरव और स्तर का आधार है। **कैनेथ राबिनसन** ने कहा है कि, ''बराबरी की स्वीकृति के रूप में पहचान की माँग वस्तुतः अधिकांश राष्ट्रवाद का आधार है।'' अफ्रीकी राष्ट्रवाद अफ्रीकी एकता की भावनाओं में निवास करता है और विवादों के बावजूद यह एकता सुदृढ़ हो रही है। **डेविडसन** के अनुसार ''अफ्रीकी महाद्वीप भूतकालीन निराशा की सामान्य स्वीकृति एवं भविष्य की आशा के सामान्य प्रवाह से संगठित नजर आता है।''

(2) एशिया का विद्रोह—अफ्रीका के उदय में एशिया का विद्रोह एक महत्त्वपूर्ण सहायक तत्त्व है। इसने द्वितीय विश्व युद्ध के बाद पश्चिमी साम्राज्यवाद को समाप्त किया है। वे पश्चिमी साम्राज्यवादियों को 'आक्रमणकारी' की संज्ञा देने लगे। अब एशिया की स्वतन्त्रता अफ्रीकी नेताओं के लिए प्रेरणा का स्रोत बन गई। उन्होंने उपनिवेशवाद शब्द को एक 'घृणित' शब्द बना दिया। उन्होंने इन शब्दों का प्रयोग करके अफ्रीकी लोगों को संगठित किया तथा राष्ट्रीय आन्दोलन का सफल संचालन कर स्वतन्त्रता प्राप्त की। आज अफ्रीका में जो पश्चिमी विरोधी भावना दिखाई देती है उसके मूल में यही रहस्य है।

(3) साम्यवाद का भय—द्वितीय महायुद्ध के बाद विश्व में केवल दो महाशक्तियाँ रह गई थीं—अमेरिका और सोवियत संघ। इन दोनों के सिद्धान्तों में उग्र भेद रहे हैं। आधुनिक समय में कोई स्वतन्त्र अफ्रीकी देश साम्यवादी नहीं। गुट-निरपेक्षता उनकी विदेशी नीति का आधार है। फिर भी अफ्रीकी नेता साम्यवाद की साम्राज्यवाद विरोधी, उपनिवेशवाद विरोधी, रंगभेद विरोधी, आर्थिक शोषण विरोधी नीति आदि से प्रभावित रहे हैं। तन्जानिया क्रान्तिकारी पार्टी के क्षेत्रीय सचिव **अब्दुल सुलेमान** ने कहा कि, ''अफ्रीका यह सीख रहा है कि समाजवादी संसार से सहयोग के बिना न तो साम्राज्यवाद का प्रभावशाली प्रतिरोध किया जा सकता है और न ही कोई आर्थिक विकास सम्भव है।''

(4) संयुक्त राष्ट्र चाट्रर की व्यवस्थायें—संयुक्त राष्ट्र चाट्रर की व्यवसथाएँ भी अफ्रीकी उदय में सहायक रही हैं। चार्टर की ट्रस्टीशिप व्यवस्था एक उपनिवेशी शक्तियों के उपनिवेशों एवं अस्वशासित क्षेत्र के प्रशासन के सम्बन्ध में अन्तर्राष्ट्रीय

उत्तरदायित्व की व्यवस्था है। अफ्रीकी समस्याओं के समाधान के लिए संयुक्त राष्ट्र का दबाव उपनिवेशी शक्तियों पर निरन्तर प्रभाव पड़ता रहा। परिणामतः आज ट्रस्टीशिप के अन्तर्गत सभी प्रदेश स्वतन्त्र हैं।

(5) पश्चिमी साम्राज्यवादी शक्तियों की निर्बलता—द्वितीय महायुद्ध के बाद पश्चिमी साम्राज्यवादी शक्तियाँ विजयी होकर भी इस स्थिति में नहीं थीं कि वे अपने उपनिवेशों को चिरकाल तक अपने अधीन रख सकतीं। राष्ट्रीय शक्तियों का दबाव इतना अधिक था कि वे उनकी उपेक्षा नहीं कर सकती थीं। पश्चिमी साम्राज्यवादी शक्तियों ने अपने उपनिवेशों में जो थोड़े-बहुत राजनीतिक सुधार किये, उससे अफ्रीका में राजनीतिक दलों का विकास भी हो गया था। इस प्रकार सबने मिलकर राष्ट्रीय स्वतन्त्रताओं की भावनाओं को बल दिया। द्वितीय महायुद्ध की समाप्ति पर अफ्रीका में केवल चार स्वतन्त्र राज्य थे लेकिन आज लगभग समस्त अफ्रीका राज्य स्वतन्त्र हैं। 'परिवर्तन की हवा' ने अफ्रीका के अधिकांश क्षेत्र उपनिवेशी शासन से स्वतन्त्र तो बना दिये, परन्तु उन्हें अपनी स्वतन्त्रता, एकता और अखण्डता को अक्षुण्ण रखने, अपने आपको सक्षम बनाने और आधुनिक सभ्य विश्व में महत्त्वपूर्ण भूमिका निभाने के लिए उन्हें आन्तरिक और बाह्य समस्याओं का सामना करना पड़ रहा है। अफ्रीका के नव स्वतन्त्र राज्यों की प्रमुख समस्यायें हैं—राष्ट्रीय एकता व अखण्डता, आर्थिक-विकास, आर्थिक सहायता एवं प्रौद्योगिकी की आयात, आन्तरिक विद्रोह, सामाजिक विघटन एवं कालीलाबाद। इन समस्याओं को हम निम्न बिन्दुओं के अन्तर्गत विवेचित करेंगे—

(1) राजनीतिक अस्थिरता—राजनीतिक अस्थिरता अफ्रीका के नव स्वतन्त्र राज्यों की एक प्रमुख समस्या है। राजनीतिक स्थिरता के अभाव में किसी भी देश की राष्ट्रीय स्वतन्त्रता, एकता व अखण्डता को खतरा पैदा हो जाता है। इसी प्रकार अफ्रीका के नव स्वतन्त्र राज्यों में राजनीतिक हत्याओं, आन्तरिक विद्रोहों एवं राज्य विप्लव की घटनाएँ आये दिन हो रही हैं। उदाहरण के लिए, (कांगो) जेयरे स्वतन्9ता प्राप्ति के समय (1960) से ही गृह युद्ध की अग्नि में झुलसने लगा, अंगाले गृह युद्ध की अग्नि में झुलसता रहा है, चैड विद्रोहियों के प्रहार का शिकार रहा है, इथियोपिया अपनी अखण्डता के लिए चिन्तित है, सोमालिया और इथियोपिया परस्पर शत्रु रहे हैं और ओगादान क्षेत्र में दोनों युद्ध लड़ चुके हैं। रवांडा 1990 से **'हुतु'** और **'तुत्सी'** जनजातियों के जातीय युद्ध में झुलस रहा है। ये घटनपाएँ वहाँ के असन्तुष्ट नेताओं, कबीले,विदेशी शक्तियों ने प्रोत्साहन पाने के कारण होती रही हैं। यहाँ तक कि विद्रोहियों का दमन करने के लिए भी अफ्रीका के स्वतन्त्र राज्यों को विदेशी सहायता लेनी पड़ी। यह सहायता उनकी स्वतन्त्रता को जोखिम में डालती है और आन्तरिक राजनीति में विदेशी हस्तक्षेप को अवसर प्रदान करती है।

(2) व्यापक राजनीतिक संगठनों का अभाव—अफ्रीका के नव स्वतन्त्र राज्यों की एक अन्य समस्या व्यापक राजनीतिक संगठनों का अभाव भी है। अफ्रीका में राजनीतिक सत्ता प्राप्त करने से पूर्व राजनीतिक जन-आन्दोलन को संगठित करने या प्रशासन करने के अनुभव वाला राजनीतिक दल नहीं था। इसका परिणमा यह हुआ कि अफ्री में चुनाव सुधारां और मताधिकार के विस्तार के साथ अफ्रीकी पार्टियाँ सत्ता में आ तो गयीं, किन्तु उन्हें राजनीतिक और प्रशासनिक अनुभव प्राप्त नहीं था जो स्वतन्त्र राष्ट्र की सरकार को चलाने के लिए आवश्यक था। **अनिरुद्ध गुप्त** ने लिखा है कि, "स्वतन्त्रता की दौड़ ने अफ्रीकी राष्ट्रवादियों को समय नहीं दिया कि वे अपनी एशियाई समकालीनों की भाँति जन-समूह के सभी वर्गों को मिलाने वाले स्थायी राजनीतिक संगठन का निर्माण कर सकते। अधिकांशतः अफ्रीकी पार्टियों का उदय निर्वाचनों के समय हुआ और वे कुछ ही समय में शासन पार्टियाँ बन गयीं।"

(3) प्रजातिवाद की समस्या—प्रजातिवाद अथवा रंगभेद की समस्या अफ्रीका की सबसे बड़ी समस्या रही है। औपनिवेशिक शासन की अवधि में रंगभेद की नीति इतने प्रबल रूप में लम्बे समय तक विद्यमान रही कि उसकी समाप्ति के बाद भी अफ्रीका की श्वेत तथा अश्वेत जातियों के मध्य पारस्परिक संदेह तथा घृणा समाप्त नहीं हुई।

(4) कुशल राष्ट्रीय नौकरशाही का अभाव—अफ्रीका के स्वतन्त्र राज्यों के पास उपनिवेशी शासनकाल में शिक्षा का विस्तार न होने के कारण स्वतन्त्रता प्राप्ति के समय कोई कुशल एवं अनुभवी तथा राष्ट्रीय भावनाओं से ओत-प्रोत नौकरशाही नहीं थी जो कि प्रशासन के कार्यों को सुचारु रूप से सम्भाल सकती। इसका परिणाम यह हुआ कि इन राज्यों को मजबूर होकर प्रवासी स्टाफ को बनाये रखना पड़ा। जिसे राष्ट्र के निर्माण की योजनाओं और उनकी कार्यान्विति में कोई रुचि नहीं थी। कहा जाता है कि किसी नव-स्वतन्त्र अफ्रीकी राज्य में राष्ट्रीयस नौकरशाही नहीं थी और आज तक भी अफ्रीका में एक पेशेवर मध्य वर्ग का विकास नहीं हो सका।

(5) प्रबल आकांक्षाओं की समस्या—अफ्रीका निवासियों की स्वतन्त्रता प्राप्ति से ही आकांक्षाएँ बहुत बढ़ गयी थीं। अब जनमूह के सभी वर्गों द्वारा एक ही समय में अच्छे जीवन और अच्छे व्यवहार की माँग बढ़ गई और यह किसी एक जनसमूह या वर्ग की माँग दूसरे के लिए असन्तोष का कारण बन जाती है। इसलिए शासकों के समक्ष समस्या यह थी कि सरकार व दल दोनों ही इनकी माँगों को प्रभावित व नियन्त्रित करने में असफल रहे। उनकी उपेक्षा होने लगी और वे साझेदारी की माँग करने लगे। जिस सामाजिक पृष्ठभूमि से वहाँ के नेताओं का उदय हुआ उनका भी समाज के सभी वर्गों से सम्बन्ध नहीं था। वे सभी राज्य वर्गों की आय की भिन्नताओं से भी पीड़ित रहे हैं। ये विभिन्नतायें ही आज समाज में विघटन पैदा करती हैं।

(6) विदेशी आर्थिक सहायता पर निर्भरता—नव-स्वतन्त्र राज्य आर्थिक दृष्टि से पिछड़े हुए व अल्पविकसित हैं। उनके पास आर्थिक विकास राष्ट्रीय स्रोतों एवं आधुनिक टैक्नालॉजी की कमी है जिनके कारण ये विदेशी आर्थिक सहायता पर निर्भर हैं। उनके अधिकांश क्षेत्रों में इनकी अर्थव्यवस्था जो कि उपनिवेशी थी, विदेशी कम्पनियों का एकाधिकार है। इन देशों में कृषि और उद्योगों में सामंजस्य न होने के कारण ही बेरोजगारी व गरीबी है। अफ्रीकी देश कच्चा माल पैदा करते हैं। केवल यही निर्यात इनकी आय का एकमात्र साधन है और ये आय के आन्तरिक साधन को उत्पन्न करने में असमर्थ हैं। यहाँ के कुछ राज्य तो अपने खर्चे चलाने के लिए विदेशी आर्थिक सहायता पर निर्भर हैं।

(7) सत्ता के औचित्य की समस्या—सत्ता के औचित्य की समस्याओं का सामना तो सभी राज्यों के शासकों को करना पड़ता है—लेकिन अफ्रीकी स्वतन्त्र राज्यों में यह समस्या प्रबल थी क्योंकि इन राज्यों में संवैधानिक परम्परायें या संस्थाएँ विद्यमान नहीं रहीं और जो संस्थाएँ थीं वे उपनिवेशी नमूने पर आधारित थीं वे उपनिवेशी नमूने पर आधारित थीं जो प्रजातान्त्रिक न होकर सर्वसत्तावादी या पितृसत्तावाद पर आधारित रही हैं। **ए. आर. जोल बर्ग** का मत है कि ''अफ्रीका के राजनीतिक जीवन की सबसे मुख्य विशेषता यह है कि यह लगभग संस्थारहित रंगभूमि है जिसकी प्रमुख विशेषताएँ हैं संघर्ष और अव्यवस्था।''

(8) संस्कृति के मूल्यों में अन्तर—नव-स्वतन्त्र राज्यों की जटिल समस्या प्राचीन व आधुनिक संस्कृति के मूल्यों में अन्तर की है। प्राचीन संस्कृति तो कबलीवाद पर आधारित रही है। यह व्यवस्था लोगों को संगठित व सुरक्षित रखती है, लेकिन अफ्रीका में तीव्र गति से हो रहे परिवर्तनों, नयी प्रजातान्त्रिक संस्थाओं की स्थापना, वऊपादारियों में परिवर्तन, समाजवादी व्यवस्था, नगरों के निर्माण व विकास ने इस कबीलावाद की एकता और अखण्डता पर प्रहार शुरू कर दिया। **डेविडसन** ने लिखा है कि, ''ग्रामीण क्षेत्रों से शहरी क्षेत्रों में जाने की प्रवृत्ति केवल संख्या में परिवर्तन नहीं ला रही है बल्कि समाज सम्बन्धों में परिवर्तन ला रही है।'' इसी प्रकार नगरीकरण ने भी सामाजिक विघटन, जड़रहितता और नगरों में लोगों की अधिक भीड़ आदि की समस्याएँ पैदा की हैं।

(9) रंगभेद की समस्या—अफ्रीका में रंगभेद की समस्या सबसे मुख्य समस्या है। उपनिवेशी शासकों ने 'श्वेत जाति की श्रेष्ठता' के सिद्धानत को अपना कर अश्वेत लोगों पर भयंकर अत्याचार व अपमान किये इसलिये अफ्रीका की इन जातियों में रंगभेद को लेकर अविश्वास व घृणा विद्यमान रही है। इस कारण अश्वेत जातियाँ श्वेत जातियों द्वारा किये प्रहारों का बदला लेना चाहती हैं। **गूंथर** ने लिखा है, ''सब चीजों से ऊपर यह रंगभेद ही है जो अफ्रीका में सन्तोष और विद्वेष उत्पन्न करता

है।यह अफ्रीकी हीनता का मूल कारण है जो बदले में विद्रोह और द्विष उत्पन्न करता है। यह श्वेत और अश्वेत दोनों ही प्रकार के व्यक्तियों के मस्तिष्क को विकृत करता है।''

(10) साम्यवाद के प्रसार की समस्या—अफ्रीका महाद्वीप में साम्यवाद के लिए प्राय: सभी आवश्यक परिस्थितियाँ मौजूद हैं। यहाँ के लोग आर्थिक शोषण तथा साम्राज्यवादी दमन के शिकार हुए हैं। ये साम्यवादी-उपनिवेशवाद विरोधी नीतियों से प्रभावित हो रहे हैं। फलस्वरूप रूस और चीन दोनों इस महाद्वीप में अपने प्रभाव क्षेत्र बढ़ाने में सक्रिय हैं। इस कारण कहीं-कहीं इन दोनों में भी परस्पर संघर्ष हो रहा है। अफ्रीका के नव-स्वतन्त्र राज्यों के उदय से अन्तर्राष्ट्रीय राजनीति पर जो प्रभाव पड़े हैं उनका विस्तृत विवेचन हम निम्न शीर्षकों के अन्तर्गत करेंगे—

(1) साम्राज्यवाद, उपनिवेशवाद पर क्रूर प्रहार—पश्चिमी साम्राज्यवाद, उपनिवेशवाद तथा रंग-भेद, जाति-भेद पर अफ्रीका के उदय ने क्रूर प्रहार किये हैं—कुछ स्थानों पर इनके अवशेष अभी भी हैं जो किसी भी समय विस्फोटक स्थिति उत्पन्न कर सकते हैं—फिर भी अब उनका अन्त सम्भव है।

(2) शोषण का सीमित क्षेत्र—अफ्रीका में शोषण और अन्याय का क्षेत्र सीमित होता जा रहा है। आज आधुनिक महाशक्तियाँ इन राज्यों में अपने साम्राज्य को स्थापित करने की स्थिति में नहीं हैं। इसी प्रकार आज अफ्रीका में स्वतन्त्रता, एकता, व्यक्तितव की प्रतिष्ठा, सम्मान की लहर व्याप्त है, जिससे श्वेत जातियाँ भी उनके साथ सम्बन्ध बनाये रख सकती हैं।

(3) अफ्रीकी व्यक्तित्व की प्रतिष्ठा—अफ्रीका के उदय ने अफ्रीकी व्यक्तित्व को प्रतिष्ठित किया है, उसके वैभव, गौरव का विकास कर सामाजिक व राजनीतिक स्तर पर बराबरी का दर्जा दिया है। अब रंगभेद की नीति भी समाप्त हो गई है। **डेविडसन** ने लिखा है, ''अफ्रीका के उदय ने अफ्रीकी विशिष्टता को बल दिया है, अन्य मानव समूहों में उसे बराबरी का दर्जा दिया है और अफ्रीकी जीवन की अगणित विविधताओं के बावजूद उसकी मौलिक एकता को पुष्ट किय है।''

(4) जाति के विषय का अन्तर्राष्ट्रीयता—जिस विषय को परम्परा से घरेलू क्षेत्राधिकार का विषय समझा जाता था, आज उसकी राजनीति की व्याख्य की जाती है व उसे अन्तर्राष्ट्रीय विषय समझा जाता है। जैसे—दक्षिण अफ्रीका की रंगभेद की नीति को आज घरेलू मामला नहीं माना जाता, वह राष्ट्रों के पारस्परिक सम्बन्धों पर प्रतिकूल प्रभाव डालता है तथा अन्तर्राष्ट्रीय शान्ति और सुरक्षा के लिए खतरा पैदा करता है।

(5) अफ्रीकी एकता—अफ्रीकावासियों में अफ्रीका उदय ने अफ्रीकी भावनाओं का संचार किया। इससे अनगिनत विविधताओं, भिन्नताओं, मतभेदों और

कबीलावाद के बावजूद अफ्रीकावासियों में एकता की भवनायें, पैदा हुईं, जिससे 'अफ्रीकी एकता संगठन' का निर्माण हुआ—इससे अफ्रीका के लोगों में सहयोग, भाईचारा आदि भावनाओं का विकास हुआ। आज अफ्रीली राज्यों में आर्थिक निर्माण, आधुनिकीकरण, औद्योगिकीकरण की प्रवृत्ति पाई जाती है। इसके लिए वे पश्चिमी-पूर्वी गुटों से सहायता तो प्राप्त करना चाहते हैं, लेकिन वे उनके पिछलगू बनना नहीं चाहते, वे अपने भार्गय के स्वयं निर्माता बने रहना चाहते हैं।

(6) स्वतन्त्र राज्यों का उदय एवं कूटनीतिक समस्याएँ—अफ्रीका के उदय से स्वतन्त्र राज्यों की बाढ़ ने अन्तर्राष्ट्रीय सम्बन्धों में जहाँ कूटनीतिक समस्याएँ पैदा की हैं, वहाँ तनाव, संघर्ष, सौदेबाजी, प्रतिद्वन्द्विता को भी जन्म दिया है। इन राज्यों की प्रतिक्रिया कूटनीतिक क्षेत्र में परिपक्व व नौसिखिये होने के कारण 'दैनिक' या अस्थिर होती है, 'स्थिर' नहीं होती।

(7) गुट-निरपेक्ष आन्दोलन की पुष्टि—गुट-निरपेक्ष आन्दोलन को अफ्रीका के उदय से काफी बल मिला है। इसने गुट-निरपेक्ष आन्दोलन में संख्यात्मक और गुणात्मक परिवर्तन किया है। अफ्रीकी राष्ट्रों की समस्या राष्ट्रवाद, पुनर्निर्माण, आर्थिक विकास व श्वेत अल्पसंख्यकों के शासन को समाप्त कर अश्वेत बहुसंख्यकों के शासन की स्थापना करने की है—वे महाशक्तियों की चालों की गोटियाँ बनना नहीं चाहते, वे अफ्रीकी समस्याओं के अफ्रीकी समाधान चाहते हैं।

(8) संयुक्त राष्ट्र पर प्रभाव—संयुक्त राष्ट्र संघ पर अफ्रीका के उदय ने बहुत गहरा प्रभाव डाला है। अपने प्रथम अधिवेशन से ही संयुक्त राष्ट्र महासभा निरन्तर अफ्रीकी समस्याओं से संघर्ष करती रही है। नव-स्वतन्त्र राज्य महासभा में अपने अधिकारों, आत्मनिर्णय के प्रश्नों पर निरन्तर बहस कराते और प्रस्ताव पारित कराते रहे हैं। आज ये राज्य संयुक्त राष्ट्र संघ में एक लॉबी के रूप में कार्य करते हैं व उसे साम्राज्यवाद और उपनिवेशवाद, रंगभेद के विरुद्ध कार्यवाही करने के लिए प्रेरित करते हैं। इस प्रकार अफ्रीका का उदय संकटमय विश्व में कल्याणकारी भावना का प्रतीक है।

(9) राष्ट्रमण्डल पर प्रभाव—अफ्रीका के उयर से राष्ट्रमण्डल पर भी प्रभाव पड़ा है। इस राष्ट्यमण्डल में केवल श्वेत लोगों का ही क्लब नहीं है, बल्कि अश्वेत बहुसंख्या में हैं। यह राष्ट्रमण्डल अफ्रीकी राज्यों को संयुक्त राष्ट्र के अलावा एक अन्तर्राष्ट्रीय में मंच भी प्रदान करता है जिससे रंगभग की नीति की भर्त्सना की जाती है।

(10) अन्तर्राष्ट्रिय राजनीति का केन्द्र—आज अफ्रीका अन्तर्राष्ट्रीय राजनीति का केन्द्र बनता जा रहा है। अफ्रीका में .महाशक्तियों की रुचि बढ़ती जा रही है।

अफ्रीकी राष्ट्रों के आपसी विवाद महाशक्तियों को अफ्रीका में हस्तक्षेप करने का अवसर प्रदान कर रहे हैं, जिसके फलस्वरूप आज अफ्रीका विश्व राजनीति का संघर्ष स्थल बन रहा है। इस प्रकार अफ्रीकी राज्यों को राष्ट्रमण्डल का केवल राजनीतिक महत्त्व ही नहीं, आर्थिक दृष्टि से भी उन्हें सहायता के कई स्रोत प्रदान करता है। फ्रांसीसी लेखक **अल्फ्रेड सोवी** ने 1952 में अपने लेख में 'तीसरी दुनिया' शब्द का प्रयोग किया। **सोवी** के अनुसार, 'तीसरी दुनिया' **उन अज्ञात और शोषित देशों का समूह है** जिन्हें प्रायः तिरस्कार की दृष्टि से देखा जाता है और जो कुछ बनकर दिखाना चाहते हैं। चीनी नेता **माओत्से तुंग** के अनुसार—तीसरीदुनिया उन देशों का समूह है जो कच्चा माल पैदा करते हैं, जो बड़े देशों के उपनिवेश थे और जो आधुनिक औद्योगीकरण से बहुत दूर हैं। इसके अन्तर्गत एशिया, अफ्रीका और दक्षिणी अमेरिका के नवोदित देश आते हैं। वर्तमान में 'तीसरी दुनिया' शब्द का प्रयोग विकासशील राष्ट्रों या अल्प-विकसित राष्ट्रों के लिए किया जाता है।

तीसरे विश्व की अवधारणा

(The Third World as a Concept)

तीसरे विश्व की अवधारणा को निम्नलिखित बिन्दुओं के अन्तर्गत स्पष्ट किया गया है। यथा—

(1) माओत्से तुंग और उनके अनुयायियों का तीसरी दुनिया का विकास सम्बन्धी दृष्टिकोण—माओत्से तुंग ने 'तीन दुनिया' की कल्पना की थी—**पहली दुनिया** में अमेरिका और सोवियत संघ आते थे, **दूसरी दुनिया** में वे देश आते थे जिनता इन महाशक्तियों के साथ सैनिक गठबन्धन था तथा **तीसरी दुनिया** उन देशों का समूह थे जो कच्चा माल पैदा करते थे, जो बड़े देशों के उपनिवेश थे तथा जो आधुनिक औद्योगीकरण से बहुत दूर थे। माओत्से तुंग द्वारा किये गये विवेचन के अनुसार एशिया, अफ्रीका और दक्षिण अमरीका क्षेत्र के वे नवोदित देश ही तीसरी दुनिया के अन्तर्गत आते हैं जो सदियों से उपनिवेशवाद के शिकार थे।

(2) इरविंग होरोविज का तीसरी दुनिया विकास सम्बन्धी दृष्टिकोण—**इरविंग होरोविज** के अनुसार विकास की प्रथम श्रेणी में अमेरिका और पश्चिमी यूरोप के देश आते हैं, इन्हें पहली दुनिया कहा जा सकता है। विकसा की द्वितीय श्रेणी में सोवियत संघ और उसके गुटीय राष्ट्र आते हैं, होरोविज ने इन्हें दूसरी दुनिया कहा है और एशिया, अफ्रीहका और लेटिन अमरेरिका के राष्ट्र विकास की तीसरी श्रेणी में आते हैं, इसलिए इन्हें तीसरी दुनिया कहा जाता है।

(3) थर्ड वर्ल्ड क्वार्टरली (लन्दन) के लेख के अनुसार, "लगभग 100 अफ्रीकी एशियायी और दक्षिणी अमेरिकी देश अपने को सामूहिक रूप से 'तीसरी

दुनिया' कहते हैं। वे अपने को विकसित पूँजीवादी और केन्द्रीय नियोजित समाजवादी देशों से अलग रखकर अपनी पहचान स्थापित करते हैं।''

तृतीय विश्व के प्रति संयुक्त राज्य अमेरिका की नीति (भूमिका)
(Role of America in the Third World)

तीसरे विश्व अर्थात् विकासशील देशों के पति अमेरिका की विदेश नीति बहुआयामी रही है। **प्रथमत:** वह तृतीय विश्व के देशों के स्वावलम्बी बनने के प्रयासों को रोकने का हर सम्भव प्रयत्न करता आ रहा है। **दूसरे,** वह इन देशों में अपने शस्त्रों की ब्रिकी को बनाये रखने के लिए इन देशों में परस्पर संदेह पैदा कर क्षेत्रीय असन्तुलन खड़ा करता है। **तीसरे,** वह मानवाधिकार कूटनीति के माध्यम से इनके आंतरिक मामलों में हस्तक्षेप करता आ रहा है। **चौथे,** आतंकवाद सम्बन्धी नीति को भी वह क्षेत्रीय असन्तुलन पैदा करने में लगा रहा है। इस प्रकार प्रत्यक्ष में वह आतंकवाद का विरोध करता है तो परोक्ष में वह इसका समर्थन करता रहता है। **पांचवें,** परमाणु अप्रसार संधि के माध्यम से वह अपनी परमाणु दादागिरी को बनाए रखना चाहता है। **छठे,** वह हर सम्भव प्रयासों से तीसरे विश्व के देशों में एकता प्रयासों को सफल नहीं होने देता। इस प्रकार स्पष्ट है कि तृतीय विश्व के प्रति अमेरिका की नीति इन देशों का विभिन्न तरीकों से शोषण करते रहने की है। तृतीय विश्व में अमेरिका की भूमिका को निम्न बिन्दुओं के अन्तर्गत स्पष्ट किया गया है—

(1) अपने हित और प्रभाव विसतार के लिए प्रयत्नशील—अमेरिका तृतीय विश्व में अपने हित और प्रभाव विस्तार के लिए सदैव प्रयत्नशील रहा है। अपने इन उद्देश्यों की पूर्ति के लिए एक ओर तो वह आर्थिक और सेनिक सहायता की नीति इस मन:स्थिति के अन्तर्गत अपनाता रहा है कि यदि उसने अपने मित्र या पिछलग्गू राष्ट्र को हथियार नहीं दिये तो उसका प्रतिद्वन्द्वी इसका लाभ उठायेगा और वह राष्ट्र और भी दुर्बल हो जायेगा। उसकी दुर्बलता उसके (अमेरिका) राष्ट्रीय हित व प्रभाव विस्तार के प्रतिकूल होगी। फलत: अमेरिका उसे अधिकाधिक आर्थिक व सैनिक सहायता प्रदान करता रहा है। उदाहरण के लिए, पाकिस्तान को अमेरिका सैनिक व आर्थिक सहायता दक्षिण एशिया में अपने प्रभाव विस्तार को बनाये रखने के उद्देश्य से ही देता रहा है, चाहे उस देश का शासन अधिनायकतन्त्रीय हो, चाहे लोकतन्त्रीय। शीत युद्ध की समाप्ति और साम्यवादी गुट के बिखराव के बाद अब अमेरिका **'आर्थिक संरक्षणवाद'** की नीति के अन्तर्गत तृतीय विश्व के देशों का आर्थिक शोषण कर रहा है।

(2) यथास्थिति के समर्थन में उलझाव से हस्तक्षेप तक—तृतीय विश्व केदेशों की परिस्थितियाँ अस्थिर हैं। 1992 तक इन देशों की अस्थिर परिस्थितियों

कोसोवियत रूस अपने शक्ति सन्तुष्टीकरण के लिए प्रयुक्त न कर सके, यही तथ्य अमरीकी रणनीति का केन्द्र-बिन्दु रहा है, क्योंकि यदि वह ऐसा नहीं करेगा ता शक्ति-सन्तुलन सोवियत रूस के पक्ष में हो जायेगा, जो उसके राष्ट्रीय हित पर प्रतिकूल प्रभाव डालेगा। इस प्रकार स्पष्ट है कि अमेरिका तृतीय विश्व में **यथास्थितिवाद का समर्थक रहा है,** लेकिन चूंकि इन देशों की परिस्थितियाँ अस्थिर और क्रान्ति उन्मुख हैं, इस अस्थिरता को रोकने के लिए अमेरिका इन देशों में उलझता रहा है तथा आर्थिक व सैनिक सहायता के रूप में उसकी भूमिका उलझाव से आगे बढ़कर हस्तक्षेप तक पहुँच जाती रही है। वियतनाम में अमरीकी भूमिका इसी उलझाव से हस्तक्षेप तक की भूमिका रही है, खाड़ी के क्षेत्रों में भी उसकी विदेश नीति इसी तथ्य को स्पष्ट करती है। इसी प्रकार इराक पर अधिकार करना तथा समय-समय पर ईरान तथा अन्य पश्चिमी एशियायी राष्ट्रों पर दबाव डालते रहना खाड़ी के देशों में उसकी उलझाव की भूमिका को स्पष्ट करती है।

(3) यथास्थिति तथा शक्ति सन्तुलन हेतु दमनकारी भूमिका—अमेरिका तृतीय विश्व के देशों में शक्ति सन्तुलन हेतु दो प्रकार के तरीके अपनाता रहा है—एक सुधारात्मक और दूसरा दमनात्मक। सुधारात्मक तरीकों के अन्तर्गत वह अपने मित्र राष्ट्रों को सुदृढ़ और वैध बनाता है, जो क्रान्ति की अस्थिरता को घटा सके, दूसरे दमनात्मक तरीके के अन्तर्गत तृतीय विश्व के देशों में उभर रहे उन क्रान्तिकारी परिवर्तनों का दमन करता है जो उसकी मित्र सरकारों का पतन कर सकता है। प्रायः अमेरिका सुधार से प्रारम्भ कर दमन तक पहुँच जाता है। **डॉ. पी. डी. शर्मा** के शब्दों में, "......... अमरीकी विदेशी नीति जब विश्व सन्तुलन अथवा तृतीय विश्व के किसी देश से जूझती है तो राजनीतिक वातावरण सैनिक और आर्थिक सन्दर्भ से तुरन्तर जुड़ जाता है और दमन लाभदायक लगने लगता है।" संयुक्त राज्य अमेरिका तृतीय विश्व के राष्ट्रों को आत्मनिर्भरता के नाम पर आधुनिक सैन्य सामग्री प्रदान कर उन्हें अपने ऊपर निर्भर करता रहा है। इस सैनिकीकरण और शस्त्र व्यापार की वृद्धि से तृतीय विश्व के देशों में दमनकारी अत्याचारों की प्रवृत्ति बढ़ती है क्योंकि जब कठपुतली सरकार के पास सैनिक सहायता पहुँच जाती है तो उसके बाद उस पर अमेरिका का नियन्त्रण बना रहता है और वह उस देश के स्वतन्त्रता आन्दोलन को कुचलने के लिए आत्महन्ता नीतियों (दमनकारी नीतियों) का अनुसरण करने लगता है। परिणामस्वरूप उस देश की राजनीति भयावह परिणाम सामने लाती है।

(4) तीसरे विश्व की एकता को तोड़ने की भूमिका—अमेरिका का निरन्तर यह प्रयास रहा है कि तसरी दुनिया के देशों में एकता अथवा पारस्परिक सहयोग उत्पन्न ही न हो और यदि उनमें एकता या सहयोग उत्पन्न होने लगे तो उनमें स्थानीय मुद्दों को हवा देकर फूट डालना। अमरीका की यह नीति **पश्चिमी शिया** में पूर्णतः

सफल हुई है, जहाँ उसने अरब राष्ट्रों को न केवल विभाजित रखा बल्कि उनमें युद्धों को भी जन्म देकर अपनी चौधराहट को बनाये रखा तथा उनके तेल भण्डारों पर अपना एकछत्र अधिकार स्थापित किए रखा। **दक्षिण एशिया** में भी यह इसी नीति का अनुसरण करते हुए भारत और पाक के बीच सहयोग पैदा नहीं होने देता, यद्यपि वह इस बात का दम्भ भी भरता रहता है कि वह इस क्षेत्र में शान्ति औ सन्तुलन का पक्षधर है।

दूसरे, अमेरिका तृतीय विश्व के देशों के निर्गुट आन्दोलन को अब अपने पिछलग्गू राष्ट्रों द्वारा अप्रासंगिक बताने का प्रयास करता रहा है ताकि आर्थिक प्रश्नों पर तृतीय विश्व के देशों में एकता उत्पन्न न हो सके। **उत्तर-दक्षिणी, दक्षिण-दक्षिण, जी-77** और **जी-15** के देशों में आर्थिक सहयोग के मुद्दों पर जो भिन्नताएँ पाई जाती हैं, उनमें अमरीका की महती भूमिका रहती है।

तीसरे, अमेरिका तीसरे विश्व की एकजुटता तसरी दुनिया के देशों पर दबाव की एजेन्सियों, जैसे—विश्व बैंक, अन्तर्राष्ट्रीय मुद्रा कोष आदि का प्रयोग करता रहता है, क्योंकि इन संस्थाओं पर अमेरिका का वर्चस्व है।

(5) दबाव की नीति—संयुक्त राज्य अमेरिका तीसरी दुनिया के देशों पर दबाव डालकर उनकी नीतियों को अपने अनुकूल परिवर्तित करवाने का प्रयास करता रहा है। अमरीकी दबाव के कतिपय उदाहरण इस प्रकार हैं—(1) 1975 में अरमीकी बहुराष्ट्रीय इलेक्ट्रोनिक कम्पनी ने मैक्सिको की सरकार पर दबाव डाला कि वह अपने श्रम कानून को, जो मजदूरों को थोड़ा संरक्षण दता है, बदल डाले। मैक्सिको की सरकार ने ऐसा करने से इनकार कर दिया तो कम्पनी ने अपना कारखाना बन्द कर उसे कोस्टारिका में स्थानान्तरित कर दिया। इसके परिणामस्वरूप 12,000 मजदूर बेराजगार हो गये। (2) चिली में अलेन्दे की सरकार ने अमरीकी बहुराष्ट्द्रीय कम्पनी के राष्ट्रीयकरण के कदम उठाये तो जवाब में अमरीकी कम्पनियों ने अलेन्दे की हत्या करवा दी और सरकार को उलटवा दिया। (3) भारत ने अणु अप्रसार सन्धि पर हस्ताक्षर करने से इनकार कर दिया तो अरमीका ने रूस पर बदाव डाला कि वह भारतीय अन्तरिक्ष अनुसंधान संघटन इसरो से नाता तोड़ ले।

क्लिंटन तथा बुश प्रशासन ने भी अपनेपूर्व प्रशासनों की भांति तृतीय विश्व के देशों के प्रति दबाव की नीति को जारी रखा है।

(6) तृतीय विश्व के देशों में अमेरिका की आर्थिक भूमिका—डॉ. पी. डी. शर्मा के शब्दों में, "आर्थिक वातावरण जिसे अमेरिका कॉरपोरेट व्यवस्था भागदीदारी कहता है, तृतीय विश्व के लिए एक भारी अभिशाप है। 'उन्मुक्तता' के नाम पर पूँजी निवेश, कर नीतियाँ, तटकर कानून, ण वसूल, श्रम-नियम सभी तृतीय विश्व के शासक-घरानों और सामन्तों के पक्ष में जाते हैं।" प्रबन्ध-प्रशिक्षण और

लाभ के बँटवारे में भी सम्भ्रान्तों के हित स्थायी बनते हैं। पूँजीवाद का यह सारा नाटक जो उत्पादन–विपुलता के नाम पर कुछ समय के लिये चलता है, वितरण को दूषित कर गरीब–अमरी के भेदों के गहरा बनाता है। उदाहरण के लिए दक्षिण अमेरिका के पेरू राज्य को लिया जा सकता है, जहाँ 82% भूमि बड़े–बड़े भूपति दबाये बैठे हैं और सैनिक खर्च बढ़ रहा है। इस प्रकार अमेरिका ऊपर से जोड़–तोड़ की भूमिका अपनाकर, उस देश के शासकों के साथ मिलकर उस देश का शोषण करता है। 1991 में साम्यवादी गुट के बिखराव तथा शीत युद्ध की समाप्ति के बाद से अमेरिका साम्यवाद के खतरे की नीति को काम में नहीं ले सकता, इसलिए वह **'आर्थिक संरक्षणवाद'** के अन्तर्गत इन देशों का शोषण कर रहा है।

(7) अमेरिका का तृतीय विश्व में उलझाव नैतिकता के मुखौटे के अन्तर्गत—अमेरिका तृतीय विश्व के राष्ट्रों में उलझाव नैतिकता का मुखौटा लगाकर करता है क्योंकि उस राष्टद्य में शक्ति का प्रयोग या दखल के लिए उसे अपनी घरेलू जनता का समर्थन लेना पड़ता है और इसलिए उसे इस उलझाव पर नैतिकता का मुखौटा लगाना पड़ता है कि वियतनामी उलझाव इसी तथ्य को स्पष्ट करता है, इसी प्रकार पाकिस्तान को सहायता अफगानिस्तानी जनता के नाम पर बढ़ा दी जाती रही और सऊदी अरब की रक्षा हेतु, कुवैत की जनता की स्वतन्त्रता के नाम पर इराक की घेराबन्दी की गई। तथा इराक में खतरनाक रासायनिक एवं परमाणु हथियार हैं जो विश्व शांति के लिए खतरा है, के नाम पर इराक पर आक्रमण कर उस पर अधिकार कर लिया गया, मानवाधिकार के नाम पर क्विंटन प्रशासन ने जहाँ कश्मीर में भारत को आगाह किया, वहीं पाकिस्तान की आतंकवादी गतिविधियों को नजरअंदाज किया, सोमालिया में सैनिक हस्तक्षेप किया। अमेरिका ने अफगानिस्तान में उन शिविरों पर बमबारी की जहाँ लादेन के छिपे होने का संदेह था। इसके पक्ष में उसका नैतिकता का मुखौटा इस्लामी आतंकवाद को समाप्त करने का रहा है, लेकिन इसके पीछे अमेरिका का वास्तविक उद्देश्य लादेन का यह गुनाह है कि वह सऊदी अरब की सरकार के खिलाफ बगावत कर रहा है और सऊदी अरब का शासक अमरीका का खास मित्र है। अमरीका जनतंत्रीकरण, मानवाधिकार, अन्तर्राष्ट्रीय शांति एवं सुरक्षा, विश्व वातावरण के निर्माण, वैश्वीकरण या उदारीकरण आदि के मुखौटे लगाकर अपने हितों को साधने के लिए तीसरे विश्व के देशों में दखल देता रहा है।

(8) तृतीय विश्व के देशों में उलझाव से अमेरिका की लाभकारी स्थिति—तृतीय विश्व के देशों में आम आदमी वहाँ के शासन में महत्त्व नहीं रखता है। अमेरिका की इन देशों में साझेदारी से इन देशों के शासन की अपेक्षा अमेरिका अधिक लाभ की स्थित में रहता है। विदेशी पूँजी निवेश ने विकासशील देशों में एक प्रतिबद्ध और सहयोगी धनाढ्य वर्ग पैदा किया है। इन देशों में विकास के चरणों में विदेशी उद्योगपति

और देश नव-धनाढ्य वर्ग लाभ को हड़प जाता है। इसमें संरक्षक अर्थात् विदेशी उद्योगपति को अधिक लाभ होता है। अमेरिका सरकार तृतीय विश्व के देशों में इस नव-धनाढ्य शासक वर्ग की रक्षा कर अमेरिका बहुराष्ट्रीय निगमों की गतिविधियों के अनुकूल वातावरण तैयार करती है।दोनों की मान्यता यह है कि उन्मुक्त उद्योगों से विश्व व्यवस्था की जड़े मजबूत बनती हैं। इस प्रकार संरक्षक सहयोगी सम्बन्धों का एक जाल तैयार होता है जो अन्तर्राष्ट्रीय दुनिया में आर्थिक लाभ से आगे बढ़ता हुआ सैनिक और राजनीतिक हस्तक्षेप की प्रक्रिया को प्रारम्भ कर देता है। इस प्रकार स्पष्ट है कि अमेरिका तृतीय विश्व में ऐसे अन्तर्राष्ट्रीय वातावरण का निर्माण करता है जिसमें वह फल-फूल सके। इस वातावरण के निर्माण में आर्थिक, सामाजिक और राजनीतिक सभी तत्त्वों का सम्मिश्रण हो जाता है। 1950 के दकश में अमेरिकी विदेश नीति 'लाभ कमाने' पर केन्द्रित थी, जो बाद में 'शक्ति अर्जन' पर केन्द्रित हुई और इसके बाद 'लाभ बढ़ाओ और जोखिम बटाओ' की ओर मुड़ गई। वर्तमान में अमेरिका इसी नीति पर चल रहा है।

(9) शस्त्र निर्यात—अमरीकी तीसरी दुनिया के देशों को हथियारों का निर्यात करता रहा है। 1950 से 1972 तक अमरीका ने तीसरी दुनिया के देशों को 8522 करोड़ डॉलर के हथियारों का निर्यात किया। उसने इजरायल, सऊदी अरब, जोर्डन, पाकिस्तान, दक्षिण अफ्रीका, दक्षिण कोरिया आदि देशों की सरकारें को हथियारों से लैस कर विकासशील देशों को विकास कार्य छोड़कर प्रतिरक्षा व्य बढ़ाने के लिए मजबूर किया।

(10) परमाणु अप्रसार संन्धि—अमरीका 'परमाणु क्लब' को सीमित रखना चाहता है। वह नहीं चाहता है कि तीसरी दुनिया के देश अपने परमाणु कार्यक्रम को जारी रखें। वह चाहता है कि भारत और पाकिस्तान अपने परमाणु कार्यक्रमों पर रोक लगायें। वह यह भी चाहता है कि उत्तरी कोरिया अपने परमाणु संयंत्रों को अन्तर्राष्ट्रीय एजेन्सियों की जाँच के लिए खोल दे।

(11) उच्च तकनीक के हस्तान्तरण को रोकना—विकासशीलदेशों के स्वावलम्बी बनने के प्रयासों को रोकने के लिए अमरीका एम. टी. सी. आर. संधि का सहारा लेता है। भारत को क्रायोजेनिक इंजन और उसकी तकनीक को हस्तान्तरित करने से रोकने के लिए अमरीका ने इसी संधि के तहत रूस पर दबाव डाला था।

उपर्युक्त विवेचन से स्पष्ट है कि अमेरिका तृतीय विश्व के देशों में 'हस्तक्षेप' की भूमिका निभा रहा है। वह निरन्तर प्रत्यक्ष या अप्रत्यक्ष रूप से इन देशों में उलझाव पैदा कर हस्तक्षेप करता है। यह हस्तक्षेप यद्यपि आर्थिक शोषण की उपज है तथापि इसका सैद्धान्तिक पक्ष भी है। वह यह है कि प्रत्येक स्थिति में इस (वर्तमान) विश्व-

व्यवस्था को जिन्दा रखना अमरीकी राष्ट्रीय हित की परिभाषा मानी जाती है और इसी विश्व स्तरीय सन्दर्भ में अमरीका अपनी सुरक्षा को देखता है। इसलिए जहाँ-जहाँ भी अमरीकी व्यापार, बैंक और बीमा कम्पनियों को खतरा पैदा होता है, वहाँ-वहाँ वर क्रान्ति और वामपंथियों का भय या अन्य कोई भय देखने लगता है और आर्थिक स्थिति को राजनीतिक स्थिति के साथ जोड़कर अपने हस्तक्षेप का औचित्य सिद्ध करता है। वियतनाम, लाओस, कम्बोडिया, लेबनान, लेटिन अमेरिका में 1965 से 1970 तक के दशक में अमेरिका ने इसी आधार पर प्रत्यक्ष हस्तक्षेप किया। 1970-80 के दशक में उसने जोर्डन, इराक, कम्बोडिया, लेटिन अमेरिकी देशों, अंगोला आदि देशा में अप्रत्यक्ष हस्तक्षेप और उलझाव बनाये रखा। 1980 से 1990 के दशक में उसने मध्य पूर्व, अफगानिस्तान तथा मध्य अमेरिकी राष्ट्रों के साथ अपने उलझाव को बनाये रखा है। 1990 के बाद अर्थात् सोवियत संघ के बिखराव तथा पूर्वी यूरोप में साम्यवाद के ध्वस्त होने के बाद स्थापित एक ध्रुवीय विश्व व्यवस्था में तीसरीदुनिया के देशों पर अमरीकी वर्चस्व बढ़ता जा रहा है। विश्व बैंक, अन्तर्राष्ट्रीय मुद्रा कोष तथा 'गैट' जैसी संस्थाओं पर अमरीका का आधिपत्य है। अतः इन संस्थाओं के माध्यम से अरमीका तीसरी दुनिया के देशों पर आर्थिक नियन्त्रण स्थापित करने का प्रयत्न कर रहा है। डंकल प्रस्ताव अप्रत्यक्ष रूप से अमरीकी नव-उपनिवेशवाद स्थापित करने की ही कार्यवाही है।

◆◆◆

4

अन्तर्राष्ट्रीय गुटनिरपेक्षता

गुटनिरपेक्षता अन्तर्राष्ट्रीय राजनीति की उन अद्‌भुत घटनाओं में से एक है, जो अन्तर्राष्ट्रीय दृष्टिपटल पर दूसरे विश्वयुद्ध के बाद उभरी तथा जो अब तक अन्तर्राष्ट्रीय सम्बन्धों के स्वरूप को आकार देने में महत्त्वपूर्ण शक्ति का प्रतिनिधित्व करती है। आज विश्व समुदाय के लगभग 2/3 राज्य इसमें सम्मिलित हैं तथा यह युद्धोत्तरकाल में अन्तर्राष्ट्रीय सम्बन्धों का एक अपूर्व तथा प्रभावशाली विकास है। गुट-निरपेक्षता अपनी विभिन्न विशेषताओं पंचशील तथा लाभप्रद—द्विपक्षीयवाद तथा बहुपक्षीयवाद सहित भविष्य में विश्व क्रम का आदर्श प्रस्तुत करती है। प्रथम बेलग्रेड शिखर सम्मेलन में केवल 25 राष्ट्रों ने इसमें भाग लिया था। अब इसकी संख्या 118 तक पहुंच गई है। इस प्रकार आज गुट-निरपेक्ष आन्दोलन संयुक्त राष्ट्र संघ के 2/3 सदस्यों का प्रतिनिधित्व करता है। लेकिन आज इसे अनेक चुनौतियों का सामना करना पड़ रहा है। ये चुनौतियाँ निम्नलिखित हैं—

(1) सैनिक दबाव—महाशक्तियाँ गुट निरपेक्ष देशों पर समय-समय पर सैनिक दबाव डालती रहती हैं। उदाहरण के लिए, भारत के विरुद्ध अमेरिका ने पाकिस्तान को सैनिक सहायता देकर भारत पर सैनिक दबाव बनाए रखा है। इसी

प्रकार हिन्द महासागर में महाशक्तियों की सक्रिय गतिविधियाँ इन देशों पर दबाव डाल रही हैं।

(2) परस्पर तनाव व वैमनस्य—गुट निरपेक्ष देशों में बुनियादी एकता का अभाव है। उनमें आपस में तनाव, वैमनस्य तथा परस्पर विवाद उभरते रहते हैं जिनके कारण ये देश अनेक गुटों में विभाजित रहते हैं।

(3) आर्थिक पिछड़ापन—सभी गुट निरपेक्ष देश आर्थिक दृष्टि से पिछड़े हुए हैं और अपने विकास के लिए महाशक्तियों पर निर्भर हैं। महाशक्तियाँ इनकी स्थिति से लाभ उठाते हुए इनका शोषण करती हैं।

(4) अस्थिरता—महाशक्तियाँ गुट निरपेक्ष देशों में हस्तक्षेप कर निरन्तर अस्थितरा बनाए रखती हैं। उदाहरण के लिए, क्यूबा में अमेरिका ने सी. आई. ए. के माध्यम से फिदेल कास्त्रो की सरकार को गिराने की बार-बार कोशिश की।

(5) चीन तथा अन्य राष्ट्रों की दिलचस्पी—जकार्ता शिखर सम्मेलन में चीन को पर्यवेक्षक का दर्जा दे दिया गया है। इसी प्रकार अनेक सैनिक गठबन्धन वाले देश भी यहाँ सदस्यता के लिए दस्तक दे रहे हैं। इस प्रकार इस आन्दोलन में आने के लिए जो भी देश दस्तक देता है, उसी के लिए द्वार खुल जाते हैं। ऐसी स्थिति में असंलग्न और गैर-असंलग्न राष्ट्र का भेद ही मिटता जा रहा है। यदि असंलग्नता की यह अस्पष्टता और अधिक बढ़ी तो इसका अस्तित्व, इसकी प्रासंगिकता ही खतरे में पड़ जायेगी।

(6) विचारधात्मक मतभेद—सदस्य देशों की स्वयं की परस्पर विरोधी विचारधारा होने के कारण कभी-कभी ऐसा प्रतीत होता है कि आन्दोलन ही दो भागों में बंट गया है—पश्चिमी समर्थक देश तथा साम्यवाद समर्थक देश।

(7) अवसरवादी नीति—गुट निरपेक्ष की नीति अवसरवादिता की नीति है। इस नीति को विभिन्न देशों ने साम्यवादी और पूँजीवादी दोनों गुटों से सहायता प्राप्त करने हेतु अपनाया। गुट निरपेक्ष आन्दोलन को सफल बनाने हेतु अग्रलिखित सुझाव दिये जा सकते हैं—

(1) गुटनिरपेक्ष देशों द्वारा समानता तथा न्याय पर आधारित जिस नयी अन्तर्राष्ट्रीय व्यवस्था की मांग प्रारम्भ की गई है उसे अधिक सशक्त रूप से उठाना होगा क्योंकि समय के साथ-साथ अब राजनीतिक की जगह आर्थिक पक्ष सभी तरह से अन्तर्राष्ट्रीय सम्बन्धों में अधिक महत्त्वपूर्ण बनता जा रहा है।

(2) गुट निरपेक्ष देशों को सामूहिक सुरक्षा की भावना का विकास करना होगा।

(3) इन्हें आपस में सहयोग (दक्षिण-दक्षिण सहयोग) बढ़ाकर विकसित राष्ट्रों पर अपनी निर्भरता कम करनी होगी तभी वह सही अर्थों में अपनी स्वतन्त्रता बनाए रख सकेंगे।

(4) गुट निरपेक्ष राष्ट्रों को आपसी मतभेद शान्तिपूर्ण तरीकों से हल करने होंगे तथा आपसी शस्त्रों की होड़ पर भी नियन्त्रण करना होगा।

(5) जिन कुछ गुट निरपेक्ष देशों ने किसी भी महाशक्ति से प्रत्यक्ष अथवा अप्रत्यक्ष सैनिक समझौता किया है उसे समाप्त करना होगा तथा अपने सीमा क्षेत्रों से विदेशी सैनिक अड्डों को हटाना होगा।

गुट निरपेक्षता की नीति का अर्थ है—गुटों की राजनीति से दूर रहना, दोनों गुटों (अमेरिका और सोवियत संघ) के साथ मैत्री रखना, किसी के साथ भी सैनिक सन्धि न करना और एक स्वतन्त्र विदेश नीति का विकास करना। विभिन्न विद्वानों ने गुट निरपेक्षता की अनेक परिभाषाएँ दी हैं, इनमें से कुछ निम्नलिखित हैं—

(1) भारत सरकार के प्रकाशन 'An Ambassador Speaks' के अनुसार, "गुट निरपेक्षता का अर्थ है—अपनी स्वतन्त्र रीति-नीति। गुटों से अलग रहने से हर प्रश्न के औचित्य-अनौचित्य को देखा जा सकता है। एक गुट के साथ मिलकर उचित-अनुचित का विचार किये बिना आँखें मूँदकर पीछे-पीछे चलना गुट-निरपेक्षता नहीं है।"

(2) जॉर्ज लिस्का के अनुसार, "किसी विवाद के बारे में यह जानते हुए कि कौन सही है और कौन गलत है? किसी का पक्ष न लेना तटस्थता है, किन्तु अलसंग्नता या गुट-निरपेक्षता का अर्थ है—सही और गलत में भेद करके सदैव सही नीति का समर्थन करना।"

(3) श्वार्जन बर्जर के शब्दों में, "गुट निरपेक्षता शीत युद्ध सैनिक सन्धियों व विरोधी खेमों से अलग रहने की नीति है।"

(4) एम. जी. गुप्ता के अनुसार, "गुट निरपेक्षता विदेशी मामलों में एक स्वतन्त्र विदेश नीति अपनाने की योग्यता एवं इच्छा है। वह प्रत्येक अन्तर्राष्ट्रीय मुद्दे अथवा समस्या पर उसे गुणों के आधार पर स्वतन्त्रता एवं ईमानदारी से विचार करते हुए निर्णय लेने अथवा न लेने की इच्छा एवं योग्यता है।"

(5) अप्पोदोराय के शब्दों में, गुट निरपेक्षता की सबसे अच्छी परिभाषा इस तरह की जा सकती है—"किसी भी देश के साथ सैन्य सन्धि और विशेषतया किसी साम्यवादी या पश्चिमी गुट के किसी राष्ट्र के साथ सैनिक सन्धि में शामिल न होना।"

असंलग्नता की नीति के प्रमुख सिद्धान्त या विशेषताएँ

(Main Features of Postulates of the Policy of Non-alignment)

गुट निरपेक्षता की प्रमुख विशेषताएँ व सिद्धान्त निम्नलिखित हैं—

(1) गुटों से अलग रहने की नीति—गुट निरपेक्षतावाद का अर्थ जैसा कि शब्द से स्पष्ट है गुट-निरपेक्ष अर्थात् अन्तर्राष्ट्रीय जगत में व्याप्त दोनों (अमेरिकी और साम्यवादी) शक्ति गुटों से पृथक् रहने की नीति अपनाना है। इस प्रकार गुट निरपेक्षतावाद किसी राष्ट्र की विदेश नीति का एक अंग है। जिस समय भारत स्वतन्त्र हुआ, उस समय समस्त संसार दो शक्ति गुटों में बंटा हुआ था। भारत को अपने गुट में शामिल करने के लिए दोनों गुटों ने प्रयास किये, लेकिन भारत ने दोनों से पृथक् (असंलग्न) रहकर दोनों से सम्बन्ध बनाये रखने की नीति अपनाई। **नेहरू** के शब्दों में, "हम किसी शिविर में नहीं हैं और न ही हम किसी सैनिक-सन्धि में हैं। जिस शिविर में हम शामिल होना पसन्द करेंगे वह शान्ति का शिविर है जिसमें उतने ही देश शामिल होने चाहिए जितने सम्भव हैं।" यह इस प्रकार शान्ति की नीति है। **श्वार्जन बर्जर** के शब्दों में, "गुट-निरपेक्षता शीत-युद्ध, सैनिक-सन्धियों व विरोधी खेमों से अलग रहने की नीति है।"

(2) एक सकारात्मक नीति—गुट निरपेक्षता की नीति सकारात्मक है न कि नकारात्मक अर्थात् गुट निरपेक्ष राष्ट्र अन्तर्राष्ट्रीय जगत की समस्याओं को सुलझाने में सकारात्मक भूमिका निभायेगा। वह प्रथम विश्व युद्ध के बाद अमेरिका की तरह अन्तर्राष्ट्रीय जगत में तटस्थता या अलग रहने की नकारात्मक नीति नहीं अपनायेगा। वह विश्व रंगमंच का सदस्य रहेगा, हर समस्या को सुलझाने का प्रयास करेगा, लेकिन उसका प्रयास शान्तिमय तरीकों का हेगा न कि हिंसात्मक तरीकों का। इस प्रकार स्पष्ट है कि गुट निरपेक्ष नीति अन्तर्राष्ट्रीय जगत में सकारात्मक भूमिका निभाने की नीति है।

(3) स्वतन्त्र विदेश नीति—एम. जी. गुप्ता के मतानुसार, गुट निरपेक्षता "विदेशी मामलों में एक स्वतन्त्र विदेश नीति अपनाने की इच्छा या योग्यता है। यह स्वयं का निर्णय लेने की इच्छा एवं योग्यता है। वह प्रत्येक अन्तर्राष्ट्रीय मुद्दे अथवा समस्या पर, उसे गुणों के आधार पर स्वतन्त्रता एवं ईमानदारी से विचार करते हुए निर्णय लेने अथवा निर्णय नहीं लेने की इच्छा एवं योग्यता है।"

(4) गुट निरपेक्षता एक पुकार (Call) है—जे. एम. मेहता के अनुसार, गुट निरपेक्षता 'सिद्धान्त युक्त स्वतन्त्र राष्ट्रीय निर्णय एवं प्रबुद्ध अन्तर्राष्ट्रीयवाद की,' 'उद्दण्ड सैनिकवाद एवं वैचारिक समानुरूपता के दबावों के विरुद्ध' तथा 'लोगों की

साझेदारी पर आधारित राष्ट्रीय सुरक्षा की' एक पुकार है। इस दृष्टि से गुट निरपेक्षता एक पुकार है।

(5) गुट निरपेक्षता एक आन्दोलन है, एक अभियान दल है—कुछ विद्वानों ने गुट निरपेक्षता को एक आन्दोलन की संज्ञा दी है। यह शान्ति, स्वावलम्बन, स्वतन्त्रता, समानता तथा सहयोग की स्थापना करने का एक आन्दोलन है।

(6) साम्राज्यवाद, उपनिवेशवाद तथा शोषण एवं हिंसा के विरुद्ध एक नीति और आन्दोलन दोनों—गुट निरपेक्ष की नीति साम्राज्यवाद, उपनिवेशवाद, रंगभेद तथा आर्थिक शोषण, राजनीतिक हस्तक्षेप तथा आधिपत्य के विरोध की नीति है। ऐसे राष्ट्र का जो उपनिवेशवादी साम्राज्यवादी या रंगभेद की नीति रखने वाला या राजनीतिक हस्तक्षेप करता है, असंलग्नता की नीति को मानने वाले सभी राष्ट्र उसका विरोध करेंगे, भर्त्सना करेंगे, अन्तर्राष्ट्रीयस रंगमंच-संयुक्त राष्ट्र संघ में इस प्रश्न को ले जायेंगे तथा शान्तिपूर्ण तरीकों से इसको हल करने का प्रयास करेंगे। इस सक्रियता में ही यह नीति एक आन्दालन का रूप ले लेती है।

(7) शक्ति राजनीति में निर्लिप्तता—गुट निरपेक्षता की अवधारणा शक्ति राजनीति के पक्ष में नहीं है। यह संघर्ष को सबसे अधिक शक्तिशाली तत्त्व नहीं मानती। यह स्वीकार करती है कि प्रत्येक राष्ट्र को शक्तिशाली होने का अधिकार हैपरन्तु केवल अपने राष्ट्रीय हित की पूर्ति के लिए ही। यह शक्ति की अवधारणा का स्थानीय, क्षेत्रीय, महाद्वीपीय तथा विश्वव्यापी प्रभुत्व की स्थापना के लिए संघर्ष का खण्डन करती है। यह उस शक्ति संघर्ष का विरोध करती है, जिसका उद्देश्य दूसरों पर अपनी इच्छाएँ या उद्देश्य लादना होता है।

(8) पाँच सिद्धान्तों पर आधारित—1961 में गुट निरपेक्षता के प्रमुख कर्णधारों—नेहरू, नासिर और टीटो—ने इसके निम्न पाँच आधार स्वीकार किये थे—

(i) सदस्य देश स्वतन्त्र रीति पर चलता हो।

(ii) सदस्य देश उपनिवेश का विरोध करता हो।

(iii) सदस्य देश किसी सैनिक गुट का सदस्य न हो।

(iv) सदस्य देश ने किसी बड़ी ताकत के साथ समझौता न किया हो।

(v) सदस्य देश ने किसी बड़ी ताकत को अपने क्षेत्र में सैनिक अड्डा बनाने की स्वीकृति न दी हो।

(9) शांतिपूर्ण सह-अस्तित्व तथा अहस्तक्षेप की धारणा में विश्वास—गुट निरपेक्षता की नीति शीत युद्ध तथा शक्ति राजनीति के विरुद्ध शान्तिपूर्ण सहअस्तित्व तथा पारस्परिक विकास में विश्वास करती है।

(10) राष्ट्रीय हित प्राप्ति का साधन—गुट निरपेक्षता की नीति में राष्ट्रीय हित सर्वोपरि होते हैं। प्रत्येक गुट-निरपेक्ष देश यह जानता है कि किसी भी महाशक्ति के साथ गठबन्धन कर लेंने से उसकी विदेश नीति की स्वतन्त्रता समाप्त हो जायेगी।

(11) लचीली नीति—यह नीति समयानुसार परिवर्तन में विश्वास करती है। यह विश्व शांति की समर्थक है परन्तु यदि आवश्यक हुआ तो युद्ध का सहारा भी ले सकती है।

गुट निरपेक्ष आन्दोलन का औपचारिक स्वरूप (संगठन)

पिछले कुछ समय से गुट-निरपेक्ष आन्दालन के औपचारिक संगठन के अन्तर्गत तीन संस्थाएँ विकसित हुई हैं। ये हैं—

(1) समन्वय ब्यूरो—गुट निरपेक्ष देशों में निरन्तर विचार-विमर्श करने और कार्य में समन्वय स्थापित करने के लिए एक उपयोगी संस्था है। इस संस्था का स्वरूप एक तैयारी समिति की तरह है जो गुट निरपेक्ष देशों के शिखर सम्मेलन के लिए मसविदे तैयार करता है, संयुक्त राष्ट्र संघ व अन्य अन्तर्राष्ट्रीय मंचों पर संयुक्त कार्यवाही की अगुवाई करता है। वर्तमान में इसके सदस्यों की संख्या 66 है। इसमें 31 अफ्रीका के, 23 एशिया के, 10 लैटिन अमेरिका के और 2 यूरोप के सदस्य हैं। अब इसके सदस्यां का निर्वाचन होता है।

(2) विदेश मंत्रियों का सम्मेलन—इसमें गुट निरपेक्ष देशों के विदेशमंत्री भाग लेते हैं। यह सम्मेलन गुट निरपेक्ष देशों के शिखर सम्मेलन की कार्य सूची तैयार करता है तथा गुट निरपेक्ष आन्दोलन की सदस्यता प्राप्त करने वाले देशों के आवेदनों पर विचार-विमर्श करता है। ये सम्मेलन समय-समय पर होते रहते हैं। विदेश मंत्रियों की असाधारण बैठक भी बुलायी जा सकती है।

(3) शिखर सम्मेलन—यह गुट निरपेक्ष राष्ट्रों का सबसे बड़ा सम्मेलन है जो प्रति तीन वर्ष बाद होता है। इसमें सदस्य देशों के शासनाध्यक्ष भाग लेते हैं। इसमें भाग लेने वाले चार प्रकार के सदस्य होते हैं—(1) सामान्य सदस्य, (2) पर्यवेक्षक सदस्य, (3) पर्यवेक्षक गैर-सदस्य तथा (4) अतिथि। लेकिन शिखर सम्मेलन में मत देने का अधिकार केवल सामान्य सदस्य को ही होता है। इसमें निर्णय सर्वसम्मति से लिए जाते हैं। गुट निरपेक्ष आन्दोलन के अब तक 14 सम्मेलन हो चुके हैं। 14वां शिखर सम्मेलन 16-17 सितम्बर, 2006 को क्यूबा में आयोजित किया गया। गुट-निरपेक्ष आन्दोलन के शिखर सम्मेलनों को निम्न तालिका में दशार्या गया है—

गुट निरपेक्ष आन्दोलन के शिखर सम्मेलन

क्र.सं.	स्थान	वर्ष	सदस्य देशों
1.	बेलग्रेड (यूगोस्लाविया)	1961	25
2.	काहिरा (मिस्त्र)	1964	47
3.	लुसाका (जाम्बिया)	1970	54
4.	अल्जीयर्स (अल्जीरिया)	1973	75
5.	कोलम्बो (श्रीलंका)	1976	88
6.	हवाना (क्यूबा)	1979	94
7.	नई दिल्ली (भारत)	1983	101
8.	हरारे (जिम्बाब्वे)	1986	101
9.	बेलग्रेड (यूगोस्लाविया)	1989	102
10.	जकार्ता (इण्डोनेशिया)	1992	108
11.	कार्टानेगा (कोलम्बिया)	1995	108
12.	डरबन (द. अफ्रीका)	1998	113
13.	कुआलालम्पुर (मलेशिया)	2003	116
14.	हवाना (क्यूबा)	2006	118

गुट-निरपेक्ष आन्दोलन में यद्यपि अनेक त्रुटियाँ हैं और अन्तर्राष्ट्रीय राजनीती के स्वरूप में भी बहुध्रुवीकरण तथा तनाव शैथिल्य और शीत युद्ध की समाप्ति के कारण परिवर्तन आया हैं, लेकिन इनके आधार पर वर्तमान काल में गुट निरपेक्ष आन्दोलन को अप्रासंगिक कहना उचित नहीं है। जैसा कि इस आन्दोलन के सितम्बर, 1998 में डरबन में सम्पन्न बारहवें शिखर सम्मेलन से स्पष्ट है कि इसकी लोकप्रियता निरन्तर बढ़ रही है और आज भी अन्तर्राष्ट्रीय राजनीति में ऐसी-ऐसी समस्यायें विद्यमान हैं जिनके हल के लिए इस आन्दोलन का महत्व बना हुआ है। वर्तमान समय में गुट निरपेक्ष आन्दोलन की प्रासंगिकता के निम्नलिखित कारण हैं-

(1) गुट-निरपेक्ष आन्दोलन के सिद्धान्त व उद्देश्य—गुट निरपेक्ष आन्दोलन के सिद्धान्त व उद्देश्य ही उसकी समकालीन प्रासंगिकता को रेखांकित करते हैं। प्रमुख सिद्धान्त व उद्देश्य हैं—(i) प्रत्येक देश की स्वतन्त्रता व सीमाओं की रक्षा, (ii) अन्तर्राष्ट्रीय शस्त्र परिसीमन, (iii) विदेशी आधिपत्य व उपनिवेशवाद से मुक्ति, (iv)

अन्तर्राष्ट्रीय कानून के प्रति आदर, (v) अन्तर्राष्ट्रीय सम्बन्धों में लोकतान्त्रिक विचारधारा का आदर, (vi) अन्तर्राष्ट्रीय आतंकवाद का एकजुटता से मुकाबला, (vii) आर्थिक, सामाजिक व मानव संसाधनों का विकास, (viii) विकास के समान अधिकार तथा (ix) आपसी सद्भाव तथा (x) सभी सांस्कृतिक व सामाजिक मूल्यों की रक्षा आदि।

(2) अपूर्ण तथा सीमित देतान्त—शीत युद्ध की समाप्ति तथा देतान्त ने मानव की शांति की कोई निश्चित विश्व-व्यवस्था का आश्वासन नहीं दिया है। इसीलिए यह देतानत तब तक सीमित या अपूर्ण है जब तक कि इसकी कोई निश्चित व्यवस्था नहीं बन जाती है। यही कारण है कि आज भी महाशक्तियाँ, विशेषकर अमेरिका, शक्ति शून्यता के नाम पर नव स्वतन्त्रत देशों के आन्तरिक मामलों में हस्तक्षेप कर रही हैं। यह देतान्त महाशक्तियों की इच्छा का परिणाम नहीं है, बल्कि अणु युद्ध के आतंक का परिणाम है। बड़ी शक्तियों आज भी अणु-शक्ति के तकनीकी विकास में संलग्न हैं तथा सह-अस्तित्व व सहयोग को नकार रही हैं। यह अधूरा देतान्त गुट-निरपेक्ष आन्दोलन के बने रहने के औचित्य को रेखांकित कर रहा है।

(3) नये राष्ट्रों की स्वतन्त्रता तथा विकास की दृष्टि से प्रासंगिक—गुट निरपेक्षता की अवधारणा का प्रादुर्भाव वस्तुतः नये स्वतन्त्र देशों की इस भावना के कारण हुआ था कि ये देश अपनी स्वतन्त्रता की रक्षा तथा आर्थिक और सामाजिक विकास हेतु युद्धों से दूर रहना चाहते थे। स्थायी शान्ति को सुदृढ़ करना चाहते थे। स्थायी शान्ति की समस्या अभी भी उतनी ही प्रासंगिक है जितनी गुट निरपेक्ष आन्दोलन के प्रारम्भ होने के समय थी। इन गुट-निरपेक्ष राष्ट्रों की आर्थिक तथा सामाजिक विकास की स्थिति विकासोन्मुख प्रक्रिया तथा संक्रांतिक अवधियों से गुजर रही है, जहाँ स्थायी शान्ति की आवश्यकता पहले की अपेक्षा अधिक जरूरी है।

(4) विकासशील राष्ट्रों के बीच परस्पर आर्थिक एवं सांस्कृतिक सहयोग—यद्यपि वर्तमान समय में उपनिवेशवाद और साम्राज्यवाद अपनी अन्तिम साँसें ले रहा है तथापि महाशक्तियँ दूसरे रूपों में एशिया और अफ्रीका के विकासशील राष्ट्रों का अब भी आर्थिक व सांस्कृतिक शोषण कर रही हैं। विकासशील देशों को इस शोष्ज्ञण से बचाने, उनमें पारस्परिक आर्थिक तथा तकनीकी सहयोग को बढ़ाने, अपनी समाचार एजेन्सियाँ निर्माण करने के लिए गुट निरपेक्ष आन्दोलन काऔचित्य बढ़ा रहा है। गुट निरपेक्ष देशों में परस्पर एकता को बढ़ाने के लिए इस आन्दोलन की आवश्यकता है। महाशक्तियाँ इस आन्दोलन को समाप्त करने हेतु उसको अप्रासंगिक बता रही हैं, लेकिन गुट निरपेक्षआन्दोलन विकासशील देशों में एकता बनाये रखने के लिए आज अत्यन्त जरूरी है।

(5) विश्व जनमत में सहायक—गुट निरपेक्ष आन्दोलन की वर्तमान काल में विश्व जनमत के निर्माण के लिए अत्यधिक आवश्यकता है। नि:शस्त्रीकरण के क्षेत्र में गुट निरपेक्ष आन्दोलन विश्व की पुकार की भूमिक' निबाह सकता है और इस प्रकार के विश्व जनमत का निर्माण कर सकता है कि महाशक्तियाँ तीसरी दुनिया के देशों में शस्त्रों के जमावड़े को रोकें। इस प्रकार अपनी भूमिका में विश्व जनमत के निर्माण में योगदान दे सकता है।

(6) बहु-गुटीय विश्व—सोवियत संघ के विघटन के बाद दो गुट समाप्त हो चुके हैं और इनके स्थान पर आज विश्व बहु-गुटीय बन रहा है। नए गुट हैं—यूरोप, जापान और दक्षिण पूर्व एशिया व रूस। इनके मध्य गुट निरपेक्षता और भी सार्थक होगी। इनके उभरते हुए केन्द्र हैं—बीजिंग (चीन), नई दिल्ली (भारत)। इस प्रकार स्पष्ट है कि इस बहुध्रुवीय विश्व में एकमात्र अमेरिका ही शक्ति केन्द्र नहीं है। यद्यपि अमेरिका राजनीतिक, सामारिक और तकनीकी दृष्टि से अपने आप में महाकेन्द्र है, परन्तु इस महाकेन्द्र की आर्थिक चूलें हिल चुकी हैं और उसे यूरोप, जापान, दक्षिण-पूर्व एशिया तथा शंघाई संगइन आदि आर्थिक चुनौतियाँ प्रस्तुत कर रहे हैं। अमेरिका की आर्थिक स्थिति कीदुर्दशा खाड़ी युद्ध के समय में ही स्पष्ट हो गई थी। आज उसे अपनी घोर मन्दी के दुष्परिणामों से बचने के लिए अर्थात् चीन के बड़े बाजारको अमरीकी कम्पनियों के लिए खुला रखने के लिए अपने मानवाधिकार सम्बन्धी वचनबद्धताओं का बलिदान देना पड़ा और चीन का बिना शर्त 'मोस्ट फेवर्ड नेशन' (MFN) का दर्जा बनाए रखना पड़ा। आज वह भारत के खुले बाजार भी इसी दृष्टि से देख रहा है। इस प्रकार स्पष्ट है कि वर्तमान बहुध्रुवीय विश्व में नाम की महती प्रासंगिकता बनी हुई है।

(7) अणुमुक्त विश्व रचना के प्रयासों की दृष्टि से प्रासंगिक—12वें गुट निरपेक्ष आन्दोलन (NAM) के शिखर सम्मेलन (2-3 सितम्बर, 1998) के बाद इसके घोषणापत्र में इस बात पर जोर दिया गया था कि परमाणु हथियारों का पूरी तरह उन्मूलन करके अणुमुक्त विश्व की रचना की जानी चाहिए और सभी देशों को इसके लिए कठोर परिश्रम करना चाहिए। साथ ही यह भी कहा गया कि जब तक अणु शक्ति सम्पन्न राष्ट्र अपने अणु-आयुधों को समाप्त करने का निर्णय नहीं करते, इस समस्या पर एकांगी दृष्टिकोण से विचार नहीं किया जा सकता। इस प्रकार वर्तमान युग में निरस्त्रीकरण के उद्देश्य को सार्थकता प्रदान करने के उद्देश्य से अभी भी नाम एक महत्त्वपूर्ण भूमिका निभा सकता है। तीसरी दुनिया की क्षेत्रीय समस्याओं के समाधान के लिए विश्व शांति की आवश्यकता है और विश्व शांति की एक महत्त्वपूर्ण शर्त आणविक हथियारों की समाप्ति है। 13वें और 14वें गुट निरपेक्ष सम्मेलनों में भी वे इस दिशा में प्रयत्नशील रहे हैं।

(8) एशिया तथा अफ्रीका में विस्फोटक स्थिति—वर्तमान काल में दक्षिण एशिया, दक्षिण पूर्व एशिया, दक्षिण पश्चिमी एशिया, हिन्द महासागर, अफ्रीका तथा खाड़ी क्षेत्र तनाव के मुख्य केन्द्र हैं। यूरोप का वर्चस्व कम हो गया है। ऐसी स्थिति में निर्गुट आन्दोलन इनकी समस्याओं का समाधान ढूंढने में सहायक हो सकता है। 12वें व 13वें शिखर सम्मेलन के घोषणापत्र में इस दृष्टि से इस बात पर जोर दिया गया है कि सदस्य देशों को अपने विवादों को आपस में बातचीत से हल करना चाहिए।

(9) आर्थिक क्षेत्र में प्रासंगिकता—वर्तमान अन्तर्राष्ट्रीय अर्थव्यवस्था अमरी देशों के हित साधने के लिए ही उपयुक्त है, इसमें गरीब राष्ट्रों का शोषण हो रहा है। वर्तमान विश्व की अन्तर्राष्ट्रीय आर्थिक संस्थाएँ तीसरी दुनिया के राष्ट्रों को शोषण से बचाने में असमर्थ दिखाई दे रही हैं। कई बार दक्षिण (गरीब) के राष्ट्रों में उत्तर (अमीर) राष्ट्रों से इस सम्बन्ध में संवाद स्थापित कर इस हेतु ध्यान आकर्षित किया है, लेकिन इन राष्ट्रों ने कोई ध्यान नहीं दिया। फलस्वरूप दक्षिण के राष्ट्रों में एक 'नवीन अन्तर्राष्ट्रीय अर्थव्यवस्था' और 'दक्षिण-दक्षिण सहयोग संवाद' का विचार प्रस्फुटित हुआ। इस विचार को मूर्त रूप देने में गुट निरपेक्ष आन्दोलन महत्त्वपूर्ण भूमिका निभा सकता है। 1995 के कार्टागेन सम्मेलन में भारत के तत्कालीन प्रधानमंत्री ने इस तथ्य को जोरदार ढंग से रेखांकित किया था। **14वें निर्गुट सम्मेलन** की संयुक्त घोषणा में इसी उद्देश्य के संदर्भ में कहा गया है कि वैश्वीकरण की प्रक्रिया में ऐसा बदलाव लाना जरूरी है, ताकि विश्व के प्रत्येक देश के लोगों को प्रगति के समान अवसर मिल सकें। अतः बदली हुई अन्तर्राष्ट्रीय राजनीति में गुट निरपेक्ष आन्दोलन की प्रासंगिकता और बढ़ गई है।

(10) महत्त्वपूर्ण उद्देश्यों की प्राप्ति शेष—गुट निरपेक्ष आन्दोलन ने अनेक लक्ष्यों को प्राप्त कर लिया है। लेकिन अभी भी ऐसे अनेक लक्ष्य शेष रह गये हैं, जिनको प्राप्त करना अभी आवश्यक है। जब तक इन लक्ष्यों की प्राप्ति नहीं हो जाती, तब तक गुट निरपेक्षता की प्रासंगिकता बनी रहेगी, यथा—

(i) नई अन्तर्राष्ट्रीय अर्थव्यवस्था की स्थापना का लक्ष्य—नाम का एक अन्य लक्ष्य नई अन्तर्राष्ट्रीय अर्थव्यवस्था की स्थापना है। इसके लिए अन्तर्राष्ट्रीय आर्थिक सम्बन्धों में विकासशील देशों की प्रभावी साझेदारी और न्यायसंगत सहयोग अनिवार्य है। नाम इसमें महत्त्वपूर्ण भूमिका निभा सकता है। वह एक तरफ तो दक्षिण-दक्षिण सहयोग को प्रोत्साहित कर सकता है और दूसरी तरफ उत्तर-दक्षिण संवाद के लिए दबाव डाल सकता है। 3 सितम्बर, 1998 को सम्पन्न **बारहवें गुट निरपेक्ष** आन्दोलन के समापन कार्यक्रम को सम्बोधित करते हुए आन्दोलन के अध्यक्ष तथा दक्ष्क्षिण अफ्रीका के राष्ट्रपति नेल्सन मंडेला ने नई सदी में गरीबी और पिछड़ेपन को दूर करने के लिए कड़ा परिश्रम करने की अपील की और अर्थव्यस्था के भू-मण्डीकरण के खतरों

से आगाह किया। सम्मलन के घोषणापत्र में भी नई विश्व अर्थव्यवस्था में सम्मानजनक स्थान पाने का संकल्प व्यक्त किया गया है। यह सम्मेलन विकासशील देशों के आर्थिक संकट पर भी केन्द्रित रहा। उसने विकसित देशों पर नई शर्तें लगाकर विकासशील देशों को दरकिनार करने का आरोप लगाया। सम्मेलन ने अन्तर्राष्ट्रीय आर्थिक एवं वाणिज्यिक वार्ताओं में गुट निरपेक्ष आन्दोलन की सक्रिय मौजूदगी सुनिश्चित करने की जरूरत पर बल दिया तथा अन्तर्राष्ट्रीय समुदाय से ऐसे आर्थिक सम्बन्ध बनाने का आग्रह किया जिससे सभी राष्ट्र लाभान्वित हों।

(ii) संयुक्त राष्ट्र संघ के लोकतंत्रीकरण का लक्ष्य—अभी तक संयुक्त राष्ट्र संघ का लोकतंत्रीकरण नहीं हुआ है। खाड़ी युद्ध (1991) के अनन्तर अमरीका ने संयुक्त राष्ट्र संघ को अपहृत कर जिस ढंग से हांका वह न केवल एकध्रुवीय महाशक्ति की दादागीरी, मनमानी और हेकड़ी का संकेत है बल्कि संयुक्त राष्ट्र संघ की असहाय स्थिति का भी प्रमाण है। इससे स्पष्ट होता है कि पश्चिमी शक्तियाँ संयुक्त राष्ट्र संघ का इस्तेमाल अपने हित के अनुसार कर रही हैं। ऐसी स्थिति में संयुक्त राष्ट्र संघ को पश्चिमी शक्तियों के चंगुल से निकालने की आवश्यकता है। गुट निरपेक्ष आन्दोलन इस कार्य को करने में महत्त्वपूर्ण भूकिा निभा सकता है। वह संयुक्त राष्ट्र संघ के लोकतंत्रीकरण के प्रयास कर इसमें सफल हो सकता है।

(iii) न्यायसंगत विश्व की स्थापना—गुट निरपेक्ष देशों के नई दिल्ली मंत्रीस्तरीय सम्मेलन (7-8 अप्रैल, 1997) ने वर्तमान में नाम की प्रासंगिकता को स्पष्ट करते हुए कहा, ''द्वि-गुटीय शीत युद्ध एवं एक-गुटीय वर्चस्व, ये दोनों ही स्थितियाँ, द्वितीय महायुद्ध के बाद आजाद हुए नव स्वतन्त्र देशों को स्वीकार नहीं हैं, क्योंकि न्यायसंगत विश्व तो गुट निरपेक्ष ही नहीं, गुट-मुक्त होना चाहिए। अभी विश्व की ऐसी स्थिति नहीं है। इसलिए निर्गुट आन्दोलन की प्रासंगिकता अभी भी उतनी ही है, जिनती इसकी स्थापना के समय थी।''

(11) एकध्रुवीय शक्ति का संगठित प्रतिरोध—खाड़ी युद्ध ने जिस एकध्रुवीय विश्व को जन्म दिया है वह राष्ट्रों, विशेषकर विकासशील राष्ट्रों की स्वतन्त्रता और अन्तर्राष्ट्रीय शान्ति व सुरक्षा के लिए अधिक खतरनाक सिद्ध हो सकता है। इराक इसका सबसे पहला शिकार हुआ है। लीबिया अनेक वर्षों से अमरीकी घेरेबन्दी के तले दब रहा है। भारत के विकास तथा प्रौद्योगिकी हस्तान्रण में रुकावटें पैदा की जाती रही हैं। उस पर निरन्तर परमाणु अप्रसार संधि (NPT) और सी.टी.बी.टी. (CTBT) पर हस्ताक्षकर कराने का दबाव बना रखा है। अमरीका व पश्चिमी शक्तियों की दादगीरी का जवाब विकासशील राष्ट्र एक ही तरीके से दे सकते हैं कि वे विकसित देशों पर निर्भरता कम करें, पारस्परिक सहयोग को बढ़ावा दें और उसके सशक्त और संगठित प्रतिरोध के लिए नाम का इस्तेमाल करें। इस प्रकार एकध्रुवीय विश्व में नाम

की प्रासंगिकता और भी अधिक हो गई है। **14वें गुट निरपेक्ष शिखर सम्मेलन** (12-15 सितम्बर, 2006) में 118 देशों के नेताओं ने जिस प्रकार लेबनान और फिलिस्तीन के विरुद्ध इजरायली हमले की आलोचना की, ईरान पर अन्तर्राष्ट्रीय समुदाय द्वारा बनाए गए दबाव की भर्त्सना की तथा आतंकवाद के विरुद्ध लड़ने का संकल्प लिया उससे तो यही सिद्ध होता है कि अमेरिका की दादागिरी के विरुद्ध तृतीय विश्व के देशों का एकजुट बने रहना उनके हित में है।

(12) प्रदूषण व अन्तर्राष्ट्रीय आतंकवाद—प्रदूषण तथा अन्तर्राष्ट्रीय आतंकवाद जैसी समस्याओं के समाधान के लिए भी इनके विरुद्ध एक संगठित दबाव पैदा करने की दृष्टि से भी गुट निरपेक्ष आन्दोलन उपयोगी है।

(13) हवाना सम्मेलन (सितम्बर 2006)—गुट निरपेक्ष देशों का 14वाँ शिखर सम्मेलन सितम्बर, 2006 में हवाना (क्यूबा) में हुआ। इस सम्मेलन में तात्कालीन संयुक्त राष्ट्र महासचिव कोफी अन्नान, इराक के राष्ट्रपति अहमदीनेजाद, वेनेजुएला के राष्ट्रपति ह्यूगोशावेप्त, भारत के प्रधानमंत्री मनमोहन सिंह और पाकिस्तान के भूतपूर्व राष्ट्रपति परवेज मुशर्रफ की उपस्थिति आकर्षण का केन्द्र रही। इस सम्मेलन में भारत व पाकिस्तान ने शांति प्रक्रिया को पुनः शुरू करने का फैसला किया तथा गुट निरपेक्ष देशों ने शस्त्रीकरण की होड़ तथा अन्तर्राष्ट्रीय आतंकवाद जैसी समस्याओं को समाप्त करने पर बल दिया।

इस प्रकार स्पष्ट है कि वर्तमान समय में गुट निरपेक्ष आन्दोलन की प्रासंगिकता में कमी न होकर वृद्धि हुई है। वर्तमान में निम्नलिखित क्षेत्रों में गुट निरपेक्ष आन्दोलन की प्रासंगिकता नजर आती है—

(1) आणविक निःशस्त्रीकरण के लिए दबाव डालना।

(2) एक-ध्रुवीय विश्व में अमरीकी दादागीरी का विरोध करना।

(3) संयुक्त राष्ट्र संघ के पुनर्गठन हेतु दबाव डालना।

(4) नये औपनिवेशिक शोषण का विरोध करना।

(5) नयी अन्तर्राष्ट्रीय अर्थव्यवस्था की पुरजोर माँग करना, दक्षिण-दक्षिण सहयोग के लिए प्रोत्साहन देना तथा उत्तर-दक्षिण संवाद के लिए दबाव डालना आदि।

(6) शांतिपूर्ण कार्यों के लिए परमाणु ऊर्जा विकसित करने के सभी देशों के अधिकार पर बल देना।

(7) आतंकवाद का विरोध करना।

(8) वैश्वीकरण की प्रक्रिया में यथोचित बदलाव लाने के लिए बल देना। गुट निरपेक्षता की नीति भारत की विदेश नीति का आधारभूत तत्त्व है। भारत को इस अवधारणा का प्रेरक माना जाता है। वैसे इस अवधारणा का अस्तित्व इससे पूर्व भी था, किन्तु भारत को इस सिद्धान्त को लोकप्रिय तथा व्यावहारिक बनाने का श्रेय प्राप्त है। इस नीति का धीरे-धीरे विकास हुआ है, भारत इसके विकास में अगुवा रहा है।

गुट निरपेक्ष आन्दोलन में भारत की भूमिका
(Role of India in Non-alignmed Movement)

जिस समय भारत ने सर्वप्रथम असंलग्नता की नीति को अपनाया, उस समय अधिकांश राज्य अमेरिका और रूस इन दो परस्पर विरोधी महाशक्तियों के साथ संधिबद्ध थे। भारत ने गुट निरपेक्षता की नीति अपनाकर स्वतन्त्रता के प्रति अपनी इच्छा को अभिव्यक्त किया, जिसकी प्रेरणा पाकर बर्मा, सीलोन, इण्डोनेशिया आदि देश भी शीघ्र इस नीति के समर्थक हो गये। गुट निरपेक्षता की नीति के विकास में अनेक तत्त्वों ने योगदान दिया है, भारत ने उन तत्त्वों को अभिव्यक्त व प्रचारित कर इसका नेतृत्व सम्भाला है। गुट निरपेक्ष आन्दोलन में भारत की भूमिका का विवेचन निम्नलिखित बिन्दुओं के अन्तर्गत किया गया है—

(1) गुट निरपेक्ष अवधारणा का पिता—भारत अन्तर्राष्ट्रीय राजनीति में गुट निरपेक्ष अवधारणा का पिता है। इस अवधारणा का प्रतिपादन पं. जवाहरलाल नेहरू ने, भारत की स्वतन्त्रता से पूर्व, 7 दिसम्बर, 1946 को किया था। उस समय नेहरू ने शक्ति-गुटों से अलग रहने की अवधारणा का प्रतिपादन किया था, जो बाद में अन्तर्राष्ट्रीय जगत में गुट निरपेक्ष आन्दोलन (NAM) के नाम से जानी जाती है।

(2) स्वतन्त्र विदेश नीति की घोषणा—भारत ने ही सर्वप्रथम (1947 में) में गुट निरपेक्ष आन्दोलन के मूलाधार—स्वतन्त्र विदेश नीति—की घाषणा अन्तः एशियायी सम्बन्ध सम्मेलन में की। आज राष्ट्रों की स्वतन्त्र विदेश नीति ही नाम (NAM) का सार है।

(3) शान्ति एवं सहअस्तित्व के सिद्धान्तों का प्रतिपादन—1954 में भारत-चीन ने पंचशील के सिद्धान्तों का प्रतिपादन किया। ये पंचशील के सिद्धान्त ही नाम के सिद्धान्तों की आधारशिला हैं।

(4) वैचारिक एवं संगठनात्मक ढाँचे का निर्धारण—गुट निरपेक्ष आन्दोलन के वैचारिक एवं संगठनात्मक ढाँचे के निर्धारण में भारत की महत्त्वपूर्ण भूमिका रही है। नाम की नीतियों के मूल-आधार भारतीय विदेश नीति के मूलभूत सिद्धान्त रहे

हैं। स्वतन्त्र विदेश नीति, निरस्त्रीकरण, उपनिवेशवाद का उन्मूलन तथा गुटों से असंलग्नता, नई अन्तर्राष्ट्रीय अर्थव्यवस्था, पर्यावरण सुरक्षा, दक्षिण-दक्षिण और उत्तर-दक्षिण संवाद—सभी नीतियों के पीछे भारत का स्पष्ट और सक्रिय योगदान रहा है।

(5) गुट निरपेक्ष नीति को नये आयाम प्रदान करना—भारत ने गुट निरपेक्ष आन्दोलन को अनेक नये आयाम भी प्रदान किये हैं। जैसे—

(i) 1971 में रूस-भासत संधि द्वारा यह स्पष्ट करना कि बिना सैनिक सन्धियों व गुटों में शामिल हुए कूटनीतिक उपायों के बल पर एक निर्गुट देश स्वतन्त्र विदेश नीति का अनुसरण करते हुए अपने राष्ट्रीय हितों एवं अखण्डता की रक्षा कर सकता है।

(ii) भारत ने विवादास्पद एवं गम्भीर मामलों में मध्यमार्गी दृष्टिकोण अपनाया।

(iii) 1988 में भारत ने मालदीव में तुरन्त कार्यवाही कर यह बताया कि कैसे एक निर्गुट देश दूसरे निर्गुट देश की वैध सत्ता की रक्षा भी कर सकता है और उसकी प्रभुता, अखण्डता और स्वाधीनता को बनाये रखने में सक्रिय और सार्थक सहायता भी दे सकता है।

(iv) भारत में ही विकासशील राष्ट्रों के मध्य **स्वतंत्र संचार प्रणाली** की स्थापना का विचार रखा था।

(v) भारत ने ही विकासशील राष्ट्रों को एक संयुक्त मोर्चा बनाकर विकसित राष्ट्रों से बात करने का विचार प्रस्तुत किया। इसी प्रकार 'पृथ्वी कोष' की स्थापना का प्रस्ताव तथा परमाणु अस्त्रों को निश्चित समय सीमा में चरणबद्ध तरीके से पूर्णतया समाप्त करने का प्रस्ताव किया।

(6) तीसरी शक्ति बनाने सम्बन्धी भूमिका—भारत ने गुट निरपेक्ष आन्दोलन को 'तीसरी अन्तर्राष्ट्रीय शक्ति' बनाने में महत्त्वपूर्ण भूमिका निभायी है। भारत की प्रेणा के फलस्वरूप नाम के आज 118 सदस्य देश हैं। आज नाम नई अन्तर्राष्ट्रीय व्यवस्था, दक्षिण-दक्षिण सहयोग और सामूहिक आत्मनिर्भरता पर बल दे रहा है, उनमें भारत की भूमिका सक्रिय है।

(7) नाम की एकता व सुदृढ़ता का प्रतीक—भारत नाम की एकता तथा सुदृढ़ता का प्रतीक है। भारत ने नाम को न केवल आन्तरिक दृष्टि से एकजुट बनाये रखा है, बल्कि बाह्य दृष्टि से भी उसे समय-समय पर नेतृत्व प्रदान कर शक्ति और गतिशीलता प्रदान की है। यही कारण है कि कठिनाई के समय नाम-देश भारत से मार्गदर्शन, पहल कदमी एवं नेतृत्व की अपेक्षा करते हैं।

(8) समन्वयकारी भूमिका—जब कभी जटिल और विवादास्पद समस्याओं ने आन्दोलन को उद्वेलित किया है और सदस्य राष्ट्र को परस्पर विरोधी खेमों में विभाजित होते दिखे, तब भारत ने समन्वयकारी भूमिका निभाते हुए उन र्निणयों को या मुद्दों को टालने अथवा स्थगित करने पर बल देकर आन्दोलन को विभाजित होने से बचाया है। उदाहरण के लिए हवाना सम्मेलन में कम्बूजिया के मुद्दे पर, मिस्त्र को आन्दोलन से निकालने के मुद्दों पर भारत ने समन्वयकारी भूमिका निभायी। कार्टागेना सम्मेलन में भी लातीन-अमेरिकी देश आन्दोलन में अमेरिका का विरोध करना चाहते थे, लेकिन भारत ने समन्वयकारी की भूमिका निभाते हुए आन्दोलन में अमरीकी विराध को टलवा दिया।

(9) असाधारण नेतृत्व—गुट निरपेक्ष आन्दोलन के विकास का अन्य कारण यह रहा है कि इन देशों में प्रारम्भ से ही असाधारण नेतृत्व रहा है। नेहरू, तासिर, टीटो का नेतृतव इसको गतिदेता रहा है। 1983 के गुट निरपेक्ष आन्दोलन का नेतृत्व श्रीमती इन्दिरा गांधी ने किया था। भारत अब भी इसका नेतृत्व सम्भाले हुए है। समय-समय पर भारत इसको गतिशील एवं प्रभावी बनाता रहा है।

इस प्रकार स्पष्ट है कि भारत ने निर्गुट आन्दोलन के विकास में महती भूमिका निभाई है।

गुट निरपेक्ष आन्दोलन की कमजोरियाँ या विफलताएँ

(Shortcomings or Failure of Non-align Movement)

गुट निरपेक्ष आन्दोलन की प्रमुख कमजोरियों या विफलताओं को निम्नलिखित बिन्दुओं के अन्तर्गत स्पष्ट किया गया है—

(1) अवसरवादिता—अनेक पाश्चात्य विद्वानों का मत है कि गुट निरपेक्ष आन्दोलन सिद्धान्तहीन अवसरवादी आन्दोलन है। इसके सदस्य राष्ट्र दोनों गुटों से अधिक से अधिक लाभ प्राप्त करने की नीति पर चलते हैं। **डॉ. एम. एस. राजन** ने इस आलोचना का प्रत्युत्तर देते हुए कहा है कि गुट निरपेक्षता की नीति उतनी ही अवसरवादी नीति है जितनी गुटीय प्रतिबद्धता की नीति, उससे अधिक अवसरवादिता इसमें नहीं है।

(2) बाह्य सहायता पर निर्भर—गुट निरपेक्ष देशों (आन्दोलन) की एक विफलता यह बतायी जाती है कि वे बाहरी आर्थिक और रक्षा सहायता पर बेहद निर्भर रहे हैं। इस आधार पर कुछ विद्वानों का तर्क है कि यदि कोई राष्ट्र किसी तरह की सहायता के लिए किसी अन्य राष्ट्र या गुट पर आश्रित हो तो इसका मतलब है—उस राष्ट्र की स्वतन्त्रता तथा गुट निरपेक्षता को भी दाव पर लगा दिया गया है।

लेकिन **डॉ. राजन** इससे सहमत नहीं हैं। उनका कहना है कि, ''किसी देश को दोनों सर्वोच्च शक्तियों से बड़े परिणाम में आर्थिक और सैनिक सहायता प्राप्त नहीं हुई है। यह बात अपने आप में इस बात का प्रमाण नहीं कि उसकी गुट निरपेक्षता बराबर ज्यों की त्यों बनी हुई है।''

(3) संकल्प, सहमति और क्षमता का अभाव—पी. के. चड्ढा ने लिखा है कि ''गुट निरपेक्ष देशों में वास्तविकताओं का सामना करने की न इच्छा है, न संकल्प और मुद्दों (समस्याओं एवं विवादों) का समाधान निकालने में न सहमति है और न क्षमता। उदाहरणतः आन्दोलन आन्तरिक हस्तक्षेप और आधिपत्य को दूर करने की कसमें खाता है, परन्तु उसने अफगानिस्तान में सोवियत सैनिक हस्तक्षेप की प्रत्यक्ष निन्दा या भर्त्सना आज तक नहीं की। अफगानिस्तान और खाड़ी युद्ध में 'नाम' की भूमिका नगण्य रही है।'' इसी प्रकार ''आन्दोलन शान्ति, सुरक्षा और स्वतन्त्रता को अक्षुण्ण बनाए रखने की बात करता है, परन्तु उन्हें बनाए रखने के लिए उसमें न एकता है, न सम्बद्धता और न नैतिकता या सैनिक शक्ति।''

(4) असुरक्षाभरी नीति—कुछ आलोचकों का मत है कि गुट निरपेक्षता की नीति सुरक्षा की दृष्टि से पर्याप्त नहीं है क्योंकि यदि गुट निरपेक्ष राष्ट्र अपनी रक्षा के लिए विशाल रक्षा व्यवस्था रखेंगे तो उनकी गुट निरपेक्षता सुरक्षित नहीं रह जायेगी, और यदि वे बाहर से सैनिक सहायता स्वीकार करेंगे तो उनकी गुट निरपेक्षता का स्वरूप शुद्ध नहीं रह जायेगा।

(5) संकुचित नीति—विदेश नीति का क्षेत्र इतना व्यापक है कि उसे गुट निरपेक्ष की नीति में बांधा नहीं जा सकता क्योंकि गुट निरपेक्षता का दायरा अत्यन्त सीमित है।

(6) विश्व राजनीति के शक्ति सन्तुलन पर कोई विशेष प्रभाव नहीं—इस नीति के द्वारा अन्तर्राष्ट्रीय राजनीति की शक्ति सन्तुलन की व्यवस्था पर कोई प्रभाव नहीं पड़ा। दुनिया दो गुटों में बंटी रही और शक्ति सन्तुलन उसी प्रकार बना रहा। पश्चिम एशिया में गुट निरपेक्ष आन्दोलन कोई प्रभावी भूमिका नहीं निभा पाया। अल्जीरिया, अंगोला तथा मोजाम्बिक जैसे देशों ने अपनी स्वतन्त्रता रक्त बहाकर प्राप्त की। जब स्वयं गुट निरपेक्ष राष्ट्र अपनी समस्याओं का निपटारा इस आन्दोलन के माध्यम से नहीं कर सके हैं तो फिर ये विश्व शांति कैसे स्थापित कर सकते हैं।

(7) एक दिशाहीन आन्दोलन—कुछ विद्वानों का तर्क है कि वर्तमान में गुट निरपेक्ष आन्दोलन सदस्य देशों की आर्थिक समस्याओं, अमेरिका व चीन की दबावपूर्ण नीतियों के कारण भटक रहा है, बिखर रहा है।

(8) एकता का अभाव—गुट निरपेक्ष राष्ट्रों में बुनियादी एकता का अभाव है, वे आपस में एक-दूसरे की सहायता की कोई ठोस योजना अभी तक नहीं बना सके हैं। वे परस्पर शोषण करने तथा एक-दूसरे पर आरोप लगाने में भी नहीं चूकते। उदाहरण के लिए, तेल सम्पन्न राष्ट्रों ने अन्य गुट निरपेक्ष राष्ट्रों को किसी प्रकार की रियायत नहीं दी।

(9) स्पष्ट सिद्धान्त का अभाव—कुछ आलोचकों के अनुसार गुट निरपेक्षता लोकतंत्र, राजतंत्र, निरंकुश, साम्यवादी, पूँजीवादी सभी प्रकार के राष्ट्रों की खिचड़ी है। ऐसी खिचड़ी किसी स्पष्ट सिद्धान्त की ओर कैसे चल सकती है?

(10) पारस्परिक तनाव—गुट निरपेक्ष देशों के पारस्परिक देशों में तनाव है। यह तनाव आन्दोलन के लिए खतरा पैदा करता है। कश्मीर के प्रश्न पर भारत-पाकिस्तान के बीच तनाव है, मिस्त्र के निष्कासन और कम्बोडिया के प्रतिनिधित्व के प्रश्न पर, गंगा के पानी के बँटवारे पर भारत और बांग्लादेश के मध्य मतभेद व्याप्त है। यही कारण है कि गुट निरपेक्ष सम्मेलन में प्राय: द्वि-पक्षीय मुद्दे उठते रहे हैं।

(11) कथनी और करनी में अन्तर—पी. के. चड्ढा ने गुट निरपेक्ष आन्दोलन की एक अन्य आलोचना करनी और कथनी के आधार पर की है। उन्होंने अपनी पुस्तक 'अन्तर्राष्ट्रीय सम्बन्ध' में लिखा है, "गुट निरपेक्ष आन्दोलन की कथनी और करनी में महान अन्तर है। उदाहरणात:, **प्रथमत:** आन्दोलन को '**इतिहास के सबसे बड़े शान्ति आन्दोलन**' की संज्ञा दी जाती है, परन्तु द्वितीय महायुद्ध के बाद जिनते भी युद्ध लड़े गये हैं, वे प्राय: गुट निरपेक्ष देशों द्वारा ही लड़े गए हैं।"

"**दूसरे,** गुट निरपेक्ष आन्दोलन को **मानव जाति के अन्त:करण** की संज्ञा दी जाती है, परन्तु मानव अधिकारों के सम्बन्ध में गुट निरपेक्ष देशों का इतिहास अच्छा नहीं रहा है। पूर्व यूगोस्लाविया के गणराज्य तथा वर्तमान बोस्निया-हर्जेगोविना में जिस ढंग से मुस्लिम समुदाय के सदस्यों की हत्याएँ की जा रही हैं, वह मानव जाति पर कलंक ही है।"

"**तीसरे,** गुट निरपेक्ष देश महाशक्तियों से शस्त्रों की होड़ बन्द करने की अपील करते हैं, परन्तु स्वयं आधुनिकतम अस्त्रों के सबसे बड़े खरीदार हैं।"

"**चौथे,** गुट निरपेक्ष देश अमीर देशों पर आरोप लगाते हैं कि वे उन्हें लूट रहे हैं, वे उन पर ब्याज और कर्ज की प्रतिकूल शर्तें लाद रहे हैं, परन्तु वे स्वयं अपने ही देशों में आर्थिक विषमताओं को दूर करने में असफल रहे हैं।"

"**पांचवें,** गुट निरपेक्ष देश सही को सही कहने के लिए भी तैयार नहीं।" नाटो के एक सदस्य देश तुर्की ने एक गुट निरपेक्ष देश साइप्रस के एक भाग पर

कब्जा कर रखा है परन्तु आन्दोलन ऐसा कहने से कतराता है। आन्दोलन नवीन अन्तर्राष्ट्रीय अर्थव्यवस्था की बात करता है किन्तु जब ओपेक द्वारा तेल की कीमतों में वृद्धि से विकासशील देशों की परियोजना पर प्रतिकूल प्रभाव पड़ने लगा तो उसने उस पर टिप्पणी नहीं की।

"**छठे,** गुट निरपेक्ष देश विकसित देशों से तो अपेक्षा करते हैं कि वे व्यापार, ऋण, खाद्यान्न आपूर्ति, विदेशी मदद के विषय में ऐसा कुछ न करें जिससे विकासशील देशों के विकास में बाधा पड़े, परन्तु वे स्वयं पारस्परिक सहयोग के उदार नीतियाँ नहीं अपनाते।"

(12) गुट निरपेक्षता का अवमूल्यन—समय ने गुट निरपेक्ष आन्दोलन का अवमूल्यन कर दिया है। इसके मुख्य उदाहरण निम्न हैं—

(i) महाशक्तियों को अब गुट निरपेक्ष देश की आवश्यकता नहीं पड़ती वरन् अब वे '**हॉट-लाइन**' पर सीधे एक-दूसरे से बात कर सकती हैं।

(ii) गुट निरपेक्ष दोनों की अधिकांश नीतियाँ और हित पश्चिम या पूर्व से जुड़े हैं। उनमें स्वतन्त्र दृष्टिकोण का अभाव है।

(iii) गुट निरपेक्ष आन्दोलन के छोटे-निर्बल राष्ट्र अपने आपकोअसुरक्षित समझने लगे हैं। उनमें यह भावना पैदा हो गई है कि अपनी स्वतन्त्रता और अखण्डता को बनाये रखने के लिए कहीं किसी महाशक्ति के साथ संलग्न होना आवश्यक तो नहीं् गुट निरपेक्ष देशों की यह मनोदशा आन्दोलन की सबसे बड़ी चुनौती है।

(iv) क्षेत्रीय और धार्मिक विचार के आधार पर भी गुट निरपेक्ष आन्दोलन के मुस्लिम राष्ट्र अपने आपको पृथक् मुस्लिम गुट में संगठित करने लगे हैं।

(v) गुट निपेक्ष आन्दोलन के हवाना शिखर सम्मेलन के समय से बर्मा (म्यांमार) ने अपने आपको इस आधार पर अलग कर लिया कि—(i) सम्मेलन ऐसे स्थान पर (हवाना) हो रहा था जो वास्तविक रूप से गुट निरपेक्ष देश नहीं रहा। (ii) क्यूबा ने ऐसे प्रारूपों को तैयार किया था जो गुट निरपेक्षता के मूल सिद्धान्तों के विपरीत हैं। अत: गुट निरपेक्ष देश का इस आधार पर अलग होना कि आन्दोलन एक और झुक रहा है, एक गम्भीर विषय है जो आन्दोलन के भविष्य के लिए खतरा पैदा कर सकता है।

(vi) गुट निरपेक्ष के सदस्य देश शिखर सम्मेलन को ही गम्भीरता से नहीं लेते। बैठकों में उपस्थिति औपचारिक मात्र हो गई है। इसलिए इसका प्रभाव, क्षमता, व महत्त्व का ह्रास हो रहा है।

सोवियत संघ के विघटन का अन्तर्राष्ट्रीय जगत पर तथा अमेरिका पर अत्यधिक प्रभाव पड़ा है। इसे निम्नलिखित बिन्दुओं के अन्तर्गत स्पष्ट किया जा सकता है—

(1) शीत युद्ध का अन्त—सोवियत संघ के पतन के साथ ही साथ शीतयुद्ध का भी अन्त हो गया है क्योंकि अब विश्व में एकमात्र महाशक्ति अमेरिका रह गई है। इस प्रकार प्रतिद्वद्वी शक्ति के पतन के बाद शीतयुद्ध का अवसान हो गया।इसका प्रमाण हमें खाड़ी युद्ध में देखने को मिला।

(2) साम्यवाद का पराभव—साम्यवादी गुट के बिखराव से साम्यवाद का पराभव प्रारम्भ हुआ। इसने लोकतन्त्रीय केन्द्रीकरण, सर्वहारा वर्ग के अधिनायकवाद और अन्तर्राष्ट्रीय समाजवाद के सिद्धान्तों को दफना दिया।

(3) रूस की भूमिका में परिवर्तन—सोवियत गुट के बिखराव के बाद रूस का अन्तर्राष्ट्रीय वजन कम हो गया। उसकी महाशक्ति की पदवी समाप्त हो गयी। इसने रूस की बीमार तथा जर्जर होती अर्थव्यवस्था को उजागर कर दिया।

(4) एक-ध्रुवीय विश्व व्यवस्था का उदय—अमेरिका के पूर्व राष्ट्रपति जार्ज बुश ने कहा था कि शीत युद्ध की समाप्ति नई विश्व-व्यवस्था का उदय है। यह नयी विश्व-व्यवस्था शीतयुद्धकालीन द्वि-धुव्रीय विश्व व्यवस्था के स्थान पर एक-ध्रुवीय विश्व-व्यवस्था के रूप में सामने आई है। इस नयी एक-ध्रुवीय विश्व व्यवस्था का नेतृत्व अमेरिका कर रहा है। संयुक्त राष्ट्रसुरक्षा परिषद् में अमरीका शक्ति को सन्तुलित करने वाली कोई शक्ति न रहने के कारण वह अपनी शक्ति का दुरुपयोग करने लगा है। खाड़ी युद्ध, कोसावो में बमबारी, लीबिया, क्यूबा एवं इराक पर प्रतिबन्धों की अवधि का बढ़ाया जाना तथा वर्तमान समय में रासायनिक हथियारों के नाम पर इराक पर हमला कर वहाँ अपनी कठपुतली सरकार बनाना इत्यादि मामलों में अमरीकी नीतियाँ वर्चस्ववादी रही हैं।

(5) दीर्घकालीन शांति की सम्भावना—साम्यवादी खेमे के विघटन के साथ ही शस्त्रीकरण सैन्य प्रतिस्पर्द्धा, सैनिक गठबन्धन, वारसा पैक्ट जैसे सैनिक संगठनअपनी सार्थकता खोने लगे और धीरे-धीरे इनका क्षरण होने लगा। विश्व परिदृश्य में आये इस बदलाव के सकारात्मक प्रभाव के कारण बर्लिन की दीवार टूट गयी और जर्मनी का एकीकरण हुआ। पूर्वी यूरोप में साम्यवाद की समाप्ति हो गयी तथा सोवियत संघ से टूट कर अलग हुए गणराज्यों का विश्व राज्य परिवार में उदय हुआ, जिसका अमेरिका ने आगे बढ़ कर स्वागत किया।

(6) विश्व अर्थव्यवस्था पर प्रभाव—साम्यवादी खेमे के विघटन का प्रभाव विश्व अर्थव्यवस्था पर भी पड़ा। विश्व की सबसे बड़ी समाजवादी व्यवस्था के टूटने के कारण अर्थव्यवस्था के 'समाजवादी मॉडल' के स्थान पर 'पूँजीवादी मॉडल' को

सर्वव्यापी मान्यता प्राप्त हो गयी और इस कारण आर्थिक मुद्दों के स्थान पर राजनीतिक मुद्दे गौण हो गये। सन् 1995 में डब्ल्यू. टी.ओ. के उदय के साथ ही विश्व में आर्थिक उदारवाद की एक लहर चल पड़ी, जिसे विश्व के विभिन्न भागों में पनपे आर्थिक संगठनों, मुक्त व्यापार क्षेत्रों तथा एकीकृत मुद्रा 'यूरो' के उदय ने और भी तीव्र बना दिया। इस आर्थिक लहर के फलस्वरूप ही उदारीकरण और भू-मण्डलीकरण की नीति का प्रसार हुआ।

(7) लोकतन्त्र की सर्वव्यापकता—साम्यवादी खेमे के विघटन ने लोकतन्त्र को एक सर्वश्रेष्ठ शासन प्रणाली ही प्रमाणित नहीं किया अपितु उसकी सर्वव्यापकता को भी स्थापित कर दिया है। पूर्वी यूरोप में लोकतन्त्र की बयार ने उन देशों की सर्वसत्तावादी सरकारों को उखाड़कर यहाँ लोकतांत्रिक सरकारें स्थापित ही नहीं कीं बल्कि उसके प्रथम झटके जून, 1989 की थियान-आन-मन की घटना द्वारा चीन में भी महसूस किये गये। अगस्त, 1991 में कट्टरपंथियों द्वारा की गई क्रान्ति को बोरिस येल्तसिन के नेतृत्व में लोकतन्त्र का स्वाद चुके सोवियत नागरिकों ने विफल किया।

(8) तीसरी दुनिया के देशों के विकास कार्यक्रमों को झटके लगने की सम्भावना—साम्यवादी खेमे के विघटन से एशिया और लातीन अमरीका के देशों की विकास योजनाओं को झटके लगने की सम्भावनाएँ बढ़ गई हैं। इसका कारण यह है कि पश्चिमी देशों से जो सहायता एशिया और अन्य अल्प विकसित राष्ट्रों को प्राप्त होती थी वह या उसका अधिकांश भाग अब पूर्वी यूरोप के देशों को मिलेगा। अत: विकासशील देशों का हमदर्द रूस उनकी आर्थिक सहायता करने की स्थिति में नहीं, वह स्वयं अमरीका और पश्चिम देशों की सहायता पर निर्भर करता है।

(9) नये खरते अथवा नये सत्ता समीकरण—सोवियत संघ के विघटन से अन्तर्राष्ट्रीय राजनीति पर नये सत्ता समीकरणों के माध्यम से अनेक नवीन खतरों के पैदा होने की सम्भावना व्यक्त की जा रही है। वे खतरे निम्नलिखित हैं—

(i) इस्लामिक कट्टरवाद का खतरा—सोवियत संघ के विघटन के सबसे बड़ा खतरा इस्लामिक कट्टरवाद के बढ़ने का है क्योंकि सोवियत संघ से अलग हुये मध्य एशियाई गणतंत्र ईरान-टर्की और अरब जगत से अपने आर्थिक-धार्मिक और सांस्कृतिक सम्बन्ध स्थापित कर इस्लामिक कट्टरवाद को जन्म दे सकते हैं।

(ii) परमाणु तकनीक के प्रसार का खतरा—सोवियत संघ के विघटन से दूसरा खतरा परमाणु तकनीकी के प्रसार का है। पूर्व सोवियत संघ के एटमी हथियारों पर रूस, उक्राइना, बाइलोरूस और कजाखस्तान का साझा नियन्त्रण है। यह एक तत्त्व उनमें मतभेद पैदा कर सकता है। वे परमाणु टेक्नोलॉजी को हस्तान्तरित कर सकते हैं। इससे परमाणु अस्त्रों को नियन्त्रित करने की सभी अमरीकी याजनाओं पर पानी

फिर सकता है। अरमीका मतभेदों को हवा देकर 'फूट डालो शासन करो' की नीति का लाभ ले सकता है।

(iii) अमेरिका की दादागिरी—सोवियत संघ के विघटन के बाद विश्व में एक मात्र महाशक्ति अमेरिका रह गई है। 1991 से लेकर वर्तमान तक एकध्रुवीय विश्व में अमेरिका ने जिस ढंग से अन्तर्राष्ट्रीय राजनीति को संचालित किया है उससे स्पष्ट रूप से अमेरिका की दादागिरी दिखाई देती है। प्रत्येक अन्तर्राष्ट्रीय संस्था का संचालन वह अपने हित की दृष्टि से कर रहा है। वह राष्ट्रों के आन्तरिक और सार्वभौमिक मामलों में हस्तक्षेप कर रहा है। विकासशील देशों पर अनेक प्रकार के बदाव बढ़ा रहा है तथा रूस को पराश्रित बनाने का प्रयास कर रहा है। ये सब प्रक्रियायें अमेरिकी दादागिरी के रूप में ही देखी जा रही है।

(iv) व्यापार युद्ध की सम्भावना—अमेरिकी प्रशासन का मानना है कि भविष्य व्यापार युद्धों का है। शीत युद्ध का स्थान व्यापार युद्ध ने ले लिया है, इसलिये अमेरिका अपने वाणिज्य हितों को पहले से ही संरक्षित कर लेना चाहता है। अमरीका विश्व का पहले ही सबसे बड़ा निर्यातक देश है किन्तु वह इससे सन्तुष्ट नहीं। वह अपने व्यापारका और अधिक विस्तार करना चाहता है। इसके लिए अमरीका बहु-आयामी व्यापार की कीमत पर द्वि-पक्षीय व्यापार के लिये राष्ट्रों पर यह दबाव डाल रहा है कि वे अरमीकी वस्तुओं के लिये अपने बाजार खोल दें। इस प्रकार का दबाव केवल भारत पर ही नहीं, जापान, ताइवान, दक्षिण कोरिय, मलेशिया आदि देशों पर भी पड़ रहा है। भारत जैसे राष्ट्रों पर 'अनुचित व्यापार' का एक-तरफा आरोप लगाकर उसे स्पेशल 301 के तहत दण्डित भी किया जा चुका है।

मौजूदा समय में दुनिया के रुझान क्षेत्रवाद की ओर हो रहा है। इसके प्रमुख उदाहरण हैं—यूरोपीय समुदाय, उत्तरी अमरीका मुक्त व्यापार समझौता और आसियान मुक्त व्यापार क्षेत्र। यदि क्षेत्रीय समूहों की जरूरत पर जोर दिया गया तो अन्तर्राष्ट्रीय व्यापार में प्रतिद्वन्द्विता उग्र रूप धारण कर लेगी जिसके राजनीतिक दुष्परिणाम भी हो सकते हैं। इस तथ्य की उपेक्षा नहीं की जा सकती कि दोनों महायुद्धों के पीछे राष्ट्रों के वाणिज्य हित शामिल थे।

(v) संयुक्त राष्ट्र संघ का अपहरण—सोवियत संघ के विघटन के पश्चात् एक-मात्र महाशक्ति के रूप में होने के कारण अमरीका ने संयुक्त राष्ट संघ का अपहरण कर लिया है। मौजूदा समय में वह उसकी मुट्ठी में है। वह जैसा चाहता है उसे वैसा ही प्रस्ताव पारित करवा लेता है और फिर उस प्रस्ताव की आड़ में मनचाही काय्रवाही करता है। उदाहरणत: खाड़ी युद्ध के पूर्व अमरीका ने सुरक्षा परिषद् से इराक के विरुद्ध मनचाहे प्रस्ताव परित करवाये, फिर संयुक्त राष्ट्र संघ की उपेक्षा

करते हुए मार्च, 2003 में उस पर सैनिक कार्यवाही कर इराक से सद्दाम के शासन को खत्म करते हुये इराक को मनचाहे ढंग से बरबाद किया। संयुक्त राष्ट्र संघ के तात्कालीन महासचिव बुतरस घाली ने पहले अमरीका को ही सोमालिया में युद्धरत गुटों को शान्त करने और उन्हें शस्त्र रहित करने का कार्य सौंपा था। अमरीका ही पूर्व-यूगोस्लाविया के गणराज्यों में युद्ध को समाप्त कराने का प्रयास कर रहा है, अमरीका ही उत्तर कोरिया, लीबिया, लाइबोरिया और हैती को घुटने टेकने के लिये मजबूर कर रहा है। 1989-90 में गोर्बाच्योव द्वारा जारी की गई 'पेरेस्त्रोइका तथा ग्लासनोस्त' की उदारवादी तथा उन्मुक्तता की नीतियों सेप्रोत्साहित होकर पूर्वी यूरोप के साम्यवादी गुट में एक ऐसी अनोखी क्रान्ति हुई जिसके अनन्तर 1989 में केवल छः माह के अन्दर ही अन्दर अल्बानिया को छोड़कर पूर्वी यूरोप का साम्यवादी अधिनायक तंत्र विघटित हो गया। यह विघटन अतिशीघ्र सरलता से (केवल रोमानिया को छोड़कर) बिना रक्तपात के तथा बिना बाहरी सहायता के स्वयमेव हो गया। साम्यवादी गुट के अवसान (विघटन) को मोटे रूप से दो भागों में विभाजित कर विवेचित किया जा सकता है—

(अ) साम्यवादी गुट के विघटन की प्रक्रिया।

(ब) साम्यवादी गुट के विघटन के कारण।

(अ) साम्यवादी गुट के विघटन की प्रक्रिया—

साम्यवादी गुट के विघटन की प्रक्रिया को निम्नलिखित बिन्दुओं के अन्तर्गत स्पष्ट किया गया है—

(1) चीन का विद्रोही स्वर या साम्यवादी गुट की प्रथम दरार—साम्यवादी गुट का निर्माण 1917 से 1960 तक तेजी से होता रहा लेकिन 1960 के बाद चीन ने साम्यवादी रूस के नेतृत्व को चुनौती देनी प्रारम्भ कर दी। उसकी महत्त्वकांक्षाओं ने सोवियत संघ की नीतियों पर निरन्तर प्रहार करना प्रारम्भ कर दिया। परिणामतः साम्यवादी चिन्तन की धारा एक केन्द्रवाद से बहुकेन्द्रवाद की ओर प्रसारित होने लग गई। पीकिंग की देखादेखी हंगरी, फिनलैण्ड, बल्गारिया, पोलैण्ड,रूमानिया और यूगोस्लाविया में भी सोवियत संघ विरोधी स्वर प्रारमभ हो गए। चीन-रूस विवादइस प्रकार बढ़ा—

(i) साम्यवादी चीन ने सोवियत संघ पर बसेस पहला सैद्धान्तिक आरोप मार्क्सवाद को लेकर लगाया। खुश्चेव की सोवियत संघ की 'शांतिपूर्ण सहअस्तित्व' की नीति की चीन ने 'संशोधनवादी' कहकर आलोचना की। इस प्रकार चीन को कट्टर साम्यवादियों का नेतृत्व प्राप्त हो गया।

(ii) 1969 में मंगोलिया और चीन फुओ द्वीप के हजारों वर्गमील क्षेत्र के लिए चीन व रूस के मध्य सैनिक झड़पें हुईं और अब दोनों एक-दूसरे को मुख्य शत्रु के रूप में घोषित करने लगे।

(iii) क्यूबा के प्रश्न पर दोनों में मतभेद और उभरे।

(iv) सोवियत संघ ने चीन को पमराणु रहस्य नहीं बताया तथा 1962 में चीन-भारत संघर्ष में भारत की ओर मित्रता का हाथ बढ़ाया। 1989 तक चीन सोवियतसंघ की अपेक्षा अमेरिका के अधिक नजदीक हो गया था। इस प्रकार साम्यवादी गुट के बिखराव का प्रथम चरण चीन का रूसी नेतृत्व से अलग होना तथा रूस या सोवियत संघ के साम्यवादी सिद्धान्तों की आलोचना करना था।

(2) अल्बानिया का साम्यवादी गुट से पृथक् होना—अल्बानिया साम्यवादी चीन का प्रबल मित्र था। वह प्रारम्भ से ही साम्यवादी संघ से अलग होने के लिए प्रयत्नशील था। चीन-रूस संघर्ष में उसका झुकाव चीन की ओर था, इसलिए अल्बानिया पूर्वी यूरोप के देशों में सबसे पहले अलग होने वाला देश था।

(3) हंगरी में साम्यवाद का अवसान—1956 में हंगरी में सोवियत सम्यवादी नियन्त्रण का इमरे नज के नेतृत्व में विरोध हुआ, लेकिन खुश्चेव ने सैनिक दमन के द्वारा विद्रोह को कुचल दिया और यानोस कादार को हंगरी के सिंहासन पर पदारूढ़ किया गया। यानोसा कादार मई, 1988 तक सत्ता में 32 वर्ष तक रहे। 1989 मेंसाम्यवादी दल ने यह स्वीकार किया कि यहां एकदलीय समाजवाद का प्रयोग विफल रहा है और जनवरी, 1989 में हंगरी की संसद ने 'स्वतन्त्रत राजनीतिक आन्दोलनों' के गठन की अनुमति देने वाला विधान पारित कर दिया। इसमें विभिन्न राजनीतिक दलों के गठन के आधार को सिद्धान्त रूप में मान्यता दी गई। 7 नवम्बर, 1989 को हंगरी के सत्तारूढ़ साम्यवादी दल ने मतदान द्वारा संकल्प पारित कर स्वयं अपना अस्तित्व समाप्त कर लिया। कांग्रेस ने पार्टी के भीतर तथा बाहर मिश्रित अर्थव्यवस्था तथा लोकतंत्र के पक्ष में मतदान किया।

हंगरी में साम्यवाद के अवसान का कारण—1956 से 1988 के 32 वर्ष के शासन काल में हंगरी की अर्थव्यवस्था अत्यधिक बिगड़ गई। इस काल में विदेशी ऋण बढ़कर 17 अरब डॉलर तक पहुंच गया। मुद्रा स्फीति 30 प्रतिशत की दर से बढ़ रही थी। इस आर्थिक दुर्दशा के कारण हंगरी में साम्यवाद का पतन हो गया।

(4) पोलैण्ड में साम्यवाद का अवसान—1945 में पोलैण्ड में साम्यवादी शासन की स्थापना हुई थी। इसके बाद 1956, 1970 और 1976 में पोलैण्ड के सर्वहारा दल ने सत्तारूढ़ कम्युनिस्ट पार्टी को चुनौती दी लेकिन उन्हें सोवियत सैनिकों की सहायता से दबा दिया गया। दिसम्बर, 1970 में गेर्येक ने गोल्कुका का स्थान ग्रहण

कर साम्यवादी शासन की बागडोर सम्भाली, लेकिन 1970 से 1989 तक पोलैण्ड की आर्थिक दशा अत्यधिक बिगड़ गयी। यथा—(1) 1989 तक पोलैण्ड पर विदेशी ऋण 39 अरब डॉलर तक पहुंच गया, (2) निर्यातों से ब्याज भी नहीं चुकाया जा रहा था, (3) पूंजी निवेश के लिए पश्चिम से जो भारी ऋण लिया गया, उसे उपभोग्य सामग्री के उत्पादन में व्यय कर दिया गया। पोलैण्ड की जनता इस दुर्दशा के लिए साम्यवादी शासन को जिम्मेदार मानने लगी और जून, 1989 के चुनावों में साम्यवादियों को भारी पराजय मिली और 24 अक्टूबर, 1989 को पोलैण्ड में सॉलिडैरिटी के नेतृत्व में लोकतन्त्रीय सरकार की स्थापना हुई। 29 जनवरी, 1990 को पोलैण्ड की कम्युनिस्ट पार्टी ने पार्टी को भंग कर बहुदलीय प्रणाली, संसदीय लोकतन्त्र और मण्डी-अर्थव्यवस्था को स्वीकार कर लिया।

(5) रोमानिया की साम्यवादी सरकार का पतन—1945 में रूमानिय में साम्यवादी शासन की स्थापना की गई। 19 दिसम्बर, 1989 को **तिमिसोरा** के पादी के निष्कासन के विरोध में कम्युनिस्ट विद्रोह का रूप धारण कर लिया। साम्यवादी सरकार ने दमन व हिंसा की नीति का आश्रय लिया, परिणामस्वरूप विरोधी आन्दालन व्यापक हो गया। पीतर रोमन तथा माइकेल लपोई के नेतृत्व में छात्रों तथ कामगारों ने कारखानों पर अधिकार कर लिया और राष्ट्रीय हड़ताल की घोषण कर दी।

सेना ने आन्दोलनकारियों का साथ दिया। 22 दिसम्बर को रेडियो तथ टी.वी. केन्द्रों पर अधिकार कर लिया। राष्ट्रपति को पकड़ लिया गया। उस पर तथा उसके सहयोगियों पर नरसंहार, राज्य के विध्वंस, सार्वजनिक सम्पत्ति की चोरी तथा अर्थव्यवस्था के विनाश के आरोप लगाए गये। न्यायालय ने उन्हें मृत्युदण्ड दिया। 23 मई, 1990 को रोमानिया में स्वतन्त्र चुनाव हुए जिसमें नेशनल साल्वेशन फ्रन्ट ने भारी विजय प्राप्त की और इयान इलिए स्क्यू राष्ट्रपति चुने गये। इस प्रकार रोमानिया में साम्यवादी शासन का अन्त हुआ।

(6) पूर्वी जर्मनी की साम्यवाद को विदाई—पूर्वी जर्मनी में 1949 में साम्यवादी शासन की स्थापना की गई। अक्टूबर, 1989 में प्राग ने पश्चिमी जर्मनी के साथ लगी अपनी सीमाएँ खोल दीं तो पूर्वी जर्मनी से लोगों का निष्क्रमण बढ़ गया। 7 नवम्बर, 1989 तक लाइपजिंग में लोकतन्त्र की ज्वाला बढ़ गई और इसके विरोध में क्रेंज की कम्युनिस्ट सरकार ने त्यागपत्र दे दिया। 18 मार्च, 1990 को पूर्वी जर्मनी में स्वतन्त्र चुनाव कराये गये। इस चुनाव में क्रिश्चियन डेमोक्रेटों तथा सम्बद्ध दलों ने 18.7 प्रतिशत मतों द्वारा 193 स्थान प्राप्त किये और साम्यवादियों को केवल 16.33 प्रतिशत मत और 65 स्थान मिले। अप्रैल, 1990 में क्रिश्चियन डेमोक्रेटों और सौशल डेमोक्रेटों की मिली-जुली सरकार बनी और पूर्वी जर्मनी से साम्यवादी शासन का अन्त हुआ।

(7) जर्मनी का एकीकरण—1 जुलाई, 1990 को दोनों जर्मनियों का आर्थिक एकीकरण हुआ जिसने जर्मन एकीकरण का रास्ता साफ कर दिया। इसके बाद 22 सितम्बर, 1990 को ब्रिटेन, फ्रांस, अमरीका और सोवियन संघ के बीच एक समझौता हुआ। इस समझौते द्वारा बर्लिन पर कब्जे के शेष अधिकारों को भी समाप्त कर दिया गया। इस प्रकार जर्मनी का एकीकरण सम्भव हुआ। इस समझौते में यह तय था कि एकीकरण के बाद पूर्वी जर्मनी संयुक्त राष्ट्र संघ या अन्य अन्तर्राष्ट्रीय संगठनों का सदस्य नहीं रहेगा और विभिन्न देशों में कार्यरत उसके दूतावास बन्द कर दिये जायेंगे। इस प्रकार 3 अक्टूबर, 1990 को जर्मनी पुनः एक राष्ट्र के रूप में एकीकृत हुआ।

(8) चेकोस्लोवाकिया की साम्यवादी सरकार का पतन—अन्य पूर्वी यूरोपीय देशों में चली उदारवादी लोकतंत्र की आंधी चेकोस्लोवाकिया में भी पहुंची। 17 नवम्बर, 1989 को प्राग में 30,000 से अधिक लोगों ने प्रदश्रन किया और स्वतन्त्र चुनाव हेतु कम्युनिस्ट सरकार के त्यागपत्र की मांग की। 29 नवम्बर, 1989 को चेकोस्लोवाक संसद ने अनुच्छेद 4 व 16 को निरसत कर दिया जिससे वहाँ माक्सर्वाद, लेनिनवाद के दल के वर्चस्व की अनिवार्यता समाप्त हो गयी। दिसम्बर, 1989 में चार्टर 77 के एक संस्थापक वाक्लाब हावेल ने राष्ट्रपति का पदभार त्याग दिया और 11 जून, 1990 को वहाँ हुये प्रथम स्वतन्त्र चुनाव में नागरिक मंच आन्दोलन ने कुल मतों के 46 प्रतिशत से भी अधिक मत प्राप्त किये जबकि साम्यवादियों को 13.6 प्रतिशत मत ही मिले। इस प्रकार जून, 1990 में चेकोस्लोवाकिया में साम्यवादी शासन का अन्त हुआ।

(9) बल्गारिया में साम्यवादी शासन का अन्त—16 जनवरी, 1990 को बल्गारिया की संसद ने एक संविधान संशोधन का अनुमोदन कर सत्ता पर कम्युनिस्ट पार्टी के एकाधिकार को समाप्त कर दिया और स्वतन्त्र चुनावों का द्वार खेल दिया। सितम्बर, 1990 में स्वतन्त्र चुनाव हुये और कॉरपोरेट प्रेसीडेन्सी की सरकार बनी। उपर्युक्त विवेचन से स्पष्ट है कि 1989-90 में पूर्वी यूरोप में उदार लोकतन्त्रवाद के पक्ष और साम्यवाद के विरोध की आंधी चली और इस आंधी में साम्यवाद का यह दुर्ग बिना किसी रक्तपात के ढह गया।

(10) सोवियत संघ का विघटन—गोर्बाच्योव की पेरेस्त्रोइका तथा ग्लासनोस्त की लोकतंत्रीय उदारवादी नीतियों का प्रोत्साहन पाकर 1989-90 में समूचे पर्वी यूरोप में साम्यवादी शासन का अन्त हो गया। सोवियत संघ में भी उदारवाद की दिशा में प्रयत्न जारी थे। 19 अगस्त, 1991 को वहां गोर्बाच्योव के विरुद्ध एक असफल षड्यंत्र हुआ और यहीं से गोर्बाच्योव का पतन प्रारम्भ हो गया। दिसम्बर, 1991 में सोवियत संघ में सभी केन्द्रीय संस्थानों को समाप्त करने का निर्णय लिया गया। गोर्बाच्योव

ने पार्टी के महासचिव पद से त्याग पत्र दे दिया, इसकी केन्द्रीय समिति को भंग कर दिया, पार्टी की जायदाद का राष्ट्रीयकरण कर दिया और 25 दिसम्बर, 1991 को राष्ट्रपति पद से छुटकारा पा लिया। 26 दिसम्बर, 1991 को सोवियत संघ का औपचारिक रूप से विघटन कर दिया गया तथा उसके गणराज्य स्वतन्त्र हो गये। इस प्रकार सोवियत संघ के साम्राज्य का पतन हो गया।

(11) वारसा सन्धि को भंग करना—1955 में वारसा सन्धि (पैक्ट) पर हस्ताक्षर हुए। यह पैक्ट सोवियत संघ और पूर्वी यूरोप के 7 साम्यवादी राष्ट्रों का सैनिक गठबन्धन था। 1990 में सोवियत संघ की ग्लासनोस्त तथा पेरेस्त्रोइका की नीतियों तथा पूर्वी यूरोप में साम्यवादी सरकारों के पतन के कारण 1 जुलाई, 1991 को वारसा पैक्ट को समाप्त कर दिया गया।

(ब) साम्यवादी गुट के विघटन के कारण—

साम्यवादी गुट के विघटन के प्रथम चरण में चीन की नेतृत्व की आकांक्षा की प्रबलता रही है, दूसरे चरण में गोर्बाच्योव की नीतियाँ प्रमुख रूप से उत्तरदायी रही हैं। यहाँ हमारा प्रतिपाद्य दूसरे चरण के विघटन अर्थात् सोवियत संघ के विघटन के कारणों का विवेचन करना है। यथा—

(1) सर्वहारा के अधिनायकत्व के स्थान पर शीर्ष नेताओं का अधिनायकत्व—सोवियत संघ के पतन का एक महत्त्वपूर्ण कारण सोबियत संघ ने 'सर्वहारा वर्ग का अधिनायकत्व' 'सर्वहारा वर्ग पर राज्य तथा दल के शीर्ष-नेताओं के अधिनायकत्व' में बदल गया था। इससे जनता राज्य तथा राजनीतिक व्यवसथा के प्रति उदासीन हो गई। उसकी उदासीनता एवं आक्रोश इस सीमा तक पहुँच गया कि जब व्यवस्था का अन्त किया गया तो उसके बचाव में जनता के किसी भी हिस्से से एक स्वर भी नहीं फुटा।

(2) साम्यवादी दल के शीर्ष नेतृत्व का सुविधा-भोगी, भाई-भतीजावाद तथा भ्रष्टाचार से बदनाम हो जाना—सोवियत संघ के विघटन के लिए दूसरा प्रमुख कारण साम्यवादी दल के शीर्ष नेतृत्व का भाई-भतीजावाद तथा भ्रष्टाचार के लिए बदनाम हो जाना भी रहा। यह पतित नेतृत्व एक तरफ स्वयं ही जनता से कट गया और दूसरी तरफ जनता भी उससे विमुख हो गइ। इस प्रकार स्पष्ट होता है कि नेतृत्व का पथभ्रष्ट हो जाना, अपने को सुधारने का प्रयत्न न करना सोवियत समाज के विघटन का प्रमुख कारण था।

(3) सोवियत विदेश नीति से स्टालिनवादी तत्त्वों को निकालना—गोर्बाच्योव ने न केवल कम्युनिस्ट क्रान्ति को निर्यात की वस्तु मानने की स्टालिनवादी धारणा का परित्याग कर दिया बल्कि उसने दूसरे देशों में हस्तक्षेप करने और साम्यवादी

मित्रों की सीमित सम्प्रभुता के ब्रेझनेव के सिद्धान्त का भी परित्याग कर दिया। ऐसा करके वह पश्चिम को यह विश्वास दिलाना चाहता थ कि, "उसका देश रोज-रोज के तनाव से थक्र चुका है।"

गोर्बाच्योव की विदेश नीति में किए गए उक्त परिवर्तनों की अग्नि--परीक्षा में पूर्वी यूरोप के साम्यवादी देश एक-एक कर बिखरने लगे, सोवियत संघ मूकदर्शक होकर देखता रहा। इसका परिणाम यह हुआ कि सारा पूर्वी यूरोप सोवियत खेमे से मुक्त हो गया। अतः स्पष्ट है कि सोवियत विदेश नीति से स्टालिनवादी तत्त्वों को निकाल दिये जाने के कारण ही पूर्वी यूरोप में साम्यवादी साम्राज्य का विघटन हुआ।

(4) पेरेस्त्रोइाका और ग्लासनोस्त की विफलता—गोर्बाच्योव की इन नीतियों के इरादे नेक थे। वे अवरोधक तंत्र को समाप्त कर कारगर तंत्र की स्थापना करना चाहते थे, वे उत्पादन बढ़ाकर अर्थव्यवस्था को गति देना चाहते थे, वे लोगों के जीवन-स्तर को ऊंचा उठाना चाहते थे तथा सभी आर्थिक, सामाजिक, सांस्कृतिक, राजनीतिक आदि पहलुओं का लोकतंत्रीकरण कर देना चाहते थे किन्तु ये नीतियाँ अपने लक्ष्यों को प्राप्त न कर सकीं। इन नीतियों ने लोगों को लोकतन्त्र का चस्का तो लगा दिया किन्तु इसने नौकरशाही को और अधिक भ्रष्ट बना दिया। माफिया गिरोहों का विकास हुआ, कानून और राजदण्ड का भय समाप्त हो गया तथा पूर्व सोवियत संघ के गणराज्य भी दीवार पर लिखी इबादत को पढ़कर पूर्व सोवियत संघ से अलग पृथक् राज्यों की मांग करने लगे।

(5) गोर्बाच्योव की शान्तिवादी मानवतावादी सोच एवं दृष्टि—गोबोच्योव ने अपनी शान्तिवादी सोच एवं दृष्टि से टकराव को सहयोग में, तनाव को शान्ति में और अविश्वास को विश्वास में बदल दिया। पश्चिम को उन पर विश्वास करना पड़ा। उसने अफगानिस्तान से सोवियत सेनाएँ हटा लीं, चीन सीमा पर सोवियत सेनाओं को कम कर दिया, कम्बोडिया से वियतनामी सेनाओं को वापस बुला लिया। इससे शीत युद्ध की तीव्रता समाप्त हो गई। शीत युद्ध की समाप्ति की प्रक्रिया के अनन्तर ही साम्यवाद के विघटन की प्रक्रिया चल पड़ी।

(6) हिंसा के मार्ग और शस्त्रों की होड़ का परित्याग—गोर्बाच्योव ने हिंसारहित, परमाणुरहित, शस्त्रों की होड़रहित विश्व की कल्पना की। सेना और शस्त्रों की एकतरफा तथा बिना शर्त कटौती की घोषणाएँ कीं। बाद में रीगन के सभी मिलकर 9 दिसम्बर, 1986 को आई. एन. एफ. सन्धि की। इसने कम और मध्यम दूरी तक मार करने वाले प्रक्षेपास्त्रों कीएकश्रेणी को पूर्णतः नष्ट कर दिया। 31 जुलाई, 1991 को मास्को में बुश के साथ में स्टार्ट-I पर हस्ताक्षर किए। इन निरस्त्रीकरण के प्रयासों ने शीत-युद्ध के भय को बिल्कुल समाप्त कर दिया। फिलस्वरूप आर्थिक संकट से

त्रस्त पूर्वी साम्यवादी देशों ने एक-एक कर साम्यवाद का चोला उतार फेंकना प्रारम्भ कर दिया।

(7) आर्थिक विकास में ठहराव—सोवियत संघ तथा पूर्वी यूरोप के देशों में आर्थिक विकास की गति पूर्णतः रुक जाने के कारण भी साम्यवादी गुट का विघटन हुआ। इसके पीछे अनेक कारण जिम्मेदार रहे—अर्थव्यवस्थ पर नौकरशाहों का प्रभुत्व होना, जिम्मेदार लोगों में भ्रष्टाचार तथा आर्थिक अपराध की प्रवृत्ति का बढ़ना, आर्थिक सम्पदाओं का कुप्रबन्धन, बाजार की शक्तियों के बीच सही सम्बन्ध स्थापित करने की दिशा में कमद न उठाना आदि। ये बुराइयाँ समाजवाद के सिद्धानत के कारण नहीं बल्कि व्यवस्था को चलाने वालों के कारण पैदा हुई थीं। परिणामतः आर्थिक विकास की गति धीमी थी, राष्ट्रीय आय में गिरावट आ रही थी और अर्थव्यवस्था चरमराने लगी थी। सामाजिक समस्याओं की तरफ तनिक भी ध्यान नहीं दिया जा रहा था। बिगड़ती हुई अर्थव्यवस्था का सीधा असर जनता के जीवन-स्तर पर पड़ रहा था। जीवन-स्तर में गिरावट, रोजगार के अवसरों में आ रही गिरावट, वस्तुओं का अभाव आम आदमी को कष्ट देने लगा था। इसके अतिरिक्त जब जनता यह देखती थी कि शासक पार्टी व उसका नेतृत्व इन कष्टों में भागीदार न होकर इनसे बेखबर हो ऐशोआराम का जीवन बिता रहा है तो उसके कष्ट में विरोध और आक्रोश की भावना भी जुड़ जाती थी। अतः सोवियत संघ की आर्थिक और सामाजिक दशा सुधारने के लिए गोर्बाच्योव ने जो पेरेस्त्रोइका और ग्लासनोस्त की नीतियाँ अपनायीं, उसने इन देशों में स्वतन्त्रता का हल्का झोंक दे दिया। फिर यह स्वतन्त्रता की ललक एक आंधी चलकर बही जिसने समस्त अवरोधों को दूर कर दिया। इस आंधी में साम्यवादी खेमा ध्वस्त हो गया।

(8) सोवियत संघ द्वारा असह्य आर्थिक बोझ की जिम्मेदारी को न उठा पाना—द्वितीय विश्व युद्ध से पैदा हुई परिसितियों ने सोवियत संघ पर नई आर्थिक जिम्मेदारियों का बोझ लाद दिया था। **प्रथमतः**, पूर्वी यूरोप में जो समाजवादी राज्य स्थापित हो गये थे उनको आर्थिक, सैनिक एवं राजनतिक सहायता प्रदान करना सोवियत संघ की नीतिगत जिम्मेदारी थी। **दूसरे**, एशिया-अफ्रीका के देशों के राष्ट्रीय मुक्ति संग्रामों को तथा नव स्वतन्त्र देशों की अर्थव्यवस्थाओं को समाजवादी सहायता प्रदान करना भी उसके लिए आवश्यक था, ताकि ये राष्ट्र अमरीकी खेमे में जाने से बच सकें। **तीसरे**, संयुक्त राज्य अमरीका के साथ सुरक्षा, विज्ञान एवं तकीनकी की होड़ में शामिल होना भी अपनी सुरक्षा, शक्ति सन्तुलन को बनाए रखने तथा पूँजीवाद पर समाजवाद की श्रेष्ठता को स्थापित करने के लिए आवश्यक था। **चौथे**, उसे अपनी जनता की बढ़ती हुई आकांक्षाओं को पूरा करने के लिए भी कदम उठाना था। इन चौतरफा आर्थिक जिम्मेदारियों को पूरा करने क लिए आर्थिक बोझ को कई दशक

वर्षों तक सहन करना आसान काम नहीं था। इस बोझ से उत्पन्न आर्थिक क्लान्ति ने भी सोवियत संघ के विघटन तथा साम्यवादी खेमे के विघटन में सहायता दी।

(9) अगस्त विप्लव और गोर्बाच्योव के नेतृत्व की क्षमता पर प्रश्न चिह्न—17 मार्च, 1991 को गोर्बाच्योव ने पूर्व सोवियत संघ की एकता और अखण्डता को बनाये रखने के लिये जनमत संग्रह करया जिसमें 9 गणराज्यों से जन समर्थन प्राप्त कर नई संघीय संधि के प्रारूप को तैयार किया। इस प्रारूप का 20 अगस्त, 1991 को गणराज्यों द्वारा हस्ताक्षर किये जाने थे, किन्तु 19 अगस्त, 1991 को ही कट्टरपंथियों ने गोर्बाच्योव को अपदस्थ कर दिया। गोर्बाच्योव सत्ता में पुन: लौट आये किन्तु राज्य विप्लव उनके नेतृत्व की वैधता पर प्रश्न चिह्न छोड़ गया।

(10) नवीन पीढ़ी का व्यवस्था के प्रति आक्रोश—अक्टूबर क्रान्ति के बाद साम्यवादी देशों में ऐसी पीढ़ियाँ पैदा हो चुकी थीं जिन्होंने पुरानी सामन्ती-पूँजीवादी शोषण को तथा क्रूर उत्पीड़न को नहीं भोग था। उनके सारे शिकवे-शिकायतें समाजवादी व्यवस्था से थीं। वे समाजवाद के लाभों को सहज और स्वाभाविक मानते थे और उसकी बुराइयों तथा कमियों को व्यवस्थाजन्य दोष मानकर उनसे छुटकारा पाने के लिए व्यवस्था परिवर्तन की कामना करते थे। उनकी मानसिक सोच यह बन गई थी कि पूँजीवाद की ओर वापस जाकर दोनों दुनिया—समाजवादी और पूँजीवादी—के सुखों को प्राप्त किया जा सकता है। नवीन पीढी के इस सोच ने भी साम्यवादी खेमे के विघटन में योगदान दिया।

(11) बाह्य प्रभाव—सोवियत संघ की आन्तरिक कमजोरियों का लाभ संयुक्त राज्य अमेरिका व उसके मित्रों ने उठाया। उन्होंने सोवियत संघ के विरुद्ध अपना प्रचार युद्ध तथा वैचारिक हमला तेज कर दिया, हथियारों की होड़ में तेजी लाकर उसकी अर्थव्यवस्था पर दबाव और बढ़ाया तथापूर्वी साम्यवादी देशों वसोवियत संघ में विद्यमान व्यवस्था-विरोधी तत्त्वों को हर प्रकार की सहायता व प्रोत्साहन द्वारा भितरघात को बढ़ावा दिया। इस प्रकार साम्यवादी खेमे तथा सोवियत संघ के विघटन में बाहरी शत्रु राष्ट्रों की साजिशों की भी महत्त्वपूर्ण भूमिका रही। उपर्युक्त विवचेन से स्पष्ट है कि द्वितीय महायुद्ध के बाद सोवियत संघ के नेतृत्व में साम्यवादी गुट का अभ्युदय हुआ। 1955 के वारस पैक्ट ने इसे संगठित किया तथा पारस्परिक आर्थिक सहायता की परिषद् और कॉमिनफार्म ने इस गुट को और सुदृढ़ किया। 1989 तक के 45 वर्ष की अवधि में यह विश्व राजनीति पर छाया रहा। अमेरिका तथा पश्चिम राष्ट्रों के साथ इसकी प्रतिद्वन्द्विता से निरन्तचलने वाले शीत युद्ध का जन्म हुआ और समूची दुनिया दो भागों में विभाजित हो गई। यद्यपि एशिया, अफ्रीका और लेटिन अमेरिका के नवविकसित राष्ट्रों ने अपने आपको इस गुटीय राजनीति से अलग रखा तथापि ये राष्ट्र इस राजनीति के दुष्प्रभाव से न बच सके और अन्तर्राष्ट्रीय संघर्ष का केन्द्र

बनते रहे। 1986 के बाद सोवियत संघ के राष्ट्रपति गोर्बाच्योव की पेरेस्त्राइका, ग्लासनोस्त और नि:शस्त्रीकरण की नीतियों से शीतयुद्ध में शिथिलता आई। पूर्वी यूरोप के साम्यवादी देशों की आर्थिक दुर्दशा तथा नौकरशाही की तानाशाही व भ्रष्टाचार से मुक्ति पाने के लिए 1990 के चुनावों में वहां की जनता ने साम्यवादी शासन को अपदस्थ कर दिया, 1991 में वारसा पैक्ट को समाप्त कर दिया और 1991 के अन्त तक सोवियत संघ भी बिखर गया। इस प्रकार 45 वर्ष के अन्तर्गत साम्यवादी गुट का अवसान हो गया।

जिस लगन, साहस व दृढ़ता से अन्तर्राष्ट्रीय जगत में साम्यवादी गुट का विकास और विस्तार हुआ, उतने ही विस्मयकारी ढंग से इसका विघटन भी हो गया। अन्तर्राष्ट्रीय जगत में साम्यवादी गुट के निर्माण में जहाँ 43 वर्ष (1917 से 1960) लगे वहाँ इसके विघटन में सिर्फ 29 वर्ष (1961 से 1990) लगे। इसकी पतनोन्मुख क्रियाएँ 1960 से प्रारम्भ होती हैं जब चीन साम्यवाद के रूसी खेमे से पृथक् हो गया। तब से निरन्तर इसमें दरारें पड़ती गईं और 1990 तक आते-आते साम्यवा का पूरा किला ध्वस्त हो गया। सोवियत संघ क विघटन की प्रक्रिया में तीव्रता गोर्बाच्योव के सत्ता में आने के बाद आई। गोर्बाच्योव ने सत्ता में आने के बाद से सोवियत संघ के पेरेस्त्रोइका तथा ग्लासनोस्त की लोकतंत्रीय उदारवादी नीतियों का श्रीगणेश किया। इन नीतियों का प्रोत्साहन पाकर 1989-90 में समचे पूर्वी यूरोन से साम्यवादी शासन का अन्त हो गया।

सोवियत संघ में भी उदारवाद की दिशा में प्रयत्न जारी थे। 19 अगस्त, 1991 में सोवियत संघ में गोर्बाच्योव के विरुद्ध एक असफल षड्यन्त्र हुआ। यहीं से गोर्बाच्योव का पतन प्रारम्भ हो गया। दिसम्बर, 1991 में सोवियत संघ में सभी केन्द्रिय संस्थानों को समाप्त करने का निर्णय लिया गया। गोर्बाच्योव ने पार्टी के महासचिव पद से त्याग पत्र दे दिया, इसकी केन्द्रीय समिति को भंग कर दिया गया, साम्यवादी दल को सम्पत्ति का राष्ट्रीयकरण कर दिया गया और 25 दिसम्बर, 1991 को राष्ट्रपति के पद से गोर्बाच्योव ने छुटकारा पा लिया। 26 दिसम्बर, 1991 को सोवियत संघ का औपचारिक रूप से विघटन कर दिया गया और इसके कई गणराज्य हो गये।

◆ ◆ ◆

5

भारत और यूरोप की विदेश नीति

भौगोलिक दृष्टि से अटलाण्टिक से यूराल तक यूरोप की सीमाओं का विस्तार पाया जाता है। इसका क्षेत्रफल 40 लाख वर्गमील है और इसकी जनसंख्या 60 करोड़ से अधिक है। राजनीतिक दृष्टि से इस महाद्वीप में 47 राष्ट्र राज्य हैं जिसमें अनेक लघु राज्य अण्डोरा, मोनाको, सेनमेरिनो तथा वेटिकन सिटी राज्य हैं तो दूसरी तरफ रूस, जर्मनी, यू.के., फ्रांस, इटली, उक्रेन जैसे बड़े राष्ट्र हैं। यूरोप के प्रमुख भौगोलिक क्षेत्रों में पूर्वी यूरोप, दक्षिणी पूर्वी यूरोप, स्केण्डेनियन देश, केन्द्रीय यूरोप, पश्चिमी यूरोप तथा ब्रिटिश टापू हैं।

द्वितीय विश्व युद्ध के बाद समस्त यूरापे दो भागों में विभाजित हो गया—(1) पश्चिमी यूरोप और (2) पूर्वी यूरोप। यूरापे पर शीत युद्ध प्रभावी हो गया। पश्चिमी यूरोपीय राष्ट्र अमेरिका के नेतृत्व को स्वीकार किये रहे तो पूर्वी यूरोप के राष्ट्रों ने सोवियत संघ को नेतृत्व सौंप दिया। नाटो और वारसा जैसे सैनिकट संगठन बन गये। 1984 तक यूरोप दो गुटों में बँटा रहा, लेकिन 1984 के बाद हुए अन्तर्राष्ट्रीय परिवर्तनों में समग्र यूरोप में हुए पविर्तन और यूरोप के पुनर्गठन की प्रक्रिया प्रारम्भ हो गयी। 1985 में गोर्बाच्योव की गग्लासनोस्त और पेरेस्त्रोइका की उदारवादी नीतियों ने इन परिवर्तनों को गति दी। फलतः पूर्वी यूरोप में साम्यवादी सरकारों का पतन प्रारम्भ

हो गया। 1991 के अन्त तक सोवियत संघ समेत समस्त पूर्व यूरोप से साम्यवादी शासन का अन्त हो गया तथा अनेक नवीन उदारवादी लोकतांत्रिक गणराज्यों का उदय हुआ। जर्मनी का पुनः एकीकरण हुआ। इस प्रकार 1989 से यूरोप में आये परिवर्तनों को नवीन राजनीतिक आर्थिक परिवर्तनों की संज्ञा दी गयी है। द्वितीय विश्वयुद्ध के बाद से वर्तमान तक यूरोप के पुनर्गठन का विवेचन निम्न प्रकार किया गया है--

1943 में संयुक्त राष्ट्र पुनरुद्धार व पुनर्वास प्रशासन संस्था संत्रस्त राष्ट्रों को आर्थिक सहायता देने के लिए बनाई गयी। इसके अतिरिक्त शरणार्थियों की रक्षा वसहायता के लिए एक संयुक्त अन्तर्राष्ट्रीय शणार्थी संग्रठन की स्थापना भी की गई। जुलाई, 1944 को **ब्रेटेनवुड्स सम्मेलन** के सुझावानुसार **अन्तर्राष्ट्रीय बैंक व अन्तर्राष्ट्रीय मुद्रा कोष** की स्थापना ध्वस्त राष्ट्रों के पुनर्निर्माण में सहायता देने तथा राष्ट्रों की द्राओं को स्थायित्व देने के लिए की गई। संयुक्त राष्ट्र के तत्वाधान में एक अन्तर्राष्ट्रीय व्यापार संगठन भी स्थापित किया गया। लेकिन इस काल में साम्यवादी रूस अपनी सेनाओं और कूटनीति से पूर्वी तथा पश्चिमी यूरोप में साम्यवादी प्रसार कर रहा था जिसे अमेरिका हर सम्भव तरीके से रोकना चाहता था। अमेरिका का विचार था कि यूरापे के राष्ट्रों की समस्यायें तथा उनके हल समान होने के कारण पश्चिमी यूरोपीय राष्ट्रों को संगठित हो जाना चाहिए। अतः संयुक्त राज्य अमेरिका ने इस पश्चिमी राष्ट्रों में एकीकरण लाने के लिए सभी प्रकार की सहायता प्रस्तुत की। परिणामस्वरूप पश्चिमी यूरोप में आर्थिक एकीकरण के निम्न वर्णित प्रमुख संगठन बने—

(1) ट्रूमैन सिद्धान्त—पश्चिमी यूरोप के एकीकरण व आर्थिक पुनरुत्थान की दिशा में पहला प्रयास ट्रूमैन सिद्धान्त के नाम से जाना जाता है। अमेरिका राष्ट्रपति ट्रूमैन ने 12 मार्च, 1947 को तुर्की और यूनान की सनिक वआर्थिक सहायता के लिए 30 करोड़ डॉलर की मांग रखते हुए अमेरिकी कांग्रेस केसमक्ष अपने भाषण में यह सिद्धान्त रखा था। ट्रूमैन की मान्यता थी, "अमेरिका को उन सभी देशों की सहायता करनी चाहिए, जो अपने देश के आन्तरिक अल्पसंख्य वर्गों अथवा बाह्य शक्तियों द्वारा नियन्त्रित किये जाने का विरोध कर रहे हैं।" परन्तु अमेरिका ने इन देशों की सहायता करते समय सदा ही यह देखना आवश्यक नहीं समझा कि इन देशों में केवल जनतान्त्रिक प्रवृत्तियों का ही समर्थन किया जाना चाहिए था और अनेक बार ऐसा हुआ किसाम्यवाद के विरोध को दृढ़ बनाने के लिए उसने फासिस्टक पद्धति को भी बल प्रदान किया।

(2) बेनीलक्स संघ—पश्चिमी यूरोपीय एकीकरण का दूसरा प्रयास 'बेनीलक्स संघ' था, जो कि बेल्जियम, नीदरलैण्ड और लक्जमबर्ग के मध्य सितम्बर, 1944 में एक समझौते के द्वारा किया गया। इसके अन्तर्गत सदस्य राष्ट्रों ने अपने बीच चुंगी की व्यवस्था को पूर्णतः समाप्त कर दिया और आयात पर एक समान टेरिफ कार्यक्रम

की स्थापना की। लेकिन यह योजना क्रियान्वित न हो सकी क्योंकि इसमें व्यावहारिक कठिनाइयाँ थीं। अतः यह योजना अपर्याप्त घोषित कर दी गई।

(3) यूरोपीय आर्थिक सहयोजन संगठन और मार्शल योजना—6 अप्रैल, 1948 को एक **यूरोपीय आर्थिक सहयोग संगठन मार्शल योजना** के अन्तर्गत यूरोपीय राष्ट्रों को मिलने वाली सहायता को व्यवहार में लाने के लिए किया गया। **मार्श योजना** जून, 1947 में पश्चिम यूरोप की अर्थव्यवस्था को सर्वनाश से बचाने तथा उनको रूस के प्रभाव में जाने से रोकने के लिए बनायी गयी थी। 16 यूरोपीय राष्ट्रों ने इसका उपयोग किया, लेकिन रूस द्वारा इस योजना के कारण पोलैण्ड और चैकोस्लोवाकिया ने इस योजना को छोड़ दिया। इस संस्था ने पश्चिमी-यूरोपीय राष्ट्रों को एक-दूसरे के निकट लाने के कलिए भी उल्लेखनीय कार्य किया। इस योजना में अधिकांश धन-राशि अमेरिका ने लगायी। इससे पश्चिमी यूरापीय राष्ट्रों पर उसका प्रभाव बढ़ता गया।

(4) यूरोपीय आर्थिक सहयोग संगठन—मार्श योजना के अन्तर्गत यूरापे राष्ट्रों को मिलने वाली सहायता को व्यवहार में लाने के लिए 1948 में इसका गठन किया गया। ट्रीस्टे तथा जर्मन फैडरल सहित 18 यूरोपीय राज्य इसके सदस्य हैं। अमेरिका तथा कनाडा इसके सह सदस्य हैं। इसका प्रधान कार्यालय पेरिस में है।

(5) आर्थिक सहयोग और विकास संगठन—1961 में 'यूरोपीय आर्थिकसहयोग संगठन' के स्थान पर एक नयी संस्था अस्तित्व में आई जिसे आर्थिक सहयोग और विका संगठन कहा जाता है। अमेरिका और कनाडा इसके सदस्य होने के कारण अब यह विशुद्ध यूरोपीय संस्था नहीं रही। इसके 20 राष्ट्र सदस्य हैं। इसका मूल उद्देश्य सदस्य देशों में उच्चतम आर्थिक विकास तथा रोजगार की व्यवस्था करना था।

(6) यूरोपीय अदायगी संघ—सितम्बर, 1950 में अन्ततः यूरोपियन व्यापार की सुविधाओं हेतु इस संस्था का गठन किया गया। यह अपने सदस्य राज्यों में एक देश की कमाई को दूसरे देश में उसका ऋण अदा करने के लिए सुलभ बनाने की व्यवस्था करता है। इससे अन्तर्राष्ट्रीय व्यापार में बड़ी सुविधा हो गई।

(7) यूरोपीय परिषद् (Council of Europe)—5 मई, 1949 को यूरोपीय एकता आन्दोलन के परिणामस्वरूप यूरोपीय परिषद् की स्थापना हुई। इसका मुख्य कार्यालय स्ट्रेसबर्ग में है। इसके सदस्य प्रारम्भ में तीन बेनीलक्स देश, फ्रांस, आइसलैण्ड, इटली, नार्वे, स्वीडन, डेनमार्क, ग्रेट-ब्रिटेन थ। बाद में ग्रीस, टर्की, आयरलैण्ड, जर्मन फेडरल रिपब्लिक तथा सार प्रदेश भी इसके सदस्य बन गये। इस संगठन के दो अंग हैं—विमर्श सभा और मन्त्रिपरिषद्। विमर्श सभा के सदस्यों की संख्या 125 है। इसके चुनाव का ढंग प्रत्येक दश की सरकार अपनी इच्छा से निश्चित करती है। प्रायः ये सदस्य विभिन्न देशों की संसदों से इनमें विद्यमाने पार्टियों के प्रतिनिधियों द्वारा

अनुपातिक संख्या में चुने जाते हैं। इसका उद्देश्य "आर्थिक और सामाजिक प्रगति के लिए अपनी सामान्य विरासत के आदर्शों और सिद्धान्तां में पहले से अधिक एकता लान का प्रयत्न करेगी।"

(8) यूरोपीय कोयला तथा इस्पात समुदाय—जून, 1950 में पश्चिमी राष्ट्रों केआर्थिक एकीकरण केलिए **शूमां योंजना** बनोयी गई। **रॉबर्ट शूमां** ने कहा, "फ्रांस व जर्मनी के कोयले व इस्पात केउत्पादन को नियन्त्रित करने के भी खुले हो और इसे संयुक्त राष्ट्र संघ के अधीन रखा जाये।" 18 अप्रैल, 1951 को छह देशों बेल्जियम, नीदरलैण्ड, लक्जमबर्ग, फ्रांस, इटली व पश्चिमी जर्मनी के विदेश मन्त्रियों द्वारा के उच्चतर राष्ट्रीय अधिकरण के अधीन **यूरोपीय कोयला व इस्पात समुदाय** की स्थापना की गई। एक पचास वर्षीय सन्धि की गयी जिसमें सभी व्यापारिक बाधाओं को हटाकर एक **साझाा बाजार** बनाने की व्यवस्था थी। सोवियत रूस ने इस योजना की आलोचना की और पश्चिमी यूरोप के सैनिकीकरण का आरोप अमेरिका पर लगाया।

(9) यूरोपीय अणु शक्ति समिति—मार्च, 1957 को रोम में पश्चिमी यूरोपीय देशों के विदेशमन्त्रियों की बैठक में **यूरोपीय साझा बाजार और यूरोपीय अणु-शक्ति समिति** का गठन किया गया। इसका उद्देश्य शान्तिपूर्ण प्रयोजनों हेतु आणविक शक्ति के विकास के लिए सामान्य प्रयत्न करना है।

(10) यूरोपीय आर्थिक समुदाय या यूरोपीय साझा बाजार तथा यूरोपीय संघ—यूरोपीय आर्थिक समुदाय या यूरोपीय साझा बाजार (ECM) का जन्म 25 मार्च, 1957 को हुई रोम सन्धि के तहत 1 जनवरी, 1958 को हुआ था। इस पर हस्ताक्षर करने वाले छः राष्ट्र थे—(1) फ्रांस, (2) जर्मनी, (3) इटली, (4) बेल्जियम, (5) नीदरलैण्ड और (6) लक्जमबर्ग। डेनमार्क, आयरलैण्ड और इंग्लैण्ड 1 जनवरी, 1973 को, यूनान 1 जनवरी, 1981 को और पुर्तगा व स्पेन 1 जनवरी, 1986 को यूरोपीय साझा बाजार के सदस्य बने। जनवरी, 1995 में ऑस्ट्रिया, फिनलैण्ड और स्वीडन इससे जुड़े गये। इस प्रकार इसके सदस्यों की संख्या 1995 तक 15 हो गई। 1 मई, 2004 को दस नये राज्यों ने संध की सदस्यता ग्रहण की तथा जनवरी, 2007 में दो नये राज्यों ने सां की सदस्यता ग्रहण की। इस प्रकार वर्तमान में इसके सदस्य राष्ट्रों की संख्या बढ़कर 27 हो गयी है। यूरोपीय साझा बाजार का मुख्य उद्देश्य सदस्य देशों की आर्थिक नीतियों में उत्तरोत्तर सामञ्जस्य स्थापित करके समुदाय के क्रमबद्ध आर्थिक विकास की उन्नति करना तथा सदस्य देशों में निकटता का सम्बन्ध स्थापित कराना है। इसके सदस्य बन जाने से सदस्य राष्ट्रों की विकास दर में पर्याप्त वृद्धि हुई है। इस प्रकार यह कहा जा सकता है कि यूरोपीय साझा बाजार के साथ ही यूरोपीय एकीकरण की नींव डाली गयी।

(11) मास्ट्रिच सन्धि (दिसम्बर, 1991) तथा यूरोपीय संघ—यूरोपीय आर्थिक समुदाय के सभी 12 सदस्यों की एक बैठक नीदरलैण्ड के नगर मास्ट्रिच (Maastricht) में 9 व 10 दिसम्बर, 1991 को हुई और 11 दिसम्बर, 1991 को 12 सदस्यीय यूरोपीय आर्थिक समुदाय ने यूरोपीय मौद्रिक संघ के जिस अनुबन्ध पर सभी सदस्य देशों के हस्ताखर हुए, उसे 'मास्ट्रिच सन्धि' कहा जाता है। यूरोप के एकीकरण के मार्ग में यह संधि क मील का पत्थर है। इस सन्धि ने पूरे यूरोप के लि एक अर्थव्यवस्था, एक मुद्रा, एक बाजार, एक नागरिकता, एक संसद, एक सरकार, एक सुरक्षा व्यवस्था, एक विदेश नीति का मार्ग प्रशस्त किया। यह सरकार ब्रुसेल्स से यूरोपीय समुदाय पर शासन करेगी। जनवरी, 1994 में मौद्रिक संघ की स्थापना की गई। 1995 से 10 देशों ने परस्पर आने-जाने की वीजा प्रणाली समाप्त कर दी।

(12) यूरोपीय मौद्रिक संघ की स्थापना एवं यूरो साझा मुद्रा का चलन—1 जनवरी, 1999 को यूरोपीय संघ के ग्यारह देशों ने साझाा यूरो मुद्रा को औपचारिक रूप से स्वीकृत दे दी। यूरोपीय संघ के 15 देशों में से ग्यारह देश—ऑस्ट्रिया, बेल्जियम, फ्रांस, फिनलैण्ड, जर्मनी, आयरलैण्ड, इटली, लक्जमबर्ग, नीदरलैण्ड, पुर्तगाल और स्पेन यूरो मुद्रा की नई व्यवस्था में शामिल हुए। यूरोपीय संघ के चार देश—यूनान, ब्रिटेन, स्वीडन और डेनमार्क प्रथम चरण में शामिल नहीं हुए। यूरोपीय संघ के इन 11 देशों में उनकी स्वयं की मुद्रा के स्थान पर यूरो मुद्रा चलेगी। इन देशों के समूह को 'यूरोलैण्ड' नाम दिया गया।

(13) यूरोपीय संघ सुधार सन्धि (दिसम्बर, 2007)—13 दिसम्बर, 2007 को यूरोपीय संघ के 27 सदस्य देशों ने संघ की निर्णय प्रक्रिया में सुधार हेतु एक महत्त्वपूर्ण संधि पर लिस्बन (पुर्तगाल) में हस्ताक्षर किये गये। इस सन्धि में निम्न प्रावधान किये गये—

(i) सदस्य राष्ट्रों की कॉमन विदेश नीति एवं सुरक्षा नीति सुनिश्चित करने के लिए विदेशी मामलों के प्रमुख का पद अधिक मजबूत करने का प्रावधान किया गया।

(ii) यूरोपीय संघ की कार्यकारिणी—यूरोपीय आयोग में सदस्यों की संख्या 27 से घटकर 17 करने तथा 5-5 वर्ष के कार्यकाल हेतु चक्र क्रमानुसार करने का प्रावधान किया गया।

(iii) सन्धि में मौलिक मानवाधिकारों एवं विधिक अधिकारों के यूरोपीय चार्टर का प्रावधान भी किया गया। ब्रिटेन और पोलैण्ड ने इस चार्टर को बाध्यकारी बनाने से मना कर दिया। यह सन्धि जनवरी, 2009 से लागू होगी, लेकिन उससे पहले सदस्य राष्ट्रों को अपनी संसद से अनुमोदन कराना होगा।

यूरोपीय संघ की संस्थाएँ—यूरोपीय संघ की प्रमुख संस्थाएँ निम्नलिखित हैं—

(1) यूरोपीय संसद—नाइस सधि सन् 2001 के समय यूरोपीय सदस्यों की संख्या 15 थी, लेकिन जनवरी, 2003 से नये सदस्यों का प्रवेश प्रारम्भ होने के पश्चात् मई, 2004 में बढ़कर इसके सदस्यों की संख्या 25 हो गई और सन् 2007 तक यूरोपीय संघ की सदस्यता बढ़कर 27 हो गई है। इस स्थिति में भावी यूरोपीय संसद का आकार व संरचना क्या हों, इस पर इसमें विचार किया गया और 11 दिसम्बर, 2000 को इस सम्बन्ध में नाइस सन्धि की गई।

नाइस संधि के तहत यूरोपीय संघ के राष्ट्र इस बात के लिए सहमत हुए हैं कि जनवरी, 2003 के बाद नये सदस्यों के शामिल होने के साथ यूरोपीय संसद की सदस्य संख्या 626 के मौजूदा स्तर से क्रमशः बढ़ती जायेगी तथा यह अन्ततः 732 तक हो सकेगी। यूरोपीय संसद सदस्य देशों की जनता की राजनीतिक प्रवक्ता है। संसद के सदस्यों को सदस्य देशों की जनता प्रत्यक्ष चुनाव में निर्वाचन करती है। यह संघ की सामान्य नीतियों के निर्धारण में प्रमुख भूमिका निभाती है। यह यूरोपीय आयोग की नियुक्ति का अनुमोदन करती है तथा 2/3 बहुमत से उसे हटा सकती है। संसद यूरोपीय आयोग के कार्यक्रमों को अंतिम स्वीकृति प्रदान करती है तथा इस बात का पर्यवेक्षण करती है कि यूरोपीय नीतियों का सुचारु प्रबन्ध होता रहे। यह अन्तर्राष्ट्रीय समझौतों, नए सदस्य देशों के प्रवेश तथा संसद के चुनाव की एक जैसी प्रक्रिया के निर्धारण सम्बन्धी यूरापीय परिषद् के निर्णयों को स्वीकृति प्रदान करती है। वर्तमान समय में यह आयोग की निगरानी करने का कार्य करती है। इसके पास विधायी शक्तियाँ बहुत कम हैं। यह आयोग का बजट स्वीकार करती है तथा उस पर नियन्त्रण रखती है। यह केवल विचार-विमर्श का मंच है तथा यूरोप की एकता का प्रतीक है।

(2) यूरोपीय परिषद् (European Council)—यूरोपीय परिषद् की व्यवस्था 1974 में की गई थी। सभी सदस्य देशों के राज्याध्यक्ष या शासनाध्यक्ष तथा यूरोपीय आयोग के सदस्य शामिल होते हैं। इनकी सहायता सभी सदस्य देशों के विदेश मंत्री तथा आयोग का एक सदस्य करते हैं। इसका मुख्यालय बेल्जियम की राजधानी ब्रुसल्स में है। प्रत्येक सदस्य देश का प्रधान बारी-बारी से 6 माह के लिए परिषद् का अध्यक्ष होता है। प्रतिवर्ष परिषद् की दो बैठकें होती हैं। ये सामान्य आर्थिक नीतियों का समन्वय करती हैं।

(3) यूरोपीय आयोग—वर्तमान में इसके 20 सदस्य हैं। इनमें ब्रिटेन, फ्रांस, जर्मनी, इटली तथा स्पेन से दो-दो सदस्य तथा शेष सभी सदस्य देशों से एक-एक सदस्य शामिल होते हैं। इस प्रकार मई 2004 से इसके सदस्यों की संख्या 30 हो

गई है। इसका कार्यकाल 5 वर्ष का होता है। आयोग के सदस्यों को सदस्य राज्य नामांकित करते हैं। सदस्य आयोग के अध्यक्ष की नियुक्ति करते हैं। आयोग को संधियों का संरक्षक कहा जाता है। वह किसी भी सदस्य देश के विरुद्ध कार्यवाही प्रारम्भ कर सकता है तथा किसी भी व्यक्ति या कम्पनी पर जुर्माना कर सकता है। आयोग को यूरोपीय संघ का केन्द्र बिन्दु माना जाता है।

इसे नये विधेयक पेश करने का अधिकार है तथा वह ही यह सुनिश्चित करता है कि नए यूरोपीय कानूनों का निर्माण किया जाये। इसे यूरोपीय संघ की कार्यकारी संस्था का स्थाप प्राप्त है। यह संधियों को लागू करने वाले आदेश जारी करता है तथा संघ के बजट द्वारा निर्धारित राशि को व्यय करता है। ब्रुसल्स स्थित स्थायी अधिकारी व कर्मचारी आयोग के सदस्यों की सहायता करते हैं। आयोग के सदस्य सामूहिक रूप से यूरोपीय हितों का प्रतिनिधित्व करते हैं, अपने-अपने देश के हितों का नहीं। परन्तु व्यवहार में हमेशा ऐसा नहीं हो पाता है।

(4) मंत्रिपरिषद्—आयोग औपचारिक रूप से मंत्रिपरिषद् के प्रति उत्तरदायी होता है तथा उसी की नीतियों को लागू करता है। यह मंत्रिपरिषद् यूरोपीय परिषद् से भिन्न निकाय है। मंत्रिपरिषद् सम्बद्ध मंत्रियों की बैठकों का नाम है। यह मत्री प्राय: अपने-अपने देशों में विदेश विभाग, वित्त विभाग, कृषि एवं रक्षा विभागों के मंत्री होते हैं। ये राजनीतिज्ञ होते हैं तथा स्थायी कर्मचारियों के द्वारा कार्य करवाते हैं। इस व्यवस्था के आधार पर यह कहा जाता है कि सदस्य देश अपनी सम्प्रभुता त्यागने को तैयार नहीं हैं।

(5) न्यायालय—संघ के दो न्यायालय हैं—(i) न्याय का न्यायालय और (ii) उपाय का न्यायालय (Court of First Instance)। दोनों में 15-15 न्यायाधीश होते हैं। इनके न्यायाधीशों की नियुक्ति सदस्य राज्यों की आपसी सहमति से की जाती है। इनका कार्यकाल 6 वर्ष का होता है। न्याय का न्यायालय (Court of Justice) यह सुनिश्चित करता है कि यूरोपीय संधियों की उचित व्याख्या की जाये तथा कानूनों के अनुसार उनका क्रियान्वयन किया जाये। न्यायालय को अधिकार प्राप्त है कि वह किसी भी ऐसे सदस्य राज्य पर जुर्माना कर सकता है जो संधियों की अवहेलना करता है। अन्य संस्थाओं द्वारा किये गये उपायों और उनके निर्णयों की वैधानिकता का परीक्षण भी यही न्यायालय करता है। यह संघ के कानूनों की वैधता की व्याख्या के सम्बन्ध में सदस्य देशों के न्यायालयों द्वारा प्रस्तुत याचिकाओं पर निर्णय सुनाता है।

प्रथम उपाय का न्यायालय—व्यक्तियों तथा व्यापार संस्थाओं द्वारा प्रस्तुत मामलों की सुनवाई करता है, परन्तु इसके निर्णयों के विरुद्ध की गई अपीलों का निबटारा भी न्याय का न्यायालय करता है।

(6) लेखा परीक्षकों का न्यायालय (The Court of Auditors)—यूरोपीय संघ में एक लेखा परीक्षकों का न्यायालय है जिसमें 15 सदस्य होते हैं। इनकी नियुक्ति संसद की पूर्वानुमति से परिषद् के द्वारा की जाती है। इसके अध्यक्ष का निर्वाचन स्वयं इसके सदस्य ही करते हैं। यह संघ के लेखा-परीक्षकों की संस्था है जिसका कार्य यह देखना होता है कि संघ जो धनराशि एकत्र करता है तथा उसका जिस प्रकार व्यय करता है, वह कानून के अनुसार है या नहीं। वह यह भी सुनिश्चित करता है कि संघ का वित्तीय प्रबन्ध कुशल ढंग से किया जाये।

(7) अन्य परामर्शदात्री संस्थाएँ—उपर्युक्त संस्थाओं के अतिरिक्त संघ की कई परामर्शदात्री संस्थाएँ भी हैं, जैसे—आर्थिक एवं सामाजिक समिति। इसमें 222 सदस्य हैं। इसमें मालिक (Employer), श्रमिक तथा कृषक व हस्तकलाकार शामिल होते हैं। इसमें सामाजिक-आर्थिक विषयों पर निर्णय लिये जाते हैं।

(8) स्थायी अधिकारी व कर्मचारी—यूरोपीय आयोग की सहायता के लिए लगभग 5000 स्थायी अधिकारी या लोकसेवक होते हैं जिन्हें प्रायः यूरेशाह (Eurocrats) कहा जाता है। ये यूरोपीय संघ के मुख्यालय ब्रुसल्स में नियुक्त किये जाते हैं। अधिकांश यूरेशाह कोयला तथा इस्पात विशेषज्ञ होते हैं तथा कुछ व्यापार, कृषि तथा वित्तीय मामलों के विशेषज्ञ भी होते हैं।

यूरोपीय संघ का संविधान—732 सदस्यीय यूरोपीय संसद ने यूरोपीय संघ (Eu) के पहले संविधान को भारी बहुमत से मंजूरी प्रदान कर दी है। 25 सदस्यीय यूरोपीय संघ की असेम्बली की स्ट्रॉसबर्ग (फ्रांस) में 12 जनवरी, 2005 की बैठक में इस संविधान को 137 के मुकाबले 500 के बहुमत से मंजूरी प्रदान की गई। 460 अनुच्छेदों वाले इस संविधान को अक्टूबर, 2004 में रोम में स्वीकार किया गया था। सभी 25 सदस्य देशों के विधिवत् अनुमोदन के पश्चात् इस संविधान को सन् 2007 से लागू करने का प्रावधान किया गया।

यूरोपीय संघ की नवीन प्रवृत्तियाँ—वर्तमान में यूरोपीय संघ की कुछ नवीन प्रवृत्तियाँ इस प्रकार हैं—

(i) द्वितीय महायुद्ध के बाद उत्पन्न हुआ यूरो-अमरीका जगत अब विभक्त होने लगा है। स्पर्द्धा का सिद्धान्त दोनों के समन्वय को तोड़ रहा है। आज यूरो मुद्रा अमरीकी डॉलर को चुनौती दे रही है। यूरोप की यूनियन विश्व के सबसे बड़े व्यापार ब्लॉक के रूप में उभरकर इस क्षेत्र में अमरीका के लिए समस्या पैदा कर रही है तथा एकीकृत यूरोपीय संघ का राजनैतिक प्रभाव अमरीका के एकध्रुवीय विश्व के स्वप्न को भंग कर सकता है।

(ii) यूरोपीय संघ अब एक सार्थक राजनैतिक इकाई बनता जा रहा है। वह एक इकाई के रूप में विश्व व्यापार संघ (W.T.O.) में अपनी भूमिका भी निभाने लगता है। सिएटल सम्मेलन की विफलता का एक कारण यह भी था कि इसमें यूरोपीय समुदाय तथा संयुक्त राज्य अमेरिका की प्राथमिकताएँ व राणनीति एकसी नहीं रह पाई थीं।

(iii) यूरोपीय संसद और यूरोपीय संघ के माध्यम से एक स्वतन्त्र विदेश नीति का तथा अर्थनीति का ताना-बाना बुनना यूरोपीय समुदाय ने प्रारम्भ कर दिया है। इसी सन्दर्भ में वह भारत से निरन्तर सम्पर्क बनाये हुए है क्योंकि वह विश्व-व्यापार संघ में 'नई सहस्त्राबदी वार्ता चक्र' प्रारम्भ करवाना चाहता है, जिसके लिए भारत व अन्य विकासशील देश कतई तैयार नहीं हैं। इसी सन्दर्भ में वह भारत से अनुकूलता प्राप्त करने का प्रयत्न कर रहा है।

यूरोपीय एकीकरण से विश्व राजनीति पर पड़ने वाले सम्भावित प्रभाव

यदि यूरोप का आर्थिक और राजनीतिक एकीकरण हो जाता है तो यूरोप राजनीतिक दृष्टि से विश्व का सबसे शक्तिशाली केन्द्र होगा जो अन्तर्राष्ट्रीय राजनीति को अत्यधिक प्रभावित करेगा। अन्तर्राष्ट्रीय राजनीति पर पड़ने वाले सम्भावित प्रभावों को निम्न प्रकार रेखांकित किया गया है—

(1) बहुशक्ति केन्द्रों (बहुध्रुवीकरण) के उत्पन्न होने की सम्भावना— यूरोपीय एकीकरण का सबसे प्रतिकूल प्रभाव मौजूदा एकध्रुवीय विश्व पर पड़ेगा। सोवियत खेमे के पतन, शीत युद्ध की समाप्ति और खाड़ी युद्ध ने जिस एकध्रुवीय विश्व को जन्म दिया है, उसका अस्तित्व बहुत लम्बा चलने वाला नहीं है। यूरोप एक होकर एक बड़ी आर्थिक और राजनीतिक शक्ति के रूप में उभरेगा। इसके अतिरिक्त पूर्व में जापान, दक्षिण कोरिया, हांगकांग, ताइवान और एशियान के छह देशों को मिलाकर पूर्व एशियाई आर्थिक समूह की स्थापना का प्रस्ताव किया गया है तथा अमेरिका में भी उत्तरी अमरीका मुक्त व्यापार क्षेत्र स्थापित करने पर विचार चल रहा है। दक्षिण-एशिया में दक्षेस फिलहाल एक विभाजित घर है परन्तु देर-सवेर इसके आठ देश भी आर्थिक दृष्टि से एक-दसरे से जुड़ेंगे। ढाका के अप्रैल, 1993 के शिखर सम्मेलन ने सेप्टा (SAPTA) अर्थात् दक्षिण एशियाई व्यापार वरीयता संगठन की स्थापना हेतु समझौता कर लिया। इस प्रकार क्षितिज पर यदि चार नहीं तो अमरीका, यूरोप और जापान के इर्द-गिर्द तीन शक्ति केन्द्रों का उदय होना अनिवार्य है।

(2) मुक्त अर्थव्यवस्था वाली शक्तियों के बीच होड़—मौजूदा दौर विश्व की सैनिक शक्तियों के बीच होड़ का नहीं रहा, बल्कि यह दौर आर्थिक शक्तियों

के बीच होड़ का होगा। यद्यपि दो महायुद्धों के बीच भी विश्व बाजारों के बंटवारे का अहम् मुद्दा निहित था। समाजवादी अर्थव्यवस्था से होड़ का मुद्दा सोवियत खेमे के पतन और चीन द्वारा मुक्त बाजार की अर्थव्यवस्था को अपना लेने के बाद कोई मुद्दा ही नहीं रहा तथापित यह होड़ मुक्त अर्थव्यवस्था वाली शक्तियों के बीच होगी। इनके व्यापारिक प्रतिद्वन्द्विता के क्षेत्र सामान्य हैं। अतः इनका फलना-फूलना एक-दूसरे की कीमत पर ही सम्भव है। इसीलिए इनमें टकराव निश्चित है। अब यूरोपीय समुदाय यूरो मुद्रा को डॉलर के समान ही ताकतवर बनाने की दिशा में प्रयत्नशील है।

(3) यूरोपीय सुरक्षा में अमरीका के किनारे लगने की सम्भावना—शीत युद्ध के दौरान पश्चिमी यूरोप और खास तौर पर पश्चिमी जर्मनी अपनी सुरक्षा के लिए बहुत-कुछ अमरीका पर निर्भर थे तथा इनकी स्वतन्त्र निर्णय लेने की क्षमता सीमित हो गई थी। किन्तु अब सोवियत खतरे के विलुप्त होने से ये देश कहीं अधिक स्वतन्त्र रास्ता अपनाने के लिए तत्पर दिखाई दे रहा हैं। इसका प्रमुख उदाहरण है, नाटो। एक तरफ अमरीका यूरोप की सुरक्षा हेतु इसे बनाये रखना चाहता है किन्तु दूसरी ओर यूरोप के देश, विशेषकर जर्मनी और फ्रांस बदली परिस्थितियों में इसकी भूमिका को स्वीकार करने के लिए तैयार नहीं। फ्रांस और जर्मनी ने तो नाटो से अलग 50 हजार की यूरोपीय सेना गठित करने का फैसला भी कर लिया है जिसे धीरे-धीरे विस्तृत कर यूरोप की सुरक्षा का भार सौंप दिया जायेगा।

(4) सिएटल सम्मेलन में यूरोप-अमरीका मतभेद उभरे—यूरोपीय संघ अब एक सार्थक राजनैतिक इकाई बनकर विश्व व्यापार संघ में अपनी भूमिका निभाने लगा है। सिएटल सम्मेलन में इसी कारण अमेरिकी रणनीति विफल हो गई क्योंकि इसमें विकासशील राष्ट्रों के साथ-साथ यूरोपीय संघ के देशों की प्राथमिकताएँ भी अमरीकी प्राथमिकताओं से भिन्न नहीं।

(5) स्वतन्त्र यूरोपीय विदेश नीति की दिशा में प्रयत्न—यूरोपीय समुदाय ने अब यूरोपीय संसद व यूरोपीय संघ के माध्यम से स्वतन्त्र विदेश नीति व अर्थनीति का तानाबाना बुनना भी प्रारम्भ कर दिया है। इसी सन्दर्भ में वह विश्व व्यापार संघ में 'नई सहस्त्राबदी वार्ता चक्र' प्रारम्भ करवाने के लिए प्रयत्नशील हैं। इस हेतु वह भारत से अनुकूलता पैदा कर रहा है, लेकिन भारत इस वार्ता चक्र के लिए सहमत नहीं है।

◆ ◆ ◆

6

संयुक्त राज्य अमेरिका की विदेश नीति

अमेरिकी विदेश नीति अमेरिकी राष्ट्रपति की नीतियों से बहुत हद तक प्रभावित होती रही। संघीय संविधान की दृष्टि से अमेरिका के संविधान को सबसे पुराना संविधान माना जाता है। उसके विषय में यह भी कहा जाता है कि वह सबसे अधिक सफल संघीय संविधान भी है। कुछ विचारकों के मतानुसार तो वह ऐसा संघीय संविधान है, जिसका अनुकरण अन्य संघीय संविधान वाले देशों द्वारा किया गया है इस सम्बन्ध में **के.सी. ह्वीयर** का यह कथन भी उल्लेखनीय है कि **''अमेरिकी संविधान में कहीं पर भी 'संघीय' (Federal) या संघ (Federation) शब्द का प्रयोग नहीं किया गया है, लेकिन फिर भी इसे संघीय संविधान कहा जाता है और वर्तमान समय में सभी व्यक्ति संयुक्त राज्य अमेरिका को संघीय शासन का एक आदर्श उदाहरण मानते हैं।''** कनाडा, स्विट्जरलैण्ड, भारत, मेक्सिको, आस्ट्रेलिया और बर्मा आदि देशों में जिस प्रकार की संघीय व्यवस्थाएँ अपनायी गयी हैं, उनकी अनेक बातें अमेरिका के संविधान से मिलती-जुलती हैं। यह निस्सन्देह सत्य है कि संघीय रूप अमेरिका के संविधान की एक अत्यन्त प्रमुख विशेषता है तथा जिस प्रकार इंग्लैण्ड की विश्व

को संसदात्मक शासन प्रणाली एक महत्त्वपूर्ण देन है, उसी प्रकार संघीय व्यवस्था के जन्मदाता के रूप एक अमेरिका भी महत्त्वपूर्ण देन है। इस अध्याय में अमेरिका की संघीय व्यवस्था का विस्तृत रूप से अध्ययन करेगें, कि अमेरिका में संघीय व्यवस्था को ही क्यों अपनाया? इसके प्रमुख तत्त्व कौन-कौन से हैं? अमेरिका में इसका सुदृढ़ता स्थापित होने के पीछे क्या कारण है? लेकिन अमेरिकी संघीय व्यवस्था का विवेचन करने से पूर्व यह जान लेना आवश्यक है कि संघीय व्यवस्था क्या है? इसके गुण व दोष क्या हैं?

अर्थ व परिभाषा (Meaning And Defination) : संघवाद का अंग्रेजी पर्यायवाची **'फेडरलिज्म'** शब्द लैटिन भाषा के फोइडस (Foedus) शब्द से लिया गया है। जिसका अर्थ है संधि या समझौता। अत: शब्द उत्पत्ति के दृष्टिकोण से समझौते द्वारा निर्मित राज्य को संघ राज्य कहा जा सकता है। जिस प्रकार किसी संविदा के लिए एक से अधिक पक्षों की आवश्यकता होती है, उसी प्रकार संघ दो या इससे अधिक स्वतंत्र राज्यों के मध्य हुए ऐसे समझौते के परिणामस्वरूप स्थापित होता है। ये राज्य इस बात का समझौता करते हैं कि अमुक विषयों के प्रबंध के लिए वे संघ की सरकार द्वारा शासित होगें। इस प्रकार संघ में विविध स्वतंत्र राज्य अपनी संघमति से एक केन्द्रीय सरकार की स्थापना करते हैं और सहमति के अनुसार राष्ट्रपति महत्त्व के कुछ विषयों का शासन-प्रबंध केन्द्र को देकर शेष विषयों के प्रबंध के सम्बन्ध में अधिकार स्वयं रखते हैं। **संवैधानिक दृष्टिकोण** से संघात्मक शासन से तात्पर्य एक ऐसे शासन से होता है। जिससे संविधान द्वारा ही केन्द्रीय सरकार और इकाइयों की सरकारों के बीच शक्ति विभाजन कर दिया जाता है और ऐसा प्रबंध कर दिया जाता है कि इन दोनों पक्षों में से कोई एक अकेला इस शक्ति-विभाजन में परिवर्तन न कर सके।

सामान्य रूप में संघात्मक शासन वह शासन होता है, जिसमें राज्य-शक्ति केन्द्रीय अर्थात संघ की सरकार तथा राज्यों की सरकारों के बीच विभाजित होती है।

संघीय व्यवस्था को अपने-अपने दृष्टिकोण से अनेक राजनीति शास्त्रियों व विचारकों ने अपने-अपने दृष्टिकोण से **परिभाषित** किया है।

डायसी का कथन है कि "संघात्मक राज्य एक ऐसे राजनीतिक उपाय के अतिरिक्त कुछ नहीं है जिसका उद्देश्य राष्ट्रीय एकता तथा राज्यों के अधिकारों में से स्थापित करना है।"

डॉ. फाइनर के अनुसार, "संघीय राज्य वह जिसमें अधिकार व शक्ति का कुछ भाग स्थानीय क्षेत्रों में निहित हो व दूसरा भाग स्थानीय क्षेत्रों के समुदाय द्वारा विचारपूर्वक बनायी गयी केन्द्रीय संस्था को दिया जाय।"

अमेरिकी लेखक **हेमिल्टन** का कथन है कि, ''संघ राज्यों का एक समुदाय है जो नये राज्यों का निर्माण करता है।''

गार्नर के अनुसार, ''संघ ऐसी प्रणाली है जिसमें केन्द्रीय तथा स्थानीय सरकारें एक ही प्रमुख शक्ति के अधीन होती हैं। ये सरकारें अपने-अपने क्षेत्र में जिसे संविधान अथवा संसद कोई कानून निश्चित करता है, सर्वोच्च होती है। संघ सरकार, जैसा कि प्राय: कहा जाता है, अकेली केन्द्रीय सरकार नहीं होती वरन् यह केन्द्रीय व स्थानीय सरकारों को मिलाकर बनती हैं। स्थानीय सरकार उसी प्रकार संघ का भाग है जिस प्रकार केन्द्रीय सरकार। वे केन्द्र द्वारा निर्मित अथवा नियन्त्रित नहीं होती।''

सी एफ स्ट्रांग, ''संघ-राज्य एक ऐसी राजनीतिक योजना है जिसका उद्देश्य राज्यों के अधिकारों का राष्ट्रीय एकता तथा शक्ति के साथ सामंजस्य स्थापित करना है, अर्थात् संक्षेप में ऐसा शासन जिसमें विधायिनी सत्ता केन्द्रीय इकाइयों में विभाजित रहती है।''

के.सी. ह्वीयर ''संघ शासन का अर्थ एक ऐसी पद्धति से जिसके द्वारा सामान्य और प्रादेशिक शासकों में सामन्जस्य होते हुये भी वे अपने-अपने क्षेत्र में स्वतंत्र होते हैं।''

अब्राहम एवं कोरी, ''संघवाद सरकार का दोहरा रूप है जो विभिन्नता के साथ एकता का सामन्जस्य करने की दृष्टि से शक्तियों के प्रादेशिक और प्रकार्यात्मक विभाजन पर आधारित होता है। संघीय व्यवस्था का सबसे महत्त्वपूर्ण लक्षण शक्तियों और सत्ता का संयुक्त सरकार तथा राज्य सरकारों के मध्य वितरण है।''

संघीय व्यवस्था ही क्यों? (Why Federalism?)

अमेरिका द्वारा संघीय व्यवस्था अपनाये जाने के कुछ विशेष कारण थे। जैसा पहले कहा गया है, वर्तमान संविधान के निर्माण के पहले से ही अनेक उपनिवेश अलग-अलग राज्यों के रूप में विद्यमान थे। अलग-अलग रहते रहने के कारण उनमें अपने पृथक अस्तित्व के प्रति मोह होना स्वाभाविक था। सभी राज्य अपने-अपने अधिकारों से वंचित नहीं होना चाहते थे, यद्यपि बाह्य दबावों से मुकाबले की आवश्यकता उन्हें एक होने के लिए बाध्य कर रही थी। चूँकि राज्यों के पृथक अस्तित्व की मान्यता तथा सबकी एकता, ये दोनों बातें संघीय व्यवस्था में ही पूरी हो सकती थीं, अत: अमेरिकावासियों के लिए यह अनिवार्य था कि वे संघीय व्यवस्था अपनायें।

दूसरे, अमेरिका देश के क्षेत्रफल की विशालता के कारण भी संघीय व्यवस्था को अपनाया जाना आवश्यक था। आजकल आवागमन के साधनों का विकास इतना अधिक हो चुका है कि साधारणत: बड़े क्षेत्रफल वाले देश में भी किसी-न-किसी रूप में एकात्मक शासन चल सकता है। पर सन् 1787 में जब संचार तथा आवागमन के साधन अविकसित थे, यह सम्भव नहीं था कि अमेरिका जैसे विशाल देश में एकात्मक शासन की व्यवस्था की

जा सकती। कालक्रम में संघीय व्यवस्था को अक्षुण्ण बनाये रखने में अमेरिका की दलीय व्यवस्था का भी महत्त्वपूर्ण योगदान रहा है। इसमें सन्देह नहीं कि हैमिल्टन व मेडीसन जैसे चोटी के कुछ विचारशील नेत. इस बात के पक्षपाती थे कि केन्द्र को अधिक शक्तिशाली बनाया जाये, पर राज्यों के अनेक स्थानीय नेता राज्यों की शक्ति व उनके अधिकारों को कम नहीं होने देना चाहते थे। राजनीतिक संगठनों का स्वरूप स्थानीय विकेन्द्रीकृत अधिक तथा राष्ट्रीय व केन्द्रीयकृत कम था। अतः इस कारण भी यह आवश्यक था कि देश की शासन-व्यवस्था केन्द्रीयकृत न होकर संघीय हो। **बर्न्स** व **पेल्टासन** ने इस सम्बन्ध में ऐसा ही विचार व्यक्त किया है तथा अमेरिका में संघीय व्यवस्था क्यों है, इस प्रश्न का उत्तर देते हुए कहा है कि आंशिक रूप से ऐसा इसलिए है, क्योंकि सन् 1787 में अन्य कोई विकल्प नहीं था। उन्होंने यह भी कहा है कि संघीय व्यवस्था को अमेरिकावासी बहुत कुछ इसलिए बनाये हुए हैं, क्योंकि उनका दलीय संगठन बहुत कुछ विकेन्द्रीयकृत है, जिससे केन्द्रीय दबावों के विरुद्ध राज्यों की स्वतन्त्रता की रक्षा हो सकती है।[1]

अमेरिका की संघीय शासन-व्यवस्था जिन परिस्थितियों में अपनायी गयी थी उन परिस्थितियों में ही नहीं, यह उसके बाद भी सफल व उपयोगी सिद्ध हुई। यही कारण है कि प्रारम्भ के 13 राज्यों के स्थान पर अब संघ में ऐसे 51 राज्या हो गये हैं, जो समान अधिकारों का उपयोग करते हैं। इन नये राज्यों को सम्मिलित करने के लिए किसी बड़े परिवर्तन की आवश्यकता नहीं पड़ी है। केवल सीनेट व प्रतिनिधि सभा में सदस्यों के बैठने के स्थानों में वृद्धि हुई है और अमेरिका के ध्वज में नये सितारे जुड़ गये हैं। अमेरिका में वस्तुतः सदा से ही संघीय व्यवस्था उपयोगी समझी जाती रही है तथा जैसा जेम्स **ब्राइस** ने कहा है, "**अत्यन्त प्राचीनकाल से अमेरिका के सब लोग इस बात पर एकमत हैं कि उनके देश में शासन का केवल संघीय रूप ही सम्भव है। सब यह समझते हैं कि इतने बड़े भू-खण्ड के लिए केन्द्रीय व्यवस्था यदि असम्भव नहीं, तो अव्यावहारिक तो अवश्य ही होगी।**"[2] अमेरिका के लोग वस्तुतः शक्ति के केन्द्रीयकरण को सदा शंका की दृष्टि से देखते रहे हैं तथा उसके प्रतीक एकतन्त्रीय शासन को वे परतन्त्रता का और शक्ति के विकेन्द्रीकरण के प्रतीक संघीय शासन को वे स्वतन्त्रता का प्रतिरूप समझते रहे हैं।

संघीय व्यवस्था के आवश्यक तत्त्व
(Essential Elements of Federalism)

संघों का निर्माण प्रत्येक प्रकार के राज्यों अथवा कहीं भी स्थित राज्यों में हो सकता हो, ऐसी बात नहीं है। वस्तुतः वे कुछ विशेष राज्यों में ही बन सकते हैं क्योंकि वहाँ कुछ विशेष परिस्थितियाँ होती हैं, जिनमें उनका निर्माण अधिक सुगमतापूर्वक होता है।

वे तत्त्व निम्न हैं :-

(1) **भौगोलिक एकरूपता :** संघ निर्माण के लिए सबसे पहली और विशेष आवश्यकता यह है कि संघ बनाने वाले राज्यों में भौगोलिक एकरूपता हो अर्थात् वे भौगोलिक रूप से पास-पास स्थित हो। जो राज्य पृथ्वी के भिन्न-भिन्न भागों पर स्थित हो अथवा जिन्हें समुद्र ने अत्यधिक दूर कर रखा हो, उन राज्यों का संघ सुगमता से नहीं बन सकता क्योंकि उस दशा में शासन की वह सुविधा सब राज्यों में संभव नहीं हो पाती जिसके बिना संघ सफलतापूर्वक नहीं चल सकता। उदाहरणार्थ संयुक्त राज्य अमेरिका का संघ संभव हो सका, किन्तु यदि उस समय के ब्रिटिश साम्राज्य को संघ के रूप में बांधा गया होता, तो वह संभव नहीं हो सकता था। बंगला देश और पाकिस्तान के अलग-अलग हो जाने का एक प्रमुख कारण यह भी था कि दोनों क्षेत्र परस्पर 9000 मील से भी अधिक की दूरी पर स्थित थे और ऐसी स्थिति में न तो भावनात्मक एकता का सृजन सरलता से सम्भव था और न दोनों का साथ रहना ही सम्भव था। फिर भी यह स्मरणीय है कि भौगोलिक एकरूपता ही संघ बनाने की एक मात्र शर्त नहीं होती अन्यथा मलेशिया संघ से सिंगापुर अलग नहीं हुआ होता। अतः यह कहना उपर्युक्त है कि संघ निर्माण के लिए जो आवश्यक तत्त्व है उनमें भौगोलिक एकरूपता एक महत्त्वपूर्ण शर्त है न कि एक मात्र शर्त।

(2) **भाषा, संस्कृति और हितों की एकरूपता :** संघ बनाने वाले राज्यों में मौलिक रूप से भाषा, संस्कृति, धर्म, ऐतिहासिक सम्बन्ध और हितों की न्यूनाधिक समानता होनी चाहिए यद्यपि यह हो सकता है कि सभी राज्यों की भाषा, संस्कृति, धर्म सम्बन्धी विश्वासों तथा प्रथाओं, इतिहास हितों में छोटी-छोटी बातों की भिन्नता पाई जाती हो, लेकिन दृढ़ संघ बनाने के लिए यह आवश्यक है कि सब राज्यों में उक्त विषयों की मौलिक समानता अवश्य पाई जाए, अन्यथा संघ की जनता में एकता की वह भावना नहीं आने पाती, जिसका होना संघ की सफलता के लिए अत्यन्त आवश्यक होता है। सामान्य तत्त्वों के अभाव में ही प्रौटेस्टेंट धर्मों इंग्लैण्ड व कैथोलिक धर्मी दक्षिणी आयरलैण्ड साथ-साथ न रह सके।

(3) **अपने अस्तित्व की भावना के साथ व्यापक रूप से ऐक्य भावना होना :** संघ निर्माण के निर्माण की तीसरी आवश्यकता यह होती है कि संघ बनाने वालों में अपने-अपने अस्तित्व बनाये रखने की भावना के साथ-साथ व्यापक रूप से सामान्य उद्देश्यों की पूर्ति के लिए सुदृढ़ रूप से एक होने की भावना भी होनी चाहिए। **डायसी** के मतानुसार सामान्य उद्देश्यों की पूर्ति हेतु संयुक्त होने की भावना होने के साथ-साथ राज्यों में अपने-अपने अस्तित्व को पृथक बनाएँ रखने की भावना होना भी आवश्यक है, अन्यथा अपने अस्तित्व को पृथक बनाये रखने की भावना से शून्य राज्यों के मिलने से संघात्मक राज्य न बन कर एकात्मक राज्य बनेगा।

(4) **संघ बनाने वाले राज्यों में समानता :** संघ के निर्माण की चौथी आवश्यकता यह है कि उसकी इकाइयाँ समान शक्ति एवं स्थिति वाली हों। साधारणत: उन राज्यों का संघ अधिक सफल नहीं होता जिनकी स्थिति एवं शक्ति में परस्पर बहुत अन्तर होता है, क्योंकि एक अधिक शक्तिशाली राज्य संघ के अन्य कम शक्तिशाली राज्यों पर हावी हो सकता है और उस दशा में संघ नष्ट हो सकता है। जर्मनी के प्रशासन को हम इसके उदाहरणस्वरूप ले सकते हैं, जिसकी शक्ति की अधिकता के कारण वहाँ संघात्मक शासन न चल सका। संयुक्तराज्य अमेरिका के संविधान के निर्माण से पूर्व भी छोटे राज्यों की सीनेट में बराबर महत्त्व देने का आश्वासन देना पड़ा था।

(5) **राजनीतिक चेतना :** संघ निर्माण के अति महत्त्वपूर्ण तत्त्वों में राजनीतिक जागरूकता भी एक महत्त्वपूर्ण तथ्य है। सामान्य रूप से तो राजनीतिक दृष्टि से योग्य होना प्रत्येक प्रकार के राज्य के लिए आवश्यक होता है, लेकिन इस प्रकार की आवश्यकता संघ बनाने के लिए और भी अधिक होती है। संघ को सुदृढ़ता तभी मिल सकती है जब जनता राजनीतिक दृष्टि से सचेत हो और प्रांतीयता की संकुचित भावना से ऊपर उठकर संघ की आवश्यकताओं के लिए कार्य करने में सक्षम हो। संघ में जनता की नागरिकता दोहरी होती है, अत: दोहरी नागरिकता का उत्तरदायित्व निभाने के लिए जनता का राजनीतिक रूप से जागरूक होना आवश्यक है।

(6) **इकाई राज्यों की स्वतन्त्रता व राष्ट्रीय एकता का सामंजस्य** (Adjustment Between Independence of Units and National Unity) :- किसी भी संघीय व्यवस्था की स्थापना के लिए प्रथमत: यह आवश्यक होता है कि कुछ स्वतन्त्र इकाइयाँ हों, जो अपने को अलग-अलग रखते हुए भी यह चाहें कि उसका एक सम्मिलित संघ बने। दूसरों शब्दों में, यदि कुछ स्वतन्त्र इकाइयाँ मिल कर एक नये राज्य की स्थापना करें और अपने स्वतन्त्र अस्तित्व को पूर्णत: समाप्त कर दें, तो ऐसी दशा में संघ का निर्माण न होकर, एक नये राज्य का निर्माण होगा। संक्षेप में, राज्यों की स्वतन्त्रता व राष्ट्रीय एकता का सामंजस्य होने से संघ का निर्माण होता है।

(7) **शक्तियों का वितरण** (Distribution of Powers) :-संघ बनने की प्रथम आवश्यकता से ही संघ बनने की एक दूसरी आवश्यकता स्पष्ट हो जाती है। जब संघ निर्माण करने वाली इकाइयों को मिलकर संघ भी बनाना है और उन्हें अपना-अपना अलग-अलग अस्तित्व भी बनाये रखना है, तो यह स्वाभाविक है कि शासन-संचालन दो स्थानों से होगा। अतएव दो प्रकार की सरकार होंगी, एक संघ की और दूसरी राज्यों की। शासन के कार्यों व तत्सम्बन्धी शक्तियों का वितरण भी उक्त दो प्रकार की सरकारों के बीच में होना आवश्यक होगा, जिससे बिना गत्यावरोध के शासन-कार्य चल सके। संघीय व्यवस्था में संघ तथा इकाइयों की सरकारों को सभी प्रकार की शक्तियाँ संविधान

के द्वारा प्राप्त होती हैं। इनमें किसी प्रकार का संशोधन केन्द्रीय अथवा राज्य सरकार की इच्छा के द्वारा नहीं, वरन् संविधान में संशोधन से ही होता है।

(8) **दुहरी नागरिकता** (Dual Cityzenship) :- संघ भी बन जाये और इकाइयों का अलग-अलग अस्तित्व भी बना रहे, इसका परिणाम यह भी होता है कि नागरिकता दुहरी रहती है। राज्य के निवासी जो पहले से राज्यों के नागरिक होते हैं, संघ बनने से संघ के नागरिक भी हो जाते हैं और इस प्रकार नागरिकों की नागरिकता दुहरी हो जाती है।

(9) **संविधान की सर्वोपरिता** (Supremacy of the Constitution) :- विविध पृथक-पृथक राज्यों का सन्तोषजनक ढंग से संघ में बना रहना तभी सम्भव हो सकता है, जब राज्य और संघ दोनों ही उस संविधान को सर्वोपरि मानें, जिसके उन्तर्गत संघ का निर्माण हुआ हो और उसमें निश्चित की गयी व्यवस्था का वे उचित आदर करें। संविधान की सर्वोपरिता, इस प्रकार संघ-निर्माण की चौथी आवश्यकता है।

(10) **स्वतन्त्र न्यायपालिका** (Independent Judiciary) :-संघ के निर्माण की अन्तिम आवश्यकता एक स्वतन्त्र सर्वोच्च न्यायालय का अस्तित्व है, क्योंकि उसके बिना संविधान का संरक्षण संभव नहीं हो सकता। संविधान के अन्तर्गत संघ व राज्यों की सरकारों को शासन की जो शक्तियाँ प्रदान की जाती हैं, उनका उल्लंघन कोई भी सरकार न करे तथा एक-दूसरे की शक्ति व कार्य-क्षेत्र का अतिक्रमण न होने पाये, इसके लिए एक सर्वोच्च न्यायालय का अस्तित्व अपरिहार्य है, क्योंकि इससे सम्बन्धित विवादों का निर्णय वही न्यायालय कर सकता है।

इस प्रकार हम देखते हैं कि ऐसी विविध इकाइयों का अस्तित्व, जो संघ बनाने की इच्छा रखते हुए भी अपना अस्तित्व बनाये रखना चाहती हों, संघ व इकाइयों की सरकारों के मध्य शासन की शक्तियों का वितरण, दुहरी नागरिकता, संविधान की सर्वोपरिता तथा एक सर्वोच्च न्यायालय के वे तत्त्व हैं, जिनसे किसी संघ का निर्माण होता है। प्रस्तुत प्रकरण में हमें यह देखना है कि अमेरिका की संघीय व्यवस्था कहाँ तक उक्त तत्त्वों पर आधारित है।

संघीय व्यवस्था की प्रमुख विशेषताएँ : संघीय-व्यवस्था को विभिन्न विचारकों ने परिभाषित किया और उसका अपने-अपने दृष्टिकोण से अर्थ निकाला उस आधार पर उसकी निम्न विश्व विशेषताएँ हैं :

(1) **शक्तियों व कार्यों का वितरण :** संघात्मक शासन में दो प्रकार की सरकारों का अस्तित्व होता है, एक केन्द्रीय तथा दूसरी राज्य की। राज्य-शक्ति इन दोनों प्रकार की सरकारों में स्पष्टरूप से विभाजित होती हैं। इस प्रकार की इस प्रणाली में एक प्रकार का द्वैध शासन होता, जिसमें कुछ विषयों से सम्बन्धित शासकीय-शक्ति केन्द्रीय सरकार में

निहित होती हैं। शक्ति के इस विभाजन के परिणामस्वरूप केन्द्रीय तथा स्थानीय सरकारों के कार्यों का विभाजन भी स्पष्ट ही होता है और अपने-अपने कार्यक्षेत्र में दोनों प्रकार की सरकारें पूर्ण स्वतंत्र होती हैं।

साधारणतः यह कार्य-विभाजन इस सिद्धान्त को दृष्टि में रखकर किया जाता है कि वे विषय जो संघ की सब इकाइयों के साथ समान सम्बन्ध रखते हैं अर्थात् जो राष्ट्रीय महत्त्व के होते हैं, केन्द्रीय सरकार के सुपुर्द किये जाते हैं तथा वे विषय जो क्षेत्रीय महत्त्व के होते हैं, इकाइयों की सरकारों के सुपुर्द किये जाते हैं। राष्ट्रीय महत्त्व के विषय जैसे वैदेशिक सम्बन्ध, सन्धि और युद्ध, अन्तर्राष्ट्रीय व्यापार, मुद्रा-स्फीति तथा आवागमन के साधन आदि विषय केन्द्रीय सरकार के कार्य-क्षेत्र में रखे जाते हैं और आंतरिक सुरक्षा एवं शांति, स्थानीय, स्थानीय स्वशासन तथा भूमिकर आदि विषय राज्य सरकारों के कार्य-क्षेत्र में रखे जाते हैं। यद्यपि किन्हीं संघों में स्थानीय सरकारों के सीधे वैदेशिक सम्बन्ध भी हो सकते हैं तथापि साधारणतः अन्तर्राष्ट्रीय दृष्टि से जिनसे सम्बन्धित शक्ति केन्द्र में निहित होती हैं, राज्य का एक रूप एकात्मक होता है और उन विषयों की दृष्टि से जिनकी सम्बन्धित शक्ति इकाइयों की सरकारों में निहित होती है उसका स्वरूप संघात्मक होता है।

संघ और उसकी इकाइयों में शक्ति एवं कार्यों के विभाजन करने में साधारणतः दो पद्धतियों का अवलोकन किया जाता है। एक पद्धति वह हैं जिसे परिगणन एवं अवशेष (Enumevation and residion) कहते हैं जिसके अनुसार केन्द्र तथा क्षेत्रीय सरकारों में किसी एक की शक्तियों और कार्यों को परिणित करके अवशिष्ट को दूसरे का मान लिया जाता है। दूसरी पद्धति वह है जिसे हम पूर्ण परिगणन की पद्धति कह सकते हैं और जिनके अनुसार केन्द्रीय और स्थानीय दोनों सरकारों की शक्तियों और कार्यों का परिगणन स्पष्ट रूप से कर दिया जाता है। और फिर भी यदि कई बात अवशिष्ट रह जाय, तो उसे केन्द्रीय अथवा स्थानीय दोनों में से किसी एक प्रकार की, सरकार के सुपुर्द कर दिया जाता है। उदाहरणार्थ संयुक्त राज्य अमेरिका के संघ में प्रथम प्रणाली अपनाई गई है। वहाँ संघ सरकार के कार्यों का परिगणन करके शेष स्थानीय सरकारों के सुपुर्द कर दिये गये हैं। परन्तु भारत के संघ में द्वितीय प्रणाली को अपनाई गई हैं। यहाँ केन्द्र तथा इकाइयों दोनों के कार्यों का परिगणन करके शेष को केन्द्र के सुपुर्द कर दिया गया है।

(2) **प्रभुत्व-शक्ति का दुहरा प्रयोग**-संघात्मक शासनों में प्रभुत्व-शक्ति की अभिव्यक्ति दो स्थानों से केन्द्रीय या संघीय सरकार द्वारा तथा राज्य इकाइयों की सरकारों द्वारा होती है। यद्यपि-प्रभुत्व-शक्ति का विभाजन नहीं हो सकता और संघात्मक शासन में भी प्रभुत्व-शक्ति अविभाज्य होती हैं, तथापि उसकी अभिव्यक्ति अवश्य दो साधनों अर्थात् केन्द्रीय सरकार और स्थानीय सरकारों-द्वारा होती है। इस प्रकार यह स्पष्ट है कि

संघात्मक शासन में जो इकाइयाँ होती हैं, वे शासन की सुविधा से बनाये हुये प्रान्त अथवा प्रदेश नहीं होते और उन्हें उनकी सत्ता संघ से प्राप्त नहीं होती, अपितु वे अपने क्षेत्र में पूर्ण स्वतंत्र राज्य होते हैं, और उसकी सत्ता उन्हें भी उसी संविधान से प्राप्त होती हैं जिससे यह संघ की सरकारों को प्राप्त होती हैं। इस प्रकार संघ में इकाइयों की स्थिति अधीनता की न होकर संघ के समकक्ष की होती हैं।

(3) **संविधान की सर्वोच्चता**-संघात्मक शासन समझौते द्वारा स्थापित शासन होता है। समझौते का पालन सभी पक्ष ठीक से करते रहें तथा यदि उसमें कोई परिवर्तन हो, तो वह सोच-विचार कर सभी पक्षों की सहमति द्वारा हो, इसके लिये यह आवश्यक होता है कि उस समझौते को संविधान का रूप दिया जाए तथा उसमें उसके परिवर्तन की विधि भी निश्चित की जाए। इस प्रकार संघात्मक शासन की एक विशेषत यह होती है कि उसमें संविधान की सत्ता को सर्वोच्च माना जाता है क्योंकि वहीं वस्तुतः संघ का आधार होता है। संघ के अन्तर्गत सभी सरकारों को चाहे वह केन्द्रीय सरकार हो अथवा स्थानीय, संविधान के अनुसार कार्य करना पड़ता है तथा कोई भी व्यवस्थापिका ऐसा व्यवस्थापन नहीं कर सकती जो संविधान के अनुकूल न हो।

(4) **न्यायपालिका की सर्वोच्चता**- सब सरकारें संविधान का पालन ठीक से करती हैं, यह देखने के लिए तथा संविधान की व्याख्या करने के लिए प्राय सभी संघात्मक राज्यों में एक सर्वोच्च न्यायालय की व्यवस्था होती है। इस न्यायालय का कार्य यह देखना होता है कि संघ के अन्तर्गत सब व्यवस्थापिकाएँ वे ही कानून पारित करें जो संविधान के अनुकूल हों और यदि कोई कानून ऐसा हो जो संविधान के अनुकूल नहीं हो, तो यह उसे अवैध घोषित कर दे। इसके अतिरिक्त यह न्यायालय केन्द्र और इकाइयों की सरकारों तथा इकाइयों और इकाइयों की सरकारों के बीच न्यायाधिकरण का कार्य भी करता है और उनमें यदि कोई संवैधानिक झगड़ा उठ खड़ा होता है, तो उसका निर्णय भी वही करता है। इसके अतिरिक्त उन राज्यों में जिनके शासन का रूप अध्यक्षात्मक (presidential) होता है, यह न्यायालय सरकारों के विभिन्न विभागों के झगड़ों का भी निर्णय करता है। इस प्रकार संघात्मक शासन में न्यायपालिका की सर्वोच्चता रहती है।

(5) **दोहरी नागरिकता**- प्रभुत्व-शक्ति के दोहरे प्रयोग की भाँति ही संघात्मक शासन में नागरिकता भी दोहरी होती है। इसमें साधारणतः प्रत्येक व्यक्ति दो राज्यों का नागरिक होता है, एक तो संघ राज्य का और दूसरा संघ की उस इकाई के राज्य का जिसमें उसका निवास हो। उसकी भक्ति और निष्ठा भी इसी प्रकार उक्त प्रकार की भिन्न-भिन्न सत्ताओं के प्रति होती हैं। वह दोनों राज्यों के कानूनों का पालन करता है और दोनों को कर देता है। लेकिन इस व्यवस्था के कुछ अपव्यय भी पाएँ जाते हैं। उदाहरणार्थ भारत में नागरिकता एक ही प्रकार की है। यहाँ सभी अलग राज्यों के नागरिक न होकर

भारत के नागरिक हैं। परन्तु व्यावहारिक व्यवस्था देश में भी संवैधानिक व्यवस्था से भिन्न भी हो जाती है और नागरिकता दोहरा स्वरूप ग्रहण कर लेती है क्योंकि अनेक राज्यों में अपने नागरिकों को दूसरे राज्यों के निवासियों के मुकाबले अधिक सुविधाएँ देने की प्रवृति भी आ जाती है।

संघात्मक शासन-प्रणाली के गुण : वर्तमान समय में संघीय शासन राज्य के विभाग की सर्वोच्च इकाई है इस संघात्मक शासन व्यवस्था में निम्न गुण पाये जाते हैं-

(1) **निर्बल राज्यों को शक्तिशाली बनाने की पद्धति**- संघात्मक शासन निर्बल राज्यों को सबल बनाने की एक अत्यन्त उत्तम पद्धति हैं। संघ द्वारा छोटे-छोटे राज्यों को यह अवसर प्राप्त हो जाता है कि परस्पर मिलकर वे शक्तिशाली संगठन बना सके और उस संगठन की शक्ति से स्वयं लाभ उठा सकें। एक संघ के संगठन में सम्मिलित होने से राज्यों को अन्तर्राष्ट्रीय बल तो प्राप्त होता ही है, आन्तरिक क्षेत्र में भी वे बलशाली हो जाते हैं, क्योंकि आन्तरिक व्यवस्था अथवा विद्रोह की दशा में उन्हें संघ से सहायता मिलने का भरोसा रहता है। संयुक्तराज्य अमेरिका के राज्यों जो महत्त्व अन्तर्राष्ट्रीय क्षेत्र में प्राप्त है, अथवा आन्तरिक दृष्टि से जो शक्ति उन्हें मिली हुई हैं, वह सम्भव नहीं थी, यदि वे संयुक्त राज्य अमेरिका के संघ के रूप में एक न होते। उसी प्रकार भारतीय संघ में जो सम्मिलित हैं, उनकी स्थिति उस अवस्था से अधिक शक्तिशाली ही है जबकि वे सब पृथक-पृथक होते।

(2) **शक्ति के केन्द्रीयकरण तथा विकेन्द्रीयकरण एवं राष्ट्रीय एकता व स्थानीय स्वराज्य का सुयोग**- संघ बनाने वाले राज्यों का व्यक्तित्व नष्ट नहीं होता और साथ-साथ उनका एक नया व्यक्तित्व-**राष्ट्रीय व्यक्तित्व**-और उत्पन्न हो जाता है। इस प्रकार की व्यवस्था में राष्ट्रीयता और स्थानीय स्वशासन के लाभों का सुन्दर सम्मिश्रण रहता है और इस प्रकार केन्द्रीकरण तथा विकेन्द्रीकरण की प्रवृत्तियों में सुन्दर सामंजस्य स्थापित हो जाता है। एक और इस प्रकार का शासन क्षेत्रिय विभिन्नताओं को स्वीकार करता है और उन्हें इस बात का अवसर देता है कि वे पूर्णतः समृद्ध हो सकें, तो दूसरी ओर वह क्षेत्रीय विभिन्नताओं के कुप्रभाव से राष्ट्रीय एकता के हितों की रक्षा भी करता है। संघ की सरकार को वे कार्य दिये जाते हैं जिनका महत्त्व सब राज्यों के लिए समान अर्थात् राष्ट्रीय होता है। अन्य कार्य जो स्थानीय महत्त्व के होते हैं, इकाइयों की सरकारों पर छोड़ दिये जाते हैं। वस्तुतः संघात्मक शासन ही ऐसा शासन है, जिसमें जनता की विभिन्नता एवं एकता के तत्त्वों का समन्वय होता है। यदि संघ के रूप में उसकी एकता की अभिव्यक्ति होती है, तो इकाइयों के राज्यों के रूप में उसकी विभिन्नता को मूर्तरूप धारण करने का अवसर मिलता है।

(3) **स्थानीय स्वशासन का लाभ** :- संघात्मक शासन में स्थानीय स्वराज्य का प्रयोग अधिक सफलतापूर्वक होता है और जनसाधारण को उन लाभों की प्राप्ति होती है जो साधारणतः स्थानीय स्वराज्य से प्राप्त होती हैं। संघात्मक शासन में इकाइयों को स्वयं अपने-अपने क्षेत्रों में शासन करने का अवसर मिलता है। अतः इस प्रणाली से इकाइयों की जनता को अपनी उन्नति करने का और अपना शासन स्वयं जैसे चाहे वैसे करने का अवसर मिलता है। चूँकि स्थानीय जनता स्थानीय आवश्यकताओं से अधिक परिचित होती है, अतः वह अपनी इकाई में अपनी उन्नति करने में अधिक सफल होती हैं। इसके अतिरिक्त इस प्रयोग से उसे शासन-सम्बन्धी मामलों की शिक्षा भी मिलती है। वे स्वयं स्थानीय मामलों का प्रबन्ध करती हैं और वहाँ का प्रबन्ध उस व्यवस्था से अधिक अच्छी तरह कर लेती हैं जबकि वह केन्द्रीय सरकार द्वारा होता। इस प्रकार उनकी स्वशासन की योग्यता बढ़ती है। इसके अतिरिक्त इस पद्धति में शासन के कार्यों में श्रम-विभाजन होता है और उससे शासन की क्षमता और भी बढ़ती है।

(4) **विशाल राज्यों के लिए नितान्त उपयुक्त** :- संघात्मक शासन-प्रणाली विशाल राज्यों के लिए अति उपयुक्त शासन प्रणाली है। प्रायः विशाल राज्यों में भाषा, धर्म तथा अन्य हितों की विभिन्नता पाई जाती है और दूरी के प्रभाव से वह भिन्नता ऐसी हो जाती है कि उसके आधार पर विभिन्न क्षेत्र बन जाते हैं। इन क्षेत्रिय विशिष्टताओं की रक्षा संघात्मक शासन में संभव है, क्योंकि राज्य सरकारों को उनके मामलों में पूर्ण स्वायतत्ता प्राप्त होती है। दूसरी और संघीय शासन के माध्यम से राष्ट्रीय एकता भी अक्षुण्ण रहती है। वस्तुतः संघीय शासन में सहिष्णुता अधिक रहती है। अतः बड़े देशों के लिए संघात्मक शासन अत्यन्त उपयुक्त होता है। आन्तरिक कानून व्यवस्था, भू-प्रबन्ध, शिक्षा तथा स्वास्थ्य आदि स्थानीय महत्त्व के विषयों का प्रबंध इकाइयों की सरकारें सुचारु रूप से कर सकती हैं और डाक-तार, बाह्य सुरक्षा और यातायात आदि राष्ट्रीय महत्त्व के विषयों का प्रबंध-संघ की सरकार अच्छी तरह कर सकती है।

(5) **आर्थिक लाभ** :- संघात्मक शासन आर्थिक बचत की दृष्टि से अति उत्तम है, क्योंकि संघ की स्थापना के कारण वे अनेक व्यय बच जाते हैं, जो संघ की प्रत्येक इकाई को अलग रहते हुये उन कार्यों पर करने पड़ते जो संघ की सरकार सभी की ओर से करने लगती है। उदाहरणार्थ अमेरिका के संघ की अनुपस्थिति में उसके पचास राज्यों के पृथक विदेश विभाग होते और उनके लिए प्रत्येक राज्य की ओर से अलग-अलग दूतावास प्रत्येक अन्य देश में खोलें जाते। संघ बनाने से सबका एक विदेश विभाग हो गया और सब की ओर से एक-एक दूतावास जहाँ आवश्यक हुआ खुल गया और पर्याप्त व्यय की बचत

हो गई। इस प्रकार जितने विषयों का प्रबन्ध संघ सरकार को दे दिया जाता है, उतने का व्यय अलग-अलग होने के स्थान पर एक स्थान पर होने लगता है और व्यय की भारी बचत होती है।

(6) **निरंकुशता की औषधि :-** संघात्मक शासन व्यवस्था में इस बात की आशंका नहीं रहती कि कोई एक व्यक्ति अथवा समुदाय सम्पूर्ण राज्य-शक्ति अपने हाथ में करके एकतन्त्र अथवा किसी दल का श्रेणी तंत्र स्थापित कर ले, क्योंकि इसके अन्तर्गत सम्पूर्ण राज्य-शक्ति केन्द्र ही पर नहीं रहती, अपितु वह संघ की इकाइयों में भी निहित होती हैं। सब ओर से शक्ति को समेटकर एक व्यक्ति अथवा श्रेणी उसे अपने अधिकार में करले, यह इस पद्धति में इतनी सुगमता से सम्भव नहीं होता, जितनी सुगमता से वह एकात्मक पद्धति में सम्भव होता है क्योंकि उसमें सम्पूर्ण राज्य-शक्ति एक ही स्थान अर्थात् केन्द्र पर केन्द्रीभूत होती हैं। संघात्मक शासन इस प्रकार निरंकुशता की औषधि कहा जा सकता है।

(7) **राजनीतिक चेतना का विकास :-** संघीय शासन व्यवस्था में नागरिकों को श्रेष्ठ राजनीतिक प्रशिक्षण मिलता है। इसमें उसके अपने राज्य व अपने सम्पूर्ण देश के प्रति क्या कर्त्तव्य व अपने क्या अधिकार हैं। सुगमता से मिलते हैं। उसे प्रत्येक स्तर पर अपनी सुरक्षा महसूस होती है। व्यक्ति को अपने राजनीतिक जीवन के अनेक अनुभव संघीय व्यवस्था प्रदान करती है। जैसे एक नागरिक को श्रेष्ठ राज्य में क्या-क्या व्यवस्थाएँ हो जिनके आधार पर वह सुदृढ़ता को प्राप्त कर सके अतः इस प्रकार संघीय व्यवस्था राजनीतिक चेतना के विकास में महत्त्वपूर्ण रूप से सहायक है।

(8) **राजनीतिक और प्रशासनिक प्रयोगों के अवसर :-** संघी राज्य में राजनीतिक और प्रशासनिक विकेन्द्रीकरण की जो व्यवस्था होती है उसके आधार पर स्थानीय सरकारों द्वारा विशेष समस्याओं को हल करने के लिए विभिन्न प्रकार के प्रयोग किये जाते हैं। अतः इस प्रकार यह कहा जा सकता है। संघीय व्यवस्था एक दृष्टि से राजनीतिक और प्रशासनिक विकास का एक सुदृढ़ आधार है।

(9) **केन्द्रीय शासन की कार्यकुशलता में वृद्धि :-** आज विश्व में जनकल्याणकारी राज्य की अवधारण के प्रचलन आ जाने से राज्य के कार्यों में बहुत अधिक वृद्धि हो गयी है। वहीं राज्य के कल्याण की ही नहीं बल्कि आज राज्य के सर्वांगीण विकास या कल्याण के लिए प्रशासन से कार्य करने की अपेक्षा की जाती है। अतः संघीय शासन इस अवधारण को प्राप्त करके सरसता रहती है। क्योंकि संघीय शासन में शक्तियों का विभाजन होने के कारण केन्द्रीय सरकार के कार्य हल्के हो जाते हैं।

(10) **विश्व संघ की दिशा हेतु आधार :-** संघीय व्यवस्था में छोटे-छोटे राज्यों को विशाल राज्य के रूप में संगठित किया जाता है। अत: इसे प्रेरणा लेकर विश्व में एक संघ की स्थापना की जा सकती है। जैसे-संयुक्तराष्ट्र संघ इस ओर एक महत्त्वपूर्ण कदम है। यद्यपि वह एक संगठन है राज्य नहीं लेकिन इस ओर यह एक कदम कहा जा सकता है।

संघात्मक शासन व्यवस्था के दोष :- यद्यपि संघीय शासन व्यवस्था आज सर्वाधिक महत्त्वपूर्ण मानी जा रही है। लेकिन ऐसा नहीं कहा जा सकता कि संघात्मक व्यवस्था में किसी प्रकार के दोष नहीं हैं। इस व्यवस्था में निम्न दोष पाये जाते हैं-

(1) **आन्तरिक शासन सम्बन्धी निर्बलता :** आंतरिक शासन की दृष्टि से संघात्मक शासन निर्बल होते हैं। संघात्मक शासन प्रणाली में एक प्रकार से दोहरा शासन होता है और शक्ति का विभाजन हो जाने के कारण उसका प्रभाव कम हो जाता है। जिन विषयों का शासन संघ की इकाइयों के सुपुर्द है, उनके विषयों में भिन्न-भिन्न प्रकार के कानून होते हैं। अत: कानूनों की इस भिन्नता के कारण राष्ट्रीय एकता को हानि पहुँचती है और समष्टि रूप से संघ की शक्ति अवश्य निर्बल होती है। दोहरे कानून, दोहरी नागरिकता तथा राज भक्ति आवश्यक रूप से निर्बल करने वाली तथा कुप्रभावकारी होती है। इसके अतिरिक्त दोहरे शासन के कारण प्रबन्ध में अनावश्यक देरी भी होती है और आवश्यक व्यय भी होता है।

(2) **अन्तर्राष्ट्रीय निर्बलता :** जिन संघों का विधान ढ़ीला होता है और इकाइयों को अपेक्षाकृत अधिक महत्त्व और शक्ति प्राप्त होते हैं, वे प्राय: अन्तर्राष्ट्रीय क्षेत्र में भी अपने उत्तरदायित्व का पूर्ण निर्वाह नहीं कर सकते। संघात्मक शासन में चूँकि इकाइयों को भी पर्याप्त अधिकार प्राप्त हैं, अत: वे ऐसी स्थिति में होते हैं कि अन्तर्राष्ट्रीय मामलों में केन्द्र जैसा चाहे वैसा दबाव डाल सकें। उदाहरणार्थ, हम संयुक्त राज्य अमेरिका के संघ को ले सकते हैं, जहाँ संघात्मक शासन का यह दोष अच्छी तरह देखने में आया है और अनेक बार राज्यों की सरकारों ने अन्तर्राष्ट्रीय सन्धियों को पूरा करने के मार्ग में केन्द्र के लिए रोड़े अटकाएँ हैं। भारत में भी अन्तर्राष्ट्रीय व्यापार समझौतों के मामलों में आसाम, केरल आदि राज्यों की ओर से आपत्तियाँ उठाई जाती रही हैं।

(3) **रूढ़ीवाद का भय :** संघात्मक शासन में शासन का आधार वह लिखित और प्राय: दुस्परिवर्तनीय संविधान होता है, जिसके अनुसार संघ की स्थापना होती है। इस प्रकार का संविधान स्वभावत: उन बातों के प्रति विमुख और उदासीन होता है, जिनकी आवश्यकता परिवर्तनशील परिस्थितियों के कारण उत्पन्न हो जाती है। संवैधानिक शक्ति विभाजन के अनुसार प्रत्येक इकाई को पर्याप्त शक्ति प्राप्त होती है और संविधान में संशोधन साधारणत: तभी हो सकते हैं, जब निश्चित संख्या में इकाइयों की स्वीकृति प्राप्त

हो जाएँ। ऐसी दशा में कभी-कभी ऐसे अवसर उपस्थित हो जाते हैं कि अति आवश्यक होने पर भी संविधान में परिवर्तन होना संभव नहीं होता, चाहे उसके कारण राष्ट्रीय प्रगति में बाधा ही क्यों न पड़ जाएँ। इसके अतिरिक्त समय के परिवर्तन के साथ-साथ यह हो सकता है कि पहले इकाइयों के अधिकार में किये गये किसी विषय को केन्द्र के अधिकार में लाना आवश्यक हो। किन्तु संघात्मक शासन प्रणाली में चूँकि इकाइयों में अपने अधिकारों को सुगमता से न त्यागने की प्रवृत्ति होती है, अतः उक्त परिवर्तन सुगमतापूर्वक संभव नहीं हो सकता। इस प्रकार संघात्मक प्रणाली में संविधान की दुस्परिवर्तनीयता के कारण प्रायः रूढ़ीवादिता को प्रोत्साहन मिलता है।

(4) **इकाइयों द्वारा पृथक होने की सम्भावना :** जिन संघात्मक शासनों की स्थापना राज्यों की इच्छा से केवल सीमित उद्देश्यों की पूर्ति के लिए होती है, उनमें विविध राज्यों के शासन पर केन्द्र का नियंत्रण दृढ़ नहीं होता। अतः ऐसा समय आ सकता है जब किसी मतभेद के कारण कोई राज्य अथवा कुछ राज्य मिलकर संघ की नीति का विरोध करने लग जाएँ अथवा उसके विरुद्ध विद्रोह करके पृथक हो जाएँ। उदाहरणार्थ में संयुक्त राज्य अमेरिका को ले सकते हैं। वहाँ जब केन्द्र ने दास प्रथा का अन्त करने का निश्चय किया तो अनेक राज्यों ने उसका विरोध किया था और उसी को लेकर ऐसा विद्रोह आरम्भ हुआ था, जिसने गृहयुद्ध का रूप धारण कर लिया था। भारत में भी इस प्रकार की सम्भावना कभी-कभी होने लगती है, विशेषकर जब क्रान्तिकारी परिवर्तनों के लिए केन्द्र द्वारा कोई कदम उठाया जाए। एकात्मक राज्यों में जिनमें शासन की शक्ति एक स्थान पर होती है, ऐसा सरलता से सम्भव नहीं हो पाता।

(5) **अपव्यता :** पृथक-पृथक राज्यों की तुलना में जहाँ संघात्मक शासन मितव्ययी होता है, वहाँ एकात्मक शासन की तुलना में वह अपव्ययी होता है, क्योंकि उनमें राज्यपदाधिकारी प्रायः दुहरे रखने पड़ते हैं और उन पर दुहरा खर्च करना पड़ता है।

संघात्मक शासन व्यवस्था का भविष्य : यदि हम राज्यों के रूपान्तरों के इतिहास को ध्यानपूर्वक देखें तो हमें यह प्रवृत्ति स्पष्ट दिखाई देती है कि छोटे-छोटे राज्य मिलकर एक बड़े राज्यों के रूप में रूपान्तरित होते रहते हैं। राज्यों के विकास के अनुसार पहले-पहल संसार में छोटे-छोटे नगर राज्यों का अस्तित्व था और इस प्रकार के राज्य ग्रीस, भारत, इटली तथा चीन आदि सभी देशों में पाये जाते थे। धीरे-धीरे इन सभी देशों में राज्यों में परस्पर संगठित होकर बड़े राज्यों में परिवर्तित होने की प्रवृत्ति उदय हुई और ग्रीक नगर-राज्यों ने अपने को संघों में परिवर्तित किया। जर्मन राज्यों ने पहले अपने को परिसंघ (Confederation) और फिर संघ (Federation) में संगठित किया। इटली के नगर-राज्यों से रोमन साम्राज्य और भारत के छोटे-छोटे राज्यों से पाटलीपुत्र का साम्राज्य बना था। इस प्रकार हम देखते हैं कि छोटे-छोटे राज्यों की परस्पर मिलकर बड़ा राज्य बन

जाने की प्रवृत्ति अति प्राचीन काल से चली आ रही है। आधुनिक युग में जब वैज्ञानिक आविष्कारों के कारण आवागमन के साधन इतने बढ़ गये हैं कि सम्पूर्ण जगत एक हो गया है। इस प्रवृत्ति की ओर भी प्रोत्साहन मिल रहा है। अमेरिका, पूर्वसोवियत रूस तथा भारत आदि अनेक ऐसे रूपान्तरित राज्य तो विद्यमान है ही, अनेक स्थानों में नवीन संघात्मक शासनों की स्थापना की चर्चा सुनने में आ रही है। उदाहरणार्थ पश्चिमी यूरोप के अनेक राज्य मिलकर अपना संघ बना ले, यह विचार निरन्तर जोर पकड़ रहा है ऐसा ही विचार अफ्रेशियायी देशों में भी जोर पकड़ रहा है तथा ऐसे अनेक संगठनों की स्थापना होती चली जा रही है। इससे छोटे-छोटे राज्यों द्वारा मिलकर एक होकर बड़े राज्यों की स्थापना की प्रवृत्ति दृष्टिगोचर होती है। राष्ट्रमंडल (Common wealth of Nations) तथा संयुक्त राष्ट्र संघ (United Nations Organisations) जैसी संस्थाओं की स्थापना से यह स्पष्ट प्रतीत होता है कि विश्व के विविध राज्यों में परस्पर एक बड़े समुदाय बनाने की प्रवृत्ति धीरे-धीरे विकसित हो रही है और यदि इस प्रवृत्ति ने ओर बल पकड़ा तो यह असंभव नहीं है कि अब सम्पूर्ण विश्व के सभी राज्य एक विश्व संघ में संगठित हो जायें। अतः संघात्मक शासन-व्यवस्था का भविष्य अति उज्ज्वल प्रतीत होता हैं। विश्व संघ जैसे सपनों की पूर्ति इस शासन व्यवस्था द्वारा संभव हो सकती है।

परन्तु दूसरी ओर कुछ देशों में विघटनात्मक प्रवृत्तियाँ भी देखने को मिलती हैं। संयुक्त अरब गणराज्य के रूप में गठित मिश्र और सीरिया के संघ का विघटन, मलेशिया संघ से सिंगापुर का सम्बन्ध-विच्छेद, बंगला देश की आजादी इस प्रवृत्ति के उदाहरण हैं। नाइजीरिया के संघ की सुरक्षा के लिए हुआ भीषण संघर्ष एवं जनसंहार अभी तक भुलाया नहीं जा सका है। यहीं नहीं ब्रिटेन जैसे विकसित देशों में भी विघटन की प्रवृत्ति दिखाई देती है। समष्टि रूप में यह कहा जा सकता है कि विकसित राज्यों में संघ बनाने व विकासशील राज्यों में क्षेत्रिय संघर्षों की प्रवृत्ति दिखाई देती है।

विकसित किन्तु छोटे राज्यों की समस्त आर्थिक कम तथा सुरक्षा सम्बन्धी अधिक होती है। अतः सुरक्षा की व्यवस्था करने के लिए उनमें संघ बनाने की प्रवृत्ति बलशाली रहती है। दूसरी ओर विकासशील देशों की समस्या मुख्यतः अधिक होती है तथा आर्थिक सम्पन्नता व विपन्नता पर निर्भर वर्गों में से आर्थिक दृष्टि से निम्न वर्ग जब यह अनुभव करता है कि सम्पन्न वर्ग शासन के माध्यम से उसका शोषण कर रहा है तो उन देशों में संघर्ष होता है तथा विघटन की प्रवृत्ति को बढ़ावा मिलता है। इस आधार पर संघात्मक व्यवस्था के विषय में यह निष्कर्ष निकाला जा सकता है कि ज्यों-ज्यों आर्थिक सुरक्षा बढ़ती जायेगी संघात्मक व्यवस्था का भविष्य उज्ज्वल होता जायेगा।

अमेरिका की संघीय व्यवस्था का विश्लेषण तथा उसकी विशेषताएँ

(Analysis of American Federal System and Its Main Features)

अमेरिंका संघीय व्यवस्था के विश्लेषण से उसकी निम्न विशेषताएँ स्पष्ट हो जाती हैं

1. **राज्यों की स्वतन्त्रता तथा राष्ट्रीय एकता का सामंजस्य (Adjustment of the Independence of States And National Unity)** :- अमेरिका के संविधान के निर्माण की पृष्ठभूमि के प्रसंग में जैसा ऊपर कहा गया है, यूरोप के विविध देशों से आने वाले लोग अमेरिका के महाद्वीप में विविध उपनिवेशों में बसे। बहुत दिनों तक अलग-अलग रहते हुए उन उपनिवेशों में अपने पृथक अस्तित्व के प्रति एक ओर जहाँ मोह उत्पन्न हुआ, वहाँ बाह्य दबाव का मुकाबला करने के लिए वे इस बात के लिए भी बाध्य हुए कि मिलकर एक हों। राष्ट्रीय एकता प्राप्त करने का एक ढंग यह भी हो सकता था कि सब विविध राज्य मिलकर एक राज्य की स्थापना कर लेते। पर उसका परिणाम यह होता कि राज्यों का पृथक अस्तित्व समाप्त हो जाता। परन्तु चूँकि राज्य अपना-अपना पृथक अस्तित्व रखना चाहते थे और साथ ही साथ एक शक्तिशाली केन्द्र की स्थापना भी करना चाहते थे, अत: यह सम्भव हुआ कि अमेरिका के संयुक्त राज्य (United State of America) के नाम से एक सफल संघीय राज्य की स्थापना हुई। इस प्रकार हम देखते हैं कि अमेरिका का संघ एक ऐसा संघीय राज्य है, जिसकी स्थापना ऐसे विविध राज्यो के एक होने से हुई है, जो अपना पृथक अस्तित्व बनाये हुए है और जो अपना पृथक अस्तित्व बनाये हुए हैं और जो अपने में पूर्णत: स्वतन्त्र हैं। जैसा **बेयर्ड** ने कहा है, **''यह सदा अक्षुण्ण बने रहने वाले राज्यों का संघ है।''**[1]

अपने को सदा अक्षुण्ण बनाये रखने की इच्छा रखने वाले राज्यों में राष्ट्रीय स्तर पर एक होने की अभिलाषा के अस्तित्व के कारण ही अमेरिका की संघ व्यवस्था सफल हो सकी है। **डायस** ने जैसा कहा है, **''संयुक्त राज्यों में संघीय व्यवस्था का राजनीतिक रूप दो मूल कारणों से ही चल सका। प्रथम, ...अमेरिकावासियों ने अपने को शीघ्र ही एक राष्ट्र बना लिया और उसी प्रकार अपना परिचय भी दिया। ...द्वितीय, अमेरिका में स्वतन्त्र एवं स्वशासी राज्यों की एक लम्बी परम्परा चली आ रही थी ....दोनों का सम्मिलित अस्तित्व स्थानीय व राष्ट्रीय शासन में उस सफल सन्तुमन की स्थापना करने में सहायक हुआ, जो संघीय व्यवस्था का सार होता है।''**[2]

2. **द्वैत शासन व शक्तियों का वितरण (Dual Government and Ditribution of Powers)** :- संघ निर्माण का दूसरा तत्त्व, दुहरा शासन व शासन की शक्तियों का दोनों प्रकार क। सरकारों के बीच वितरण भी अमेरिका के संघ में विद्यमान है। अमेरिका के

संघ में द्वैत शासन की व्यवस्था है और केन्द्रीय शासन व राज्यों की सरकार अपने-अपने क्षेत्र में कार्य करने के लिए स्वतन्त्र हैं। दोनों प्रकार की सरकारों को संविधान द्वारा पूर्ण मान्यता प्राप्त है और उसके अनुसार उन्हें अलग-अलग इकाइयों के रूप में माना जाता है। संविधान में दो प्रकार की सरकारों के बीच शासन की शक्तियों के वितरण की व्यवस्था की गयी है। शक्तियों के वितरण में अमेरिका में उस सिद्धान्त को काम में लाया गया है, जिसे **गणना व अवशेष का सिद्धान्त** (Principle of Enumeration and Residuum) कहा जाता है तथा जिसके अन्तर्गत दो प्रकार की सरकारों में से किसी एक की शक्तियों की गणना करके उन्हें निश्चित कर दिया जाता है और अवशिष्ट शक्तियाँ दूसरी प्रकार की सरकार की समझी जाती हैं।

शक्तियों के वितरण से सम्बन्धित व्यवस्था संविधान में एक संशोधन करके की गयी है। इस संशोधन में कहा गया है कि **"वे सब शक्तियाँ, जो संविधान द्वारा संयुक्त राज्य (संघ) को प्रदान नहीं की गयी हैं तथा जो उसके द्वारा राज्यों के लिए निषिद्ध की गयी हैं, क्रमशः राज्यों के लिए तथा जनता के लिए सुरक्षित हैं।"** संशोधन के उक्त कथन का विश्लेषण करके अमेरिका की संघीय व्यवस्था की शक्तियों के वितरण की योजना को अच्छी तरह समझा जा सकता है। इसके अनुसार संघ की सरकार की शक्तियों की गणना कर दी गयी है और शेष को राज्यों की सरकारों की शक्तियाँ मान लिया गया है तथा वे शक्तियाँ जनता की मानी गई हैं, जो राज्य की सरकारों के लिये निषिद्ध कर दी गई हैं।

अमेरिका की शक्तियों के वितरण की योजना के विषय में यह कहा गया है कि चूँकि संघ की सरकार की शक्तियों की गिनती कर दी गयी है और राज्यों की सरकारों व जनता को शक्तियों का अवशेष प्राप्त है, संघ की सरकार की शक्तियाँ प्रदत्त (delegated) हैं तथा राज्यों व जनता की शक्तियाँ मौलिक हैं। इसी आधार पर यह भी कहा जाता है कि राष्ट्रीय सरकार को इन प्रदत्त शक्तियों का प्रयोग इस तरह से नहीं करना चाहिए कि राज्यों की शक्तियों का हनन हो और उनके कार्य में हस्तक्षेप हो। प्रारम्भिक नेताओं में जैफरसन व जॉन कल्हन इस विचार के प्रबल समर्थक थे। उच्चतम न्यायालय भी सन् 1920 से 1937 तक अपने अधिकांश निर्णयों में इसी मत का समर्थक रहा था। दक्षिण के कुछ राज्यों के प्रतिनिधि आजकल के युग में भी इसी विचार के समर्थक हैं। पर इस विचार में अधिक सार नहीं है, क्योंकि संघ व राज्य दोनों ही प्रकार की सरकारों की शक्तियाँ संविधान द्वारा दी गयी हैं। संघ को गणना द्वारा तथा राज्यों को अवशेष के रूप में शक्तियाँ दी गयी हैं। ऐसी दशा में मौलिक व प्रदत्त शक्तियों के अन्तर का प्रश्न नहीं उठता। इस दृष्टि से यदि विचार करना ही हो, तो अधिक से अधिक यह कहा जा सकता है कि अन्तिम प्रभुसत्ता जनता में निहित है और वह मौलिक है।

अमेरिका में शक्तियों के वास्तविक वितरण का अध्ययन हम आगे दी गयी तालिका से समझ सकते हैं। शक्तियों के वितरण के अनुसार संघीय व राज्यों की सरकारों की शक्तियाँ निम्न प्रकार हैं :

संघीय सरकार शक्तियाँ–संघीय सरकार की शक्तियों का निर्धारण करने में प्रायः ऐसा किया गया है कि राष्ट्रीय महत्त्व के विषय संघ की सरकार के कार्यक्षेत्र में रखे गये हैं, क्योंकि उनके विषय में सारे देश के लिए एक-सी नीति की आवश्यकता होती है। उदाहरण के लिए, करों की वसूली, राष्ट्रीय सुरक्षा की व्यवस्था, विदेशों के साथ समझौते, उद्योग व व्यवसाय का संचालन, मुद्रा-निर्माण आदि ऐसे विषय हैं, जो राष्ट्रीय महत्त्व के हैं, क्योंकि उनके विषय में सम्पूर्ण देश में एक-सी नीति होना आवश्यक है। इस प्रकार के सब विषय केन्द्रीय सरकार के पास रखे गये हैं। इस सम्बन्ध में कुछ आलोचकों का कहना है कि संघीय सरकार की शक्तियों की सूची पूर्ण नहीं है। उनका मत है कि जिन शक्तियों की गणना की गयी है, वे बड़ी सामान्य है और उनके साधनों से सम्बन्धित शक्तियों का कोई विवरण नहीं दिया गया है। उदाहरणार्थ, उद्योग व व्यापार का संचालन बैंकों के संगठन पर नियन्त्रण करने की शक्ति के बिना नहीं हो सकता। पर संघ की शक्तियों की सूची में उद्योग व व्यापार के संचालन की चर्चा है और बैंकों के संगठन के नियन्त्रण की बात नहीं कही है। इस आलोचना के आधार पर कुछ दिनों बड़ा विवाद चला। एक ओर से यह कहा गया कि सूची में दी गयी शक्तियों के उपभोग के लिए आवश्यक साधनों से सम्बन्धित शक्तियाँ भी संघ की सरकार को प्राप्त समझी जायँ तथा दूसरी ओर से यह कहा गया कि ऐसा करने का अर्थ संघ सरकार को अवैध शक्ति का अधिकारी बना देना होगा। इस संघर्ष में न्यायालयों के फैसलों के माध्यम से प्रथम समूह की विजयी हुई और परिणामस्वरूप **निहित शक्तियों के सिद्धान्त** (doctrine of Implied Powers) का उदय हुआ और यह माना जाने लगा कि वे सब शक्तियाँ भी संघ की सरकार में निहित मानी जानी चाहिए, जो उसकी मौलिक शक्तियों के प्रयोग के लिए आवश्यक हों। निहित शक्तियों के सिद्धान्त पर विस्तार से इसी प्रकरण में अन्यत्र विचार किया जायेगा, फिर भी यहाँ इतना समझ लेना आवश्यक है कि इस सिद्धान्त की मान्यता के कारण संघ सरकार को अपनी शक्ति के क्षेत्र को बहुत कुछ बढ़ा लेने का अवसर मिल गया है। **ऑग व रे** ने इस सम्बन्ध में जैसा कहा है, **कुछ वर्षों में ही राष्ट्रीय सरकार राष्ट्र व राज्यों की सत्ता के बीच के विवादों के सब मामलों में निर्णायक बन गयी है तथा राज्यों के विरोध के होते हुए भी सम्पूर्ण भूमि पर अपनी इच्छा मनवाने की स्थिति में हो गयी है।**[1] केन्द्र वस्तुतः जो अब इतना शक्तिशाली हो गया है, उसका कारण हो इस सिद्धान्त का आविर्भाव है सन् 1969 से वर्तमान तक अमेरिकी विदेश नीति के स्वरूप में परिवर्तन आता रहा है। विवेचन की सुविधा के लिए इसे निम्नलिखित छः शीर्षकों

(काल) में विभाजित कर मूल्यांकन करने का प्रयास किया गया है—

(I) निक्सन तथा फार्ड कालीन विदेश नीति (1969 से 1977 तक)

(II) कार्टर कालीन विदेश नीति (1977 से 1980 तक)

(III) रीगन कालीन विदेश नीति (1981 से 1988 तक)

(IV) जॉर्ज बुश की विदेश नीति (199 से 1992 तक)

(V) विलियम जैफरसन क्लिन्टन की विदेश नीति (1993 से 2000 तक)

(VI) जॉर्ज बुश की विदेश नीति (2001 से अब तक)।

(I) निक्सन तथा फार्ड कालीन विदेश नीति (1969 से 1977 तक)

(Nixon and Ford era's Foreign Policy of U.S.A.)

निक्सन काल की अमेरिकी विदेश नीति की प्रमुख विशेषताएँ निम्नलिखित हैं—

(1) निक्सन सिद्धान्त का प्रतिपादन—राष्ट्रपति बनने के बाद निक्सन ने साम्यवाद परिरोधन की अमेरिका की पुरानी नीति में परिवर्तन करते हुए कहा कि, "अमेरिका के लिए यह सम्भव नहीं है कि वह दूसरे देशों की सुरक्षा के लिए लड़े। अन्य देशों की प्रगति और प्रतिरक्षा उनका अपना ही कार्य होना चाहिए।" इसका अभिप्राय यह था कि अमेरिका अब साम्यवाद परिरोधन हेतु वियतनाम जैसे युद्धों में नहीं पड़ेगा। यह नई नीति निक्सन सिद्धान्त के नाम से जानी गई।

(2) चीन के सम्बन्ध में नीति परिवर्तन—निक्सन ने साम्यवादी चीन के साथ सम्बन्धों में सुधार पर विशेष जोर दिया। 1 अक्टूबर, 1971 को ताइवान वाली चीनी सरकार को U.N.O. से निष्कासित कर साम्यवादी चीन की सुरक्षा परिषद का स्थायी सदस्य बनाया तथा मार्च, 1972 में पीकिंग की यात्रा की और चीन के साथ नये सम्बन्धों का नया अध्याय शुरू किया। इस सम्बन्ध में अमेरिका के प्रमुख उद्देश्य निम्नलिखित थे (i) वह साम्यवाद को साम्यवाद के माध्यम से ही चुनौती दिलाना चाहता था। (ii) दक्षिणी-पूर्वी एशिया में अपने हितों की पूर्ति के लिये वह चीन से सम्बन्ध सुधारना आवश्यक समझता था। (iii) वह चीन से व्यापारिक सम्बन्ध बढ़ाना तथा भारत पर दबाव डालना चाहता था।

(3) भारत-पाकिस्तान और बांग्लादेश के प्रति निक्सन का दृष्टिकोण—निक्सन प्रशासन काल में अमेरिका का भारत-विरोधी रुख विशेष रूप से उग्र रहा और निक्सन के समय दोनों देशों के बीच सम्बन्ध जितने कटु रहे उतने पहले कभी नहीं रहे थे। निक्सन ने भारत की न केवल आर्थिक सहायता ही रोकी, बल्कि सैनिक सामग्री देना भी बन्द कर दिया और हर तरह से भारत के प्रति अमैत्री प्रदर्शित की। 1971 के बांग्लादेश देश के मुक्ति आन्दोलन को कुचलने में तत्कालीन पाकिस्तान

सरकार को अमेरिका और चीन का प्रोत्साहन मिला। भारत-पाक युद्ध छिड़ने और चीन द्वारा पाकिस्तान को शस्त्रास्त की सहायता देने पर भी निक्सन प्रशासन ने भारत को सहायता देने में असमर्थता तो प्रकट की ही बंगाल की खाड़ी में भी अपना शक्तिशाली नौसेनिक बेड़ा भेजकर भारत को डराने-धमकाने की कोशिश भी की थी। निक्सन ने अपनी आत्मकथा में यहाँ तक कहा कि वह बांग्लादेश के युद्ध के समय भारत पर आणविक हथियारों का प्रयोग करना चाहते थे।

(4) पश्चिम एशिया में इजरायल के समर्थन की नीति—निक्सन ने अपने पूर्ववतियों की भाँति पश्चिमी एशिया में इजरायल समर्थक और अरब विरोधी नीति को जारी रखते हुए इजरायल को आर्थिक तथा सैनिक सहायता देना जारी रखा।

(5) सद्भावना यात्राओं की नीति—निक्सन प्रशासन ने सद्भावना यात्राओं की विदेश नीति को जारी रखा औरउन्होंने सबसे पहले यूरोप की सद्भावना यात्रा की, जहाँ उन्हें अधिक सफलता नहीं मिली। इसके बाद साम्यवादी चीन की (1972 में) सद्भावना यात्रा की जिसे ऐतिहासिक कहा गया। इसके साथ ही मई, 1972 में उन्होंने सोवियत संघ की ऐतिहासिक यात्रा की, जिसके अनन्तर दोनों महाशक्तियों के बीच अस्त्र परिसीमन की एक ऐतिहासिक सन्धि हुई। इस प्रकार स्पष्ट है कि निक्सन ने अमेरिका की सद्भावना यात्रा की कूटनीति को नये आयाम दिये।

(6) सोवियत संघ के साथ देतान्त सम्बन्धों को आगे बढ़ाने की नीति—निक्सन ने सोवियत संघ के साथ मिलकर तनाव-शैथिल्य को बढ़ाने का प्रयास किया। इस हेतु उन्होंने सोवियत संघ की सद्भावना यात्रा की। अस्त्र-परिसीमन की संधि पर हस्ताक्षर किये। इसके अतिरिक्त परमाणु युद्ध निषेध और अन्तर्राष्ट्रीय शांति से सम्बन्धित अन्य संधियों पर भी हस्ताक्षर किये और 1974 में सोवियत संघ की पुनः यात्रा कर कुछ अन्य सन्धियों पर हस्ताक्षर किये और एक दस वर्षीय व्यापार समझौता भी किया। इस प्रकार निक्सन काल में अमेरिका और सोवियत संघ के बीच द्वि-पक्षीय सम्बन्धों का विकास हुआ।

राष्ट्रपति फोर्ड की विदेश नीति (1974-77)—9 अगस्त, 1974 को वाटरगेट कांड के कारण निक्सन को त्याग पत्र देने के कारण जेराल्ड फोर्ड अमेरिका के राष्ट्रपति बने। फोर्ड-कालीन विदेश नीति निक्सन की विदेश नीति को ही आगे बढ़ाती रही, लेकिन कुछ प्रमुख परिस्थितिजन्य घटनाएँ हुईं। वियतनाम युद्ध में दक्षिण वियतनाम ने आत्मसमर्पण कर दिया। यह आत्मसमर्पण 30 अप्रैल, 1975 को किया गया था। यह अमेरिका विदेश नीति व कूटनीति की सबसे बड़ी पराजय थी। सैनिक दृष्टि से भी यह अमेरिका की हार थी और अप्रत्यक्ष रूप से रूस की विजय थी। इस हार के कारण अमेरिकी जनता ने भी सरकार का विरोध करना प्रारम्भ कर दिया था। दूसरे, इस काल में 30 मई, 1976 को अमेरिका और मिस्त्र के बीच सिनाई

समझौता सम्पन्न हुआ। इस प्रकार स्पष्ट है कि निक्सन तथा फोर्ड प्रशासन की नीति अन्य क्षेत्रों में लगभग पूर्ववर्तियों का अनुसरण ही थी। लेकिन फोर्ड प्रशासन की प्रमुख देन यह रही कि इस काल में महाशक्तियों के बीच सम्बन्धों में व्यापक सुधार हुआ तथा चीन-अमरीकी सम्बन्धों में नजदीकियाँ बढ़ीं।

(II) कार्टर कालीन विदेश नीति (1977 से 1980 तक)

(Foreign Policy of Jimmy Carter)

कार्टर की विदेश नीति का विश्लेषण निम्नलिखित बिन्दुओं के अन्तर्गत किया गया है—

(1) मानवाधिकार पर जोर देने की नीति—राष्ट्रपति कार्टर ने मानवाधिकार मुद्दे को अपने देश की विदेश नीति का एक प्रमुख अंग बनाया। लेकिन यह नीति सभी देशों के प्रति समान रूप से कार्यान्वित नहीं की जा सकती। इस नीति के अनन्तर उरुग्वे, अर्जेण्टाइना, इथियोपिया को दी जाने वाली सहायता तो रोक दी गई, लेकिन फिलीपीन, दक्षिण कोरिया और ईरान के प्रति कोई कदम नहीं उठाया गया।

(2) परमाणु अस्त्र परिसीमन की नीति—कार्टर की विदेश नीति का दूसरा प्रमुख मुद्दा घातक परमाणु अस्त्रों में कटौती करना तथा घातक अस्त्रों की बिक्री में कमी करना था। ईरान और पाकिस्तान को लड़ाकू बम वर्षक विमानों की सप्लाई पर रोक लगा दी गई। लेकिन इस काल में अमरीका द्वारा 'न्यूट्रान' बम के परीक्षण तथा नाटो देशों को अधिक अस्त्र सहायता देने के निर्णय में कार्टर की विदेश नीति आलोचना की भागी रही।

(3) पश्चिमी एशिया में शान्ति के प्रयास—पश्चिमी एशिया में शांति स्थापित करने के कार्टर के कार्यों की अत्यन्त प्रशसां हुई। सितम्बर, 1978 में सम्पन्न 'कैम्प डेविड' समझौता कार्टर की महत्त्वपूर्ण सफलता रही। इस समझौते के बाद जनवरी, 1980 से मिस्त्र को अमेरिका ने 35 करोड़ डॉलर की सहायता भी उपलबध करायी। यह अमेरिकी प्रभाव को बनाए रखने का ही एक प्रयास था।

(4) तृतीय विश्व के राष्ट्रों के साथ सद्भावी विदेश नीति—कार्टर ने **वियतनाम** के साथ सम्बन्धों में सुधार किया और आर्थिक सम्बन्धों को सुदृढ़ करने हेतु प्रयास किये। **क्यूबा** के साथ राजनयिक सम्बन्ध स्थापित किये। भारत की सद्भावना यात्रा की। जिमी कार्टर की भारत यात्रा से यह तो स्पष्ट हुआ कि भारत के प्रति अमेरिकी विदेश नीति में परिवर्तन आया, लेकिन इस काल में भी दोनों देशों के बीच सैद्धान्तिक मतभेद बने रहे। इस काल में अमेरिका ने पनामा नहर की समस्या को सुलझाया तथा दक्षिणी अमेरिकी राष्ट्रों में व्याप्त अमरीकी साम्राज्यवाद के भय को दूर करने के प्रयास किये।

(5) अफ्रीकी राष्ट्रों के साथ विदेश नीति—कार्टर प्रशासन ने रंग-भेद की समस्या को दूर करने का प्रयत्न किया। उसने नीग्रो नेता एण्डू यंग को संयुक्त राष्ट्र संघ में अमरीकी राजदूत बनाया। रोडेशिया तथा दक्षिण अफ्रीका पर क्रमशः आर्थिक तथा सैनिक व्यापार के प्रतिबन्ध लगाए।

(6) चीन के साथ विदेश नीति—इस काल के प्रारम्भ में चीन के साथ सम्बन्धों में 'ताइवान' के प्रश्न पर तनाव रहा, लेकिन उत्तरार्द्ध में जब राष्ट्रपति ने एक ही चीन के सिद्धान्त को स्वीकार कर लिया तथा चीन को विभिन्न किस्मों के हथियारों एवं विद्युत आणविक उपकरणों के निर्यात पर लगे प्रतिबन्धों में ढील दे दी, तब पुनः सम्बन्धों में सुधार हुआ। इस प्रकार स्पष्ट है कि कार्टर के काल में अमेरिकी विदेश नीति मूलतः उदारवादी तथा अन्तर्राष्ट्रीय शांति प्रेरक और मानवतावादी दृष्टिकोण की समर्थक रही, उसने इन उद्देश्यों की पूर्ति में आंशिक सफलता भी प्राप्त की।

(III) रीगन कालीन विदेश नीति (1981 से 1988 तक)

(President Reagen and U.S. Foreign Policy)

राष्ट्रपति रीगन कार्टर की विदेश नीति को ढीली-ढाली तथा अमरीकी हितों की विरोधी बताकर विजयी हुए। परिणामस्वरूप इनके सत्तारूढ़ होते ही शीत युद्ध में पुन उग्रता आ गई। रीगन की विदेश नीति की प्रमुख विशेषताएँ निम्नलिखित हैं—

(1) शीत युद्ध को उग्रता प्रदान करने वाली नीति—राष्ट्रपति रीगन का पूर्वार्द्ध काल जहाँ शीत-युद्ध में उग्रता लाने के लिए उत्तरदायी माना जाता है, वहाँ उत्तरार्द्ध में वे शीत-युद्ध में शिथिलता लाने का प्रयास करते हुए भी दिखाई दिये। अपने पूर्वार्द्ध काल में उनकी विदेश नीति शस्त्रों की दौड़ में तेजी लाने, भयानक न्यूट्रान बमों के निर्माण करने, परमाणु अस्त्रों व प्रक्षेपास्त्रों के निर्माण तथा महत्त्वकांक्षी स्टार-वार योजना का प्रचार आदि कार्यों ने शीत युद्ध में उग्रता पैदा की। रीगन काल के उत्तरार्द्ध में सोवियत संघ के साथ 1985 में जेनेवा में, अक्टूबर, 1986 में रिक जाविक में और दिसम्बर, 1987 में वाशिंगटन सन्धि आदि केप्रयासों ने निःशस्त्रीकरण तथा शीत-युद्ध में शिथिलता लाने के प्रयास भी किये, जो अमरीकी नीति में महत्त्वपूर्ण परिवर्तन थे।

(2) दक्षिण-एशिया के प्रति नीति—रीगन प्रशासन ने दक्षिण-एशिया में पाकिस्तान को इस क्षेत्र का क्षेत्रीय मित्र बनाते हुए भरपूर आर्थिक व सैनिक सहायता दी। इस प्रकार दक्षिण एशिया में पाकिस्तान को सहायता देकर एक तरफ भारत को घेरने का प्रयास किया गया तो दूसरी तरफ सोवियत संघ के खिलाफ सैनिक अड्डा मजबूत किया गया।

(3) चीन के प्रति नीति—इस काल में साम्यवादी चीन के प्रति उदारवादी व सहयोगी नीति अपनाई गई। इस सहयोगी रुख का मूल उद्देश्य सोवियत संघ की घेराबन्दी करना था। इस काल में चीन और अमरीका में '**आणविक सहयोग सम्बन्धी समझौता**' हुआ। इसके अन्तर्गत यह सहमति हुई कि अमरीका चीन को 12 परमाणु भट्टियाँ तथा अन्य संयंत्र देगा।

(4) आर्थिक साम्राज्य स्थापित करने की नीति—रीगन ने 'विश्व बैंक' और 'अन्तर्राष्ट्रीय मुद्रा कोष' के सम्बन्ध में अनुदार दृष्टिकोण अपनाते हुए इन संस्थाओं के माध्यम से विकासशील देशों को बड़े पैमाने पर दी जाने वाली आर्थिक सहायता पर रोक लगवाई ताकि वह इन देशों में निजी क्षेत्र के मार्फत आर्थिक आधिपत्य जमा सके। जो देश अमरीका की आर्थिक नीतियों का विरोध करे उसे कसा जाए। जापान तथा भारत को सुपर-301 की धमकियाँ इसी का उदाहरण थीं।

(5) रीगन और भारत—रीगन प्रशासन का रवैया भारत विरोधी रहा। अफगानिस्तान के प्रश्न पर दोनों देशों के बीच मतभेद बने रहे। रीगन प्रशासन ने तारापुर के लिए परमाणु ईंधन की सप्लाई पर रोक लगाई। 1983 में तत्कालीन प्रधानमंत्री श्रीमती इन्दिरा गाँधी अमरीका की यात्रा पर गई। परन्तु इस यात्रा की वास्तविक उपलब्धियाँ फीकी रहीं। उपर्युक्त विवेचन से स्पष्ट है कि रीगन की विदेश नीति अमरीकी आर्थिक साम्राज्यवाद तथा शीत युद्ध को बढ़ावा देने वाली रही। उसने रंगभेद विरोध, उपनिवेशवाद विरोध तथा आर्थिक सहयोग जैसे मुद्दों की उपेक्षा की और शस्त्रीकरण को बढ़ावा देते हुए सोवियत संघ को घेरने का प्रयत्न किया।

(IV) जॉर्ज बुश की विदेश नीति (1989 से 1992 तक)

(Foreign Policy of George Bush)

सन् 1989 में जॉर्ज बुश अमरीका के नये राष्ट्रपति बने। यद्यपि उनकी विदेश नीति रीगन की विदेश नीतियों का ही अनुपालन करती रही तथापि उनकी नीतियों में अपेक्षाकृत उदार दृष्टिकोण रहा। बुश प्रशासन में अमरीकी विदेश नीति की कुछ प्रमुख प्रवृत्तियों का विश्लेषण निम्नलिखित बिन्दुओं के अन्तर्गत किया गया है—

(1) सैनिक हस्तक्षेप और आर्थिक उप-निवेशवाद की नीति—लातीनी तथा दक्षिणी अमरीकी राज्यों के प्रति बुश प्रशासन की नीति, अपने पूर्ववर्ती राष्ट्रपति रीगन की नीति के अनुरूप, सैनिक हस्तक्षेप और आर्थिक उप-निवेशवाद की रही। जिस सरकार या नेताओं ने अमेरिका का विश्व राजनीति में समर्थन किया, उन्हें भरपूर समर्थन तथा आर्थिक सहयोग दिया गया और जिसने विरोध किया या स्वतन्त्र नीति अपनाई उन्हें आर्थिक तथा सैनिक रूप से तंग किया गया। या तो वहाँ प्रत्यक्ष सैनिक हस्तक्षेप किया गया या आर्थिक प्रतिबन्ध लगाए गये।

(2) निःशस्त्रीकरण—राष्ट्रपति बुश ने निःशस्त्रीकरण को सर्वोच्च प्राथमिकता दी। 19 नवम्बर, 1990 को अनेक प्रोत्साहन से नाटो व वारसा सन्धि देशों के उपाध्यक्षों ने एक ऐतिहासिक समझौते पर हस्ताक्षर किये। इस संधि द्वारा यूरोप में शीत युद्ध को समाप्त कर दिया गया। शीत युद्ध के अन्त के बाद दोनों देशों में आर्थिक, व्यापारिक एवं वैज्ञानिक क्षेत्रों में सहयोग के अनेक समझौते हुए। खाड़ी युद्ध के समय सोवियत संघ ने अमरीकी नीति का समर्थन कर सहयोगात्मक रुख अपनाया।

(3) इजरायल और फिलिस्तीनी नीति—बुश सरकार ने इजरायल की नीति में भी ढील दी जिससे अरब-इजरायल विवाद को हल करने की दिशा में रचनात्मक वातावरण बना।

(4) दक्षिण एशिया में भारत को घेरने की नीति—बुश प्रशासन की दक्षिण एशिया के प्रति नीति यद्यपि अमरीकी नीति का अनुसरण करते हुए पाकिस्तान को आर्थिक व सैनिक सहायता पहुँचा कर भारत तथा सोवियत संघ को घेरने की ही रही। लेकिन शीतयुद्ध की समाप्ति के बाद, पाकिस्तान कों सैनिक सहायता देने की नीति में बदलाव आया और उसका पाकिस्तान के प्रति कठोर रवैया हुआ। साथ ही सोवियत संघ के प्रति भी बुश प्रशासन की नीति में परिवर्तन अया। सोवियत संघ के पतन के पूर्व तक बुश प्रशासन भी गोर्बाच्योव का-सा दिखने का प्रयास करता रहा।

(5) बुश और दक्षिण-पूर्वी एशिया—जॉर्ज बुश ने अपने कार्यकाल में दक्षिणी-पूर्वी एशियाई राष्ट्रों के साथ सम्बन्ध सुधारने के अनवरत प्रयास किये। उन्होंने सिंगापुर की यात्रा करके अपने सम्बन्धों को सुदृढ़ किया। मलेशिया और संयुक्त राज्य अमेरिका के सम्बन्ध भी प्रगाढ़ हुए। जॉर्ज बुश केसमय संयुक्त राज्य अमेरिका और दक्षिण कोरिया के सम्बन्ध बहुत अधिक प्रागाढ़ बने रहे।

(6) खाड़ी युद्ध—खाड़ी युद्ध (1991) राष्ट्रपति बुश की विदेश नीति की महत्त्वपूर्ण उपलब्धि रही। अमरीका ने सक्रिय विदेश नीति अपनाकर सबसे पहले सोवियत राष्ट्रपति गोर्बाच्योव का सहयोग हासिल किया, सुरक्षा परिषद् से अपनी नीति के अनुकूल प्रस्ताव पारित करवाये, बहुराष्ट्रीय सेना का नेतृत्व किया और कुवैत को आजाद कराया। जमीनी लड़ाई से इराक को परास्त कर अमरीका ने पश्चिमी एशिया के शक्ति समीकरण में अपना वर्चस्व स्थापित कर लिया। खाड़ी युद्ध अमरीका की कूटनीतिक सफलता थी। खाड़ी युद्ध के दिनों में अमरीका ने अरब राज्यों को विभाजित रखा, इजरायल को युद्ध में हस्तक्षेप नहीं करने दिया तथा इराक को तहस-नहस कर दिया।

(7) एकहरी महाशक्ति के रूप में उदय—1991 तक सोवियत संघ का विघटन हो गया, पूर्वी यूरोप का साम्यवादी गुट समाप्त हो गया। ऐसी स्थिति में अमरिका अब विश्व में अकेली महती शक्ति के रूप में सामने आया। एशिय, लेटिन अमेरिका, अफ्रीका और यूरोप में उसका विरोध करने वाला कोई नहीं रहा। खाड़ी युद्ध ने इसे स्पष्ट कर दिया। संक्षेप में शीत युद्ध का अन्त, खाड़ी युद्ध में अमरीकी विजय, पश्चिमी एशिया में अमेरिकी वर्चस्व तथा अमेरिका का अकेले महानतम शक्ति के रूप में उदय बुश प्रशासन की विदेश नीति के प्रमुख सूत्र हैं।

(V) क्लिन्टन की विदेश नीति (1993 से 2000 तक)

अमरीका की क्लिंटन प्रशासन की विदेश नीति को मोटे रूप से दो भागों में विभाजित किया गया है—

(अ) पूर्व के अमरीकी राष्ट्रपतियों द्वारा अपनायी गई नीतियों की निरन्तरता

(ब) क्लिंटन प्रशासन द्वारा अपनायी गई नीतियाँ तथा उनकी निरन्तरता।

(अ) पूर्व की नीतियों की निरन्तरता—क्लिंटन की पूर्व की नीतियों का संक्षिप्त विवेचन निम्न प्रकार है—

(1) विश्व में एकमात्र महाशक्ति की अमरीकी स्थिति एवं प्रभुत्व को बनाए रखना।

(2) परमाणु अस्त्रों के परीक्षण कर पूर्ण प्रतिबन्ध एवं परमाणु आक्रमण की पहल न करने सम्बन्धी प्रस्तावों को स्वीकार न करना।

(3) अन्तर्राष्ट्रीय वित्तीय संस्थाओं पर नियन्त्रण रख विकासशील राष्ट्रों को अपने हितों के अनुसार चलाना तथा संयुक्त राष्ट्र संघ को अपनी मुट्ठी में रखना।

(4) रूस को अपनी आर्थिक सहायता पर इतना अधिक निर्भर करने का प्रयास करना कि उसकी सामाकिर, तकनीकी व आर्थिक स्थिति और अधिक जर्जर हो जाये।

(5) तीसरी दुनिया के देशों के आत्मनिर्भर बनने के प्रयासों को रोकना तथा उनके उन्नत किस्त की प्रौद्योगिकी को प्राप्त करने के प्रयासों को रोकना।

(ब) क्लिंटन प्रशासन द्वारा अपनाई गयी नीतियाँ—क्लिंटन की विदेश नीति में अनेक तत्त्व ऐसे थे जो पूर्व प्रशासकों की नीति से भिन्न थे। यथा—

(1) विश्व नेतृत्व की जिम्मेदारियों से बचना—क्लिंटन प्रशसन अमेरिका को एक महाशक्ति तो बनाये रखना चाहता था लेकिन उसकी जिम्मेदारियों से बचना चाहता रहा। क्लिंटन प्रशासन ने इसका स्पष्ट संकेत **'टारनोफ सिद्धान्त'** के द्वारा दिया। उसके अनुसार, "**अमरीका अब से अपनी घरेलू आर्थिक समस्याओं पर**

ध्यान केन्द्रित करेगा और विदेश नीति नेतृतव की अनेक भूमिकाओं से अपने आपको हटा लेगा जिसे उसने शीत युद्ध काल में परम्परा से ग्रहण कर लियसा था। शीत युद्धोत्तर काल में अमरीका मध्य किस्म की शक्तियों से मिलने वाली चुनौतियों के विरुद्ध बल प्रयोग से बचने का प्रयास करेगा और उन्हें संयुक्त राष्ट्र संघ और अपने मित्रों पर छोड़ देगा।'' बुश प्रशासन भी वर्तमान में अमेरिका की इस नीति को अपनाए हुए है।

(2) विकासशील देशों को उन्नत प्रौद्योगिकी के हस्तान्तरण पर रोक—क्लिंटन ने विकासशील देशों को विशेषकर भारत को उन्नत प्रौद्योगिकी के हस्तान्तरण पर रोक लगाने की नीति अपनायी। इसी सन्दर्भ में अमरीका ने रूस पर दबाव डाल कर 'क्रायोजेनिक इंजन' सम्बन्धी प्रौद्योगिकी के हस्तान्तरण के समझौते को MTCR की आड़ में 17 जुलाई, 1993 को रद्द करवा दिया और 1997 में उसने रूस पर यह दबाव डाला कि वह भारत को एक–एक हजार मेगावाट के दो जल परमाणु विद्युत रिएक्टर न दे।

(3) अमरीकी स्वदेशवाद एवं संरक्षणवाद—क्लिंटन प्रशासन ने अमरीका को आर्थिक दृष्टि से भी शक्तिशाली बनाने के लिए निम्न आर्थिक नीतियों को अपनाया—

(i) अमरीकी वस्तुओं के आयात के लिये विश्व भर के बाजारों को खुला रखना।

(ii) अमरीकी पेटेन्ट कानूनों, बौद्धिक सम्पदा सम्बन्धी कानूनों तथा डंकेल प्रस्ताव न मानने वाले देशों से कड़ाई से पेश आना।

(iii) संरक्षणवाद की नीति अपनाना अर्थात् अमरीकी उत्पाद का संरक्षण करना, विश्व बाजार का दोहन करना और अपने देश में स्वदेशी आन्दोलन चलाना।

(4) मानवाधिकार कूटनीति—क्लिंटन प्रशासन मानवाधिकार के मुद्दों को अहम् मुद्दा मानता रहा। उसका कहना था कि मरीकी सहायता उन्हीं देशों को दी जायेगी जो मानवाधिकार के नियमों का पालन करेंगे। लेकिन अमेरिका की मानवाधिकार की यह नीति भेदभावपूर्ण व स्वार्थपरक आधारों पर टिकी हुई रही। यथा—

(i) क्लिंटन प्रशासन ने मानवाधिकार के बहाने आर्थिक सहायता की राशि को घटाया। इससे जहाँ गरीब देशों को ज्याद महँगे व्यावसायिक कर्ज लेने पड़े, वहाँ इस प्रकार उसने अपनी आर्थिक मंदी पर काबू पाया।

(ii) वह पूर्वी यूरापे और रूस में निवेश के लाभकारी अवसरों का लाभ उठाने की दृष्टि से मानवाधिकारों की बात करता रहा।

(iii) उसने मानवाधिकार के नाम पर दूसरे देशों पर दबाव डालने का प्रयास किया।

(iv) चीन के समक्ष उसने मानवाधिकार के मुद्दे को नजरअंदाज किया क्योंकि ऐसा करने से उसके आर्थिक हित सधते थे।

स्पष्ट है कि क्लिंटन प्रशासन की मानवाधिकार कूटनीति, राष्ट्रीय हित से जुड़ी हुई रही। जहाँ यह कूटनीति उसके राष्ट्रीय हित में साधक बनी, वहाँ वह इसे जोर देता रहा और जहाँ यह बाधक बनने लगी, वहाँ इसे त्याग दिया।

(5) क्लिंटन प्रशासन तथा आणविक अप्रसार सन्धि—आणविक अप्रसार सन्धि (NTP) पर जिन राष्ट्रों ने अब तक हस्ताक्षर नहीं किये हैं, उन राष्ट्रों पर दबाव डालकर हस्ताक्षर कराना अमेरिकी विदेश नीति का एक प्रमुख लक्ष्य है। इस नीति के तहत ही भारत, पाकिस्तान तथा उत्तरी कोरिया पर संयुक्त राज्य अमेरिका निरन्तर इस बात का दबाव डाल रहा है कि इस आणविक अप्रसार सन्धि पर हस्ताक्षर कर दें।

(6) अमरीका को विश्व की सर्वोच्च महाशक्ति बनाये रखना—क्लिंटन प्रशासन की विदेश नीति की एक अन्य महत्त्वपूर्ण विशेषता एकमात्र महाशक्ति के रूप में अमरीका की सर्वोच्च और प्रभुत्वकारी शक्ति को बनाये रखने की रही।

(VI) राष्ट्रपति जॉर्ज वाकर बुश कालीन अमेरिकी विदेश नीति

(अमेरिकी विदेश नीति की वर्तमान प्रवृत्तियाँ) (2001 से 2008 तक)

जनवरी, 2001 में राष्ट्रपति जॉर्ज बुश ने आते ही विदेश नीति के क्षेत्र में आक्रामक रुख अपनाया। 2001 से 2008 के काल की अमेरिकी विदेश नीति की प्रमुख बातें निम्नलिखित हैं—

(1) विदेश नीति के क्षेत्र में आक्रामक रुख अपनाना—जनवरी, 2001 में राष्ट्रपति बुश ने आते ही विदेश नीति के क्षेत्र में आक्रामक रुख अपनाने के संकेत दिये। यथा—

(i) रूस-अमेरिका रिश्तों में तनाव—बुश के कार्यकाल के प्रारम्भिक 6-7 महीनों में रूस के साथ अमेरिका के सम्बन्ध तनावपूर्ण हो गये। जासूसी के आरोप में दोनों देशों ने दर्जनों राजनयिकों कोदेश से बाहर निकाल दिया। बुश के स्आर वार कार्यक्रम को पुनः चालू करने की नीति को रूस से 1972 को बैलेस्टिक मिसाइल संधि का उल्लंघन बताया। मार्च, 2004 में सात नये राज्यों को नाटो में शामिल करके रूस पर अमरीकी सैनिक शक्ति का दबाव बढ़ाया। इससे दोनों देशों के सम्बन्धों में कटुता आई। इस कटुता को कम करने में सहायक भूमिका निभायी—नाभिकीय अस्त्रों में कटौती करने की ऐतिहासिक संधि ने।

(ii) चीन-अमरीकी रिश्तों में तनाव—अप्रैल, 2001 में अमेरिकी नौसेना के टोही विमान के चीन की सीमा में घुस आने से दोनों देशों में तनाव पैदा हुआ जो बाद में सुलझा लिया गया, लेकिन अमेरिका व चीन दोनें की महत्त्वकांक्षी अन्तरिक्ष कार्यक्रमों की घोषणा के बाद दोनों देशों की प्रतिस्पर्द्धा जारी है।

(iii) राष्ट्रीय प्रक्षेपास्त्र सुरक्षा प्रणाली—राष्ट्रपति बुश ने 1972 की एन्टी बैलेस्टिक मिसाइल संधि की उपेक्षा करके अमेरिका की राष्ट्रीय प्रक्षेपास्त्र सुरक्षा प्रणाली की घोषणा की। इससे भी अन्तर्राष्ट्रीय जगत में तनाव पैदा हुआ।

(iv) अफगानिस्तार तथा इराक में सैनिक हस्तक्षेप—राष्ट्रपति बुश ने आतंकवाद के सफाये तथा अन्तर्राष्ट्रीय शांति की स्थापना के नाम पर अपने ति सधने की दृष्टि से दोनों देशों में सैनिक हस्तक्षेप किया तथा वहाँ अपनी कठपुतली सरकारों की स्थापना की। इस प्रक्रिया में अमरीका ने संयुक्त राष्ट्र संघ की भी उपेक्षा कर दी। इराक युद्ध का वास्तविक कारण रहा—इराक का तेल तथा पश्चिम एशिया को पूर्णतः अमरीकी प्रभुत्व में लाना।

(v) ईरान को चेतावनी—यूरोपीय संघ और अन्तर्राष्ट्रीय परमाणु एजेन्सी के कड़े रुख को उत्साहित अमेरिकी राष्ट्रपति बुश ने ईरान को चेतावनी देते हुए कहा कि इराक के बाद अमेरिका का अगला निशाना ईरान हो सता है। वे ईरान पर चौतरफा दबाव डलवाने की नीति पर चल रहे हैं। 2003-04 में उन्होंने ईरान को दुष्ट राष्ट्रों की धुरी का सदस्य बताया तथा वर्तमान में ईरान पर परमाणु हथियार कार्यक्रमों में तेजी लाने का आरोप लगाया जा रहा है।

(2) संयुक्त राष्ट्र संघ की स्थायी सदस्यता के लिए अमरीकी नीति—2005 में अमरीका ने घोषणा की कि सुरक्षा परिषद् की स्थायी सदस्यता के लिए वह जापान के अतिरिक्त किसी एक विकासशील देश का समर्थन करेगा। वह नये स्थायी सदस्यों को वीटो का अधिकार देने का विरोधी है। उसने वीटो के मामले में 15 साल बाद समीक्षा किये जाने के ग्रुप-3 के देशों के प्रस्ताव को खारिज कर दिया। इस प्रकार वह एक ध्रुवीय विश्व की स्थिति को बनाए रखने तथा यथास्थितिवाद की नीति का समर्थक है।

(3) भारतीय उपमहाद्वीप में वर्चस्व की स्थापना की कूटनीति—संयुक्त राज्य अमेरिका की वर्तमान विदेश नीति में भारतीय उपमहाद्वीप को अपने नियन्त्रण में लाने का सिद्धान्त भी शामिल है। मार्च, 2005 में संयुक्त राज्य अमेरिका की विदेश सचिव कोंडोलिसा राइस की भारत तथा पाकिस्तान की यात्रा तथा उसके बाद अमरीकी सरकार द्वारा उठाये गये कुछ महत्त्वपूर्ण कदमों के विश्लेषण के आधार पर इसे समझा जा सकता है। यथा—

(i) अमरीका का मानना है कि यह भारत, पाकिस्तान तथा संयुक्त राज्य अमरीका के हित में है कि पाकिस्तान अपने को अधिक सुरक्षित महसूस करे। इसी दृष्टि से उसने 25 मार्च, 2005 को यह घोषणा की कि पाकिस्तान को एफ-16 विमान बेचने पर लगा प्रतिबन्ध हटा लिया गया है।

(ii) दूसरी तरफ उसने भारत को अपनी ओर लाने के लिए तथा उसकी आहत भावनाओं पर मरहम लगाने के लिए यह कहा कि वह भारत को एफ-18 विमान जो विमान की गुणवत्ता तथा मारक क्षमता की दृष्टि से एफ-16 से श्रेष्ठ हैं, बेचने व सह-उत्पादन करने को तैयार है।

दूसरे, अमरीका ने इजरायल को भी इसकी अनुमति दे दी कि वह फाल्कन सुरक्षा पद्धति भारत को बेच सकता है।

तीसरे, अमरीका भारत के साथ सुरक्षा व्यवस्था से जुड़े बुनियादी मुद्दों पर जिनमें मिसाइल डिफेंस भी शालि है, वार्ता तथा सहयोग की इच्छा रखता है।

(iii) अमरीका अपनी विदेश नीति के मूल मुद्दों जैसे प्रजातन्त्र, मानवाधिकार, ईरान का मुद्दा, परमाणु बम की कालाबाजारी रोकना आदि को नजरअंदाज कर अपने निहित स्वार्थों को पूरा करने के लिए पाकिस्तान के प्रति उदार दृष्टिकोण अपनाए हुए है क्योंकि अमरीका को पाकिस्तान की आतंक के विरुद्ध युद्ध में जरूरत है। यही कारण है कि अमरीका पाकिस्तान को उसकी सेवाओं की भरपूर कीमत विभिन्न रूपों में अदा कर रहा है। पहले तो वायुयानों के लिए अतिरिक्त कलपुर्जे बेचने पर लगी रोक को हटाया गया, इसके बाद 2003 में तीन बिलियन डॉलर का आर्थिक-सैनिक सझौता किया। 2004 में 1.3 बिलियन डॉलर का आर्थिक पैकेज दिया गया। जून, 2004 में ही पाकिस्तान को गैर नाटो प्रमुख मित्र का दर्जा दियसा गया और अब एफ-16 की बिक्री से प्रतिबन्ध हटा लिया गया।

(iv) भारत के प्रति भी अमरीका ने यह घोषणा की कि वह अमरीका का मित्र विदेशी राज्य (Firendly Foreign Country) है। इस पर भारत में अमरीकी समर्थक लाबी तथा मौजूदा सरकार ने कहा है कि यह स्थिति पाकिस्तान की तुलना में बेहतर है। पाकिस्तान अमरीका की नजरों में एक निर्भर राष्ट्र है, जबकि भारत एक सम्भावित महाशक्ति के रूप में एक सहयोगी राष्ट्र है।

(v) मार्च, 2006 (जॉर्ज बुश की अमरीकी यात्रा के अवसर पर) में सम्पन्न **नाभिकीय ऊर्जा समझौते** के तहत भारत अपने असैन्य उपयोग वाले परमाणु संयंत्रों को अन्तर्राष्ट्रीय परमाणु ऊर्जा एजेन्सी की निगरानी के अधीन लाने को सहमत हुआ है। भारत और अमरीका के बीच परमाणु समझौते से दोनों देशों के द्वि-पक्षीय सम्बन्धों में नया मोड़ आया है। अमरीका ने यह समझौता चीन को घेरने की दृष्टि से किया है।

(4) एक ध्रुवीय विश्व को बनाए रखने की नीति—वर्तमान में अमरीका की विदेश नीति की एक अन्य प्रमुख प्रवृत्ति अमरीका को विश्व की सर्वोच्च महाशक्ति को बनाए रखने की है। उसकी राष्ट्रीय प्रक्षेपास्त्र सुरक्षा प्रणाली की घोषणा, नाटो का विस्तार, इराक पर अमरीकी गठबन्धन सेना का आक्रमण, ईरान को धमकी देना आदि इसके उदाहरण हैं। एक ध्रुवीय विश्व में राष्ट्रों की सम्प्रभुता की कोई कीमत नहीं रह जाती है। वर्तमान में अमेरिकी विदेश नीति इस दिशा में कार्यरत है।

(5) विश्व आतंकवाद के विरोध की नीति—वर्तमान में अमरीकी विदेश नीति की एक अन्य प्रमुख प्रवृत्ति विश्व आतंकवाद के विरोध की नीति है। सैद्धान्तिक दृष्टि से अमरीका विश्व में किसी भी देश के विरुद्ध आंकवाद के विरुद्ध लिकर संघर्ष करने की नीति को व्यक्त करता है लेकिन व्यवहार में यह नीति भेदभाव भरी है। वह चाहता है कि अमरीका और उसके पश्चिमी सहयोगी देशों के विरुद्ध आतंकवाद का मुकाबला करने के लिए समूचा विश्व उसका साथ दे, लेकिन दूसरे देशों, जैसे भारत व दक्षिण-पूर्वी एशिया के देश आदि में आतंकवाद व आतंकवादियों के विरुद्ध वह चुप्पी साध लेता है। दूसरे, अलकायदा और उसके साथी तालिबान को समाप्त करने के लिए अमरीका ने अपने मित्रों के साथ आतंकवाद के विरुद्ध जो हमला किया, उसमें अफगानिस्तान को तो तबाह कर दिया तथा वहाँ की जनता को अकथनीय कष्टों में धकेल दिया, किन्तु अलकायदा को नष्ट नहीं किया जा सका और तालिबान एक राजनैतिक ताकत के रूप में पुनः उभर कर आया।

(6) लोकतन्त्र को महत्त्व—अप्रैल, 2001 में क्यूबेक शहर में अमेरिकी महाद्वीप का शिखर सम्मेलन सम्पन्न हुआ। इस सम्मेलन में अमेरिका के राष्ट्रपति बुश सहित उत्तरी और दक्षिणी अमरीकी महाद्वीपों के विभिन्न देशों के राष्ट्रपतियों एवं प्रधानमंत्रियों ने वर्ष 2005 के अन्त तक मुक्त व्यापार क्षेत्र की स्थापना पर सहमति व्यक्त की लेकिन शिखर वार्ता में यह भी निर्णय लिया गया कि अमेरिका के मुक्त व्यापार क्षेत्र में केवल लोकतन्त्र को ही स्थान दिया जायेगा। जो देश लोकतन्त्र छोड़ देंगे वे इस गठबंधन के भाग नहीं रहेंगे।

(7) आतंकवाद, निःशस्त्रीकरण, मानवाधिकार, लोकतन्त्र की मनमानी परिभाषा पर आधारित विदेश नीति—इराक पर अमीकी आक्रमण के पीछे उद्देश्य भले ही इराक राष्ट्रपति सद्दाम हुसैन को अपदस्थ करना और इराक में लोकतन्त्र एवं शान्ति व्यवस्था स्थापित करना रहा, लेकिन वास्तव में बुश प्रशासन का इराक पर अमरीकी आक्रमण के पीछे इसका एक छिपा एजेण्डा था, वह था—तेल भण्डारों पर कब्जा करना। अमरीका अपनी ही गढ़ी हुई परिभाषाओं को मान्यता देता है। एक-ध्रुवीय विश्व में केवल वे ही परिभाषाएँ मान्यता प्राप्त कर पाती हैं जिनके पीछे शक्ति का बल है। शक्तिहीन परिभाषाओं का कोई मूल्य नहीं होता है। इसलिए अमरीकी

विदेशनीति सैद्धान्तिक लोकतन्त्रवादी है, व्यावहारिक लोकतन्त्रवाद नहीं। अमरीकी विदेशनीति में जनमत की भूमिका एक कारक के रूप में है, न कि निर्धारक के रूप में। यही कारण है कि इराक युद्ध में अमरीका ने न केवल विश्व जनतम बल्कि आंग्ल-अमरीकी जनमत की भी उपेक्षा की।

अमरीका अपने राष्ट्रीय हितों की कीमत पर विश्व मानवाधिकारों की भी परवाह नहीं करता है। उसकी दृष्टि में कोई भी वैश्विक हित अमरीकी हितों से बड़ा नहीं है। इराक के सद्दाम व अफगानिस्तान की तालिबान सत्ता को अमरीकी विरोध के कारण जाना पड़ा। इसको समाप्त करने के लिए अमरीका ने आतंकवाद और तानाशाही की समाप्ति तथा लोकतन्त्र और शांति-व्यवस्था का नारा दिया। लेकिन अमरीका का समर्थन करने के कारण पाकिस्तान का आतंकवादी समर्थक तानाशाह अमरीका का निरन्तर सहयोग पा रहा है तथा उसे हाल ही बुश प्रशासन ने 'गैर-नाटो सहयोगी सदस्य' का दर्जा भी दिया है।

(8) पश्चिमी एशिया के प्रति नीति—बुश प्रशासन ने पश्चिमी एशिया में जहाँ इराक के प्रति क्लिंटन प्रशासन की सद्दाम विरोधी नीति को आगे बढ़ाते हुए इराक पर अधिकार कर उसके तेल पर नियन्त्रण को स्थायी बनाये रखने की प्रक्रिया को जारी रखा है, वहाँ इजरायल-फिलीस्तीन के विवाद में क्लिंटन प्रशासन की शांति स्थापना करने की नीति से अलग हटते हुए स्पष्ट रूप से इजरायल समर्थन की नीति को अपनाना प्रारम्भ किया। उसने अपनी पश्चिमी एशिया नीति में **'अराफात हटाओ'** के निर्देश दिये थे। यह नीति क्लिंटन प्रशासन की नीति से भिन्न है। इस निर्देश की विश्व राजनीति में तीखी प्रतिक्रिया हुई। ब्रिटेन सहित पश्चिमी यूरोपीय संघ, चीन, जापान, रूस तथा मिस्त्र, सऊदी अरब और जोर्डन जैसे राष्ट्रों ने भी इसके विरुद्ध तीखी प्रतिक्रिया की। इससे स्पष्ट होता है कि पश्चिम एशिया के प्रति बुश प्रशासन की खुली इजरायल समर्थक नीति उजागर हुई है। इराक की जनता ने विदेशी आधिपत्य तथा उनके द्वारा स्थापित कठपुतली सरकार को स्वकार करने के स्थान पर उसके विरुद्ध मुक्ति संघर्ष आरम्भ किया जिसके चलते अब तक उसके 3 हजार से अधिक सैनिक मारे जा चुके हैं तथा 20 हजार के लगभग घायल हुए हैं। सद्दाम की मौत ने इराक के अन्दर गृह युद्ध को समाप्त करने के स्थान पर और अधिक तीखा कर दिया है। इसने पूरे पश्चिमी एशिया में शिया-सुन्नी विभाजन को और गहरा कर दिया है। मिस्त्र, जॉर्डन, सऊदी-अरब राष्ट्रों में सद्दाम को मौत की सजा देने के ढंग पर व्यापक असन्तोष, आक्रोश तथा अमरीकी विरोधी भावना को पैदा किया है। इस प्रकार पश्चिमी एशिया के प्रति बुश की नीति की विफलता सामने आ रही है। लेकिन बुश प्रशासन अभी भी उसी नीति पर चल रहा है। बुश ने इराक की नई नीति में घोषणा की है कि 21000 अमरीकी सैनिक और इराक भेजे जायेंगे।

(9) विदेशी सहायता कार्यक्रम—जून, 2004 में अमरीकी राष्ट्रपति जॉर्ज डब्ल्यू. बुश ने एक नये विदेशी सहायता कार्यक्रम—मिलेनियम चैलेंज एकाउण्ट—के अन्तर्गत श्रीलंका सहित 16 देशों को आर्थिक मदद देने की घोषणा की है। योजना के तहत अमरीकी सहायता पाने वाले देश हैं—श्रीलंका, आर्मेनिया, बेनिन, बोलीविया, के बर्डो, जार्जिया, घाना, होंडुरास, लेसोथो, मेडागासकर, माली, मंगोलिया, मोजाम्बिक, निकारागुआ, सेनेगल और वनुआत।

श्री बुश ने बताया कि 'मिलनेयिनम चैलेंज एकाउन्ट' के माध्यम से निर्धन देशों को राजनैतिक और आर्थिक सुधार के लिये सहायता दी जायेगी। इस सहायता की पात्रता के लिये देशों को भ्रष्टाचार मिटाने के साथ मानवाधिकारों की रखा करनी होगी। उन्हें आर्थिक विकास के लिए बाजार खोलना होगा और नियमों का शिकंजा ढीला करना होगा। राष्ट्रपति बुश की यह नीति दोहरा उद्देश्य लिये हुए है। एक तरफ तो वह इन देशों के बाजारों को हस्तगत करना चाहता है और दूसरी तरफ इन देशों में निर्धनता के कारण बढ़ते आतंकवाद को रोकना चाहता है।

11 सितम्बर, 2001 को दुनिया ने आतंकवादी युद्ध को परवान चढ़ते देखा। इस दिन आतंककारी हमले के कारण अमेरिका की पेंटागन तथा वर्ल्ड ट्रेड सेंटर की बहु-मंजिली इमारतें ढह गयीं। इस आतंककारी हमले के बाद 12 सितम्बर को वाशिंगटन में सभी अमरीकी अखबारों ने एक मत से प्रत्याक्रमण की भाषा बोली। इसका प्रमुख शीर्षक यह रहा है कि, "महायुद्ध जीता, शीत युद्ध भी जीत लिया और अब यह छद्म युद्ध भी जीतना है।" अमरीकी राष्ट्रपति ने भी 'आतंकवाद के खिलाफ जंग का ऐलान' कर दिया। संयुक्त राज्य अमेरिका विश्व की एकमात्र महानतम शक्ति है। विश्व राजनीतिक के संचालन और नियन्त्रण में इस शक्ति की अहम् भूमिका है। लेकिन द्वितीय विश्व युद्ध के पूर्व अमेरिका विश्व की महाशक्ति नहीं था। इससे पूर्व इसने अन्तर्राष्ट्रीय मामलों में पार्थक्यवाद (Isolationism) की नीति अपनाई। द्वितीय विश्व-युद्ध की समाप्ति के समय अणु-शक्ति पर अमरिका का एकाधिकार था, वह आर्थिक दृष्टि से बहुत सम्पन्न था और उसके पास आधुनिक प्रौद्योगिकी का ज्ञान प्रचुर मात्रा में उपलब्ध था। पश्चिमी यूरोप के देश अपनी युद्धजर्जर अर्थव्यवस्था के पुनर्निर्माण के लिए अमेरिका की आर्थिक सहायता पर आश्रित थे, अतः वे अन्तर्राष्ट्रीय राजनीति के क्षेत्र में अमेरिका के अनुचर बन गये। युद्धोत्तर विश्व की स्थिरता एवं शान्ति अमेरिका और सोवियत संघ के पारस्परिक विश्वास व सहयोग पर निर्भर करती थी, किन्तु दोनों में, आधारभूत सैद्धान्तिक मतभेद थे। पूर्वी यूरोप में अपना प्रभुत्व स्थापित कर सोवियत संघ ने अन्यत्र भी साम्यवाद का प्रसार करने के प्रयत्न शुरू कर दिये। अमेरिका ने भी अपने आपको स्वतन्त्र जगत् का आरक्षंक समझते हुए साम्यवाद के परिरोधन की नीति अपनायी। दोनों महाशक्तियों के बीच शीत युद्ध छिड़

गया। द्वितीय विश्व युदध के बाद संयुक्त राज्य अमेरिका की विदेश नीति निम्नलिखित प्रमुख सिद्धान्तों पर आधारित रही है—

(1) साम्यवाद के परिरोधन की नीति—द्वितीय विश्व युद्ध के बाद, संयुक्त राज्य अमेरिका की विदेश नीति का मुख्य आधार अथवा केन्द्र-बिन्दु साम्यवाद के परिरोधन की नीति रही। अमेरिका की इस काल की विदेश नीति के निम्नलिखित स्वरूप रहे हैं—

(i) द्वि-पक्षीय या बहुपक्षीय सन्धियाँ, समझौते या सैनिक संगठन,

(ii) विदेशों में सैनिक अड्डों की स्थापना,

(iii) हथियारों की होड,

(iv) औद्योगिक प्रौद्योरेगिकी का निर्यात,

(v) आर्थिक एवं सैनिक सहायता,

(vi) परमाणु अस्त्रों का विस्तार आदि, इस एक बिन्दु के इर्द-गिर्द घूमते रहे हैं। साम्यवाद परिरोधन की नीति का यह अर्थ है कि स्वतन्त्र जगत् (गैर-साम्यवादी देश) में जहाँ कहीं साम्यवादी हस्तक्षेप या आक्रमण अन्तर्राष्ट्रीय साम्यवाद के समर्थन से कोई देश किसी दूसरे देश के असन्तुष्ट या विद्रोही तत्त्वों को सहायता देकर शान्ति भंग करता या शान्ति को खतरा उत्पन्न हो जाता या राज्यों की स्वतन्त्रता, अखण्डता और सुरक्षा खतरे में पड़ जाती तो वहाँ उसका सामना अमेरिका की प्रति-शक्ति द्वारा किया जायेगा। दूसरे शब्दों में, जहाँ कहीं सोवियत संघ 'दबाव' का प्रयोग करता, वहाँ संयुक्त राज्य अमेरिका प्रति-दबाव का प्रयोग करता। अमेरिका द्वारां साम्यवाद के परिरोधन की नीति अपनाने का मूल कारण यह था कि सोवियत समाजवादी व्यवस्था पश्चिम की पूंजीवादी अर्थव्यवस्था को एक बड़ी चुनौती थी। द्वितीय विश्व युद्ध के बाद, केवल अमेरिका ही पश्चिमी देशों का नेतृत्व ग्रहण कर इस चुनौती का सामना करने की स्थिति में था। साम्यवाद के प्रसार को रोकने के लिए अमेरिका ने पार्थक्य नीति का परित्याग कर दिया और वह स्वतन्त्र जगत् के लिए आरक्षक बन गया।

(2) द्वि-पक्षीय अथवा बहुपक्षीय सुरक्षा व्यवस्थाओं एवं सैनिक सन्धियों की नीति—अमेरिका ने साम्यवाद के परिरोधन की नीति पर चलते हुए द्वि-पक्षीय अथवा बहु-पक्षीय सुरक्षा व्यवस्थाओं तथा सैनिक सन्धियों एवं मैत्रियों का निर्माण किया जिनमें प्रमुख निम्नलिखित थीं—

(क) रीओ सन्धि—1947 में यह सामूहिक सुरक्षा सन्धि संयुक्त राज्य अमेरिका और लेटिन अमेरिका के राज्यों के बीच हुई। इस सन्धि पर हस्ताक्षर करने वाले प्रत्येक राष्ट्र ने इस बात पर सहमति प्रकट की कि, "एक पर आक्रमण सब पर आक्रमण

समझा जायेगा।'' इसमें प्रत्येक ''आक्रमण का सामना करने के लिए एक-दूसरे की सहायता देने का वचन दिया है।''

(ख) ट्रूमैन सिद्धान्त—12 मार्च, 1947 को तत्कालीन अमेरिकन राष्ट्रपति ट्रूमैन ने खुले रूप में घोषणा की कि ''विश्व में जहाँ कहीं शांति भंग करने वाला प्रत्यक्ष या परोक्ष आक्रामक कार्य होगा, वहाँ संयुक्त राज्य अमेरिका की सुरक्षा संकट में मानी जायेगी और वह उसे रोकने का प्रयास करेगा।'' संयुक्त राज्य अमेरिका की विदेश नीति का संचालन आज भी ट्रूमैन की इस घोषणा के आधार पर हो रहा है। ट्रूमैन सिद्धान्त पर चले हुए अमेरिका ने आर्थिक व सैनिक व्यवस्थाओं (नाटो, सीटो आदि) का निर्माण किया, विदेश में सैनिक अड्डों की स्थापना कर वहाँ अमेरिकन विशेषज्ञों व नागरिकों को रखा तथा अन्य देशों के आन्तरिक मामलों में प्रत्यक्ष व परोक्ष रूप से हस्तक्षेप किया।

(ग) मार्शल योजना—5 जून, 1947 को मार्शल योजना लागू की गई, इस योजना का उद्देश्य था विश्वयुद्धोत्तर यूरोप में आर्थिक रूप से कमजोर तथा राजनीतिक दृष्टि से अस्थिर सरकारों को साम्यवादी बनने से रोकने के लिएआर्थिक सहायता प्रदान करना। यह योजना साम्यवाद के अवरोध का आर्थिक माध्यम थी। औपचारिक रूप से तो आर्थिक सहायता सम्पूर्ण यूरोप को दी जाने थी किन्तु वास्तव में इसका उद्देश्य पश्चिमी यूरोप के देशों को आर्थिक सहायता देकर यूरोप में सोवियत संघ के प्रभाव को विस्तृत होने से रोकना था।

(घ) नाटो व सीटो सन्धि—4 अप्रैल, 1949 को अमरीका ने पश्चिमी यूरोप के कतिपय देशों के साथ नाटो संधि पर हस्ताक्षर किये। शीत युद्ध के अन्त के बाद भी अमरीका नाटो के विस्तार के लिए कृत संकल्प है। अमरीकी पहल पर ही पूर्वी यूरोप के देशों को इससंगठन में शामिल किया गया है। दक्षिण-पूर्वी एशिया और दक्षिण प्रशान्त महासागर क्षेत्र को साम्यवाद से बचाने के लिए 1957 में सीटो सन्धि पर हस्ताक्षर किये गये। यद्यपि यह सन्धि अब अस्तित्व में नहीं है।

(ङ) अन्य सन्धियाँ—1951 में ऑस्ट्रेलिया, न्यूजीलैण्ड तथा अमरीका ने **एजन्स समझौते** पर हस्ताक्षर किये। इसे अतिरिक्त अमरीका ने जापान, ताइवान तथा पाकिस्तान के साथ द्वि-पक्षीय संधियाँ कीं आदि।

(च) विभिन्न सहायता कार्यक्रम—द्वितीय विश्व युद्ध के बाद, संयुक्त राज्य अमेरिका ने आर्थिक, सैनिक व प्रौद्योगिकी सहायता के लिए जिन कार्यक्रमों को शुरू किया, उनमें प्रमुख कार्यक्रम निम्नलिखित थे—

(i) उदार पट्टा प्रोग्राम—यह प्रोग्राम कांग्रेस द्वारा 1941 में पारित उदार पट्टा प्रोग्राम पर आधारित था जिसका उद्देश्य नाजी आक्रमण का सामना करने वाले देशों

को अमरीकी आर्थिक स्रोत उपलब्ध कराना था। इसके अन्तर्गत दी जाने वाली अमरीकी आर्थिक सहायता की कुल राशि 1945 तक 49.1 बिलियन डॉलर तक पहुँच गई थी। ग्रेट ब्रिटेन, रूस, फ्रांस और चीन आदि देशों को सहायता प्रदान की गई।

(ii) चार सूत्री कार्यक्रम—इस कार्यक्रम को तत्कालीन अमेरिकन राष्ट्रपति ट्रूमैन ने 20 फरवरी, 1949 को कांग्रेस के सम्मुख प्रस्तुत किया था। इसका उद्देश्य अल्पविकसित देशों को अमेरिकन प्रौद्योगिकी सहायता उपलब्ध करना था। इस कार्यक्रम के चार सूत्र निम्नलिखित थे—

(a) संयुक्त राष्ट्र संघ का पूर्ण समर्थन,

(b) विश्व के आर्थिक पुनरुद्धार के कार्यक्रम को जारी रखना,

(c) आक्रमण के विरुद्ध स्वतन्त्रता प्रेमी राष्ट्रों को सुदृढ़ करना, तथा

(d) अल्प-विकसित राष्ट्रों को आधुनिक प्रौद्योगिकी (तकनीकी) सहायता प्रदान करना।

(iii) अन्तर्राष्ट्रीय विकास योजना—1961 में विदेशी सहायता अधिनियम के अन्तर्गत इसे तत्कालीन राष्ट्रपति कैनेडी ने शुरू किया था। इस योजना के अन्तर्गत, सहायता प्राप्त करने वाले मुख्यत: एशिया के देश थे। इसके अन्तर्गत, विकासवादी योजनाओं के लिए कम ब्याज पर दीर्घकालीन ऋणों की व्यवस्था की गई तथा आर्थिक एवं सैनिक सहायता में स्पष्ट भेद किया गया।

(iv) प्रगति के लिए मैत्री—यह योजना लेटिन अमेरिका के राज्यों को विकास हेतु आर्थिक सहायता देने के लिए बनायी गयी थी।

(v) वर्तमान स्थिति—वर्तमान समय में अमरीकी प्रशासन का अनुराग आर्थिक सहायता प्रोग्रामों के प्रति नहीं रहा। सम्भवत: इसलिये कि अमरीकी उद्देश्यों की पूर्ति के लिये इनकी उपयोगिता नष्ट हो गयी है। दूसरे, अमरीकी मतदाता इसके बोझ को अब सहने के लिए तैयार नहीं। तीसरे, आर्थिक सहायता के बावजूद राष्ट्रों में स्वतन्त्र दृष्टिकोण की प्रवृत्ति पायी जाती है।

उपर्युक्त विवेचन से स्पष्ट होता है कि ट्रूमैन सिद्धान्त ने अमेरिका को एक महाशक्ति के रूप में स्थापित करने में महत्त्वपूर्ण योगदान दिया है। वर्तमान में भी अमेरिका इस सिद्धान्त को अपनाये हुए है।

(3) मानवाधिकारों का समर्थन—राष्ट्रपति जिम्मी कार्टर ने मानवाधिकारों को अमेरिकन विदेश नीति का एक प्रमुख अंग बना दिया। इसके अन्तर्गत मानव अधिकारों के सम्बन्ध में न केवल विश्व में आवाज बुलन्द की गई, बल्कि इसे द्विपक्षीय

सम्बन्धों, आर्थिक एवं प्रौद्योगिकी सहायता तथा सैनिक सहायता का आधार बना दिया गया। मानवाधिकारों की देखरेख के लिए स्टेट डिपार्टमेंट में एक पृथक् ब्यूरो की स्थापना की गई तथा एक पृथक् मानवाधिकार अधिकारी नियुक्त किया गया। विदेश मन्त्रालय ने मानवाधिकारों के हनन के ब्यौरे प्रकाशित किये तथा अमेरिकन राजदूतों का यह व्यक्तिगत उत्तदायित्व बना दिया गया कि वे दूसरे देशों में मानवाधिकार सम्बन्धी नीति को सही परिप्रेक्ष्य में प्रस्तुत करें।

(4) खाड़ी सिद्धान्त—इस सिद्धान्त का निर्माण अमरीका के तत्कालीन राष्ट्रपति कार्टर ने 24 जनवरी, 1980 को कांग्रेस को भेजे गये अपने वार्षिक सन्देश में किया था। उनका कहना था कि अफगानिस्तान में रूसी सैनिक हस्तक्षेप विश्व शान्ति के लिए गम्भीर खतरा है। उन्होंने चेतावनी देते हुए कहा कि, "किसी बाह्य शक्ति द्वारा खाड़ी क्षेत्र पर नियन्त्रण के प्रयास को अमरीका के आवश्यक हितों पर आक्रमण समझा जायेगा और उसे सैनिक शक्ति सहित किन्हीं आवश्यक साधनों द्वारा खदेड़ दिया जाएगा।" कार्टर की यह चेतावनी खाड़ी सिद्धान्त के नाम से प्रसिद्ध है।

(5) लोकतन्त्र बहाली के नाम पर पड़ौसी देशों में हस्तक्षेप—अमरीका ने पिछली सदी के उत्तरार्द्ध से मध्य और दक्षिण अमरीकी देशों में कानून व्यवस्था और लोकतन्त्र की बहाली तथा अमरीकी नागरिकों के हितों के नाम पर साठ से अधिक बार हस्तक्षेप किया है। उदाहरण के लिए उसने 1965 में डोमिनिकन गणराज्य में, 1983 में ग्रेनेडा में, 1989 में पनामा में हस्तक्षेप किया। सितम्बर, 1994 में लोकतन्त्र बहाली के नाम पर अमरीकी सेनाएँ हैती की राजधानी पोर्तू प्रिंस के नागरिक विमान तल पर उतरीं।

(6) विकासशील देशों पर दबाव बनाए रखने की नीति—अमरीका विकासशील देशों पर बाव बनाए रखने की रीति अपनाए हुए है। उदाहरण के लिए रूस और भारत के बीच क्रायोजैनिक इंजन व उससे सम्बन्धित तकनीक सम्बन्धी समझौते के सम्बन्ध में रूस पर तकनीक न देने का दबाव बनाया। दूसरी तरफ अमरीकी दबाव के कारण ही भारत ने क्यूबा को चावल, ईरान को परमाणु रिएक्टर बेचने सम्बन्धी प्रस्ताव पर अमल नहीं किया। भारत पर निरन्तर दबाव बनाया जा रहा है कि वह परमाणु अप्रसा संधि तथा सी.टी.बी.टी. पर हस्ताक्षर कर दे। जब भारत व पाकिस्तान ने 1998 में परमाणु परीक्षण किये तो अमरीका ने तुरन्त ही दोनों राष्ट्रों पर आर्थिक प्रतिबन्ध लगाने की घोषणा कर दी।

(7) एशिया प्रशान्त क्षेत्र में बढ़ती दिलचस्पी—शीत युद्ध की समाप्ति के बाद एशिया-प्रशान्त क्षेत्र में अमरीकी दिलचस्पी बढ़ी है। इस क्षेत्र में अपनी उपस्थिति बनाए रखने के लिए राष्ट्रपति क्लिण्टन ने नवम्बर, 1993 में सयिटेल में एशिया-

प्रशान्त आर्थिक सहयोग के 15 सदस्य देशों का शिखबर सम्मेलन आयोजित किया। क्लिण्टन ने कहा कि, ''एशिया-प्रशन्त क्षेत्र में हो रहा आर्थिक विस्फोट हमारी चिन्ता का विषय है।''

(8) सीमित परमाणु आक्रमण सिद्धान्त—इस सिद्धान्त की रूपरेखा भी कार्टर ने प्रस्तुत की थी। इस सिद्धानत के अनुसार, ''अमेरिका रूस द्वारा विशिष्ट क्षेत्र या देश में प्रात्यारोपित युद्ध को परम्परागत युद्ध के आधार पर नहीं लड़ेगा अपितु विशिष्ट रूसी निशानों पर स्वयं सीमित परमाणु आक्रमण का सहारा लेगा।'' अब तक घोषित अमरीकी विदेश नीति के सिद्धान्तों में यह सिद्धान्त सबसे खतरनाक है क्योंकि सीमित परमाणु आक्रमण कभी भी व्यापक परमाणु युद्ध का रूप धारण कर सकता है।

(9) आतंकवाद विरोध की नीति—21 सितम्बर, 2001 को अमरीकी कांग्रेस को सम्बोधित करते हुए राष्ट्रपति जॉर्ज बुश ने कहा कि आज के बाद जो देश आतंकारियों को पनाह या समर्थन जारी रखेगा, वही अमरीका का दुश्मन माना जायेगा। वर्तमान में भी अमेरिकी प्रशासन आतंकवाद के विरोध की नीति पर चल रहा है।

(10) आश्रित तथा उपग्रही राज्यों की स्थापना की नीति—वर्तमान में अमरीका उपनिवेशवादी तकनीक का सहारा लिये बिना अपने वैश्विक साम्राज्य की स्थापना का प्रयत्न कर रहा है। इस हेतु वहआश्रित एवं उपग्रही राज्यों की स्थापना एवं सैनिक हस्तक्षेप की नीति पर चल रहा है। इस नीति के तहत वह जहाँ-तहाँ युद्ध करता है, जैसे—अफगानिस्तान और इराक में, उसके बाद वहाँ मित्रतापूर्ण शान की स्थापना करता है और स्वयं वहाँ से हट जाता है।

(11) वैदेशिक सहायता का उदारीकरण—क्लिण्टन प्रशासन के काल में अमेरिका ने अन्य देशों को सहायता देते समय अनेक शर्तें आरोपित कर सहायता कार्यक्रम को संकुचित कर दिया था। लेकिन वर्तमान में अमेरिकी प्रशासन वैदेशिक सहायता प्रदान करते समय उदारता से कार्य कर रहा है, लेकिन वह ऐसा करते सम मानवाधिकारों का संरक्षण करने, आतंकवाद का समर्थन नहीं करने तथा आण्विक अप्रसार सन्धि पर हस्ताक्षर करने जैसी शर्तें अब भी रख रहा है।

◆ ◆ ◆

7

चीन की विदेश नीति

1967 में दक्षिण-पूर्वी एशिया के राष्ट्रों—इण्डोनेशिया, मलेशिया, फिलीपीन्स, सिंगापुर तथा थाइलैण्ड ने क्षेत्रीय सहयोग के उद्देश्य से 'आसियान' (ASEAN) नामक एक असैनिक संगठन का निर्माण किया। बाद में 1984 में ब्रुनेई भी इसका सदसय बना और 28 जुलाई, 1995 में वियतनाम को भी इसका पूर्ण सदस्य बना लिया गया। इसके बाद म्यांमार, लाओस और कम्बोडिया भी इसके पूर्ण सदस्य बन गये। इस प्रकार वर्तमान में इसके 10 पूर्ण सदस्य हैं। यहाँ पर हमारा प्रतिपाद्य चीन तथा दक्षिण-पूर्व एशिया के सम्बन्धों का विवेचन करना है।

द्वितीय महायुद्ध से पूर्व चीन की स्थिति अन्तर्राष्ट्रीय समुदाय में एक कमजोर एवं द्वितीय श्रेणी के राष्ट्र के रूप में थी। विभिन्न यूरोपीय देशों, जापान व अमेरिका ने चीन का खूब शोषण किया। इसी कारण चीन को एशियसा का रोगी व पूर्व का तरबूज आदि की संज्ञा दी जाती थी। परन्तु 1949 की साम्यवादी क्रान्ति के बाद, चीन कुछ ही वर्षों में एक शक्तिशाली राष्ट्र बन गया। 1964 के परमाणु विस्फोट और 1970 के प्रक्षेपास्त्रों और स्वचालित प्रक्षेपास्त्रों के सफल परीक्षण के बाद वह तृतीय

महाशक्ति के रूप में गिना जाने लगा। आज स्थिति यह है कि अमेरिका, जिसने 22 वर्षों तक चीन का उग्र विरोध किया, अब उसे मित्रता करने को लालायित है। **नेपोलियन बोनापार्ट** ने चीन के सम्बन्ध में एक बार कहा था, "यहाँ एक दैत्य पड़ा सो रहा है। उसको सोने दो, क्योंकि वह जब जाग उठेगा तो दुनिया को हिला देगा।" 1949 के बाद वह दैत्य जाग उठा और उसने दुनिया को वास्तव में हिला दिया। चीनी विदेश नीति का अध्ययन निम्नलिखित शीर्षकों के अन्तर्गत किया जा सकता है—

1. नीतिगत स्थायित्व एवं एकता का अभाव—चीन की विदेश नीति कभी स्थायी या ठोस सिद्धान्तों पर चलने वाली नहीं रही। यह समयस, परिस्थिति, आवश्यकता, राष्ट्रीय हित और शक्ति-संघर्ष के तत्त्वों द्वारा प्रभावित और परिवर्तित होती रही है। इसके कुछ उदाहरण निम्नलिखित हैं—

(i) रूस—अक्टूबर, 1949 की क्रान्ति के बाद रूस ने साम्यवादी चीन को भारी मात्रा में आर्थिक, तकनीकी और सैनिक सामग्री की सहायता दी, उसे संयुक्त राष्ट्र संघ का दस्य बनाने का निरन्तर प्रयत्न किया और कोरिया युद्ध के समय चीन को पूर्ण समर्थन दिया किन्तु 1960 के बाद, जबकि चीन पर्याप्त रूप से शक्तिशाली बन चुका था, चीन ने सोवियत संघ पर आरोप लगाना शुरू कर दिया और उसे सारूम्यसवाद का शत्रु कहने लगा। चीन ने रूस द्वारा 'हड़पे' हुए अपने प्रदेश भी रूस माँगना शुरू कर दिया। 1969 में दोनों देशों की सेनाओं में उसूरी नदी की घाटी में सैनिक मुठभेड़ भी हुई। इससे चीन और रूस के मतभेद अत्यधिक उग्र हो गये। सन् 1986 तक दोनों देशों मध्य तनाव बना रहा। 1986 से पुनः दोनों देशों के मध्य संवाद की स्थिति पैदा हुई और गोर्बाच्योव ने अपनी ग्लासनोस्त तथा पेरेस्त्रोइका की नीति के अन्तर्गत मई, 1989 की शिखर वार्ता में चीन की तीनों शर्तों—(i) रूस द्वारा अफगानिस्तान से सेनाएँ लौटा लेना, (ii) चीन सीमा में सेना को कम करना तथा (iii) वियतनामी सेनाओं की कम्पयूचिया में स्वदेश वापसी की घोषणा—को पूरा कर दिया। इसके बाद चीन का रूस के साथ संवाद बना हुआ है लेकिन इस संवाद की स्थापना में रूस की पहल और उदारता की ही मुख्य हाथ है।

(ii) भारत—भारत उन देशों में था, जिसने साम्यवादी चीन को तत्काल मान्यता प्रदान कर दी और संयुक्त राष्ट्र संघ में (1962 के युद्ध के बाद भी) उसे सदस्यता दिलवाने के निरन्तर प्रयत्न किये। भारत ने चीन द्वारा तिब्बत पर अधिकार करने पर भी कोई विशेष विरोध प्रकट नहीं किया।

1954 में चीन प्रधानमंत्री चाउ-ए-लाई ने भारत की यात्रा की और 1959 तक भारत-चीन के सम्बन्ध इतने मधुर हो गये कि वे एक-दूसरे को भाई-भाई कहने लगे। 1959 में, जब भारत ने तिब्बत के दलाई लामा को शरण दी, तो चीन का रवैया

भारत के प्रति शत्रुता का हो गया। 1962 में भारत पर चीनी आक्रमण के बाद से भारत-चीन सम्बन्ध बिगड़ गये। 1965 तथा 1971 के भारत-पाक युद्धों के समय चीन ने पाकिस्तान का समर्थन किया। 1977 से भारत कही पहल पर पुनः भारत-चीन सम्बन्धों में परिवर्तन आ रहा है तथा चीन की नीति में भी पविर्तन आया है लेकिन भारत के विरुद्ध पाकिस्तान को सामरिक सहायता देकर भारत को घेरेन की नीति उसकी अभी तक कायम है।

(iii) संयुक्त राज्य अमेरिका—1971 तक चीन अमेरिका को अपना शत्रु नम्बर एक समझता रहा। दोनों देशों ने अप्रत्यक्ष रूप से कोरिया और हिन्द-चीन में युद्ध लड़े और एक-दूसरे के विरुद्ध जहर उगलते रहे। सीटो की स्थापना का उद्देश्य चीन के सम्भावित आक्रमण को रोकना था। अमेरिका ने चीन को संयुक्त राष्ट्र संघ का सदस्य नहीं बनने दिया। परन्तु 1971 के बाद चीन के अमेरिका से मित्रता बढ़ाना शुरू कर दिया और दोनों के बीच सामान्य सम्बन्धों की स्थापना हुई। पहले चीन कहा करता था कि जब तक फॉरमोसा उसके अधिकार में नहीं आ जायेगा, तब तक वह अमेरिका से सामान्य सम्बन्ध स्थापित नहीं करेगा। फॉरमोसा के ाथ भी अमेरिका के सामान्य सम्बन्ध हैं, परन्तु अब चीन चुप है। 1981 के बाद से ही चीन-अमेरिका के सम्बन्धों में पूर्व-सोवियत संघ के विरोध कीधुरी में दोनों के बीच मधुरता बनी रही। लेकिन सोवियत संघ के पतन के बाद विश्व में संयुक्त राज्य अमेरिका एकमात्र महाशक्ति रह गयी। उसकी नीतियाँ भी दबावकारी बनने लगीं। ऐसी स्थिति में चीन से तनाव आवश्यक था। 1993 से आज तक चीन की अमेरिका के प्रति विदेश नीति मित्रवत् सम्बन्धों और एक-दूसरे को दबाव में बनाये रखने के अन्तगत जारी है। इससे स्पष्ट होता है कि चीन की विदेश नीति अस्थिर है।

2. एक राष्ट्र की नीति—राष्ट्री अखण्डता के सम्बन्ध में चीन की नीति स्पष्ट रूप से एक राष्ट्र की नीति है। उसने प्रारम्भ से ही हांगकांग और ताइवान को अपना अंग मान है। **हांगकांग** के सन्दर्भ में उसने ग्रेट-ब्रिटेन से बात करने से इन्कार कर दिया था तथा कहा था कि निश्चित तिथि पर यदि वहाँ से यूनियन जैक नहीं उतार लिया गया तो चीन की जनमुक्ति सेना हांगकांग के लिए प्रयाण कर देगी। परिणामतः बिना किसी हील-हुज्जत के हांगकांग का विलय 'एक राष्ट्र—दो व्यवस्थाओं' के रूप में हो गया।

ताईवान के सन्दर्भ में भी 'एक राष्ट्र' की नीति पर चीन कोई समझौता करने को तैयार नहीं है। वह इस विषय पर अमरीका से भी बात करने को तैयार नहीं है। द्वितीय महायुद्ध के बाद तो चीन का अन्तर्राष्ट्रीय प्रतिनिधि ताईवान (फारमोसा) ही था। 'वीटो' का अधिकर भी ताइवान के पास था। साम्यवादी चीन को संयुक्त राष्ट्र संघ की सदस्यता भी प्राप्त नहीं था। कालान्तर में स्थितियाँ बदलीं। अमरीका

को झुकना पड़ा। उसने जो ताईवान को अन्तर्राष्ट्रीय पटल पर चीन का प्रतिनिधित्व दे रखा था, वह समाप्त हुआ। चीन को संयुक्त राष्ट्र संघ में प्रवेश प्राप्त हुआ तथा ताईवान को चीन के हिस्से के रूप में मान्यता देनी पड़ी। ताईवान नपे अग्ने स्वतन्त्र अस्तित्व के लिए बहुत कोशिश की लेकिन उसे सफलता नहीं मिली। आज ताईवान चीन का ही एक प्रदेश है लेकिन अभी उसकी एक विशिष्ट स्थिति बनी हुई है। इस दृष्टि से ताईवान एक सम्प्रभुता वर्जित स्वायत्त चीनी प्रदेश है। चीन ने अमरीका से सम्बन्ध तभी सुधारे जब अमरीका ने चीन की 'एक राष्ट्र नीति' (अखण्ड चीन नीति) को स्वीकार कर लिया। वर्तमान में ताईवान जब स्वतन्त्र रूप से अमरीका से सम्पर्क बनाता है, चीन अपना विरोध दर्ज करवा देता है।

3. 'चारा और छड़ी' की नीति—पामर और पार्किन्स के अनुसार, चीन की विदेश नीति 'चारा और छड़ी' की रही है, अर्थात् "मीठे शब्दों और मैत्रीपूर्ण संकेतों के साथ प्रबल तरीकों और अपशब्दों के प्रयोग की।" चीन ने पंचशील के सिद्धान्तों की प्रायः दुहाई दी है, इन सिद्धान्तों के प्रति चीन का लगाव केवल दिखावा है। वस्तुतः चीन की नीति शान्तिप्रियता की आड़ में शक्ति की रही है। चीन ने अपने उद्छेश्यों की पूर्ति के लिए शक्ति, दमन, धमकी, अन्य देशों के असन्तुष्ट तत्त्वों को समर्थन व सहायता, छापामार युद्ध, आर्थिक सहायता, सैनिक प्रशिक्षण, गुप्त तोड़-फोड़, सद्भावना यात्राएँ, अन्तर्राष्ट्रीय सम्मेलनों में भाग लेना, मुक्ति आन्दोलनों का समर्थन आदि की रही है।

चीन की यह नीति माओ द्वारा 1938 में कहे गये इन शब्दों से स्पष्ट हो जाती है कि, "राजनीतिक शक्ति बन्दूक की नली से उत्पन्न होती है।" (Political power grows out of the barrel of a gun) चीन की विदेश नीति में बार-बार इसी नीति के उदाहरण देखने को मिलते हैं।

4. सैनिक शक्ति में वृद्धि—चीन की विदेश नीति का प्रमुख लक्ष्य सैनिक शक्ति में अत्यधिक वृद्धि करना है। उसके पास लाखों की संख्या में प्रशिक्षित स्थायी सेना है तथा हजारों की संख्या में आधुनिक व नवीन ढंग के वायुयान हैं। परमाणु शस्त्रों का उसके पास विशाल भण्डार हो गया है। चीन के पास टी.यू. 16 किस्म के ऐसे बमवर्षक भी हैं जो दूर तक उड़ान भर सकते हैं। शान्ति की दुहाई देने वाला चीन अपने को विश्व की महानतम सैनिक शक्ति बनाने के लिए निरन्तर प्रयत्नशील है। उसके पश्चिमी शक्तियों, विशेषकर ब्रिटेन से टेक्नोलॉजी सम्बन्धी समझौते किये हैं, फ्रांस से टेंक विध्वंसक हॉट किस्म के प्रक्षेपास्त्र खरीदे हैं। दिसम्बर, 1996 में उसेन रूस से दो 'सोब्रेयनी डिस्ट्राया' किस्म के लड़ाकू जहाज के सौदे किये हैं। इन जहाजों के मिलते ही दक्षिण चीन सागर मेंनौसैनिक सन्तुलन चीन के पक्ष में हो जायेगा। उसने रूस से किलो किस्म की पनडुब्बियां भी खरीदी हैं।

उसने पाकिस्तान, सऊदी अरबा, ईरान तथा अन्य देशों को परमाणु तकनीकी और प्रक्षेपास्त्रों का निर्यात किया है। जिनेवा सम्मेलन (सी. टी. बी. टी.) केसमय जून, 1996 में उसने परमाणु परीक्षण किये।

5. आक्रामक एवं विस्तारवादी नीति—चीन अपने वर्तमान विशाल क्षेत्रफल से सन्तुष्ट नहीं है। चीन उन सभी क्षेत्रों पर अपना दावा पेश करता है जो इतहास में किसी समय उसके अंग या उसके अधीन रहे हैं। उसका कहना है कि भूतकाल में, उसकी दुर्बलता का लाभ उठाते हुए अन्य देशों ने उसकी लगभग 32 लाख किलोमीटर भूमि पर कब्जा कर लिया। चीन की इस नीति के कारण उसके हर पड़ोसी देश के साथ सीमा-विवाद हैं और उसकी सेनाओं की पड़ोसी देशों के साथ भिड़न्त हो चुकी है। उदाहरण के लिए—(i) उसने 1962 में भारत की उत्तर-पूर्वी और उत्तर-पश्चिमी सीमाओं पर आक्रमण करके भारत की हजारों वर्ग मील भूमि हस्तगत कर ली है।

(ii) उसूरी नदी की घाटी में रूसी-चीनी सेनाओं में भिड़न्त सन् 1969 तथा 1978 में हो चुकी है।

(iii) 1979 में चीन ने वियतनाम पर आक्रमण किया।

(iv) फिलीपीन्स की सुबिक खाड़ी पर अपना एकाधिकार प्राप्त करना चाहता है। जब से (1992) सुबिक खाड़ी से अमरीका ने अपना जहाजी बेड़ा हटाया है, तब से वह इस क्षेत्र में दु:साहसी हो गया है।

(v) चीनी समुद्र पर वह अपना एकाधिकार मानता है। दक्षिणी चीनी समुद्र में मई, 1995 में 'एक विवादास्पद समुद्री चट्टान' को स्पार्टली आइसलैण्ड का हिस्सा है, पर उसे कब्जा कर लिया है। पूर्वी चीनी समुद्र में सेनकाकू द्वीपों पर चीन की नजर है।

(vi) तिब्बत चीन की विस्तावादी नीति का एक सांगोपांग उदाहरण है।

इससे स्पष्ट होता है कि चीन की विदेश नीति का एक स्थायी तत्त्व विस्तावादी नीति को जारी रखना है।

6. प्रवासी चीनियों के हितों की रक्षा—"जहाँ कहीं चीनी है, वहाँ चीन है," के आधार पर प्रवासी चीनियों के हितों की रक्षा करना चीन अपना अधिकार और कर्त्तव्य समझता है। दक्षिण-पूर्वी एशिया के देशों में लगभग एक करोड़ पच्ची लाख चीनी रहते हैं, जिनका वहाँ की अर्थव्यवस्था पर पर्याप्त प्रभुत्व है और जिनकी निष्ठा अपने देश की बजाय चीन के प्रति है। इन देशों में रहने के बाद भी इन्होंने अपनी पृथक् जातीय, वंशीय और सांस्कृतिक पहचान को बनाये रखा है। चीन प्रवासी

चीनियों के हितों कीरक्षा के बहाने बर्मा (म्यांमार), थाइलैण्ड, इण्डोनेशिया, मलेशिया, फिलीपाइन्स आदि देशों के आन्तरिक मामलों में हस्तक्षेप करता रहा है, जिससे इन देशों के साथ चीन के सम्बन्ध तनावपूर्ण रहते हैं। इन देशों में चीनी समुदायों की विद्रोही कार्यवाहियाँ प्रायः चीन के इशारे और सहायता पर होती हैं।

7. विचारधारा—साम्यवादी क्रान्ति के पश्चात् से चीन में मार्क्स, लेनिन तथा माओ के विचाराओं का अत्यधिक प्रभाव रहा किन्तु चन में राष्ट्रवाद की भावना इतनी प्रबल है कि उसने साम्यवाद जैसी अन्तर्राष्ट्रीय विचारधारा को भी अपने रंग में रंग लिया।

8. घुसपैठ की नीति—एशियाई देशों के अलावा चीन समय-समय पर अफ्रीका, यूरोप तथा लेटिन अमरीकी देशों में कई तरह की घुसपैठ के प्रयास करता रहा। अफ्रीका के कुछ देशों में चीनियों के साथ में खासा व्यापार है। कैरेबियाई द्वीप के देशों में चीनी फैले हुए हैं। जाम्बिया और तंजानिया में तानजाम रेलवे के निर्माण के निर्माण के सम चीनियों की घुसपैठ हुई। यद्यपि वहाँ रेलवे का निर्माण कार्य समाप्त हो गया लेकिन चीनी वहाँ बने हुये हैं। सोवियत संघ के साथ अनबन हुई तो अब अल्बानिया से अनबन हो गई क्योंकि वहाँ चीन ने आक्रामक स्थिति पैदा कर दी। जब अल्बानिया से अनबन हो गई क्योंकि वहाँ चीन ने आक्रामक स्थिति पैदा कर दी। जब अल्बानिया ने इका विरोध किया तो चीन ने अल्बानिया से सभी चीनी विशेषज्ञ वापस बुला लिये और चीन में रहने वाले सभी अल्बानियों को देश छोड़ देने का आदेश दिया।

9. दूसरों के मन में अनिश्चय की भावना पैदा करने की नीति—**जहवारलाल कौल** के अनुसार, "अपने बारे में दूसरों के मन में अनिश्चय की भावना पैदा करना चीनी समर नीति का प्राचीन सिद्धान्त है। गोपनीयता के साथ-साथ यह भी जरूरी है कि अपने कार्यकलापों और वक्तव्यों से भ्रान्ति पैदा करके दुश्मन के आकलन को प्रभावित किया जाये। माओ ने इस तकनीक का भरपूर इस्तेमाल किया है। न सिर्फ हथियार बनाने के सिलसिले में, बल्कि कोमिनतांग सरकार और बाद वियना में अमेरिका के साथ युद्ध के दौरान भी इस समर नीति का इस्तेमाल किया गया है। इन लम्बे युद्धों के दौरान माओ ने कभी यह आभास दिया कि वे हार रहे हैं और कभी यह कि वे समझौता करना चाहते हैं और इस तरह दुश्मन को यह अनुमान लगाने का मौका ही नहीं दिया गया कि दरअसल चीन करना क्या चाहता है?"

वर्तमान काल में चीन की विदेश नीति में कुछ नवीन प्रवृत्तियाँ दृष्टिगोचर हो रही हैं जिन्हें निम्न प्रकार स्पष्ट किया जा सकता है—

(1) एकध्रुवीय विश्व में अविश्वास—चीन एकध्रुवीय विश्व में विश्वास नहीं करता। चीन के राष्ट्रपति जियांग्र जेमिन की 23 अप्रैल, 1997 से शुरू हुई रूस

की पाँच दिवसीय यात्रा के अन्त में जिस घोषणापत्र पर हस्ताक्षर किये गए, उसमें अमेरिका के प्रभुतव को रोकने की व्यवस्था है। चीन और रूस का मत है कि नई विश्व व्यवस्था एकध्रुवीय नहीं हो सकती। वे एक देश का प्रभुत्व स्वीकार नहीं कर सकते। वे इसे रोकना चाहते हैं। नई विश्व व्यवस्था बहुध्रुवीय है जिसके अनेक केन्द्र हैं। बेहतर यही है कि अमेरिका स्वीकार कर ले कि यह नई विश्व-व्यवस्था बहुध्रुवीय है और भविष्य में भी रहेगी। यही कारण है कि अन्तर्राष्ट्रीय मंच पर चीनी नेता इस बात को बेचिक दोहराते हैं कि दुनिया में अमरीका अकेले ही एकमात्र शक्ति नहीं है। चीन इस अभियान में भारत का सक्रिय सहयोग चाहता है, ताकि एकध्रुवीय व्यवस्था धूमिल हो जाये। जून, 2003 में चीन तथा भारत के मध्य हुए 10 समझौते तथा भारत-रूस-चीन त्रिभुज को स्थापित करने का प्रयास इसी सन्दर्भ में किया जा रहा है। चीन के राष्ट्रपति **हू जिन्ताओ** ने नवम्बर, 2006 में की चार दिवसीय भारत यात्रा के दौरान भी भारत, चीन और रूस के बीच बातचीत तें तेजी लाने पर जोर देते हुए अपनी बहुध्रवीय विश्व व्यवस्था स्थापित करने की मंशा जाहिर की।

(2) अमेरिका के साथ निकटता तथा प्रतिद्वन्द्विता की दोहरी नीति—शीत युद्ध की समाप्ति के पूर्व सोवियत संघ के पराभव के बाद चीन विश्व के राष्ट्रों में अपनी श्रेष्ठ स्थिति को बनाए रखना चाहता है। इसलिए अब वह विश्व में अमेरिका के विरोधी या प्रतिद्वन्द्वी की भूमिका भी निभाना चाहता है। इस उद्देश्य की प्राप्ति के लिए वह अमेरिका की पअीलों को धता बताते हुए परमाणु परीक्षण कर रहा है तथा अमेरिका को चीना दिखने की कार्यवाही कर रहा है। अमेरिका चीन के विरुद्ध कार्रूवाही करने में निरन्तर कतरा रहा है। चीन ने जून, 1996 में परमाणु परीक्षण करके परमाणु हथियारों के विकास और परिष्करण की पुष्टि के बाद भी सी. टी. बी. टी. (Comprehensive Test Ban Treaty) पर हस्ताक्षर अपनी शर्त मनवाने के बाद ही किये। यहीं नहीं, उसकी डोंग-फोंग-31 प्रक्षेपास्त्रों और डी-एफ-41 जैसे अन्तर्द्वीपीय प्रक्षेपास्त्रों के निर्माण की योजना है। इनकी मारक क्षमता क्रमशः 8000 और 12000 कि.मी. है।

इराक पर अगस्त, 1996 में अमेरिका के प्रक्षेपास्त्र आक्रमण की उसने सुरक्षा परिष्द में आलोचना की। दिसम्बर, 1998 में तथा मार्च, 2003 में अमेरिका द्वार इराक पर किये आक्रमण की चीन ने कड़ी आलोचना की। चीन के राष्ट्रपति जियांग जेमिन ने इस हमले को संयुक्त राष्ट्र सुरक्षा परिषद् को सीधी चुनौती बताया। इसी प्रकार जब मार्च, 1999 में अमेरिका के नेतृत्व में नाटो ने यूगोस्लाविया पर आक्रमण किया तो चीन ने इसकी कटु शब्दों में निन्दा की।

(3) शस्त्र-व्यापार की नीति—चीन शस्त्रों एवं परमाणु हथियारों व तकनीक के व्यापार की नीति को अपनाये हुए है। अमरीका के विरोध के बावजूद उसने कोरिया,

पाकिस्तान और ईरान को शस्त्रों और परमाणु हथियारों एवं उनकी तकनीकी का निर्माण किया है। चीन पाकिस्तान के परमाणु कार्यक्रम में सहायता कर रहा है। उसने उसे एम-11 प्रक्षेपास्त्र, 5000 वलयाकार चुम्बक (रिंग मेगनेट) दिए हैं तथा पाकिस्तान में प्रक्षेपास्त्र कारखाना स्थापित करने में सहयोग कर रहा है। उसने ईरान को क्रूज प्रक्षेपास्त्र दिये हैं। चीन (और फ्रांस) के व्यवहार ने परमाणु अप्रसार संधि (NTP) और प्रक्षेपास्त्र तकनीक नियन्त्रण (MTCR) की धज्जियाँ उड़ा दीं। अन्तर्राष्ट्रीय धमकियों की वह कोई चिन्ता नहीं कर रहा है।

(4) दक्षिण एशिया के प्रति चीन की परिवर्तित तथा संतुलित नीति—शीत-युद्ध काल में चीन की दक्षिण एशिया के प्रति नीति स्पष्ट तौर पर पाकिस्तान के प्रति झुकावपूर्ण थी। उसने पाकिस्तान के परमाणु बम तथा प्रक्षेपास्त्र कार्यक्रम को बढ़ाने में निरन्तर सहयोग दिया। लेकिन शीतयुद्धोत्तर काल में, विशेषकर सन् 2001 से चन की दक्षिण एशिया की नीति में सन्तुति रुख आया है। वर्ष 2001 के प्रारम्भ के पांच माह की अवधि में तीन चीनी दिग्गज नेताओं द्वारा दक्षिण एशियायी देशों की राजकीय यात्राएँ इस तथ्य की पुष्टि करती हैं।

(i) भारत के साथ नीति—1989 से भारत-चीन सम्बन्धों में सुधार का जो मार्ग प्रशस्त हुआ, उससे दोनों देशों में आर्थिक, सांस्कृतिक, विज्ञान एवं तकनीकी के क्षेत्र में पारस्परिक सहयोग के अनेक समझौते सम्भव हो सके। 198 में भारत द्वारा किए गए पोकरण-II के परमाणु परीक्षणों से भारत-चीन सम्बन्धों में आयी गतिशीलता पर रोक वश्य लगी, लेकिन दोनों ने सकारात्मक कदम उठाते हुएपरस्पर सद्भावना यात्राओं के माध्यम से वर्ष 2000 से 2004 की अवधि में पुनः सम्बन्धों में ताजी गतिशीलता प्रदान की। जनवरी, 2001 में चीनी नेता ली पेंग ने भाग-यात्रा के दौरान भारत के नेताओं के साथ पारम्परिक मामलों, क्षेत्रीय एवं विश्व समस्याओं पर विचार-विमर्श किया।

मई, 2001 में भावी चीनी प्रधानमंत्री ली चांग चुन ने कहा कि दोनों देशों को पारस्परिक मतभेदों को उभारने के स्थान पर पारस्परिक मैत्री एवं आर्थिक सहयोग को बढ़ावा देने की ओर ध्यान केन्द्रित करना चाहिए। 9 मई, 2001 को चीनी विदेश मंत्रालय की एक प्रवक्ता ने इसे स्पष्ट करते हुए कहा कि दक्षिण एशिया के साथ हमारे सम्बन्ध प्रायः द्वि-पक्षीय सम्बन्धों और द्वि-पक्षीय रुचियों पर आधारित हैं। हमारी दृष्टि से दक्षिण एशिया के दोनों प्रमुख देश हमारे लिए महत्त्वपूर्ण हैं और दोनों ही हमारे महत्त्वपूर्ण पड़ोसी हैं। 22-27 जून, 2003 को भारत के प्रधानमन्त्री वाजपेयी की चीन यात्रा के समय दोनों देशों के मध्य सहयोग बढ़ाने के समझौते हुए। इसमें दोनों देशों ने व्यापारिक पहल करके आर्थिक सम्बन्धों को द्वि-पक्षीय तथा अन्तर्राष्ट्रीय सहयोग के स्तर पर सुधारने का प्रयास किया है। भारत-चीन सम्बन्धों में सुधार लाने

के उद्देश्य से ही पचास साल पुराने भारत-चीन सीमा विवाद हल करने के लिए 23 अप्रैल, 2007 को 'कुन्नूर' में वार्ता हुई जिसमें संयुक्त दस्तावेजों के अनुसार सीमा-विवाद हल करने के मानक और निर्देशक सिद्धान्तों पर सहमति हुई। चीन ने भारत-अमरीका नाभिकीय समझौते का भी समर्थन किया है। उसकी दृष्टि में भारत-यू.एस. नाभिकीय समझौता इस क्षेत्र के लिए अच्छा है तथा वैश्विक अप्रसार प्रयासों के हित में प्रभावकारी साबित होगा। इस निर्णय से न केवल भारत-चीन सम्बन्धों को बल मिलेगा बल्कि उससे भारत-अमेरिका नाभिकीय समझौते में तीव्रता आई है। नाभिकीय समझौते की सफलता मे चीन को प्रमुख भूमिका निभानी है। जनवरी, 2008 में भारत के प्रधानमन्त्री मनमोहन सिंह ने चीन की यात्रा की जिसमें दोनों पक्षों ने 2010 तक द्वि-पक्षीय व्यापार को 40 अरब डॉलर से बढ़ाकर 60 अरब डॉलर करने के लिए आर्थिक गतिविधियों में ठोस वृद्धि का भी लक्ष्य रखा। शांति और दोस्ती की सीमा बनाने की इच्छा जातते हुए भारत और चीन ने सीमा-विवाद (अरुणाचल प्रदेश के तवांग हिस्से) समते अपने सभी मतभेदों को शांतिपूर्वक तरीके से बातचीत के जरिए हल करने की प्रतिबद्धता जताई है।

(ii) पाकिस्तान के प्रति नीति—दूसरी तरफ चीन पाकिस्तान से भी अपने नजदीकी सम्बन्ध बनाये हुए है। चीन पाकिस्तान को आधुनिक हथियार दे रहा है। पाकिस्तान उसके हथियार बिक्री का बाजार है। पाकिस्तान में चीन ने काराकोरम राजमार्ग निर्माण करके अपनी सेना के लिए अरब सागर तक का मार्ग बनाया है। **दूसरे,** वह पाकक के साथ मिलकर ग्वादर बन्दरगाह को आधुनिक नौ-सैनिक अड्डे के रूप में विसित कर रहा है। इस बन्दरगाह को पूरा होते ही चीन की नौ सेना बड़ी सफलता से अरब सागर में प्रवेश कर सकेगी। इसे रेलवे और एनर्जी पाइप लाइन से भी जोड़ने की योजना है। इससे चीन को जहाँ पाकिस्तान में अपना माल खपाने में सहायता मिलेगी, वहीं उसे खाड़ी देशों से सम्पर्क में भी सुविधा मिलेगी।

इससे स्पष्ट होता है कि दक्षिण एशिया के प्रति चीन की शीतयुद्धोत्तर विदेश नीति में परिवर्तन आ रहा है और वह दक्षिण एशिया के दोनों के साथ संतुलित दृष्टिकोण रखने की तरफ बढ़ रही है।

(5) महाशक्ति जैसा व्यवहार और तदनुरूप जवाबी कार्यवाही की नीति—चीन का भरसक यह प्रयास है कि 21वीं शताब्दी में उसे विश्व की एक महाशक्ति का दर्जा प्राप्त हो। 1991 में सोवियत संघ के अवसान के बाद उसकी यह ललक और बढ़ गयी है। इस प्रक्रिया में उसका व्यवहार अब अमरीका की प्रतिद्वन्द्विता का बन रहा है। इसीलिए अब उसी नीति का एकमात्रा लक्ष्य है—'शक्ति, शक्ति अर्जन, शक्ति संचयन और शक्ति विस्तार।' वह सभी प्रकार की आर्थिक, वैज्ञानिक, सामरिक और तकनीकी शक्ति प्राप्त करने में जुटा हुआ है। वह अणु-परमाणु क्षेत्र में अमरीका

को चुनौती देता है। यही कारण है कि उसने जिनेवा के निःशस्त्रीकरण सम्मेलन (जून, 1996) में परमाणु परीक्षण करके तथा अपनी शर्त को मनवाकर ही सी.टी.बी.टी. पर हस्ताक्षर किये। 17 अप्रैल, 1996 को जब चीन को घेरने की दृष्टि से जापान-अमेरिका ने एशिया प्रशांत क्षेत्र सुरक्षा सम्बन्धी समझौते की घोषणा की तो चीन ने रूस से मिलकर 26 अप्रैल, 1996 को **'शिंघाई समझौते'** पर हस्ताक्षर किये। साथ ही इस पर तजिकिस्तान, किरगिस्तान और कजाकिस्तान के राष्ट्रपतियों के भी हस्ताक्षर हुए। हस्ताक्षकर्ता राष्ट्रों ने अपनी सामान्य सीमाओं को सैनिक गतिविधियों से मुक्त रखने का वचन दिया है। इस समझौते को 21वीं सदी की **'सामरिक सहभागिता'** कहा गया है।

इस प्रकार स्पष्ट है कि चीन की विदेश नीति अब महाशक्ति जैसा व्यवहार करने और अमरीका के जवाब में शीघ्र कार्यवाही करने की नीति की ओर उन्मुख हो रही है। उपर्युक्त विवेचन से स्पष्ट होता है कि चीन की विदेश नीति अपने राष्ट्रीय हितों से संचालित है और राष्ट्रीय हितों की पूर्ति के लिए ही अब आवश्यकतानुसार अपना रूप परिवर्तित करती रही है। उसकी साम्यवादी नीति, विस्तारवाद की नीति, संवाद और विवाद की नीति, भारत को घेरने की नीति तथा अमरीका के साथ प्रतिद्वन्द्विता व समझौते की नीति, रूस के साथ मझौता व प्रतिद्वन्द्विता की नीति को इसी सन्दर्भ में देखा जाना आवश्यक है। उसकी विदेश नीति किसी निश्चित सैद्धान्तिक आधारों से घिरी हुई नहीं है। उसके सैद्धान्तिक आधार उसके राष्ट्रीय हितों की पूर्ति की व्यावहारिकता के अनुरूप निर्धारित होते रहते हैं।

माओ के उपरानत अपनाई गई चीन की विदेश नीति
(Post-Mao Foreign Policy of China)

9 सितम्बर, 1976 को माओत्से तुग की मृत्यु के पश्चात् चीनी नेताओं ने एक लम्बे अरसे से चली आ रही पश्चिम विरोधी, असंलग्नता विरोधी नीत के प्रति नरम रुख अपनाना प्रारम्भ कर दिया। इसी प्रक्रिया में चीन ने भारत के साथ 17 वर्षों से चले आ रहे तनावपूर्ण सम्बन्धों में शिथिलता लाने के लिए 1977 में संवाद शुरू किया। 1971 तथा बाद के वर्षों में संयुक्त राज्य अमेरिका से मधुर सम्बन्ध स्थापित किये। अपनी आर्थिक नीतियों में परिवर्तन किया। जहाँ चीन की प्रारम्भिक आर्थिक नीति 'समाजवादी औद्योगीकरण' की थी, वहाँ 1958 में 'आगे की ओर महान् कूद' की नीति अपनायी जिसमें उसने सशस्त्र क्रान्ति के सिद्धान्त को अपनाया। तत्पश्चात् 1975 में 'सांस्कृतिक क्रान्ति' की नीति को अपनाया। 1977 तक इसके भी असफल हो जाने पर 1977 से माओ की नीति के विपरीत 'विदेश पूँजी के लिए द्वार खोलने' की नीति प्रारम्भ की। यूगोस्लाविया के साथ 1977 से संवाद प्रारम्भ किया। अपने

पड़ोसी देशों—नेपाल, बांग्लादेश, श्रीलंका, भारत और पाकिस्तान के साथ संवाद प्रारम्भ कर दिया। ताइवान से भी उसके तनावपूर्ण सम्बन्धों में कमी आई है। इस प्रकार माओत्से तुंग की मृत्यु के बाद चीन की विदेश नीति में पश्चिम या पूँजीवाद के प्रति उदारवाद का प्रभाव बढ़ा है। माओ की मृत्यु के बाद की विदेश-नीति को निम्नलिखित बिन्दुओं के अन्तर्गत स्पष्ट किया गया है—

(1) अमेरिका के साथ घनिष्ठता—1971 में अमेरिका और चीन की विदेश-नीति एक-दूसरे के साथ नजदीक आने की बनी। इसका मूल कारण दोनों राष्ट्रों की इस आकांक्षा में समानता बढ़ी है कि अपने राष्ट्रीय हित के लिए यह आवश्यक है कि सोवियत संघ के प्रभाव को आगे बढ़ने से रोका जाये। इसी एक उद्देश्य ने दोनों प्रतिद्वन्द्वियों को एक-दूसरे के नजदीक आने की प्रेरणा दी। चीन ने सोवियत संघ के विरोध के लिए, ताइवान को अपने अधीन करने के लिए, आर्थिक एवं तकनीकी सहायता प्राप्त करने तथा संयुक्त राष्ट्र संघ में सदस्यता प्राप्त करने की दृष्टि से अमेरिका से संवाद कायम करना उचित समझा। इस संवाद की प्रक्रिया यद्यपि 1971 (माओ के काल) से ही प्रारम्भ हो गई थी लेकिन उसमें गति माओ की मृत्यु के पश्चात् ही आई। चीन ने 'सांस्कृतिक-क्रान्ति' के अन्तर्गत फरवरी, 1979 में अमेरिका से व्यापारिक, सांस्कृतिक एवं वैज्ञानिक समझौते किये। अमेरिका ने भी एक चीन के सिद्धान्त को मान्यता प्रदान की। उस समय से लेकर वर्तमान काल तक अमेरिका-चीन सम्बन्धों में घनिष्ठता बढ़ती ही गई।

(2) यूरोपीय आर्थिक समुदाय के साथ संवाद—माओ की मृत्यु के बाद चीनी नेतृत्व ने चीन की आर्थिक एवं सामरिक सामर्थ्य की वृद्धि की चिन्ता की। इसके लिए उन्हें प्रौद्योगिकी एवं तकनीकी सहायता की आवश्यकता थी। यह सहायता उसे यूरोपीय आर्थिक समुदाय से प्राप्त हो सकती थी। उसने देखा कि पश्चिमी राष्ट्र भी चीन को आर्थिक विकास व सैनिक सामर्थ्य की वृद्धि हेतु ऋण तथा प्रौद्योगिकी देने को तैयार हैं तो उसने अपनी विदेश नीत को पश्चिम के प्रति उदार दिखाना आरम्भ कर दिया। 30 जनवरी, 1978 को चीनी प्रतिनिधिमण्डल ने जब ब्रूसेल्स में यूरोपीय आर्थिक समुदाय के प्रतिनिधियों से वार्ता की तो यूरोपीय समुदाय ने इसे 'दोस्ताना सम्पर्क' की संज्ञा दी। अब चीन इलेक्ट्रॉनिक तथा परमाणु ऊर्जा के क्षेत्र में यूरोपीय तकनीकी प्राप्त कर रहा है।

(3) पूर्वी यूरोपीय साम्यवादी देशों के साथ संवाद—माओ की मृत्यु के बाद चीनी नेतृतव ने न केवल पश्चिमी यूरोपीय आर्थिक समुदाय के साथ संवाद की नीति अपनाई बल्कि उसने पूर्वी यूरोपीय साम्यवादी देशों के साथ भी संवाद कायम किये। उदाहरण के लिए यूगोस्लाविया से उसने सम्पर्क बढ़ाया जिसकी चीन संशोधनवादी कहकर भर्त्सना करता रहा था क्योंकि यूगोस्लाविया के माध्यम से वह

असंलग्न राष्ट्रों पर अपना प्रभाव बढ़ाना चाहता था। यूगोस्लाविया के राष्ट्रपति मार्शल टीटो 1977 में गुट निरपेक्ष आन्दोलन के प्रणेता बन गये थे।

(4) पड़ौसी देशों के साथ संवाद की नीति—माओ की मृत्यु के बाद चीन ने पड़ोसी देशों—नेपाल, बंग्लादेश, बर्मा तथा भारत के साथ भी संवाद शुरू किया। चीन का यह कार्य परिस्थितियों की देन है। 1977 के वर्ष में उसे यह एहसास हो गया कि ये राष्ट्र अब किसी की दादागिरी बर्दाश्त करने को तैयार नहीं हैं। समानता का व्यवहार ही सम्बन्ध का सुदृढ़ आधार बन सकता है। चीन के उपप्रधानमन्त्री तेंग-सिआओ पिंग ने 1978 की बर्मा और नेपाल यात्राओं के दौरान स्वीकार किया कि अब स्थिति दादागीरी के अनुकूलन नहीं रही। काठमाण्डो में तेंग ने 'शांतिपूर्ण सह-अस्तितव के सिद्धानत एवं पंचशील' में पुनः आस्था का संकेत भी दिया। उन्होंने यह भी कहा कि चीन आत्मलोचन के बाद इस निष्कर्ष पर पहुँचा है कि, "अब तक का उसका रास्ता गलत था और समय ा उसे बदल लेना जरूरी है।"

(5) चीन की ताइवान के साथ कटुता में कमी—माओ की मृत्यु के बाद चीन की विदेश नीति सर्वत्र संवाद स्थापित करने की रही है। चीन ताइवान के साथ अच्दे सम्बन्ध बनाने के लिए प्रयत्नशील है। इण्डियन एक्सप्रेस ने 21-2-78 को चीन-ताइवान सम्बन्धों को स्पष्ट करते हुए लिखा था कि, "चीन अब ताइवान के साथ भी कटुता के सम्बन्धों को कम करने का प्रयास कर रहा है।" चीनी नेताओं ने कहा कि, "ताइनवान के साथ हम अपनी समस्या सैनिक साधनों से नहीं बल्कि राजनीतिक स्तर पर हल कर लेंगे।" व्यावसायिक स्तर पर अब माल के आदान-प्रदान और व्यापार की अनुमति दे दी गई है। आज दोनों में युद्ध जैसा वातावरण नहीं है। दोनों अब समस्याओं को सभ्य तरीके से हल करने की बात करते हैं।

(6) चीन-जापान संवाद—यद्यपि चीन-जापान संवाद 1972 से ही प्रारम्भ हो गया था तथापित दोनों के मध्य निकटता अगस्त, 1978 के एक 'शांति और मैद्धी सन्धि' से आई। चीन ने अपनी 'सांस्कृतिक क्रान्ति' के अन्तर्गत यह समझौता किया। इस समझौते में जहाँ दोनों देशों में परस्पर आर्थिक और सांस्कृतिक सहयाग बढ़ाने पर बल दिया गया, वहाँ इसमें इस बात पर भी बल दिया गया कि न तो वे एक-इूसरे पर अपना प्रभुत्व जमाने का प्रयास करेंगे और न ही किसी और के प्राुत्व को स्वीकार करेंगे। पाकिस्तान के साथ चीन के सम्बन्ध यथवत् मधुर बने रहे हैं तो सोवियत संघ के प्रति माओ के बाद के चीनी नेताओं की नीत घोर सोवियत संघ विरोधी बनी रही है।

(7) भारत के साथ संवाद—1979 में भारत के तात्कालीन विदेश मन्त्री अटल बिहारी वाजपेयी ने चीन की यात्रा कर चीन से संवाद स्थापित किया। परन्तु

भारत और चीन के सम्बन्धों में कोई विशेष सुधार नहीं हुआ क्योंकि, भारत, चीन द्वारा भारत की भूमि छोड़ने की बात पर दृढ़ बना रहा। 1981 के बाद चीन ने भारत के साथ संवाद कायम करने की नीति को आगे बढ़ाया है। उसके दृष्टिकोण में निम्न परिवर्तन आये हैं—(i) कश्मीर के प्रश्न पर चीन पहले पाकिस्तान का समर्थक था, लेकिन 1981 से उसने इसे दोनों का आपीस मामला बताना प्रारम्भ कर दिया, आज तक उसका यह रवैया जारी है। (ii) 1981 से चीनी नेता चीन के साथ भारत को भी एशिया की दो बड़ी शक्तियाँ बताने लगे हैं और कहने लगे हैं कि "उन्हें अपने सम्बन्धों को सुधार कर शान्तिपूर्ण ढंग से रहना चाहिए।" (iii) चीनी नेता अब भारत-चीन सीमा विवाद सुलझाने की सम्भावना को व्यक्त कर रहे है। सीमा विवाद को सुलझाने के लिए दोनों देशों के बीच अनेक समझौता वार्तायें हो चुकी हैं जिनमें सितम्बर, 1993, दिसम्बर, 1996 तथा जून, 2003 के भारत-चीन समझौते महत्त्वपूर्ण हैं। चीन के राष्ट्रपति हू जिन्ताओ की **नवम्बर, 2006** में की गई भारत की चार दिवसीय त्रा के दौरान दोनों देशों के बीच की संवाद प्रक्रिया और आगे बढ़ी है। इस यात्रा के दौरान दोनों देशों ने अनेक समझौते किये जिनमें दोनों देशों के लोगों का आपसी सम्पर्क, पर्यटन, सांस्कृतिक आदान-प्रदान, विद्यार्थियों की आपसी आवाजाही के समझौते प्रमुख हैं। चीन ने सुरक्षा परिषद् में भारत की स्थायी सदस्यता हेतु कोई बाधा न बनने का आश्वासन भी दिया तथा भारत-रूस-चीन के बीच बातचीत में तेजी लाकर बहुध्रुवीय विश्व व्यवस्था लाने पर भी जोर दिया। वर्तमान में भारत-चीन सम्बन्धों के सुधार में आर्थिक-व्यापारिक सम्बन्धों के सुधार की मुख्य भूमिका रही है। जुलाई, 2006 में नाथूला दरें को भी व्यापर के लिए खोल दिया गया है। इस सीमा मार्ग के खुलने से सीमा विवाद को हल करने में मद मिल सकती है। इसके साथ ही प्रधानमन्त्री मनमनोहनसिंह की जनवरी, 2008 की दो दिवसीय यात्रा के दौरान भारत व चीन दोनों देशों ने रेल, भू-विज्ञान, भूमि संसाधन प्रबन्धन और अन्य क्षेत्रों में सहयोग के लिए समझौते पर हस्ताक्षर हुए। दोनों नेताओं डॉ. मनमोहन सिंह और चीन के प्रधानमन्त्री 'वेन जियाबाओ' की मुलाकात के बाद 21वीं सदी के संयुक्त दृष्टिकोण को रेखांकित करते हुए साझा दस्तावेज में हा गया है कि दोनों देश अन्तर्राष्ट्रीय वचनबद्धताओं के अनुरूप असैनिक परमाणु ऊर्जा सहयोग को प्रतिबद्ध हैं।

(8) परम्परा और आधुनिकता का मिश्रण—माओ के बाद की चीन की विदेश नीति की एक प्रमुख विशेषता परम्परा और आधुनिकता का मिश्रण है। चीन अभी भी सम्प्रभुता के परम्परागत सिद्धान्त को अपनी विदेश नीति का प्रमुख स्तम्भ मानता है। उसकी सोच में परम्परा एवं इतिहास का मानचित्र वर्तमान के अन्तर्राष्ट्रीय सम्बन्धों के मानचित्र से मेल नहीं खाता है। आर्थिक सुधार एवं उदारीकरण चीन की आर्थिक शक्ति की अनिवार्यता है। परन्तु उसकी राजनीतिक सोच चीन की संस्कृति,

आन्तरिक परिस्थितियों एवं विशिष्टताओं से जुड़ी हुई है। उसको विदेश नीति के समक्ष सबसे बड़ी चुनौती पश्चिमी उदारवादी लोकतन्त्र की धारा है जिसे वह अपने यहाँ प्रवेश करने से रोकने के लिए कटिबद्ध है। वह पंचशील के सिद्धान्तों को अपनी विदेश नीति का लक्ष्य बताकर यह संकेत देता रहता है कि चीन बाह्य हस्तक्षेप को अपनी राजनीतिक व्यवस्था के स्वरूप को पलटने में कभी सहन नहीं करेगा। चीन आज भी सिक्किम को विवाद के रूप में देख रहा है। चीनी विदेश मन्त्री छिछेन ने जुलाई, 1994 की भारत यात्रा के दौरान सिक्किम का मुद्दा उठाया। इसी प्रकार वह तिब्बत की राजनीतिक गतिविधियों से भी चिन्तित है। अरुणाचल प्रदेश को पूर्ण राज्य का दर्जा देने पर भी चीन ने कठोर अपत्तियाँ उठायी हैं। इसी तरह अमेरिका के साथ भी ताइवान तथा मानवाधिकारों के मामलों को लेकर चीन किसी प्रकार का हस्तक्षेप सहन नहीं करता। स्पष्ट है कि चीन की खुले दरवाजे की आर्थिक नीति में जहाँ आधुनिकीकरण का पुट है, वहीं उसकी भू-राजनीतिक परम्परा से जुड़ी हुई है। अन्तर्राष्ट्रीय राजनीति की दृष्टि से दक्षिण-पूर्व एशिय संसार के सर्वाधिक विस्फोटक और महत्त्वपूर्ण स्थलों में से है। इस क्षेत्र के अन्तर्गत चीन के दक्षिण में तथा भारतीय उप-महाद्वीप के पूर्व में स्थित देश बर्मा, थाइलैण्ड, मलेशिया, इण्डोनेशिया, कम्बोडिया, वियतनाम, फिलिपीन्स आदि सम्मिलित किये जाते हैं। द्वितीय महायुद्ध के बाद इस क्षेत्र में निम्न आधारभूत परिवर्तन हुए हैं—(1) यूरोपीय प्रभुत्व का क्रमशः अवसान होना, (2) यहाँ के देशों का स्वतन्त्र होना, (3) अमरका का वर्चस्व रहना तथा (4) चीन के प्रभाव की वृद्धि होना।

◆ ◆ ◆

8

रूस की विदेश नीति

पुतिन और वाजपेयी काल में भारत-रूस सम्बन्धों में नये-युग का सूत्रपात—जून, 2000 में रूस के नये राष्ट्रपति पुतिन के नेतृत्व में भी भारत तथा रूस के सम्बन्धों की निकटता पर बल दिया गया। इस काल में भारत-रूस के सम्बन्ध में पुनः प्रगाढ़ मित्रता की ओर मुड़ गये। यथा—

(1) अक्टूबर, 2000 की पुतिन की भारत-यात्रा—(i) इस यात्रा के दौरान भारत और रूस के द्वि-पक्षीय सम्बन्धों में नये युग का सूत्रपात—**'रणनीत भागीदारी के घोषणापत्र'** (Declaration on Strategic Partnership) से हुआ है। इस ऐतिहासिक दसतावेज में दोनों देशों ने परमाणु, रक्षा एवं आर्थिक क्षेत्र में सहयोग के साथ-साथ अन्तर्राष्ट्रीय आतंकवाद व धार्मिक उन्माद से मिलकर मुकाबला करने का संकल्प किया।

(ii) इसके अतिरिक्त दोनों पक्षों के बीच विज्ञान और प्रौद्योगिकी, कृषि, डाक-सेवा, प्राकृतिक हीरों तथा बहुमूल्य धातुओं के प्रसंस्करण, व्यापार, तेल एवं प्राकृतिक गैस की खोज एवं विधि आदि से सम्बन्धित 11 **अन्य समझौतों** पर दोनों नेताओं (भारत के प्रधामन्त्रीह और रूस के राष्ट्रपति) की बातचीत के बाद हस्ताक्षर हुए।

(iii) दोनों देशों के बीच **रक्षा क्षेत्र के चार महत्त्वपूर्ण समझौते** भी हुए। 3 अरब डॉलर तक के रक्षा क्षेत्र के इन समझौतों में रूस से टी-90 टैंकों व सुखोई-30 लड़ाकू विमानों की ख़रीद व लाइसेंस के तहत भारत में ही इनके उत्पादन एवं नवीकरण के अतिरिक्त विमान वाहक पोत 'एडमिरल गोर्शकोव' के भारत हस्तान्तरण सम्बन्धी समझौते शामिल हैं। फरवरी, 2001 में रूसी उप-प्रधामन्त्री की भारत यात्रा में इस समझौते के मूल्य आदि बातों पर अन्तिम रूप दिया गया।

(iv) दोनों देशों के बीच परमाणु ऊर्जा के शान्तिपूर्ण उपयोग की दिशा में **एक सहमति पत्र** पर भी हस्ताक्षर हुए।

(v) कश्मीर के मामले में रूसी राष्ट्रपति ने भारत के दृष्टिकोण का समर्थन किया है।

(2) फरवरी, 2002 में रूसी प्रधानमन्त्री की भारत यात्रा—इस यात्रा से दोनों देशों के बीच सुरक्षा प्रौद्योगिकी के क्षेत्र में पारस्परिक सहयोग को और मजबूत करने के सम्बन्ध में सहमति हुई।

(3) दिसम्बर, 2002 में रूसी राष्ट्रपति पुतिन की भारत यात्रा—इस यात्रा के दौरान दोनों देशों के बीच आपसी मैत्री व सहयोग बढ़ाने के लिए आठ समझौतों पर हस्ताक्षर हुए। इनमें (1) विज्ञान, प्रौद्योगिकी, व्यापार, दूर-संचार व बौद्धिक सम्पदा कानून के क्षेत्र में परस्पर सहयोग बढ़ाने, (2) अन्तर्राष्ट्रीय आतंकवाद, धार्मिक अलगाववाद, सीमापार घुसपैठ, मादक पदार्थों व हथियारों की तस्करी पर प्रतिबन्ध लगाने, (3) परमाणु हथियारों की सुरक्षा हेतु अन्तर्राष्ट्रीय सुरक्षा प्रणाली विकसित किये जाने तथा परमाणु ऊर्जा क्षेत्र में परस्पर सहयोग करने, (4) अन्तर्राष्ट्रीय स्तर पर आतंकवाद के विरुद्ध परस्पर सहयोग का दायरा बढ़ाने तथा आतंकवाद से निटने के लिए संयुक्त कार्य-बल गठित करने, (5) भारत की संयुक्त राष्ट्र संघ की सुरक्षा परिषद् में स्थायी सदस्यता की दावेदारी पर समर्थन देने सम्बन्धी समझौते हुए।

पुतिन और डॉ. मनमोहनसिंह के काल में भारत-रूस सम्बन्धों में बढ़ती घनिष्ठता—2004 से वर्तमान तक रूस की विदेश नीति निरन्तर भारत के साथ मित्रता व सहयोग बढ़ाने की रही है। यथा—

(1) रूस के राष्ट्रपति पुतिन की भारत यात्रा (दिसम्बर, 2004)—(i) इस यात्रा के दौरान दोनों पक्षों ने धर्मनिरपेक्षता, प्रजातन्त्र, कानून का शासन, सांस्कृतिक विविधता एवं बहुलवाद के साझा आदर्शों के लिए प्रतिबद्धता की घोषणा की। (ii) साथ ही अक्टूबर, 2000 की रणनीतिक भागीदारी की घोषणा की विज्ञप्ति की पुनः पुष्टि की। रणनीतिक भागीदारी को व्यापक बनाने तथा उपर्युक्त लक्ष्यों को प्राप्त करने के लिए विज्ञप्ति में बहुध्रुवीय विश्व व्यवस्था की स्थापना, अन्तर्राष्ट्रीय आतंकवाद,सुरक्षा

परिषद् में भारत की स्थायी सदस्यता, इराक, मध्य एशिया, अफगानिस्तान, अरब-इजरायल संघर्ष तथा कश्मीर के समाधान के सम्बन्ध में साझा समझ को विस्तृत किया। (iii) साथ ही दोनों देशों के मध्य सुरक्षा सम्बन्धों को और सुदृढ़ किया और आर्थिक रिश्तों को और मजबू करने की दिशा में अनेक कदम उठाये जाने की घोषणा की।

(2) दिसम्बर, 2005 में भारत के प्रधानमन्त्री डॉ. मनमोहन सिंह की रूस की यात्रा—इस यात्रा के दौरान रूस ने यह आश्वासन दियसा कि वह भारत की असैनिक परमाणु ऊर्जा सहित तमाम ऊर्जा आवश्यकताओं को पूरा करने में सहयोग देगा।

(3) जनवरी, 2007 में राष्ट्रपति पुतिन की भारत यात्रा—इस यात्रा के दौरान दोनों देशों के बीच निम्न प्रमुख समझौते हुए—

(i) दोनों देशों के बीच 2 अरब डॉलर के बहुलम्बित रूपी-रूबल डेब्ट एग्रीमेन्अ को सुलझाने का समझौता हुआ।

(ii) दोनों देशों के बीच रूस को ग्लोबल नेवीगेशन सैटेलाइट सिस्टम के आंकड़ों को शेयर करने व यूथसेंट नामक उपग्रह के संयुक्त प्रक्षेपण के समझौते हुए।

(iii) दोनों देशों में नाभिकीय ऊर्जा क्षेत्र में सहयोग बढ़ाने के सम्बन्ध में सहमति हुई।

इससे स्पष्ट होता है कि भारत-रूस सम्बन्ध अब पुनः प्रगाढ़-मित्रता की ओर बढ़ गये हैं।

(4) भारत-रूस 8वीं शिखर वार्ता—भारत-रूस शिखर वार्ता के सम्बन्ध में भारत के प्रधानमन्त्री डॉ. मनमोहन सिंह ने नवम्बर, 2007 में रूस की यात्रा की। दोनों देशों के राष्ट्र प्रमुखों के बीच क्रेमलिन (मॉस्को) में 12 नवम्बर, 2007 में वार्ता आरम्भ हुई। इस अवसर पर चार विभिन्न समझौतों पर हस्ताक्षर हुए। यथा—

(i) व्यापार—भारत और रूस में निवेश और व्यापार को बढ़ावा देने के लिए 80 अरब रुपया ऋण कोष का उपयोग करने का फैसला किया। यह मुद्दा लम्बे समय से लम्बित था। भारत में रुपया ऋण कोष के उपयोग को एक सामान्य लेटर ऑफ एक्सचेंज के जरिए आसान बनाया जाएगा।

(ii) परिवहन—दोनों देशों के बीच एक मल्टी रोल परिवहन विमाान एक विकास और उत्पादन के लिए एक समझौते पर भी हस्ताक्षर किए गये। यह विमान भारतीय वायु सेना में मौजूद AN-32 परिवहन विमानों के बेड़े की जगह लेगा। 600 मिलियन डॉलर की लागत वाली इस परियोजना में भारत और रूस दोनों 50-50% की हिस्सेदारी करेंगे।

(iii) अंतरिक्ष—अपने तकीनकी सहयाग को नई ऊंचाईयों पर पहुँचाते हुए भारत और रूस ने चन्द्रमा पर संयुक्त रूस से शोध और अन्वेषण के लिए 10 साल के समझौते पर हस्ताक्षर किए। इसमें भारतीय ग्लोब्ल सैटेलाइट लांच व्हिकल (GSLV) के जरिए चांद पर एक अन्तरिक्ष यान की योजना भी शामिल है।

(iv) तस्करी— दोनों देशों ने मादक पदार्थों और उन्माद बढ़ाने वाली दवाओं के अवैध व्यापार को रोकने की दिशा में भी एक समझौता किया।

7 नवम्बर, 1917 को साम्यवादी सोवियत संघ की स्थापना की गई थी। सन् 1921 में लेनिन, 1922 से 1953 तक स्टालिन, 1953 से 1964 तक खुश्चेव, 1964 से 1982 तक ब्रेझनेव सोवियत संघ के साम्यवादी पार्टी के महामन्त्री रहे। सोवियत संघ में इनकी स्थिति एक अधिनायक की भांति रही। 1982 से 1985 तक सोवियत संघ में अस्थिरता का वातावरण रहा। मार्च, 1985 में गोबोच्योव पार्टी के महामन्त्री बने। उन्होंने ग्लासनोस्त और पेरेस्त्रोइका के सिद्धान्तों को कार्यान्वित किया, उसका परिणाम यह हुआ कि दिसम्बर, 1991 में सोवियत संघ का अस्तित्व ही समाप्त हो गया। 26 दिसम्बर, 1991 को सोवियत संघ की संसद सुप्रीम सोवियत ने अपने अन्तिम अधिवेशन में सोवियत संघ को समाप्त किये जाने का प्रस्ताव पारित कर दिया और स्वयं को भंग होने की घोषणा कर दी और इसके साथ ही 70 वर्ष पुराने सोवियत संघ का अन्त हो गया। 19 अगस्त, 1991 को गोर्बाच्योव को राष्ट्रपति के पद से हटाकर गेन्नादी यानायेव को राष्ट्रपति पद का कार्यभार सौंपा गया। 22 अगस्त, 1991 को विद्रोही के असफल होने के बाद गोर्बाच्योव वापस लौटे, उस समय एस्टोनिया के बाल्टिक गणराज्य ने अपनी स्वतन्त्रता की घोषणा शुरू कर दी और सोवियत संघ के विघटन का सिलिसिला प्रारम्भ हो गया। 25 अगस्त, 1991 को उक्रेन ने स्वतन्त्रता की घोषणा कर दी, 31 अगस्त को अजरकिस्तान ने, 1 सितम्बर को उजबेकिस्तान तथा किर्गिस्तान ने भी स्वतन्त्रता की घोष्ज्ञणा कर दी। 7 सितम्बर, 1991 को सोवियत संघ ने तीन बाल्टिक गणराज्यों—लिथुआनिया, एस्टोनिया और लेटविया को मान्यता प्रदान कर दी। 13 दिसम्बर, 1991 को येल्तसिन और गोर्बाच्योव में सोवियत संघ को समाप्त करने पर सहमति हो गयी। इस प्रकार दिसम्बर, 1991 में सोवियत संघ का विघटन हो गया। सोवियत संघ के विघटन के बाद उसका बड़ा गणराज्य 'रूस' अन्तर्राष्ट्रीय राजनीति में महत्त्वपूर्ण-इकाई के रूप में उदित हुआ। सोवियत संघ की 52% जनसंख्या (14 करोड़ 77 लाख) रूसी गणराज्य में निवास करती है। सोवियत संघ का 90% तेल 50% गेहूँ, 50% कपड़ा, 50% खनिज रूसी गणराज्य में ही पैदा होता था। क्षेत्रफल की दृष्टि से भी रूस सोवियत संघ का विशालतम गणराज्य था। यह गणराज्य सर्वाधिक संसाधन सम्पन्न है।

सोवियत संघ के विघटन के बाद रूस को संयुक्त राष्ट्र सुरक्षा परिषद में पुराने सोवियत संघ का स्थान प्रदान कर दिया गया तथा उसने वचन दिया कि सोवियत संघ के विघटन के बाद बचा रूस पुराने सोवियत संघ के समस्त दायित्वों को निभायेगा। अभी भी रूस एक महाशक्ति है क्योंकि हजारों मिसाइल रूस में दूर-दूर तक लगे हुए हैं तथा राष्ट्रपति गोर्बाच्योव ने तथाकथित 'परमाणु बटन' या 'ब्रीफकेस' रूसी राष्ट्रपति बोरिस येल्तसिन को सौंप दिये थे। 19 दिसम्बर, 1991 को ही बोरिस येल्तसिन के रूसी परिसंघ ने क्रेमलिन की सोवियत सरकार की परम्परागत सीट और विदेश मन्त्रालय को अपने नियन्त्रण में कर लिया तथा 26 दिसम्बर, 1991 से रूस एक स्वतन्त्र सम्प्रभु राज्य के रूप में सामने आया। वर्तमान में 'दिमित्रि मेदवेदेव' (Dmitry Mevedev) ने 7 मई, 2008 को रूस के नये राष्ट्रपति के रूप में शपथ ग्रहण की।

रूस की विदेश नीति की प्रमुख विशेषताओं का विवेचन निम्नलिखित बिन्दुओं के अन्तर्गत किया गया है—

1. विश्व की राजनीति में गौण भूमिका—साम्यवादी खेमे के विघटन तथा स्वयं सोवियत संघ के बिखर जाने के बाद रूस का विश्व राजनीति में बहुत कम वजन हो गया है। वर्तमान समय में वह एक महाशक्ति नहीं रहा है। यद्यपि उसके पास अणु-परमाणु अस्त्रों-प्रक्षेपास्त्रों का भण्डार है लेकिन आर्थिक दृष्टि से उसकी अर्थव्यवस्था इतनी जर्जर है कि वह उन अस्त्रों का प्रयोग नहीं कर सकता। इसी प्रकार यद्यपि उसकी शस्त्र सेनाएँ आज भी शक्तिशाली तथा आधुनिक अस्त्रों से युक्त हैं, लेकिन वर्तमान में दूसरे देशों की भूमि पर उनकी उपस्थित घट गई है। अब वह घटनाओं को अपनी इच्छानुसार मोड़ नहीं दे सकता। वह अपने पुराने मित्रों की सहायता करने में सक्षम नहीं रहा है। सुरक्षा परिषद् में अब वह वीटो का प्रयोग करने की स्थिति में नहीं है। सुरक्षा परिषद् इस समय अमेरिका की मुट्ठी में है। अमेरिका उसमें अब मनचाहा प्रस्ताव पारित करवा रहा है। यही कारण है कि 1991 के खाड़ी के युद्ध के समय रूस मूकदर्शक बना बैठा रहा। वर्तमान में संयुक्त राष्ट्र संघ की शान्ति सेनाएँ जहाँ कहीं भी तैनात की गई हैं, उनमें रूसी सेनाओं की कोई भूमिका नहीं है। अमरीका व अन्य पश्चिमी शक्तियाँ रूस की वर्तमान राजनैतिक व आर्थिक दुरवस्था के कारण विश्व की जटिल एवं तनाव पैदा करने वाली समस्याओं पर रूसी प्रस्तावों अथवा आपत्तियों पर ध्यान देना ही आवश्यक नहीं समझते।

विश्व सम्मेलनों में भी रूस का व्यवहार एक तमाशबीन का बन कर रह गया है। उदाहरण के लिए, परमाणु अप्रसार सन्धि पर विचार हेतु न्यूयार्क में 17 अप्रैल से 12 मई, 1995 तक बुलाये गये विश्व सम्मेलन में रूस तमाशबीन बना रहा। फलतः सन्धि का अनिश्चितकालीन विस्तार का प्रस्ताव अमरीका की इच्छानुसार 12 मई, 1995 को पारित हो गया।

2. देश में साम्यवाद को पुनः न उभरने देना—पूर्व सोवियत संघ साम्यवाद का सुदृढ़ गढ़ रहा है, अतः उसके पतन के बाद भी साम्यवाद की जड़ों का गहरा होना स्वाभगविक था। तत्कालीन राष्ट्रपति बोरिस येल्तसिन रूस में साम्यसवाद को पुनः नहीं उभरने देने के लिए कृत संकल्प थे। अतः उन्होंने इसके लिए अन्य पाश्चात्य लोकतान्त्रिक देशों का भी सहयोग प्राप्त किया। वर्तमान में वैश्वीकरण व भू-मण्डलीकरण के दौर में रूस विभिन्न पाश्चात्य देशों के साथ अपने सम्बन्धों को सुदृढ़ कर रहा है।

3. संयुक्त राष्ट्र संघ के साथ सहयोग—रूस की विदेश नीति की प्रमुख विशेषता यह है कि वह संयुक्त राष्ट्र संघ के साथ पूर्ण सहयोग की नीति पर चल रहा है। उसने अपने स्वतन्त्रत अस्तित्व के बाद कहीं भी संयुक्त राष्ट्र संघ के कार्यों के मार्ग में बाधा नहीं डाली है। उसने पूर्व सोवियत संघ के सभी दायित्वों को निभाने कावचन दिया है। 31 जनवरी, 1992 को आयोजित न्यूयार्क में सुरक्षा परिषद की विशेष बैठक में रूसी गणराज्य के राष्ट्रपति बोरिस येल्तसिन ने यह घोषणा की कि शीत युद्ध का काल अब परी तरह समाप्त हो गया है। रूस पश्चिमी जगत का एक हिस्सा है। अब रूस वीटो द्वारा सुरक्षा परिषद् के मार्ग में अडंगे नहीं लगायेगा। यही कारण है कि 31 मार्च, 1992 को सुरक्षा परिषद ने लीबिया के विरुद्ध प्रतिबन्ध लगाने सम्बन्धी प्रस्ताव पारित कर दिया।

4. अमरीका के साथ सामान्य सहयोगी सम्बन्ध—रूस और संयुक्त राज्य अमेरिका के सम्बन्ध 'सोवियत संघ और अमेरिका' वाले सम्बन्धों में बिल्कुल विपरीत हैं। इन्हें अमरीका के साथ सामान्य सहयोगी सम्बन्ध के नाम से अभिहित किया जा सकता है। इन्हें तथ्यों व घटनाओं द्वारा प्रमाणित किया जा सकता है—

(i) येल्तसिन द्वारा अमेरिका के साथ घनिष्ठ राजनयिक सम्बन्धों की स्थापना—राष्ट्रपति बुश ने रूस के राष्ट्रपति येल्तसिन के साथ राजनयिक सम्बन्ध कायम कर लिए व सुरक्षा परिषद् के स्थायी सदस्य के रूप में रूस की सदस्यता को स्वीकार कर लिया। जब रूढ़िवादी तत्त्वों ने येल्तसिन की सरकार को आर्थिक सुधारों और निजीकरण की योजनाओं को चुनौती दी तो अमेरिका ने धमकी दी कि यदि येल्तसिन को हटा जाता है तो वह 24 अबर डॉलर की सहायता रोक देगा जिसका उसने वायदा कर रखा है।

सितम्बर, 1993 में राष्ट्रपति येल्तसिन और संसद के मध्य हुए संघर्ष में अमेरिका सहित पश्चिमी राष्ट्रों ने नैतिक व कूटनीतिक रूप से राष्ट्रपति येल्तसिन का पक्ष लिया व उसकी नीतियों का समर्थन किया। इस प्रकार स्पष्ट है कि येल्तसिन अमेरिका के साथ घनिष्ठ राजनयिक सम्बन्धों की स्थापना की दिशा में अग्रसर हैं।

(ii) लोकतन्त्र, मुक्त बाजार और स्वतन्त्रता का पक्षधर—रूस के राष्ट्रपति बोरिस येल्तसिन अमेरिका की दृष्टि से लोकतन्त्र, मुक्त बाजार और स्वतन्त्रता के पक्षधर हैं। अत: उनसे निःशस्त्रीकरण के बारे में समझौता करना आसान है।

(iii) वाशिंगटन चार्टर (जून, 1992)—जून, 1992 में रूसी राष्ट्रपति बोरिस येल्तसिन ने अमरीका की यात्रा की। दोनों के बीच शिखर वार्ता के अन्तिम दिन वाशिंगटन चाट्टर तथा 9 अन्य महत्त्वपूर्ण दस्तावेजों पर हस्ताक्षर हुए। इसमें निम्न बातों पर सहमति हुई—

(क) दोनों देश संयुक्त सैनिक अभियान चलायेंगे।

(ख) दोनों देश विस्तृत सैनिक, आर्थिक और वैज्ञानिक सहयोग के आधार पर कार्य करेंगे।

(ग) दोनों ने शस्त्र कटौती के एक महत्त्वपूर्ण समझौते पर हस्ताक्षर किये। इस व्यापार समझौते के तहत परमाणु हथियारों की संख्या 2/3 कम हो जायेगी। इसके अनुसार रूस जमीन से मार करने वाले सभी बहुमुखास्त्री प्रक्षेपास्त्रों को नष्ट कर देगा जो कि रूस के परमाणु आयुध की रीढ़ माने जाते हैं।

(घ) दोनों देशों के बीच विस्तृत अन्तरिक्ष अभियान में सहयोग के लिए भी सहमति हुई जिसके तहत अमरीकी अन्तरिक्ष शटल की अक्टूबर, 1993 में प्रस्तावित उड़ान पर रूसी अन्तरिक्ष यात्री भेजने तथा रूीस अन्तरिक्ष केन्द्र पर अमरीकी अन्तरिक्ष यात्री भेजने पर विचार किया जायेगा। अब दोनों देशों के राजनयिक एव पत्रकार एक-दूसरे देश की आसानी से यात्रा कर सकेंगे।

(iv) रूस को अमरीकी सहायता—येल्तसिन ने अमरीकी कांग्रेस के संयुक्त अधिवेशन से रूस को 24 अरब डॉलर की अमरीकी सहायता के बुश प्रशासन के प्रस्ताव को मंजूर करने की अपील की। बुश प्रशासन ने रूस को व्यापार की दृष्टि से अधिक तरजीह वाले राष्ट्र का दर्जा दिया है।

चूंकि रूस इस समय अरमीकी आर्थिक व अन्य प्रकार की सहायता पर निर्भर हो गया है। अत: उस पर अमरीकी दबाव भी बढ़ता जा रहा है। 17 जुलाई, 1993 को अमरीका के दबाव में रूस को भारत को क्रायोजेनिक राकेट इंजन का करार तोड़ना पड़ा। इससे स्पष्ट होता है कि वर्तमान में रूस की विदेश नीति राष्ट्रीय आत्मसम्मान को भी नजरअन्दाज कर आर्थिक संकट से निजात पाने के लिए आर्थिक सहायता हेतु अन्तर्राष्ट्रीय नीतियों में अमेरिकी नीतियों का समर्थन करने की है।

(v) नाटो-रूस समझौता—रूस के राष्ट्रपति बोरिस येल्तसिन और नाटो के 16 नेताओं के बीच पेरिस में 27 मई, 1997 को एक समझौता हुआ जिसे 'परस्पर

सम्बन्धों, सहयोग और सुरक्षा सम्बन्धी स्थापना कानून' (The Founding Acton Mutual Relations, Co-operation and Security) की संज्ञा दी गई है। यह समणैता शीत युद्धोत्तर यूरोप में नरे सम्बन्धों की रूपरेखा प्रस्तुत करता है। समझौता नाटो को एक सार्थक भूमिका प्रदान करता है। समझौता नाटो तथा रूस की एक स्थाई परिषद् की स्थापना करता है जिसका एक सचिवालय होगा जिसमें रूस का प्रतिनिधित्व उसका राजनय करेगा। दोनों पक्षों के सहमत होने पर परिषद् निर्णय ले सकेगी अन्य था वह नाटो या रूस को स्वतन्त्र कार्य करने से नहीं रोक सकेगी। परिषद् की (विदेश व सुरक्षा मंत्रियों की) बैठकें छः माह में होंगी।

यह समझौता रूस को किसी प्रकार का वीटो प्रदान नहीं करता। वह रूस को नाटो में केवल सलाहकारी स्तर ही प्रदान करता है और 6-7 की सदस्यता प्रदान करता है। इसमें यह आश्वासन नहीं दिया गया है कि नाटो पूर्व की ओर विस्तार नहीं करेगा, नाटो सेनाओं में कमी की जायेगी, उन्हें पूर्व यूरोप के देशों में नहीं भेजा जायेगा आदि। परिणामस्वरूप 29 मार्च, 2004 को नाटो संगइन में यूरोप के 7 नये देशों को सम्मिलित कर लिया गया। इन राज्यों में 6 राज्य ऐसे हैं जो वारसा पैक्ट के सदस्य थे। इनमें तीन राज्य तो सोवियत संघ के अंग रहे थे। इससे पहले 1999 में हंगरी, पोलैण्ड तथा चेक गणतंत्र को नाटो का सदस्य बना लिया गया था। इस प्रकार नाटो अब रूस के दरवाजे पर दस्तक दे रहा है। इस विस्तार ने रूस की घेराबन्दी को पूर्ण करके उसकी सुरक्षा के लिए संकट पैदा कर दिया है। इससे स्पष्ट होता है कि यह समझौता जहाँ सैद्धान्तिक रूप से पूर्वी यूरोप व पश्चिमी यूरोप की मैत्री को पुष्ट करताा दिखता है, वहीं यथार्थ में रूस को घेरे रखने, उसे कमजोर बनाने तथा उसकी विश्वसनीयता को क्षीण करने की एक चाल है। यह रूस को दूसरे दर्जे का राष्ट्र बनाता है, जो उसके समर्पण को दिखाता है।

(vi) परमाणु निरस्त्रकरण समझौत तथा सामरिक सहयोग बढ़ाने पर सहमति—रूस ने तमाम गिले-शिकवे भुलाकर 24 मई, 2002 को मास्को में अमरीका की तरफ दोस्ती के कदम बढ़ाये। रूस की राजधानी मास्को में हुए चार दिवसीय शिखर सम्मेलन (21-24 मई, 2002) के दौरान अमरीकी राष्ट्रपति बुश तथा रूसी राष्ट्रपति पुतिन ने एक ऐतिहासिक परमाणु निरस्त्रीकरण सन्धि तथा आतंकवाद के खिलाफ लक्षित सामरिक सहयोग सन्धि पर हस्ताक्षर किये। इसके तहत परमाणु हथियारों में 2/3 की कटौती करने पर सहमति हुई। दोनों देश वर्ष 2012 तक परमाणु हथियारों की संख्या 1700 से 2200 के बीच ले आयेंगे। दोनों राष्ट्रपतियों ने नए सामरिक सम्बन्धों के लिए भी घोषणा पत्र पर हस्ताक्षर किये। समझौते में पुतिन ने अमेरिका के नेतृतव में आतंकवाद के खिलाफ विश्वव्यापी मुहिम के प्रति समर्थन जताया।

27 सितम्बर, 2003 को कैंप डेविड में दोनों देश सैन्य सहयोग बढ़ाने तथा आर्थिक रिश्तों को मजबूत करने पर भी सहमत हुए। लेकिन फरवरी, 2007 में म्यूनिख में आयोजित 'सुरक्षा सम्मेलन' में रूस के राष्ट्रपति पुतिन ने अमरीका की कटु आलोचना करते हुए कहा कि अमरीकी नीतियों से दुनिया सुरक्षित होने की बजाय और असुरक्षित महसूस करने लगी है। रूसी राष्ट्रपति के इस वक्तव्य से दोनों देशों के मध्य बढ़ती नजदीकियों में दूरी के संकेत मिले हैं।

5. यूरोपीय राष्ट्रों के साथ घनिष्ठ आर्थिक सम्बन्ध—रूस की विदेश नीति यूरोपीय राष्ट्रों के साथ घनिष्ठ आर्थिक सम्बन्ध बनाने की रही है। उसने यूरोपीय साझा बाजार में सम्मिलित होने के प्रयास किये हैं। मास्को विश्वविद्यालय में इतिहास के प्रोफेसर **दमित्र फ्योदोरोव** के शब्दों में, "हमें भरोसा है कि अब हम अपने संसाधन और ऊर्जा को अमरीकी खेमे से लड़ने या तीसरी दुनिय को चलाने में बर्बाद नहीं करेंगे। हमें आत्म-निरीक्षण और कड़ा परिश्रम करना चाहिए तथा यूरोपीय समुदाय में शामिल हो जाना चाहिए, जहाँ के हम हैं।" इसी क्रम में 20-22 जून, 1997 रूस को जी-7 के शिखर सम्मेलन में उसे पूर्ण स्थाई सदस्य बना लिया गया। 26-27 जून, 2002 को कनाडा में हुए ग्रुप-8 के शिखर सम्मेलन में रूस के सम्बन्ध में यह निर्णय लिया गया कि रूस में मौजूद अधिशेष प्लूटोनियम के भण्डारों को आतंकवादियों के हाथों तक पहुँचने देने से रोकने के लिए तथा रूस में मौजूद जन-विनाश के हथियारों को निष्प्रभावी करने के लिए रूस को क्षतिपूरक सहायता हेतु 20 बिलियन डॉलर की धरराशि जुटाई जायेगी। रूस अगले 10 वर्षों में अमरीका से 10 बिलियन डॉलर तथा ब्रिटेन, कनाडा, फ्रांस, जर्मनी, इटली व जापान से 10 बिलियन डॉलर प्राप्त करेगा।

जून, 2007 में हेलिजेंडम (जर्मनी) में आयोजित जी-8 सम्मेलन में रूसी राष्ट्रपति ब्लदीमीर पुतिन ने अमेरिका को अजरबैजान में रेडार लगाने के लिए आमन्त्रित किया है। अजरबैजान के पड़ोसी ईरान पर निगरानी की सुविधा देकर रूस सम्भवतः अपने लिए पूर्वी यूरोप में सहूलियत मांग रहा है।

6. चीन के साथ मित्रवत् सम्बन्धों की नीति—1992 में रूस-चीन के मध्य मित्रवत् घनिष्ठ सम्बन्ध बनाने की नीति का विकास हुआ है। यथा—

(i) रूसी राष्ट्रपति की चीन की यात्रा—रूस के राष्ट्रवति बोरिस येल्तसिन ने चीन के साथ अच्छे सम्बन्ध बनाने की विदेश नीति को अपनाया। 19 दिसम्बर, 1992 को रूस के राष्ट्रपति बोरिस येल्तसिन चीन की यात्रा पर गए। दोनों देशों के शिखर सम्मेलन में यह सहमति हुई कि दोनों देश सीमा क्षेत्र में तैनात सैनिकों की संख्या में कमी करेंगे। दोनों एक-दूसरे के साथ मित्रवत् व्यवहार करेंगे।

(ii) चीन के राष्ट्रपति की रूस की यात्रा (1994)—सितम्बर, 1994 में चीन के राष्ट्रपति जियांग ने रूस की यात्रा की। जियांग की यात्रा के दौरान रूस और चीन के बीच मुख्यतः निम्न समझौते हुए—

(i) दोनों एक-दूसरे की भूमि को परमाणु प्रक्षेपास्त्रों का निशाना नहीं बनायेंगे।

(ii) सीमा विवाद को शांतिपूर्ण ढंग से सुलझायेंगे।

(iii) व्यापार और आर्थिक सहयोग सम्बन्धी समझौते के हित रूस चीन को तीन जल-विद्यत परियोजनाओं के लिए आवश्यक उपकरण देगा, कागज बनाने के लिए एक मिल तथा मैथेनॉल संयंत्र के लिए उपकरण निर्यात करेगा।

(iii) अप्रैल, 1996 में रूसी राष्ट्रपति की चीन यात्रा व शंघाई समझौता—24 से 26 अप्रैल, 1996 तक बोरिस येल्तसिन ने चीन की यात्रा की और दोनों देशों के बीच 13 समझौते हुए। इसमें **शंघाई समझौता** महत्त्वपूर्ण है जिसके तहत चीन, रूस, ताजिकस्तान, किरगिस्तान और कजाकिस्तान ने अपनी सामान्य सीमाओं को सैनिक गतिविधियों से मुक्त रखने का वचन दिया है। इस समझौते को '21वीं सदी की सामरिक सहभागिता' की संज्ञा दी गई है।

(iv) अप्रैल, 1997 में चीनी राष्ट्रपति की रूस की यात्रा व समझौते-23 अप्रैल, 1997 से 27 अप्रैल, 1997 की अवधि में चीन के राष्ट्रपति जियांग जेमिन ने रूस की पांच दिवसीय यात्रा की। इस यात्रा के दौरान निम्न समझौते किए गए—

(अ) इस यात्रा में चीन और रूस ने मिलकर एकध्रुवीय विश्व का विरोध किया और कहा कि वे नवीव विश्व व्यवस्था को बहुध्रुवीय स्वीकारते हैं।

(ब) चीन को रूस से सुखोई-एस यू 27 विमार, किलो श्रेणी की पनडुब्बियाँ, विमानभेदी प्रक्षेपास्त्र, सोवरेमेनी श्रेणी के विध्वसंक जहाज तथा 1000 मेगावाट क्षमता का परमाणु रिएक्टर आदि सैन्य सामग्री की आपूर्ति पर सहमति हुई।

(स) दोनों देशों के शासनाध्यक्षों के बीच सम्पर्क हेतु हॉट लाइन की स्थापना पर सहमति हुई।

(v) सीमा विवाद की समाप्ति—10 नवम्बर, 1997 को रूस और चीन के मध्य एक ऐतिहासिक सीमा समझौते पर हस्ताक्षर हुए जिससे दोनों देशों के बीच 4300 किमी. लम्बी पूर्वी सीमा पर तीन सौ वर्ष से चला आ रहा सीमा विवाद समाप्तहो गया। इसके अतिरिक्त रूस और चीन के बीच साइबेरिया से उत्तर चीन के मध्य तक एक 3000 किमी. लम्बी गैस पाइप लाइन बिछाने का भी समझौता 1997 में हुआ। नवम्बर, 1998 में चीन के राष्ट्रपति जियांग जेमिन ने रूस की यात्रा की। चीन के राष्ट्रपति की इस यात्रा से दोनों देशों के सम्बन्धों में और निकटता आयी।

(vi) रूस और चीन में नई मैत्री संधि (16 जुलाई, 2001)—15 जुलाई, 2001 को अमरीका ने मिसाइल रोधी सुरक्षा प्रणाली का सफल परीक्षण किया। रूस तथा चीन ने इस विवादास्पद प्रक्षेपास्त्र सुरक्षा प्रणाली पर तीखी प्रतिक्रिया व्यक्त की तथा 16 जुलाई, 2001 को विश्व में शक्ति सन्तुलन को बनाए रखने की दृष्टि से दोनों देशों (चीन तथा रूस) ने 20 वर्षीय संधि की।

इस सन्धि में दोनों देशों द्वारा विश्व में सामारिक सन्तुलन और स्थिरता के लिए मिलकर प्रयास करने की बात कही गयी। इससे स्पष्ट होता है कि रूस की वर्तमान नीति चीन के साथ मित्रवत सम्बन्धों की स्थापना करना है।

7. रूस पुनः महाशक्ति बनने की ओर—सेंट पीटर्सबर्ग में 15 जुलाई से लेकर 17 जुलाई, 200 तक ग्रुप-8 के राष्ट्रों का सम्मेलन हुआ। सम्मेलन का महत्त्व इस तथ्य को रेखांकित करने में है कि सोवियत यूनियन के विघटन के 15 वर्ष में ही रूस ने अपने को सम्भाल लिया है तथा वह एक बार पुनः महाशक्ति का दर्जा प्राप्त करने की ओर अग्रसर है। रूसी नेता **इवानोफ** के शब्दों में, "रूस ने अपने को फिर से महाशक्ति बना लिया है तथा सभ्यता के भविष्य एवं वर्तमान विश्व परस्थितियों में उसकी वैश्विक जिम्मेदारी है।" ग्रुप-8 के सम्मेलन में रूसी राष्ट्रपति पुतिन ने दो टूक शब्दों में कहा—"दो ध्रुवीय विश्व के पतन के उपरान्त हमारा विश्व अधिक सुरक्षित नहीं हो पाया है। इससे अलट वह कम पूर्वानुमेय बन गया है।" रूस एक ध्रुवीय विश्व व्यवस्था का अन्त करने के लिए एक दशक से प्रयासरत है। रूस के पुनः महाशक्ति बनने के प्रयासों को निम्न सन्दर्भ में देखा जा सकता है—

(i) आज रूस व चीन के सम्बन्ध अत्यधिक घनिष्ठ हैं।

(ii) मध्य एशिया में रूस का हस्तक्षेप बढ़ रहा है तथा वह संयुक्त राज्य अमरीका को वहाँ से बाहर धकेल रहा है।

(iii) शंघाई संगठन को आज इतना सुदृढ़ कर लिया गया है कि उसे नाटो के जवाब के रूप में देखा जा रहा है।

(iv) पश्चिम एशिया में अब रूस संयुक्त राज्य अमेरिका द्वारा खींची गई लीक पर न चलकर स्वतन्त्र रुख अपना रहा है।

(v) वह सैनिक ताकत के रूप में अभी भी एक महाशक्ति है।

(vi) वह संयुक्त राष्ट्र संघ की सुरक्षा परिषद् का स्थायी सदस्य बना रहा है।

(vii) वह आर्थिक दृष्टि से शक्तिशाली बन रहा है। गत कई वर्षों से रूस की अर्थव्यवस्था औसतन 7 प्रतिशत वार्षिक वृद्धि दर को बनाए हुए है तथा समय से पूर्व ही उसने पश्चिमी देशों के ऋण की अदायगी कर उनके आर्थिक दबाव से

स्वयं को मुक्त कर लिया है। रूबल को पूर्ण परिवर्तनीय मुद्रा में बदलकर उसने अपनी सुदृढ़ मुद्रा व्यवस्था का परिचयत दिया है। विश्व में सर्वाधिक विदेशी मुद्रा भण्डार रखने वाले देशों में वह चौथे नम्बर पर है।

(viii) फरवरी, 2007 में म्यूनिख में आयोजित सुरक्षा सम्मेलन के दौरान रूस के राष्ट्रपति पुतिन ने एक-ध्रुवीय विश्व में अमेरिका की नीतियों की कटु आलोचना करके इस ओर संकेत दिये हैं, साथ ही भारत, रूस और चीन ने 14 फरवरी, 2007 को यह घोषणा की है कि उनके बीच त्रि-पक्षीय सहयोग एक ऐसी बहुध्रुवीय व्यवस्था का निर्माण करेगा जिसमें अन्तर्राष्ट्रीय सम्बन्ध बहुपक्षीय आधार पर संचालित होंगे। उपर्युक्त विवेचन से स्पष्ट होता है कि रूस के महाशक्ति के रूप में पुनरोदय ने अन्तर्राष्ट्रीय सम्बन्धों के पुराने समीकरण बदलकर नये समीकरण पैदा किये हैं। रूस पर यूरोपीय देशों की बढ़ती हुई निर्भरता और निकटता, प्रगाढ होती रूसी-चीनी मित्रता, भारत के साथ मधुर सम्बन्ध, मध्य व पश्चिम एशिया में रूस का सक्रिय हस्तक्षेप संयुक्त राज्य अमरीका की कूटनीति के समक्ष एक बड़ी चुनौती है। उसका एक-ध्रुवीय विश्व का स्वप्न भंग होने जा रहा है तथा अन्तर्राष्ट्रीय राजनीति बहुध्रवीयता की ओर बढ़ रही है। रूस का पुनरोदय इसका मुख्य कारक है।

8. भारत के प्रति रूस की विदेश नीति—पूर्व राष्ट्रपति बोरिस येल्तसिन ने भारत और रूस के मध्य सम्बन्धों को प्रगाढ़ करने पर बल दिया तथा सन् 1992 में रूस के साथ एक नई मैत्रिक और सहयोग सन्धि को अन्तिम रूप दिया गया। मार्च, 1997 में भारत और रूस ने द्वि-पक्षीय सहयोग बढ़ाने के लिए छः समझौतों पर हस्ताक्षर किये। रूस ने अमरीका दबाव को झटकते हुए घोषणा की कि वह भारत में दो परमाणु रियेक्टरों के निर्णय की योजना से पीछे नहीं हटेगा।

◆ ◆ ◆

9

पाकिस्तान की विदेश नीति

वर्तमान काल में पाकिस्तान की भारत–विरोध की विदेश नीति में आये परिवर्तन के प्रमुख कारण निम्नलिखित हैं—

1. पाकिस्तान की आंतरिक स्थिति—पाकिस्तान जनवरी, 2004 में दक्षेस के सम्मेलन का मेजबान था। इस सम्मेलन के सफल आयोजन की दो शर्तें थीं—(i) भारत की प्रभावी भागीदारी तथा (ii) पाकिस्तान के प्रति मेहमानों का प्रशंसात्मक रुख। भारत–पाक शान्ति पर अड़ियल रवैया अपनाकर पाकिस्तान इन दोनों में से किसी भी शर्त को पूरा नहीं कर पाता। पहले की तरह भारत विरोधी नीति पर चलने का तात्पर्य होता भारत द्वारा पुरानी नीति (इस्लामाबाद न जाने की) पर दृढ़ रहना। इस स्थिति में दक्षेस का सम्मेलन तथा पाकिस्तान के द्वारा उसकी मेजबानी दोनों ही खटाई में पड़ जातीं। अतः दक्षेस सम्मेलन में भारत की भागीदारी को सुनिश्चित करने तथा मेहमान देशों के राजनयिकों के बीच अपनी छवि को उज्जवल रूप में पेश करने के लिए यह बदलाव आवश्यक था।

2. अन्तर्राष्ट्रीय दबाव—पाकिस्तान की विदेश नीति में परिवर्तन के लिए उत्तरदायी दूसरा प्रमुख कारक अन्तर्राष्ट्रीय दबाव था। संयुक्त राज्य अमेरिका, ग्रेट-ब्रिटेन, रूस, यूरोपीय संघ और चीन भारत में हो रही आतंकवाद की घटनाओं पर तथा उन घटनाओं के पीछे पाकिस्तान का हाथ होने पर चिन्ता व्यक्त कर चुके थे। आतंकवाद के प्रश्न पर इन देशों का भारत के साथ खड़े होना तथा कश्मीर को द्विपक्षीय विवाद के रूप में देखना पाकिस्तान के अलग-थलग पड़ने का एवं पाकिस्तान की कूटनीति की विफलता का सूचक था। पाकिस्तान पर इसके लिए दबाव बढ़ता ही जा रहा था कि वह भारत के विरुद्ध सीमा पार आतंक को रोकने के लिए ठोस एवं प्रभावी कदम उठाये क्योंकि विश्व की प्रमुख शक्तियाँ यह मानने लगी थीं कि पाकिस्तान का ऐसा न करना इस क्षेत्र में तनाव का प्रमुख कारण है। उनकी यह मान्यता दिन-पर-दिन मजबूत होती जा रही थी तथा इसका विपरीत प्रभाव उनके तथा पाकिस्तान के सम्बन्धों पर पड़ सकता था। इस अन्तर्राष्ट्रीय दबाव के सामने न झुकना मुशर्रफ के लिए संभव न था।

पाकिस्तान पर अमरीकी, दबाव अप्रेल, 2003 जब भारत ने शांति वार्ता के लिए 12 सूत्री कार्यक्रम पेश किया था, से ही बढ़ने लगा था। एक अमरीकी अधिकारी के शब्दो में ''हमें पाकिस्तान की बाँहें मरोड़ने की आवश्यकता नहीं पड़ी। सिर्फ यह अहसास कराना पड़ा कि गतिरोध की समाप्ति में ही उसकी भलाई है तथा वार्ता ही एकमात्र विकल्प है।'' अमरीका के साथ-साथ रूस के राष्ट्रपति पुतिन की भी इस मामले में अहम भूमिका रही।

3. अन्य कारण—पाकिस्तान की नवम्बर-दिसम्बर, 2003 से भारत के पक्ष में बदलती विदेश नीति के अन्य प्रमुख कारण हैं—भारत-पाक मैत्री के पक्ष में पाकिस्तान के अन्दर उठते स्वर तथा कश्मीरी जनता का पाकिस्तान की जनता से बढ़ा हुआ मोहभंग। कारण कुछ भी रहे हों, यह बदलाव सार्थक है और दोनों देशों के हित में है। उपर्युक्त विवेचन से स्पष्ट होता है कि पाकिस्तान की प्रमुख समस्या 'भारत से सामरिक खतरा' तथा अपने 'आर्थिक विकास' की है। अपने इन उद्देश्यों की पूर्ति के लिए वह कश्मीर के प्रश्न पर 'अखिल इस्लामवाद' की नीति से चलकर सैनिक संगठनों—सीटो और सेण्टो की नीति को अपनाते हुए असंलग्नता की नीति तक पहुंचा है। इसी संदर्भ में उसने अपनी सामरिक तकनीक व शक्ति को बढ़ाने के लिए अमेरिका और चीन से निकटता की नीति अपना रखी है।

पाकिस्तान का नाम विश्व मानचित्र पर 14 अगस्त, 1947 को भारत के विभाजन के परिणामस्वरूप अवतरित हुआ। पाकिस्तान फारसी भाषा का शब्द है जो पाक + स्तान दो शब्दों से मिलकर बना है जिसमें पाक का अर्थ है पवित्र तथा स्नात का अर्थ है स्थान अर्थात् पवित्र भूमि। पाकिस्तान अपने निर्माण के साथ ही अन्तर्राष्ट्रीय

क्षेत्र में एक तरपऊ भारत का विरोध कर स्वयं की स्वतंत्र पहचान विकसित करने का प्रयास कर रहा है तो दूसरी तरफ महाशक्तियों के साथ सामंजस्य तथा समायोजन स्थापित करने का प्रयास भी कर रहा है। इस दृष्टि से पाकिस्तान की विदेश नीति के प्रमुख लक्ष्य इस प्रकार हैं—

पाकिस्तान की विदेश नीति के प्रमुख सिद्धान्त या विशेषताएँ निम्नलिखित हैं—

1. सामरिक सुरक्षा पर आधारित भारत-विरोध की विदेश नीति—पाकिस्तान की विदेश नीति का मूल उद्देश्य देश की सुरक्षा रहा है।

पाकिस्तान की **भू-राजनीति दशा** 1971 तक पाकिस्तान की विदेश नीति को निर्धारित करने वाला प्रमुख कारक रहा है क्योंकि 1971 तक पाकिस्तान 'पूर्वी पाकिस्तान' तथा 'पश्चिमी पाकिस्तान' के नाम से दो पृथक-पृथक भू-क्षेत्रों में बंटा हुआ था। दोनों क्षेत्रों के बीच की दूरी लगभग 1000 मील थी। इसलिए पाकिस्तान को अन्य विकासशील देशों की तुलना में अपनी सीमाओं की रक्षा पर अधिक खर्च करना पड़ता था। पूर्वी पाकिस्तान (अब बंगलादेश) तीन ओर से भारत से घिरा हुआ था और पश्चिमी पाकिस्तान पूर्व सोवियत संघ, चीन तथा भारत जैसे शक्तिशाली व बड़े पड़ोसियों से घिरा हुआ था। यह भौगोलिक स्थिति पाकिस्तान के लिए उस स्थिति में खतरे का कारण बन सकती थी, जब वह चीन और सोवियत संघ जैसे शक्तिशाली पड़ोसियों से मित्रवत् सम्बन्धों को बनाये न रख सकता हो। जहाँ तक भारत का संबंध है, उसके साथ सामान्य सम्बन्धों को बनाये रखने की संभावना उसे बहुत क्षीण दिखाइ देती थी। इसलिए भारत से सुरक्षा हमेशा पाकिस्तान की विदेश नीति का मुख्य लक्ष्य रहा है। **डॉ. देवनारायण आसोपा** ने लिखा है कि "पाकिस्तान की विदेश नीति मूलतः भारत से आरंभ होती है और भारत पर ही खत्म होती है। उसे सोते-जागते भारत का ही भूत नजर आता है।"[1] 60 वर्षों में पाकिस्तानी नेताओं ने भारत के खिलाफ जितना विष-वमन किया है, उससे लगता है कि उसके पास भारत के विरोध के अतिरिक्त कोई नीति है ही नहीं।

पाकिस्तान की भारत-विरोध की विदेश नीति के प्रमुख आधारभूत तत्व इस प्रकार हैं—

(i) विभाजन से उत्पन्न होने वाले मतभेद—विभाजन के बाद भारत और पाकिस्तान के बीच अनेक मतभेद उत्पन्न हुए, जैसे सरकारी सम्पत्ति और कर्ज का बंटवारा, मुद्रा एवं व्यापारिक सम्बन्ध, शरणार्थियों की समस्या, नदियों के पानी के बंटवारे की समस्या आदि। पाकिस्तान में हिन्दुओं द्वारा छोड़ी गई सम्पत्ति का मूल्य भारत में मुसलमानों द्वारा छोड़ी गई सम्पत्ति का लगभग 10 गुना था। इस समस्या पर पर्याप्त वाद-विवाद हुआ, परन्तु अन्त में भारत ने हानि सहन कर इस समस्या

को समाप्त किया। मार्च, 1950 में नेहरू-लियाकत समझौते द्वारा दोनों देशों के अल्पसंख्यकों के सम्बन्ध में समझौता हुआ। नदियों के पानी के बंटवारे के सम्बन्ध में विश्व बैंक की मध्यस्थता से सिंधु जल संधि हुई। हैदराबाद और जूनागढ़ की रियासतों के सम्बन्ध में दोनों के मध्य मतभेद बना, परन्तु भारत ने पुलिस कार्यवाही कर उनका भारत में विलय कर लिया।

(ii) कश्मीर समस्या—1947 से कश्मीर समस्या का जन्म हुआ, जो अभी तक दोनों के मध्य मतभेद का प्रमुख कारण बनी हुई है।

(अ) संयुक्त राष्ट्र संघ में कश्मीर के मुद्दे की शीतयुद्ध का अंग बनाने की रणनीति—प्रारम्भ में भारत-पाक के विभाजन के पश्चात् जम्मू-कश्मीर रियासत के महाराजा ने जम्मू-कश्मीर राज्य को स्वतंत्र रखने का निर्णय लिया। लेकिन पाकिस्तान के शासकों को जम्मू-कश्मीर राज्य की यह स्वतंत्रता नहीं पची। फलतः उसने कबाइलियों के माध्यम से जम्मू-कश्मीर रियासत पर आक्रमण कर दिया। परिस्थितियों से विवश होकर वहाँ के महाराजा ने जम्मू-कश्मीर को भारत में विलय करने के समझौते पर हस्ताक्षर कर दिये इसके बाद भारतीय सेना ने जम्मू-कश्मीर में पहुँचकर पाकिस्तानी आक्रमण को रोका तथा उसे वापस खदेड़ना प्रारंभ कर दिया। इसके बाद भारत नपे एकतरफा युद्धबन्दी की घोषणा कर 1 जनवरी, 1948 को पाकिस्तान के आक्रमण के विरुद्ध कश्मीर के मुद्दे को संयुक्त राष्ट्र संघ की सुरक्षा परिषद में ले गया। यहाँ चार प्रस्ताव पारित हुए—

(i) जनवरी, 1948 में उसने दोनों देशों की यथास्थिति बनाए रखने का आग्रह किया।

(ii) 13 जनवरी, 1948 को उसने युद्ध बंद करने;

(iii) पाकिस्तान द्वारा अपने अधिकृत कश्मीर क्षेत्र से अपने सैनिकों को हटाने तथा भारत को भी सैनिकों की संख्या में कमी करने को कहा।

(iv) इसके बाद जनमत संग्रह के द्वारा समस्या के निर्धारण पर दोनों देशों की सहमति हुई। इनमें यथास्थिति बनाए रखने तथा युद्धबन्दी के प्रस्ताव को तो दोनों देशों ने मान लिया। लेकिन पाक अधिकृत कश्मीर से पाक सैनिकों की वापसी का प्रस्ताव अभी तक पाकिस्तान ने नहीं माना है। इसलिए जनमत संग्रह की बात तक अभी नौबत नहीं आ पायी है। 1954 में पाकिस्तान ने अमेरिका से सैनिक संधि कर ली और वह सेन्टो संगठन में शामिल हो गया जिसके कारण सुरक्षा परिषद में कश्मीर का प्रश्न शीतयुद्ध का अंग बन गया। अमरीका सुरक्षा परिषद् में पाकिस्तान समर्थक प्रस्ताव मान्य कराता रहा और सोवियत संघ उसे वीटो करता रहा। सोवियत संघ के पतन के बाद अमरीका के कश्मीर संबंधी दृष्टिकोण में परिवर्तन आया। सन् 1999-2000

में कश्मीर संबंधी परिषद् के प्रस्तावों को संयुक्त राष्ट्र महासचिव कोफी अन्नान ने पुराना कहकर कश्मीर पर भारत के तर्कों की पुष्टि की।

(ब) भारत पर आक्रमण की नीति—जब समझौता वार्ताओं के द्वारा पाकिस्तान जम्मू-कश्मीर रियासत को अधीन नहीं कर सका तो उसने युद्ध का रास्ता अपनाया। सन् 1948 में पाकिस्तान ने प्रत्यक्ष रूप से कश्मीर पर सैनिक आक्रमण किया लेकिन भारतीय सेना ने उसे पीछे धकेलना जारी रखा। यह युद्ध जनवरी, 1949 में सुरक्षा परिषद् की पहल पर बन्द किया जा सका। इसके बाद सन् 1965 तथा 1971 में भी पाकिस्तान ने भारत पर आक्रमण किया। दोनों देशों में युद्ध हुआ जिसकी परिणति ताशकंद समझौता और शिमला समझौता के रूप में हुई।

1999 में पुनः पाकिस्तान ने छद्म रूप से जम्मू-कश्मीर भारतीय क्षेत्र—'कारगिल और द्रास' में सैनिक घुसपैठ कर कब्जा जमाने का प्रयास किया, लेकिन उसे भारतीय सैनिकों ने जवाबी कार्यवही कर पुनः अपने अधिकार में कर लिया। इसके बाद पाकिस्तान की सरकार ने यह स्वीकार कर लिया है कि सैनिक शक्ति के बल पर वह कश्मीर को भारत से नहीं ले सकता।

(स) कश्मीर में आतंकवाद को प्रश्रय देने की नीति—1971 के युद्ध के बाद से ही पाकिस्तान को यह एहसास हो गया था कि वह युद्ध के माध्यम से कश्मीर पर अधिकार नहीं कर सका। इसलिए 1980 के दशक से वह कश्मीर में इस्लामिलक आतंकवादी गुटों को कश्मीर व भारत में अन्य क्षेत्रों में आतंक फैलाने के लिए प्रशिक्षण एवं सामरिक सहयोग प्रदान करता आ रहा है और अन्तर्राष्ट्रीय जगत में उन्हें स्वतंत्रता सेनानी कहता आ रहा है। पाकिस्तान के इसी दृष्टिकोण के कारण पाक-भारत के बीच आगरा शिखर वार्ता (2001) असफल रही, सीमा पार आतंकवादियों की घुसपैठ जारी है तथा जम्मू-कश्मीर से समय-समय पर होने वाले चुनावों को रोकने की असफल कोशिशें की जाती रही हैं। लेकिन इन चुनावों ने कश्मीर में आतंकवाद को हटाकर अपनी सफल अभियक्ति की है।

(द) अन्तर्राष्ट्रीय सम्मेलनों में कश्मीर मुद्दे को उठाने की नीति—संयुक्त राष्ट्र संघ के विभिन्न निकायों, गुट-निरपेक्ष सम्मेलनों में, सार्क देशों के सम्मेलनों में किसी न किसी बहाने पाकिस्तान कश्मीर मुद्दे को अवश्य उठाता है। हाल ही में वर्ष 2008 में कोलम्बो में आयोजित गुटनिरपेक्ष देशों की 15वीं शिखर बैठक में भारत एवं पाकिस्तान की राजनैतिक प्रतिद्वंद्विता को दक्षेस (सार्क) की प्रगति में सबसे बड़ी बाधा माना गया।

(य) शांति प्रक्रिया के दौरान भी बीच-बीच में कश्मीर का राग अलापने की नीति—सन् 2004 से दोनों देशों के बीच शांति प्रक्रिया तथा संवाद प्रक्रिया जारी

है लेकिन सकारात्मक दिशा में बढ़ती दिख रही बातचीत अभी तक कोई मंजिल नहीं प्राप्त कर सकी है। इसका कारण यह है कि बीच-बीच में पाकिस्तान यह कहने लगता है कि जब तक कश्मीर मुद्दे पर कोई प्रगति नहीं होती, तब तक अन्य मुद्दों पर किसी भी स्तर की वार्ता निरर्थक है। इस प्रकार पाक के हुक्मरानों के समय-समय पर बयान बदलते रहते हैं। ऐसे बदलते बयानों के चलते सौहार्द कायम नहीं हो पा रहा है। प्रायः सभी विदेश सचिव स्तरीय बैठकों और वार्ताओं के दौरान पाकिस्तान का ऐसा दृष्टिकोण दिखाई पड़ जाता हे।

(iii) बंगलादेश का निर्माण—दिसम्बर, 1970 के चुनावों में पाकिस्तान में शेख मुजीब के दल 'अवामी लीग' को बहुमत मिला। यह देखकर राष्ट्रपति याह्या खां ने राष्ट्रीय असेम्बली के अधिवेशन को स्थगित कर दिया। इस पर 15 मार्च, 1971 को शेख मुजीब ने स्वाधीन बंगलादेश की घोषणा कर दी। याह्या खां ने बंगलादेश के विद्राह को कुचलने के लिए अमानुषिक अत्याचार किये जिसके परिणामस्वरूप भारत में लाखों शरणार्थियों ने प्रवेश किया। भारत ने अपनी इस समस्या को अन्तर्राष्ट्रीय जगत में रखा परन्तु भारत के प्रयास असफल रहे। अन्ततः पाकिस्तान ने भारत पर आक्रमण कर दिया। इस युद्ध से पाकिस्तान का विभाजन हो गया और पूर्वी पाकिस्तान अब स्वतंत्र राष्ट्र 'बंगलादेश' बन गया। पाकिस्तान अपने इस विभाजन की कटुता को अभी तक भुला नहीं पाया है। इस भावना में उसकी नीति 'भारत-विरोध' पर आधारित हो गयी है।

(iv) गुटीय किलेबन्दी तथा भारत से शस्त्रों की होड़ में शस्त्रीकरण की नीति—पाकिस्तान की भारत-विरोध की विदेश नीति का एक अन्य प्रमुख तत्व पाकिस्तान की गुटीय नीति और शास्त्रों की होड़ है। यद्यपि पाकिस्तान सामरिक शक्ति की दृष्टि से भारत से काफी कमजोर है, तथापि वह गुटीय किलेबन्दी तथा शस्त्रों की होड़ को दिखाकर अपने को भारत के समकक्ष दिखाता रहता है। भारत-विरोधी प्रचार के द्वारा उसने अमेरिका तथा ईरान से प्रचुर मात्रा में सैनिक सहायता प्राप्त की। भारत-चीन संबंधों में कटुता आने के बाद पाकिस्तान ने उससे मित्रता गांठकर अस्त्र-शस्त्र प्राप्त किय। चीन भी इस क्षेत्र में उसकी भरपूर सहायता कर रहा है। उसने पाकिस्तान को एम-11 मिसाइलें दीं, पाकिस्तान की गौरी मिसाइल के परीक्षण में सहयोग दिया आदि। भारत के परमाणु परीक्षण (द्वितीय) के तुरन्त बाद उसने भी परमाणु परीक्षण किये तथा भारत-अमरीकी परमाणु समझौते को देखते हुए उसने ऐसा ही समझौता पाकिस्तान के साथ करने के लिए अमरीका से आग्रह किया, लेकिन जब अमरीका इस पर सहमत नहीं हुआ तो चीन के माध्यम से इसके विरोध में प्रचार भी कराया।

2. कश्मीर में भारत-विरोध और अफगानिस्तान में रूस व साम्यवाद के विरोध के आधार पर अमेरिका व चीन से सहायता प्राप्त करने की नीति— पाकिस्तान की सैनिक शक्ति के टिप्पणीकारों के अनुसार पाकिस्तान को अपने सुरक्षा संबंधी उद्देश्य को पूरा करने के लिए सेना का आधुनिकीकरण अति आवश्यक था। सेना के आधुनिकीकरण की लागत पाकिस्तान की आर्थिक क्षमता से बहुत अधिक थी। इसके लिए उसे अस्त्र-शस्त्रों तथा नकद धन के रूप में सहायता की आवश्यकता थी। उसके ऐसी सहायता प्रदान कर सकने वाले सीमित स्रोत हैं। ये हैं— संयुक्त राज्य अमेरिका, चीन और सऊदी अरब। इन देशों से पाकिस्तान भिन्न-भिन्न आधारों पर सहायता प्राप्त करता आ रहा है। यथा—

(i) जिया से लेकर शरीफ तक के शासनकाल में सोवियत सेना के अफगानिस्तान में हस्तक्षेप की स्थिति को तथा बाद में अफगानिस्तान के गृहयुद्ध की स्थिति को पाकिस्तान ने अमेरिका और इस्लामिक राष्ट्रों से सहायता प्राप्त करने के लिए अच्छी तरह भुनाया। सहायता का यह क्रम शीत युद्ध जारी रहने तक बना रहा। इस सैनिक व आर्थिक सहायता का उपयोग उसने अपने आणविक कार्यक्रम को आगे बढ़ाने, सेना के आधुनिकीकरण करने तथा भारत के कश्मीर व पंजाब क्षेत्र में आतंकवादी गतिविधियों को बढ़ाने में किया।

(ii) अयूब के काल में 1962 के भारत-चीन युद्ध के बाद पाकिस्तान चीन के निकट आया। दोनों ने अपनी सीमा संबंधी समझौते किये और चीन ने विभिन्न अन्तर्राष्ट्रीय संगठनों में पाक का पूरा समर्थन किया। इसके बाद के सभी पाक शासक चीन के साथ 'शत्रु का शत्रु अपना मित्र' की विदेश नीति पर चलते हुए, परमाणु तकनीक, प्रक्षेपास्त्र हथियार व अन्य तकनीक प्राप्त करते आ रहे हैं। उसने चीन से एम-11 प्रक्षेपास्त्र, 500 वलयाकार चुम्बक, गौरी प्रक्षेपास्त्र तथा परमाणु बम आदि प्राप्त करने में असफलता पायी। चीन पाकिस्तान के साथ मिलकर इस समय ग्वादर बंदरगाह को आधुनिक नौ-सैनिक अड्डे के रूप में विकसित कर रहा है।

(iii) 11 सितम्बर, 2001 की घटना के बाद अफगानिस्तान की तालिबानी सरकार तथा वहाँ के आतंकवादियों के विरुद्ध अमरीका ने जब अन्तर्राष्ट्रीय आतंकवाद के विरुद्ध जंग छेड़ी तो इसमें पाकिस्तान को सहयोग के लिए दबाव डाला। पाकिस्तान ने इस सहयोग के बदले में 6 करोड़ डॉलर प्रति माह का शुल्क वसूला, पाकिस्तान के प्रति बकाया 3.3 अरब डालर के ऋण में से एक अरब डालर माफ करने की अमरीकी स्वीकृति प्राप्त की आदि। इस प्रकार पाकिस्तान की विदेश नीति आर्थिक सहायता प्राप्त करने की नीति के तहत अवसरवादी रही है।

3. अरब राष्ट्रों से निकट सम्बन्ध स्थापित करने की नीति—अखिल इस्लामवाद की वैचारिक एकता के अतिरिक्त आर्थिक सहायता की दृष्टि से भी पाकिस्तान की विदेश नीति अधिकांश अरब देशों के साथ निकट के संबंध बनाने की रही है। खाड़ी के देशों में उसे पाकिस्तानी माल तथा मजदूरों के लिए अच्छा बाजार मिलता है। यह बाजार नागरिक तथा सैनिक दोनों ही क्षेत्र में उसे प्राप्त होता है। इसके अतिरिक्त इस्लाम का बंधन भी उसे इन देशों से, विशेषकर सऊदी अरब से, आर्थिक सहायता दिलाने में सहायता करता है। 1971 के बाद पूर्वी पाकिस्तान का बाजार समाप्त हो जाने के बाद पाकिस्तान ने मध्यपूर्व में अपने बाजार क्षेत्र का विकास करने में असफलता पायी है। **भुट्टो के शासनकाल में इस नीति को प्रारम्भ किया गया तथा जिया के शासनकाल में इसका विस्तार किया गया।** पाकिस्तान भी इस क्षेत्र में मुख्य निर्यात की वस्तुएँ अनाज, भोजन-उत्पाद तथा हल्के निर्मित पदार्थ हैं। 1970 में जब तेल की कीमतें बढ़ीं तो खाड़ी क्षेत्र पाकिस्तानी श्रमिकों के रोजगार का बड़ा क्षेत्र बन गया और आज वह पाकिस्तान की विदेशी मुद्रा का एक बहुत बड़ा स्त्रोत है। 1984 में पाकिस्तान ने इस स्त्रोत से लगभग 2.5 बिलियन डालर प्राप्त किये। मध्यपूर्व के देशों में पाकिस्तान की काफी बड़ी मात्रा में सैनिकों की उपस्थिति रहती है। सऊदी अरब, ओमान, जोर्डन आदि अनेक देशों में पाकिस्तान की सेनाएँ प्रशिक्षण का कार्य कर रही हैं। इसके बदले में वे अच्छा कमा रही हैं। इसके अतिरिक्त ईरान के साथ भी उसने अपने अच्छे संबंध बनाये रखने की नीति कायम रखी है।

4. अमरीका परस्त नीति—पाकिस्तान भारतीय उपमहाद्वीप में अमरीका का पिछलग्गू एवं अमरीका परस्त विदेश नीति अपनाने वाला देश रहा है। प्रारम्भ में पाकिस्तान इस नीति के तहत 'सीटो' और 'सेन्टो' का सदस्य बना, पेशावर के अड्डों को अमरीका को उपभोग करने की नीति अपनायी तथा इसके प्रतिफल में अमरीका से हथियार प्राप्त किये तथा कश्मीर के प्रश्न पर सुरक्षा परिषद् में अमरीका का समर्थन प्राप्त किया। अमरीका के लिए भी चूंकि सोवियत संघ, चीन तथा भारत के विरुद्ध निगरानी व सैनिक कार्यवाही के लिए पाकिस्तान को साथ रखना आवश्यक था। इसलिए उसने पाकिस्तान को मजबूत बनाने की नीति अपनायी। यही कारण था कि शीत युद्ध काल में वह पाकिस्तान की भरपूर सैनिक व आर्थिक सहायता करता रहा और राजनयिक खेल के मैदान में उसकी हर सही व गलत चाल का समर्थन करता रहा। शीत युद्ध की समाप्ति के बाद इसमें थोड़ा परिवर्तन आया तो पाकिस्तान ने चीन का हाथ थाम लिया। 11 सितम्बर, 2001 के बाद अमरीका को पुनः आतंकवाद के विरोध में तथा अफगानिस्तान में अपनी कठपुतली सरकार बिठाने के लिए ओसामा बिन लादेन और तालिबान के सफाये के लिए पाकिस्तान की आवश्यकता हुई तो पाकिस्तान ने अमरीका

का सहयोग करने की नीति अपनाते हुए पुनः अमरीका से भरपूर आर्थिक सहायता प्राप्त की।

5. अखिल-इस्लामवाद की विदेश नीति—पाकिस्तान की विदेश नीति का एक अन्य प्रमुख आधार इस्लाम की विचारधारा के आधार पर इस्लामिक संगठन का अपने पक्ष में लाभ लेना रहा है। पाकिस्तान के निर्माण का आधार द्विराष्ट्रवाद-हिन्दू और मुसलमान का सिद्धान्त था। उसके निर्माण का आधार इस्लामिक संस्कृति थी। इस आधार पर उसने कश्मीर के प्रश्न पर भारत (हिन्दू) विरोधी माहौल बनाकर अन्य इस्लामिक राष्ट्रों को अपने नजदीक लाने की नीति अपनायी। उसका उद्देश्य था कि अन्य इस्लामिक राष्ट्र भारत के विरुद्ध, उसे इस्लाम की रक्षा के आधार पर आर्थिक व सैनिक सहायता प्रदान करेंगे और इस संबंध में उसे कुछ सफलता भी मिली।

'अखिल इस्लामवाद' के आधार पर उसने विश्व के अन्य इस्लामिक राष्ट्रों, विशेषकर ईरान, टर्की और जोर्डन से नजदीकी सम्बन्ध स्थापित करने में सफलता प्राप्त की। इन राष्ट्रों से उसे आर्थिक तथा सैनिक सहायता मिली। इन्होंने भारत-पाक विवाद के मुद्दों पर पाकिस्तान का खुलकर समर्थन किया। 'इस्लामी बम' के सन्दर्भ मं यह तेल के धनी अरब राष्ट्रों से अपार आर्थिक सहयोग लेने में सफल रहा। यद्यपि अरब राष्ट्रों में भारत-विरोधी प्रचार में पाकिस्तान को अधिक सफलता नहीं मिली तथापि इस्लामिक समुदाय की एकता तथा अन्तर्राष्ट्रीय इस्लामिक संगठन की स्थापना करने में उसे सफलता अवश्य मिली। इस्लामिक विचारधारा की विदेश नीति के प्रचार के पीछे अन्य इस्लामिक राष्ट्रों के सहयोग व समर्थन लेने के साथ-साथ पाकिस्तान का एक अन्य उद्देश्य पाकिस्तान की जनता को भारत-विरोधी बनाये रखना भी है।

6. अपने को भारत के समकक्ष ठहराने की नीति—प्रारम्भ से ही पाकिस्तान की विदेश नीति का एक मुख्य आधार अपने आपको भारत के समान शक्ति-सम्पन्न ठहराने का प्रचार-प्रसार करना और इस ओर प्रयास करते रहना है। इस विदेश नीति के उसके प्रमुख कारण रहे हैं—कश्मीर की समस्या, अखिल इस्लामवाद को बढ़ावा देना तथा इस्लामी राष्ट्रों के अधिकाधिक सैनिक व आर्थिक सहयोग प्राप्त करना, चीन तथा अमेरिका का क्रमशः भारत और सोवियत संघ के विरोध में उसे सैनिक सहायता देना तथा इस्लामिक परमाणु बम का निर्माण करना।

मनोज जोशी ने लिखा है कि पाकिस्तान की विदेश नीति का एक अंग "पाकिस्तान द्वारा अपनी हैसियत भारत के बराबर दिखाते रहने का है। दशकों से पश्चिमी देशों के उकसावे और आर्थिक मदद के कारण उसकी यह भावना सुलगती रही है।" पाकिस्तान भारत के समकक्ष बनने के लिए चीन से निकटता स्थापित कर परमाणु तकनीक, प्रक्षेपास्त्र हथियार व उसकी तकनीक प्राप्त कर रहा है। चीन की

सहायता से पाकिस्तान रावलपिंडी में एम–11 प्रक्षेपास्त्रों के निर्माण का कारखाना लगा रहा है। उसके गौरी प्रक्षेपास्त्र का विकास, गजनवी की पहल तथा परमाणु बम का परीक्षण भी पाकिस्तान की भारत के समकक्ष दिखने की विदेश नीति के अन्तर्गत हुए हैं। भारत ने जब 11 व 13 मई, 1998 को दूसरे चरण का परमाणु परीक्षण कर लिया तो अमेरिका व पश्चिमी राष्ट्रों को पाकिस्तान का यह दबाव पड़ा कि वह परमाणु परीक्षण नहीं करे। लेकिन पाकिस्तान यदि ऐसा नहीं करता तो भारत के समकक्ष अपने को दिखाते रहने की अब तक की उसकी विदेश नीति धराशायी हो जाती। फलतः उसने अपने ऊपर के तमाम दबावों को झटकते हुए 27 मई, 1998 को परमाणु परीक्षण कर डाला। यह परमाणु परीक्षण उसकी इसी विदेश नीति का परिणाम है।

मई, 2002 में अपनी इसी नीति के तहत भारत–पाक सीमा पर भारी तनाव के बीच शक्ति प्रदर्शन के उद्देश्य से हत्फ–5 (गौरी), हत्फ–3 (गजनवी) तथा हत्फ–2 (अब्दाली) के परीक्षण किये।

इससे स्पष्ट होता है कि पाकिस्तान की विदेश नीति अन्तर्राष्ट्रीय जगत में अपने को सैनिक दृष्टि से भारत के समकक्ष ठहराने की रही है।

7. सेना की भूमिका—सन् 1947 के बाद पाकिस्तान जनता को लम्बे समय तक सैनिक सत्ता के अधीन रहना पड़ा। पाकिस्तान का कुलीन वर्ग, उच्च नौकरशाही तथा उच्च सैनिक अधिकारी अपने–अपने आर्थिक हितों की अभिवृद्धि के लिए एक–दूसरे का सहयोग करते रहे हैं तथा सेनिक शासन को बनाए रखने में हमत्ती भूमिका निभाते आ रहे हैं। वर्तमान में भी राष्ट्रपति मुशर्रफ के नेतृत्व में सैनिक सत्ता का विदेश नीति के निर्माताओं पर यथोचित दबाव है ताकि राज्य की कुल आय का ज्यादा भाग सेना और रक्षा पर व्यय किया जा सके। विदेश नीति के निम्रग्ण में सेना एवं सैनिक अधिकारियों की प्रभावकारी भूमिका से उग्र और आक्रामक विदेश नीति का मार्ग प्रशस्त होता रहा। 1999 में करगिल क्षेत्र में घुसपैठ इसी का नतीजा था।

स्वतंत्रता के बाद से पाकिस्तान की विदेश नीति लगातार परिवर्तन के दौर से गुजरी है। इसका प्रमुख कारण पाकिस्तान के शासन के स्वरूप में होते रहे निरन्तर परिवर्तन है। पाकिस्तान की विदेश नीति की इस परिवर्तनशीलता और निरन्तरता का विवेचन निम्नलिखित बिन्दुओं के अन्तर्गत किया गया है—

I. 1947 से 1953 तक पाकिस्तान की विदेश नीति

1947 से 1953 तक की पाकिस्तान की विदेश नीति पर मुहम्मद अली जिन्नाह (1947–48), ख्वाजा नाजिमुद्दीन (1948–51) गवर्नर जनरल रहे और 1947 से 1951 तक लियाकत अली खाँ तथा 1951 से 1953 तक ख्वाजा निजामुद्दीन पाकिस्तान के

प्रधानमंत्री रहे। इनके शासनकाल में पाकिस्तान की विदेश नीति की प्रमुख विशेषतायें निम्न प्रकार थीं—

1. आत्मनिर्भर तथा तटस्थता की विदेश नीति—स्वतंत्रता के बाद पाकिस्तान ने अपनी आत्मनिर्भर विदेश नीति प्रारम्भ की और उसने दोनों महाशक्तियों (अमेरिका और सोवियत संघ) से पृथक (असंलग्न) रहने की विदेश नीति अपनायी। इस विदेश नीति को अपनाते हुए उसने स्वतंत्र रूप से तथा स्पष्टता के साथ अनेक अन्तर्राष्ट्रीय मुद्दों पर अपने विचारों को अभिव्यक्त किया।

2. उपनिवेशवाद तथा जातिगत भेदभाव के विरोध की नीति—तटस्थता की नीति के साथ-साथ पाकिस्तान ने प्रारम्भ से ही उपनिवेशवाद की नीति का विरोध किया। उसने उपनिवेशवाद तथा जातिगत भेदभाव की नीति की कटु आलोचना की। उदाहरण के लिए—इटालियन उपनिवेशों के प्रश्न पर पाकिस्तान ने कठोर तथ स्पष्ट रुख अपनाया तथा लीबिया को स्वतंत्रता दिलाने में महत्वपूर्ण भूमिका निभायी।

3. अन्तर्राष्ट्रीय संस्थाओं में गतिशील भूमिका निभाना—पाकिस्तान की विदेश नीति अन्तर्राष्ट्रीय संस्थाओं में गतिशील भूमिका निभने की रही है। उसने सभी कॉमनवेल्थ कान्फ्रेन्सेज में गतिशील भूमिका निभायी है तथा एशियन और अफ्रीकन देशों के साथ मित्रवत् सम्बन्धों की स्थापना के प्रयास किये। 1949 में उसने साम्यवादी चीन को मान्यता दी तथा संयुक्त राष्ट्र संघ में उसकी सदस्यता के दावे का समर्थन किया। इस काल में उसने दोनों महाशक्तियों के साथ मित्रवत् सम्बन्ध बनाये रखने के प्रयास किये।

4. इस्लामिक देशों से मित्रता की नीति—इस काल में पाकिस्तान की विदेश नीति इस्लाम के देशों के नेता के रूप में महत्वपूर्ण भूमिका की रही। इस काल में उसने अरब देशों के साथ भी नजदीकी सम्बन्ध स्थापित करने के प्रयास किये। ईरान और तुर्की के साथ उसके सम्बन्धों में घनिष्ठता आयी।

II. 1954 से 1958 तक पाकिस्तान की विदेश नीति

इस काल में गुलाम मोहम्मद (1951-55) तथा सिकन्दर अली मिर्जा (1955-58) पाकिस्तान के गवर्नर जनरल रहे तथा चौधरी मोहम्मद अली (1955-56), सुहरावर्दी (1956-57) तथा फिरोज खाँ नून (1957-58) पाकिस्तान के प्रधानमंत्री रहे। इस काल में पाकिस्तान की विदेश नीति की प्रमुख विशेषतायें इस प्रकार रहीं—

1. पश्चिमी खेमे (अमरीकी गुट) का सदस्य बनना—पाकिस्तान की असंलग्नता की प्रारंभिक विदेश नीति 1953 तक चली और 1954 में वह आंग्ल अमरीकी गुट में शामिल हो गया। पाकिस्तान ने 1954 में अमेरिका के साथ पारस्परिक

सुरक्षा सहायता समझौता (Mutual Defence Assistance Agreement) किया। इस समझौते के द्वारा अमेरिका पाकिस्तान को न केवल सामरिक अस्त्र-शस्त्र की आपूर्ति के लिए प्रतिबद्ध था, बल्कि टसे आर्थिक सहायता बढ़ाने को भी राजी हुआ। इसके कुछ मय बाद पाकिस्तान 'दक्षिण-पूर्व एशिया संधि संगठन' (SEATO) नामक एकसैनिक संगठन में शामिल हो गया और इसके एक वर्ष बाद 1955 में वह सेन्टो (बगदाद समझौते) में सम्मिलित हो गया।

2. भारत के भय पर आधारित विदेश नीति—1953 से पाकिस्तान की समग्र विदेश नीति भारत के भय के द्वारा निर्देशित हुई।

यही कारण है कि साम्यवादी आक्रमण का भय आज पूर्णतः समाप्त होने के बाद भी भारत-पाकिस्तान सम्बन्धों में यथावत तनाव बना हुआ है। पिछले 50 वर्षों में पाकिस्तानी नेताओं ने भारत के खिलाफ जितना विष-वमन किया है, उससे ऐसा लगता है कि उसके पास भारत के विरोध के अलावा कोई नीति ही नहीं है।

3. अखिल इस्लामवाद की नीति—पाकिस्तान की विदेश नीति यद्यपि प्रारंभ से ही इस्लाम की विचारधारा के आधार पर इस्लामिक बिरादरी में एकता स्थापित कर उसका नेतृत्व करने की रही। लेकिन इसमें वह पूर्णतः सफल नहीं हो पाया। यद्यपि ईरान और तुर्की जैसे देश सैण्टो के सदस्य होने के नाते पाकिस्तान के साथ नजदीकी सम्बन्धों में जुड़े और उन्होंने अखिल इस्लामवाद के आधार पर पाकिस्तान को समय-समय पर आर्थिक व सामरिक सहायता भी प्रदान की लेकिन अरब देश इस काल में उसके 'अखिल इस्लामवाद' की विचारधारा के प्रति शंकालु हो गये क्योंकि वे 'साम्राज्यवाद विरोधी' नीति के पक्षधर थे, जबकि अब पाकिस्तान अमेरिकी या साम्राज्यवादियों के सैनिक संगठनों का सदस्य बन गया था। अब भी पाकिस्तान निरन्तर अपनी इस विदेश नीति का प्रचार-प्रसार करता रहता है।

III. 1958 से 1969 तक पाकिस्तान की विदेश नीति

7 अक्टूबर, 1958 में पाकिस्तान में सेना ने जनरल अयूब खां के नेतृत्व में शासन अपने हाथ में ले लिया और 1962 में नये संविधान में अयूब खां ने अध्यक्षात्मक व्यवस्था लागू की। 1965 के चुनावों में जनरल अयूब ने प्रेसीडेंट का चुनाव जीता। वह 1969 तक पाकिस्तान के प्रेसीडेंट रहे। उनके शासनकाल में पाकिस्तान की विदेश नीति की प्रमुख विशेषतायें इस प्रकार रहीं—

1. द्वितीय आधारों पर अमेरिका से सम्बन्ध बढ़ाने की नीति—जनरल अयूब खां के सैनिक शासन के दौरान अमेरिका, रूस और चीन तीनों के साथ द्विपक्षीय आधारों पर सम्बन्धों को घनिष्ठ बनाने की नीति अपनायी गयी।

2. चीन और रूस के साथ सम्बन्धों को घनिष्ठ करने की नीति—1962 के भारत चीन-युद्ध में जब अमेरिका ने भारत को सैनिक सहायता प्रदान की तो पाकिस्तान और अमेरिका के सम्बन्धों में तनाव आ गया। पाकिस्तान अमेरिका से दूर हटा और चीन के नजदीक आ गया। 1962 के बाद पाकिस्तान के सोवियत संघ के साथ भी सम्बन्ध सुधरे और सोवियत संघ ने पाकिस्तान को आर्थिक तथा तकनीकी सहायता प्रदान की।

IV. 1969 से 1971 तक पाकिस्तान की विदेश नीति

25 मार्च, 1969 को पाकिस्तान में सेना ने पुनः शासन अपने हाथ में ले लिया और जनरल याह्या खां उसके अध्यक्ष बने। इस काल की पाकिस्तान की विदेश नीति की प्रमुख विशेषतायें इस प्रकार रहीं—

1. भारत के साथ वैमनस्यता की नीति—अयूब खां के शासनकाल में भारत-पाक सम्बन्धों में कुछ कटुता कम की गयी थी, वहीं याह्या खां ने इसे बढ़ाने की नीति अपनायी।

2. अमरीका, सोवियत संघ और चीन के साथ सम्बन्ध बढ़ाने की नीति—याह्या खां ने अयूब खां द्वारा प्रारम्भ की गयी तीनों महाशक्तियों—अमरीका, सोवियत संघ और चीन—के साथ मित्रवत सम्बन्ध बनाये रखने की नीति को जारी रखा। उसने कहा कि "हम एक की कीमत पर दूसरे की मित्रता नहीं चाहते हैं। हम महसूस करते हैं कि असंलग्नता की नीति उचित नहीं है। ....हम एक शक्ति के विरुद्ध दूसरी शक्ति के हाथों खेलने का प्रयत्न नहीं करते हैं।"

V. 1971 से 1977 तक की विदेश नीति

1971 से 1973 तक जुल्फिकार अली भुट्टो पाकिस्तान के राष्ट्रपति बने और 1973 से 1977 तक वे पाकिस्तान के प्रधानमंत्री रहे। इसलिए इस काल की पाकिस्तान की विदेश नीति को भुट्टो की विदेश नीति कहा जाता है।

1. भारत के प्रति समझौतावादी नीति—इस काल में पाकिस्तान की भारत के प्रति समझौता की नीति रही। यथा—

(i) शिमला समझौता—1971 में भारत-पाक युद्ध के परिणामस्वरूप पाकिस्तान का विभाजन हो गया और एक नवस्वतंत्र देश 'बंगलादेश' अस्तित्व में आया। 2 जुलाई, 1972 को दोनों देशों की समस्याओं के शांतिमय समाधान के लिए 'शिमला समझौता' हुआ। इस समझौते की प्रमुख विशेषतायें ये हैं कि इसमें दोनों देशों ने "अपने मतभेदों को द्वि-पक्षीय वार्ता द्वारा शांतिपूर्ण ढंग से हल करने, पारस्परिक वैमनस्य, घृणित प्रचार और विवादों को समाप्त कर मैत्रीपूर्ण संबंध स्थापित करने, डाक-तार सेवा तथा संचार

व्यवस्था स्थापित करने, व्यापारिक आर्थिक सहयोग का प्रयास करने तथा विज्ञान व सांस्कृतिक क्षेत्रों में आदान-प्रदान करने आदि का आश्वासन दिया।''

(ii) भारत के साथ शांति वार्तायें—इस काल में यद्यपि भारत-पाक के बीच अनेक कारणों से तनाव पैदा हुए, लेकिन दोनों के बीच शांति वार्तायें जारी रहीं। अनेक भारत-पाक वार्ताओं, सद्भावना, यात्राओं से द्वेष कम करने वाली घटनाये रहीं।

2. द्विपक्षीय समझौते की नीति—भुट्टो के नेतृत्व में इस काल में पाकिस्तान ने प्राय: अपने पूर्ववर्तियों द्वारा जारी की गई विभिन्न देशों से द्विपक्षवाद (Bilateralism) की नीति को जारी रखा।

3. असंलग्नता की नीति की ओर झुकाव—इस काल में पाकिस्तान ने सैनिक गठबन्धनों की नीति से अपने आपको अलग कर लिया। उसने 1972 में सीटो (SEATO) से अपने आपको पृथक् कर लिया और मार्च, 1979 में सेन्टो (CENTO) से औपचारिक रूप से पृथक् हो गया। इसके साथ ही उसने 'नाम' (NAM) में सम्मिलित होने के अपने प्रयास तेज कर दिये।

VI. 1977 से 1988 तक पाकिस्तान की विदेश नीति

1977 से 1988 तक जनरल मोहम्मद जिया उल हक पाकिस्तान के राष्ट्रपति रहे। जनरल जिया ने 5 जुलाई, 1977 को पाकिस्तान में सैनिक शासन की स्थापना कर सत्ता हथियायी। इस काल की पाकिस्तान की विदेश नीति को जिया की विदेश नीति भी कहा जाता है। इस काल की विदेश नीति की प्रमुख विशेषतायें निम्नलिखत रहीं—

1. असंलग्नता की नीति को अपनाना—यद्यपि जिया उल हक ने देश की विदेश नीति के मौलिक सिद्धान्तों को जारी रखा तथापि उन्होंने विदेश नीति में कुछ परिवर्तन भी किये। इसमें पहला परिवर्तन यह था कि उसने पाकिस्तान को एक असंलग्न राष्ट्र के रूप में प्रस्तुत किया। हवाना शिखर सम्मेलन में पाकिस्तान गुट निरपेक्ष आन्दोलन का सदस्य बन गया।

2. अमरीका से सम्बन्धों की घनिष्ठता की नीति—जिया के शासनकाल में यद्यपि पाकिस्तान की विदेश नीति असंलग्नता पर आधारित हो गयी, तथापित उसने अमरीका से भी घनिष्ठता के सम्बन्धों को बनाये रखने में सफलता पायी। वास्तव में, अफगानिस्तान में सोवियत हस्तक्षेप के बाद पाकिस्तान अमरीका के और नजदीक आया और अपनी सीमा में सोवियत खतरे से मुकाबला करने के लिए उसे अमरीका से अत्यधिक मात्रा में सैनिक सहायता मिली।

3. भारत विरोध के साथ-साथ सम्बन्धों में सुधार के प्रयत्न—जिया ने भारत के साथ सम्बन्धों में सुधार के भी प्रयत्न किये। उसके शासनकाल में काफी अन्तराल के बाद भारत और पाकिस्तान व्यापार सम्बन्धों में जुड़े। उसके काल में दोनों देशों में यह पारस्परिक सहमति भी बनी कि वे एक-दूसरे के आणविक संस्थाओं पर आक्रमण नहीं करेंगे। वह असंलग्न आन्दोलन में शरीक हुआ और भारत के साथ मिलकर आर्थिक उपनिवेशवाद, रंगभेद तथा जातिभेद की नीति का खुलकर विरोध किया। दोनों देशों के मध्य सद्भावना यात्रायें, 1978 में दोनों देशों के बीच सलाल जल संधि हुई। ये सब घटनायें दोनों देशों के पारस्परिक द्वेष को कम करने वाली घटानायें थीं।

4. अखिल इस्लामवाद—इस काल में भी पाकिस्तान की विदेश नीति 'अखिल इस्लामवाद' की विचारधारा को अपनाये रही और इसके आधार पर इस्लामिक सम्मेलनों में कश्मीर के मुद्दे को उठाकर इस्लामिक देशों को भारत के विरोध में भड़काने के कार्य में रत रही।

VII. 1988 से 1990 तक की विदेश नीति

1988-89 में बेनजीर भुट्टो के नेतृत्व में पाकिस्तान में पुनः लोकतंत्र स्थापित हुआ और 6 अगस्त, 1990 में राष्ट्रपति गुलाम इसहाक खां द्वारा बेनजीर की सरकार को भंग कर दिया गया। इस काल की पाकिस्तान की विदेश नीति की प्रमुख विशेषताएँ इस प्रकार रहीं—

बेनजीर भुट्टो के सत्ता संभालते ही पाकिस्तान में लोकतंत्र की पुनः स्थापना हुई। इस समय पाकिस्तान की विदेश नीति में फिर परिवर्तन आया। उसने अनेक ऐसी घोषणायें की जो उसकी स्वतंत्र (तटस्थ) विदेश नीति के निश्चय की ओर संकेत करती थीं। उसने भारत जैसे पड़ोसी राष्ट्रों से भी सम्बन्ध सुधारने के प्रयत्न किये।

लेकिन जल्दी ही इसके सबूत भी मिलने लग गये कि उसकी विदेश नीति भी अपने पूर्ववर्तियों से किसी भी तरह से भिन्न नहीं थी और भारत-पाकिस्तान सम्बन्ध पुनः बिगड़ने लग गये। इस काल में पाकिस्तान के सोवियत संघ के साथ सम्बन्ध बिगड़े हुए रहे तथा चीन और अमेरिका दोनों के साथ निकटता के सम्बन्ध बने रहे। इस संदर्भ में बेनजीद की विदेश नीति अपने पूर्ववर्तियों के अनुरूप ही रही।

VIII. 1990 से 1993 तक की विदेश नीति

इस काल में शरीफ सरकार की विदेश नीति की प्रमुख विशेषताएँ इस प्रकार रहीं—

1. परम्परागत विदेश नीति को जारी रखना—इस काल में नवाज शरीपऊ ने परम्परागत विदेश नीति को जारी रखा। इस नीति के अन्तर्गत उसने अमरीका के

साथ घनिष्ठ सम्बन्धों को बनाए रखा। लेकिन सोवियत संघ के बिखराव व पतन के बाद जब अमरीका ने भारत के साथ सम्बन्धों को सुधारने में उत्सुकता दिखाई तो पाकिस्तान को यह कतई नहीं भाया। चीन तथा मध्य-पूर्व के देशों के साथ उसके सम्बन्ध लगभग पूर्ववत् बने रहे।

2. सोवियत संघ या रूस के साथ सम्बन्ध सुधारने की प्रयास—जब सोवियत संघ की फौजें अफगानिस्तान से वापस चली गईं तो उसके साथ भी पाकिस्तान ने सम्बन्धों में सुधार लाने का प्रयत्न किया।

3. भारत विरोध की नीति—पाकिस्तान ने कश्मीर के मुद्दे को अन्तर्राष्ट्रीय मुद्दा बनाने तथा पंजाब और कश्मीर के आतंकवादियों को निरन्तर सहयोग व समर्थन देते रहने के कारण भारक-पाक सम्बन्धों में तनाव बना रहा। **प्रो. डी.वी. माथुर** के शब्दों में, ''सतत् दुष्प्रचार नीति द्वारा भारत विरोधी अभियान पाकिस्तान की आंतरिक और अन्तर्राष्ट्रीय नीति निधाकर योजना का निर्णायक आधार रहा।'' तत्कालीन पाक प्रधानमंत्री नवाज शरीफ के बयानों ने दोनों देशों के मध्य तनाव को कम करने के स्थान पर बढ़ाया था। नवाज शरीफ सरकार ने कश्मीर आतंकवादियों को खुला प्रशिक्षण जारी रखा। उन्होंने अफगानिस्तानी तथा सूडानी आतंकवादियों को भी कश्मीर में घुसपैठ करने के लिए प्रेरित किया।

4. परमाणु क्षमता के मुद्दे पर अमेरिका से तनाव की नीति—पाक-अमरीकी सम्बन्धों में तनाव उस समय बढ़ा जब ततकलीन अमरीकी प्रेसीडेण्ट बुश अमरीका की कांग्रेस को यह प्रमाणित करने में विफल रहा कि पाकिस्तान परमाणु हथियार कार्यक्रम में संलग्न नहीं था। अक्टूबर, 1990 में पाकिस्तान को अमेरिकी सैनिक सहायता रोक दी गयी। पाकिस्तान का इस संदर्भ में कहना था कि सहायता रोकने के मूल कारण इराक का मुद्दा था, लेकिन वह इतना बड़ा नहीं था। लेकिन पाकिस्तान के परमाणु कार्यक्रम को आधार बनाकर अमेरिका ने इसे व्यापक परिप्रेक्ष्य दे दिया है। सोवियत संघ के बिखराव के बाद पाक-अमेरिकी सम्बन्धों में इस आधार पर तनाव बढ़ा कि अब उसने भारत को अधिक महत्व देना प्रारम्भ कर दिया। इस प्रकार इस काल में अमेरिका के संदर्भ में पाकिस्तान की विदेश नीति अस्पष्ट रही। प्राय: वह पशोपेश की स्थिति में बनी रही कि वह अमेरिका से सम्बन्ध को तोड़े या कुछ झुकते हुए उससे मित्रता बनाये रखे।

5. अन्तर्राष्ट्रीय व्यापार बढ़ाने की नीति—नवाज शरीफ सरकार ने पाकिस्तान के अन्तर्राष्ट्रीय व्यापार को बढ़ाने तथा पाकिस्तिान की आर्थिक स्थिति को सुधारने की दृष्टि से वाणिज्यिक रूप से अग्रणी देशों के साथ व्यापार बढ़ाने की नीति अपनायी।

IX. 1993 से 12 अक्टूबर, 1999 तक पाकिस्तान की विदेश नीति

1993 से 1996 तक पाकिस्तान में बेनजीर भुट्टो पुनः प्रधानमंत्री बनीं क्योंकि 1993 में नवाज शरीफ की सरकार को बर्खास्त कर दिया गया था। अक्टूबर-नवम्बर, 1993 के चुनावों में बेनजीर भुट्टो के दल को सफलता मिली और वे पाकिस्तान की प्रधानमंत्री बनी। उन्हें भी 1996 में राष्ट्रपति द्वारा बर्खास्त कर दिया गया। 1997 के आम चुनावों में पुनः नवाज शरीफ की पार्टी पाकिस्तान मुस्लिम लीग को अच्छी सफलता मिली और वे पाकिस्तान के पुनः प्रधानमंत्री बने। इस काल में पाकिस्तान की विदेश नीति की प्रमुख विशेषतायें निम्नलिखित रहीं—

1. भारत विरोध की नीति तथा कश्मीर मामले का अन्तर्राष्ट्रीयकरण—कश्मीर के प्रश्न को विभिन्न अन्तर्राष्ट्रीय मंचों पर उछालकर सतत् भारत विरोध की नीति को इस काल में बढ़ावा दिया गया। श्रीमती भुट्टो द्वारा इसे अन्तर्राष्ट्रीय मुद्दा बनाने का पूर्ण प्रयास किया गया। श्रीमती भुट्टो ने कश्मीर को सारे मुस्लिम समुदाय की चिंता घोषित करते हुए भारत से एक हजार वर्ष तक संघर्ष करने की चेतावनी दी। भारत विरोध की इसी नीति के चलते एक तरफ तो पाकिस्तान के शासक भारत के साथ सौहार्द्र बढ़ाने के प्रयासों—दिल्ली-लाहौर बस सेवा (फरवरी 1999) का उद्घाटन करना, लाहौर घोषणा पत्र (फरवरी, 1999) में संलग्न रहा, वहीं दूसरी तरफ छद्म रूप से करगिल क्षेत्र में घुसपैठ जारी रखी जिसका अन्तिम परिणाम भारत-पाक करगिल संघर्ष (1999) के रूप में सामने आया।

2. अमेरिका और चीन से निकटता की नीति—इस काल में पाकिस्तान ने भारत को घेरने तथा अफगानिस्तान पर अपनी या अमेरिका की, कठपुतली सरकार बिठाने के उद्देश्य से अमरीका तथा चीन से निकटता के सम्बन्ध बनाये रखने की नीति अपनायी। करगिल घुसपैठ में पाकिस्तान की विश्व-समुदाय को धोखा देने तथा अफगानिस्तान स्थित तालिबान तथा अन्य इस्लामिक आतंकवादियों को समर्थन देने के कारण पाक-अमरीकी सम्बन्धों में दूरी बनी।

3. अखिल इस्लामवाद—इस्लामिक देशों के प्रति उसकी विदेश नीति इस काल में भी यथावत् बनी रही। उसने इस्लामिक सम्मेलनों में कश्मीर के मुद्दे पर भारत विरोध को उकसाते हुए सभी इस्लामिक राष्ट्रों से इसके लिए समर्थन मांगा। यही नहीं, उसने अपने परमाणु बम को भी 'अखिल इस्लाम' के परमाणु बम की विचारधारा से जोड़ने का प्रयत्न किया।

4. असंलग्नता की नीति—पाकिस्तान आज असंलग्न आंदोलन का सक्रिय सदस्य है और उस नीति का पूर्व की तरह पालन कर रहा है।

5. तालिबान को समर्थन देने की नीति—इस अवधि में पाकिस्तान तालिबान का खुला समर्थन करता रहा था। तालिबान वहाँ एक तरफ तो कट्टर इस्लामवादियों का समर्थन कर रहा था, मानव अध्किारों की खुली अवहेलना कर रहा था तथा अन्तर्राष्ट्रीय आतंकवादी ओसामा बिन लादेन की रक्षा कर रहा था। अमरीका ने ओसामा बिन लादेन को अन्तर्राष्ट्रीय आतंकवादी घोषित कर रखा था और पाकिस्तान उसका समर्थन कर रहा था।

X. 12 अक्टूबर, 1999 से 2002 तक पाकिस्तान की विदेश नीति

12 अक्टूबर, 1999 को पाकिस्तान में सैन्य विद्रोह हुआ। प्रधानमंत्री नवाज शरीफ को सत्ता से अपदस्थ करके सेना प्रमुख परवेज मुशर्रफ ने सत्ता पर कब्जा कर लिया। पाकिस्तान में सैनिक शासन के बाद अनेक देशों एवं संस्थाओं ने पाकिस्तान पर अनेक प्रतिबन्ध लगा दिये या सहायता रोक दी जिससे पाकिस्तान उनसे सामान्य सम्बन्ध नहीं रख पाया। पूर्व की भांति **जनरल मुशर्रफ** की विदेश नीति भी एकमात्र जिस विदेश नीति पर टिकी है वह है—भारत विरोधी नीति। जनरल मुशर्रफ की विदेश नीति की प्रमुख विशेषताएँ इस प्रकार हैं—

1. भारत विरोध की नीति तथा कश्मीर मामले का अन्तर्राष्ट्रीयकरण—ज़नरल मुशर्रफ ने कश्मीर के मुद्दे को अन्तर्राष्ट्रीय बनाने की कोशिश करते हुए भारत विरोध की नीति को बढ़ावा दिया है। सितम्बर, 2000 में संयुक्त राष्ट्र संघ के अधिवेशन में पुनः कश्मीर मुद्दे को उठाने की पूरी कोशिश की। सितम्बर, 2002 में हुए संयुक्त राष्ट्र संघ महासभा के 57वें अधिवेशन में 12 सितम्बर, 2002 को अपने भाषण में पाकिस्तान के राष्ट्रपति मुशर्रफ ने भारत में मुस्लिमों व अन्य अल्पसंख्यकों पर अत्याचार तथा जम्मू-कश्मीर में नरसंहार आदि के आरोप लगाये, कश्मीर में चल रही चुनावी प्रक्रिया को ढोंग बताया। इसी प्रकार इससे पहले मई, 2002 में मुशर्रफ ने सीमापारीय आतंकवाद की समाप्ति के लिए भारत द्वारा की गई कार्यवाही का जवाब परमाणु शस्त्रों से देने की धमकी दी। कश्मीर मुद्दे के अतिरिक्त अन्य मसलों पर भी भारत विरोधी रूख अपनाया। भारत तथा ईरान के मध्य बिछाई जाने वाली गैस पाईप लाइन (जिससे ईरान भारत को गैस की सप्लाई करता) को भी पाकिस्तान के क्षेत्र में बिछाने की अनुमति प्रदान नहीं की।

2. आतंकवादी गतिविधियों को बढ़ावा देना—पाकिस्तान इस काल में भी भारत के विरुद्ध आतंकवादी गतिविधियों को बढ़ावा देता रहा। वह निरन्तर आई.एस.आई. के नेतृत्व में अपनी रणनीतियों में परिवर्तन करता रहा। यथा—एक तरफ वह भारत के अन्दरूनी क्षेत्रों में बम विस्फोटों के माध्यम से साम्प्रदायिक वैमनस्य बढ़ाने का प्रयत्न करता रहा, तो दूसरी तरफ वह कश्मीर में इस्लामिक आतंकवादी

गुटों को आतंक फैलाने के लिए प्रेरित करता रहा तथा शहीदी आतंकवादी जत्थों के माध्यम से सेना व सुरक्षपा बलों के मुख्यालयों पर बम विस्फोट की कार्यवाही करता रहा तथा इन्हें वह स्वतंत्रता सेनानी की संज्ञा देता रहा। तीसरे, पाकिस्तान की खुफिया एजेन्सी आई.एस.आई. जम्मू-कश्मीर के अतिरिक्त भारत के पूर्वी क्षेत्र के सीमावर्ती राज्यों में आतंकवादियों के प्रशिक्षण के कार्यक्रम चलाती रही। चौथे, पाकिस्तान ने अमेरीकी दबाव के कारण अब बांग्लादेश को अपना आतंकवादी प्रशिक्षण का आधार बनाया। इससे स्पष्ट होता है कि पाकिस्तान भारत के विरुद्ध आतंकवाद को बढ़ावा देता रहा, जिससे दोनों देशों के बीच सम्बन्धों में कटुता बनी रही।

3. तालिबान के खिलाफ अमरीका का समर्थन—पाकिस्तान के राष्ट्रपति परवेज मुशर्रफ ने तालिबान के खिलाफ कार्यवाही के लिए अमरीका का साथ देने की घोषणा की। पाकिस्तान के वित्तमंत्री के अनुसार इस सहयोग के बदले में पाकिस्तान ने भरपूर आर्थिक सहायता प्राप्त की, पुराने ऋण में छूट प्राप्त की तथा अमरीकी प्रतिबन्धों की समाप्ति हुई। यद्यपि तालिबान सरकार का उत्थान पाकिस्तान के समर्थन से ही हुआ था। लेकिन सितम्बर, 2001 के बाद जब अमरीकी सहित सारी दुनिया उसके विरुद्ध खड़ी हो गयी तो पाकिस्तान ने भी तालिबान के विरुद्ध अमरीका का सहयोग कर अपने लाभ की नीति को अपनाया।

XI. 2003 से वर्तमान तक पाकिस्तान की विदेश नीति

सन् 2003 से पाकिस्तान की विदेश नीति में, विशेषकर भारत के प्रति विदेश नीति में एक महत्वपूर्ण परिवर्तन आया है। इस काल में उसकी विदेश नीति भारत के साथ सम्बन्धों में सुधार लाने की ओर अग्रसर होती हुई दिखाई देती है। यथा—

1. भारत के साथ सम्बन्धों में सुधार की दिशा में उठाये गये प्रारंभिक ठोस कदम (अगस्त, 2003)—अगस्त, 2003 से भारत-पाक के बीच ऐसे ठोस कदम उठाये गये जो दोनों देशों को शांति की दिशा में आगे ले गये। ये कदम थे—

1. दोनों देशों के मध्य, सड़क, रेल, वायु यातायात के बारे में समझौता।
2. दोनों देशों के मध्य क्रिकेट मैचों की अनुमति।
3. कूटनीतिक सम्बन्धों की बहाली।
4. पाकिस्तानी बच्चों का भारत में इलाज।
5. पाक युवती को भारत आकर शादी करने की छूट।
6. बंदियों को मुक्त किया जाना।

7. भारत के प्रधानमंत्री का दक्षेस सम्मेलन में भागीदारी हेतु इस्लामाबाद जाने का निर्णय।

ये कदम दोनों देशों को शांति की ओर मोड़ने को राह प्रदान कर गये।

8. पाकिस्तान में सक्रिय आतंकवादी संगठनों एवं उनके अड्डों को बन्द करने के लिये की गई कार्यवाही को इसी दृष्टि से देखना होगा।

2. पाक की भारत के प्रति विदेश नीति का नया दौर (नवम्बर-दिसम्बर, 2003)—पाकिस्तान की भारत के प्रति विदेश नीति का नया दौर 23 नवम्बर, 2003 से प्रारंभ होता है। इस दौर में पाकिस्तान पहले की तुलना में अधिक गंभीर तथा ईमानदारी के साथ शांति की स्थापना के लिए प्रयास करता नजर आ रहा है। इस दौर के कुछ प्रमुख निर्णय निम्नलिखित हैं—

(i) पाक सेना की वापसी का एक-तरफा निर्णय लेना—23 नवम्बर, 2003 को पाकिस्तान के दूरदर्शन पर राष्ट्र को सम्बोधित करते हुए **पाकिस्तान के प्रधानमंत्री श्री जमाली ने घोषणा की कि पाक सेना एकतरफा ढंग से नियंत्रण रेखा पर गोलाबारी बंद कर देगी।** भारत ने घोणा का प्रत्युत्तर दूरदिर्शितापूर्ण ढंग से दिया। उसेन युद्ध विराम को नियंत्रण रेखा तक सीमित न रखकर सियाचीन क्षेत्र को भी उसमें शामिल करने की बात कही। पाकिस्तान ने भारत के इस सुझाव को स्वीकार कर लिया और 26 नवम्बर, 2003 से भारत-पाक सेना ने युद्ध विराम को नियंत्रण रेखा एवं सियाचीन क्षेत्र में लागू कर दिया।

(ii) पाकिस्तान द्वारा भारत को अपनी हवाई सीमा पर विमान उड़ाने की अनुमति देना—पाकिस्तान के राष्ट्रपति परवेज मुशर्रफ ने दिसम्बर, 2003 में भारत के साथ शांति प्रक्रिया को आगे बढ़ाते हुए इस्लामाबाद में युवा उद्यमियों के साथ मुलाकात में यह घोषणा कर दी कि पाकिस्तान भारत को अपनी हवाई सीमा पर विमान उड़ाने की अनुमति देगा। इससे पूर्व पाकिस्तान यह अनुमति तभी देने को तैयार था जबकि भारत इसकी गारंटी देता कि वह अपने हवाई क्षेत्र पर पाकिस्तानी विमानों की उड़ान पर एकतरफा ढंग से रोक नहीं लगायेगा। मुशर्रफ की इस घोषणा का भारत-पाक मैत्री के समर्थकों द्वारा स्वागत किया गया।

(iii) कश्मीर के जनमत संग्रह की मांग को छोड़ने की घोषणा—17 दिसम्बर, 2003 को राष्ट्रपति मुशर्रफ ने यह घोषणा की कि शांति के लिए सार्थक वार्ता के हित में पाकिस्तान कश्मीर में जनमत संग्रह कराने की अपनी मांग को, जो इस संबंध में पारित संयुक्त राष्ट्र संघ के प्रस्ताव पर आधारित है, छोड़ने के लिए तैयार है। परवेज की इस घोषणा का सीधा-सादा अर्थ यह था कि पाकिस्तान अपनी कश्मीर नीति को लचीला बनाने के लिए तैयार है। भारत सरकार ने राष्ट्रपति मुशर्रफ

की इस घोषणा को एक रचनात्मक कदम बताया। कश्मीर के हुर्रियत कांफ्रेंस के अध्यक्ष मौलाना अंसानी, डेमोक्रेटिक फ्रीडम पार्टी के अध्यक्ष शब्बीर शाह, जे.एन. दीक्षित आदि अनेक ने मुशर्रफ की इस घोषणा का स्वागत किया, लेकिन पाकिस्तान के कट्टरपंथियों तथा भारत के विरोधी समूहों द्वारा इसकी तीखी आलोचना भी की गई। पाकिस्तान के सभी विपक्षी दलों ने भी इसका विरोध किया।

3. कुछ ठोस मुद्दों पर प्रगति (अप्रेल, 2005)—18 अप्रेल, 2005 को दिल्ली के हैदराबाद हाउस में भारत के प्रधानमंत्री मनमोहन सिंह तथा पाकिस्तान के राष्ट्रपति परवेज मुशर्रफ ने साझा बयान में शांति प्रक्रिया को जारी रखने की घोषणा की तथा दोनों देशों के बीच कुछ मुद्दों पर सहमति हुई। यथा—

(i) पाकिस्तान सीमा पर बंदिशों में ढील देने और श्रीनगर-मुजफ्फराबाद बस सेवा के फेरे बढ़ाने पर सहमत हुए।

(ii) पाकिस्तान ने कहा कि वह आतंकवाद को शांति प्रक्रिया में बाधा नहीं पहुँचाने देगा।

(iii) मुम्बई और कराची में वाणिज्य दूतावास खोलने पर सहमति हुई।

(iv) मुशर्रफ ने खोखरापार-मुनाबाओ रेल-सम्पर्क योजना को पूरा करने का वायदा किया।

(v) सियाचिन और बगलीहार के मुद्दों को बातचीत के माध्यम से सुलझाने पर दोनों सहमत हुए।

4. भारत-पाक बढ़ाता सम्पर्क—भारत का पाकिस्तान के बीच तीसरा सड़क मार्ग 20 जनवरी, 2006 को उस समय खुल गया जब अमृतसर व लाहौर के बीच बस सेवा प्रारंभ हो गई। 24 मार्च, 2006 से अमृतसर-ननकाना साहब बस सेवा प्रारंभ हो गई। 14-15 सितम्बर, 2006 में मनमोहन-मुशर्रफ मुलाकात के बाद यह तय किया गया कि दोनों देश संयुक्त रूप से आतंक विरोधी तंत्र विकसित करेंगे तथा दोनों देश सचिव स्तर की वार्ता से फिर से शुरू करेंगे। वर्तमान में दोनों देशों के बीच विभिन्न मुद्दों पर सचिव स्तरीय वार्ता जारी है। सचिव स्तरीय वार्ताओं में निम्न मुद्दों पर सहमति बनी है—

(i) 14-15 नवम्बर, 2006 को सम्पन्न वार्ता के दौरान आतंकवाद के विरुद्ध संघर्ष के लिए एक साझा तंत्र को स्थानिक रूप देने के लिए दोनों पक्ष सहमत हुए, इस हेतु 6 सदस्यीय साझा दल के गठन का फैसला किया। यह दल आतंकवाद के बारे में सूचनाओं का आदान-प्रदान करेगा तथा आतंकवाद विरोधी उपायों पर विचार करेगा।

(ii) दिसम्बर, 2006 की बातचीत में सरक्रीक क्षेत्र का दोनों क्षेत्रों द्वारा संयुक्त सर्वेक्षण करने पर भी सहमति बनी। सन् 2009 से पूर्व तक इस विवाद को पूर्णतः सुलझाने पर सहमति हुई। इस संबंध में सहमति बनाने की दिशा में दोनो परक्ष निरन्तर अग्रसर हैं।

5. पाकिस्तान में पुनः लोकतंत्र की वापसी व नई सरकार का गठन— पाकिस्तान में फरवरी, 2008 में चुनाव सम्पन्न हुए जिनमें पाकिस्तान पीपुल्स पार्टी को बहुमत प्राप्त हुआ तथा युसुफ रजा गिलाने को 31 मार्च, 2008 को तत्कालीन राष्ट्रपति परवेज मुशर्रफ ने प्रधानमंत्री पद की शपथ दिलाई।

गिलाने ने भारत-पाक सम्बन्धों को आपसी बातचीत के जरिये मधुर बनाने का दावा किया। 15वें दक्षेस शिखर सम्मेलन, कोलम्बो-2008 के दौरान भारत के प्रधानमंत्री डॉ. मनमोहन सिंह और पाकिस्तान के प्रधानमंत्री युसुफ रजा गिलानी दोनों नेताओं ने मुलाकात की तथा दोनों देशों के मध्य तनाव को आपसी बातचीत द्वारा हल करने पर बल दिया। सितम्बर, 2008 में नवनियुक्त पाकिस्तानी राष्ट्रपति आसिफ अली जरदारी ने भी प्रधानमंत्री गिलानी की इसी बात का समर्थन किया है।

◆ ◆ ◆

10

भारत की विदेश नीति

भारत की विदेश नीति का मुख्य आधार शांतिपूर्ण सहअस्तित्व एवं मित्रतापूर्ण तरीके से विदेशों से सम्बन्ध बनाकर अपने देश का विकास करना है और विश्व में शांति का वातावरण बनाए रखने का प्रयास करना है। अपने पड़ोसी देशों—चीन, पाकिस्तान, बांग्लादेश, श्रीलंका, भूटान, नेपाल तथा मध्य एशिया व म्यांमार, ईरान, इण्डोनेशिया आदि—के प्रति भी भारत के प्रयास परस्पर सौहार्द्रपूर्ण सम्बन्धों की स्थापना करना रहा है। दक्षिण एशिया के पड़ोसी राष्ट्रों के साथ निकट सम्बन्ध बनाने के लिए जहाँ उसने सार्क के निर्माण में महत्वपूर्ण भूमिका निभाई है, वहीं दक्षिण-पूर्व एशिया के पड़ोसी देशों के साथ मित्रवत् सम्बन्ध बनाने के लिए 'आसियान' की सदस्यता ग्रहण की है तथा आसियान के राष्ट्रों के साथ द्विपक्षीय समझौतों व परस्पर सहमतियों के माध्यम से निकट सम्बन्ध बनाये हैं। इसके अतिरिक्त भारत ने रूस, ईरान तथा मध्य एशिया के अन्य राष्ट्रों के साथ भी मित्रवत् सम्बन्ध बनाने के सतत् प्रयास किये हैं।

(अ) दक्षिण-एशिया के देशों के साथ भारत की विदेश नीति—दक्षिण एशिया के अन्तर्गत ही भारत आता है। दक्षिण एशिया के अन्य सभी राष्ट्र भारत के निकटतम पड़ोसी देश हैं। ये हैं—पाकिस्तान, नेपाल, भूटान, श्रीलंका तथा बांग्लादेश

आदि। भारत की विदेश नीति अपने इन पड़ोसी राष्ट्रों के साथ प्रारंभ से ही मित्रता के सम्बन्ध बनाने की रही है। यद्यपि पड़ोसी राष्ट्र होने के नाते इन राष्ट्रों के साथ सीमा सम्बन्धी, नदी जल बंटवारे सम्बन्धी, आतंकवादी गतिविधियों संबंधी तथा शरणार्थियों की समस्यायें रही हैं, जिनके कारण समय-समय पर इनके साथ भारत के मतभेद भी उभरते रहे हैं तथापि पाकिस्तान को छोड़कर अन्य सभी पड़ौसी राष्ट्रों से भारत ने शांतिमय वार्ताओं व समझौतों के द्वारा इन मतभेदों को दूर करने में सफलता प्राप्त की है। लेकिन पाकिस्तान के साथ भरत के संबंध प्रारंभ से लेकर अब तक तनाव के ही बने रहे हैं। संक्षेप में दक्षिण-एशिया के राष्ट्रों के साथ भारत के संबंधों के माध्यम से इसे निम्नलिखित बिन्दुओं के अन्तर्गत स्पष्ट किया गया है—

1. पाकिस्तान के प्रति भारत की विदेश नीति—पाकिस्तान के प्रति भारत की विदेश नीति मित्रवत् सम्बन्ध स्थापित करने की रही है लेकिन पाकिस्तान की **नकारात्मक राष्ट्रीयता, जम्मू-कश्मीर के प्रश्न, इच्छा के रन व सियाचिन ग्लेसियर के विवाद, पाकिस्तान की अन्तर्राष्ट्रीय जगत् में भारत के प्रति दुष्प्रभाव तथा चीन के साथ मिलकर भारत को घेरने की नीति, भारत के विरुद्ध पाक प्रायोजित इस्लामिक आतंकवाद तथा समझौतों को पालन न करने तथा दिखावटी बातचीत की नीति** के चलते भारत और पाकिस्तान के बीच निरन्तर तनाव बना रहा है। (इनका विवेचन भारत-पाक संबंध के अन्तर्गत किया जा चुका है।) इस संदर्भ में पाकिस्तान चार बार भारत पर सशस्त्र आक्रमण भी कर चुका है और प्रत्येक बाद से मुँह की खानी पड़ी है। इस सबके बावजूद भारत बड़े भाई की तरह प्रत्येक युद्ध के बाद शांति समझौते के माध्यम से युद्ध में पाकिस्तान से ली हुई भूमि तथा युद्धबंदियों को वापस करता रहा है। इस संदर्भ में 1965 में उसने ताशकंद समझौता किया, 1972 में शिमला समझौता यिका। इसके पश्चात् भारत ने दोनों देशों के मध्य कटुता को समाप्त करने तथा नजदीकी सम्बन्ध स्थापित करने के लिए फरवरी, 1999 में 'लाहौर घोषणा पत्र' पर हस्ताक्ष्रर किये। लेकिन पाकिस्तान ने इन समझौतों तथा शांति की भावना को नजरअंदाज करते हुए मार्च, 1999 में कारगिल में छदम् रूप से सैनिक घुसपैठ की जिसका परिणाम 'कारगिल संघर्ष' के रूप में सामने आया। भारत ने संयम बरतते हुए अपनी सीमा में रहते हुए ही पाकिस्तानी सैनिकों की घुसपैठ को दूर किया। भारत के इस संयम की जहाँ विश्व के सभी राष्ट्रों ने सराहना की, वहाँ पाकिस्तान की कार्यवाही की भर्त्सना की तथा स्पष्ट कहा कि पाकिस्तान को नियंत्रण रेखा का सम्मान करते हुए अपने सैनिकों को भारत के भू-भाग से चले जाना चाहिए। इसके बावजूद भी पाकिस्तान सैनिक वहाँ छदम् वेष में डटे रहे जिन्हें भारतीय सैनिकों ने युद्ध कर मार-भगाया। दूसरे, पाकिस्तान निरन्तर कश्मीर क्षेत्र में तथा भारत के अन्य भू-भाग पर आतंक पैदा करने की दृष्टि से आतंकवादियों को प्रशिक्षित तथा अस्त्र-शस्त्रों से

सुसज्जित करता आ रहा है। भारत इसे सप्रमाण निरन्तर विश्व के समक्ष रख रहा है। लेकिन पाकिस्तान अपनी हरकतों से बाज नहीं आ रहा है। फलतः सम्बन्धों में तनाव बना हुआ है। इस प्रकार भारत के साथ पाकिस्तान के तनाव के प्रमुख बिन्दु कश्मीर की समस्या तथा पाक प्रायोजित आतंकवाद है। इन दोनों समस्याओं को पाकिस्तानी शासक अपनी सत्ता को बनाए रखने की दृष्टि से बनाये रखते हैं। अतः सम्बन्धों में तनाव बना रहता है। जुलाई, 2001 को भारत के प्रधानमंत्री वाजपेयी ने पुनः पहल कर पाकिस्तान के साथ निकट सम्बन्धों की स्थापना की दिशा में कदम उठाते हुए शांति शिखर वार्ता के लिए पाकिस्तानी शासक राष्ट्रपति परवेज मुशर्रफ को भारत आने का निमंत्रण दिया जिसे पाकिस्तान के राष्ट्रपति ने स्वीकार कर वार्ता करना मंजूर किया। 15-16 जुलाई, 2000 को आगरा में दोनों के मध्य सौहार्द्रपूर्ण वातावरण में वार्ता प्रारंभ हुई, लेकिन पाकिस्तानी पक्ष द्वारा कश्मीर मुद्दे पर अड़ जाने तथा आतंकवाद को जारी रखने की उसकी नीति के कारण यह शिखर वार्ता असफल हो गई। इसके बाद 13 दिसम्बर, 2001 को भारत के संसद भवन पर हुए पाक आतंकवादियों के हमले के पश्चात् भारत-पाक सम्बन्धों में अत्यन्त कटुता आ गई। दोनों पक्षों की सेनाएँ सीमा पर तैनात हो गई लेकिन अरमीका तथा विश्व के अन्य राष्ट्रों की पहल पर यह संघर्ष टल गया। इसके बावजूद दोनों पक्षों ने एक-दूसरे के विरुद्ध अपनी आक्रामक रणनीति को जारी रखा।

लेकिन जुलाई, 2003 में पुनः दोनों पक्षों ने पहल कर शांति स्थापित करने की प्रक्रिया प्रारंभ की। 11 जुलाई, 2003 को पुनः दिल्ली-लाहौर बस सेवा प्रारंभ कर दी गई तथा भारत ने खेलकूद कूटनीति का आश्रय लेते हुए भारतीय क्रिकेट टीम को पाकिस्तान में खेलने के लिए भेजा, जिसका पाकिस्तान में स्वागत किया गया। लेकिन सन् 2004 में अमरीका द्वारा पाकिस्तान को गैर-नाटो देशों में विशेष दर्जा देने, राष्ट्रपति मुशर्रफ के कश्मीर मसले पर दिये गये बयान परस्पर संदेह को भी जन्म देते रहे। 16-18 अप्रेल, 2005 क्रिकेट के बहाने भारत आए मुशर्रफ ने भारत के साथ कश्मीर मसले पर असहमति के बावजूद दोनों देशों के बीच सम्बन्ध सुधारने और विश्वास बहाल करने के विभिन्न उपायों को लागू करने की मंश जताई। 23-24 मई, 2006 को भारत एवं पाकिस्तान के बीच दिल्ली में सियाचिन मुद्दे पर वार्ताएँ हुईं। इसके पश्चात् 25 व 26 मई को सरक्रीक पर वार्ता हुई तथा इस समस्या का समाधान शान्तिपूर्ण तरीके से निकालने पर बल दिया गया। 24-25 मई, 2006 को कश्मीर में गोलमेज सम्मेलन हुआ जिसमें कश्मीर समस्या के समाधान हेतु व्यापक बहस एवं चर्चा हुई लेकिन कोई स्थायी समाधान नहीं निकल पाया। इस प्रकार कश्मीर समस्या, सियाचीन का मामला तथा सरक्रीक की समस्या आज भी भारत एवं पाकिस्तान

के मध्य विवाद के प्रमुख मुद्दे हैं जिन्हें हल किये बिना दोनों देशों के मध्य सम्बन्धों को मजबूत नहीं किया जा सकता।

2. भारत की बंगलादेश के प्रति विदेश नीति तथा भारत-बांग्लादेश सम्बन्ध—सन् 1971 में बंगलादेश का स्वतंत्र सार्वभौमिक राष्ट्र के रूप में उदय हुआ। भारत ने इसकी स्वतंत्रता के लिए अहम भूमिका निभाई तथा भारत ने शीघ्र ही इसको मान्यता देकर अपने पड़ोसी राष्ट्रों के साथ सौहार्दभरी तथा मैत्रीपूर्ण विदेशनीति को स्पष्ट किया। तब से लेकर अब तक भारत के बंगलादेश के साथ मित्रवत् संबंध चले आ रहे हैं, यद्यपि समय-समय पर सीमा विवाद, नदी जल, चकमा शरणार्थियों आदि के प्रश्नों पर मतभेद भी उभरते रहे हैं, तथापि दोनों देशों ने उन्हें शांतिमय समझौता-वार्ताओं के द्वारा हल कर सम्बन्धों को मित्रवत् बनाए रखा है। भारत-बंगलादेश सम्बन्धों का विवेचन निम्नलिखित बिन्दुओं के अन्तर्गत किया गया है—

(i) 1971-75 तक का परस्पर सहयोगी काल—इस काल के बंगलादेश के राष्ट्रपति शेख मुजीब रहमान थे। शेख मुजीब ने भारत से बंगलादेश के विकास के लिए सहयोग मांगा। इस हेतु दोनों देशों के नेताओं की परस्पर सौहार्द्रपूर्ण यात्रायें हुईं। परिणामस्वरूप 19 मार्च, 1972 को दोनों देशों के मध्य 25 वर्षीय संधि हुई जिसमें दोनों देशों ने एक-दूसरे के आतंरिक मामलों में परस्पर हस्तक्षेप न करने तथा संघर्ष के स्थान पर सहयोग द्वारा अन्तर्राष्ट्रीय समस्याओं का समाधान करने का संकल्प किया। इसके साथ ही इसमें यह भी कहा गया कि दोनों देश एक-दूसरे के विरुद्ध किसी अन्य देश की सहायता नहीं करेंगे, तटस्थता एवं शान्तिपूर्ण सहयोग का अनुसरण करेंगे। 18 मार्च, 1997 को यह संधि समाप्त हो गई। इसके नवीनीकरण का कोई प्रयास नहीं किया गया। मार्च, 1972 में दोनों देशों के बीच दोनों देशों के परस्पर आर्थिक विकास हेतु 50 करोड़ रुपये के उन्मुक्त व्यापार का समझौता हुआ। भारत ने बंगलादेश के आर्थिक विकास हेतु सहायतार्थ 25 करोड़ रुपये के माल व सेवाएँ प्रदान करने का वायदा किया। 30 दिसम्बर, 1972 को दोनों देशों के बीच सांस्कृतिक विकास हेतु **सांस्कृतिक समझौता** हुआ। भारत ने प्रारंभ से ही बंगलादेश को संयुक्त राष्ट्र संघ की सदस्यता दिलाने का प्रयास किया। भारत के प्रयासों के फलस्वरूप ही फरवरी, 1974 में बंगलादेश को संयुक्त राष्ट्र संघ की सदस्यता मिल पायी। इसके पश्चात् 9 अप्रेल, 1974 में बंगलादेश को संयुक्त राष्ट्र संघ की सदस्यता मिल पायी। इसके पश्चात् 9 अप्रेल, 1974 को युद्धबन्दियों के आदान-प्रदान हेतु भारत-पाक और बंगलादेश के बीच त्रिपक्षीय समझौता सम्पन्न हुआ। उस समझौते के द्वारा भारतीय उपमहाद्वीप में शान्ति का वातावरण पुनः स्थापित हो सका।

(ii) 1975 से 1981 तक मतभेदपूर्ण सम्बन्ध—15 अगस्त, 1975 में बंगलादेश में सैनिक क्रान्ति हुई और इसके बाद भारत-बांगला देश के बीच मतभेदों

का सिलसिला प्रारंभ हो गया। यद्यपि इस काल में भी भारत की विदेश नीति सहयोगात्मक ही रही, तथापि बंगला-देश का दृष्टिकोण भारत विरोधी बना रहा। यद्यपि 1977 में गंगा-जल विवाद के निपटारे के लिए फरक्का समझौता हुआ लेकिन बंगलादेश की आपत्तियों के चलते 1982 में भारत ने एक स्मरण पत्र के द्वारा इसे रद्द कर दिया। इस काल में बंगलादेश की सरकार ने द्विपक्षीय समस्याओं को पाकिस्तान की तरह अन्तर्राष्ट्रीय रूप देकर भारत विरोधी प्रचार किया तथा उसने अपने यहाँ अल्पसंख्यक हिन्दुओं के प्रति अनुदार रवैया अपनाया। इसके अतिरिक्त भारत द्वारा भारत-बंगला देश सीमा पर कांटेदार तार लगाने का भी उसने विरोध किया। इस प्रकार बंगलादेश के भारत विरोधी दृष्टिकोण के कारण इस काल में भारत-बंगलादेश के सम्बन्ध मतभेदपूर्ण रहे।

(iii) 1982 से 2001 तक भारत-बंगला देश के समझौते तथा मित्रताभरे सम्बन्ध—भारत द्वारा पड़ोसी देशों के साथ मित्रवत सम्बन्ध बनाये रखने की नीति के अन्तर्गत 1982 से पुनः भारत-बांगला देश के सम्बन्ध मित्रतापूर्ण बने। इस सम्बन्ध में निम्न घटनाओं का योगदान रहा—अक्टूबर, 1982 में राष्ट्रपति इरशाद भारत आए और दोनों देशों ने एक संयुक्त नदी आयोग की स्थापना की, भारत ने बंगला देश को तीन बीघा गलियारा स्थायी पट्टे प्रदान किया। दोनों देशों के बीच संयुक्त आर्थिक आयोग की स्थापना हुई तथा 30 जुलाई, 1983 को दोनों देशों में तीस्ता जल समझौता हुआ। 1990 में भारत के विदेशमंत्री ने बंगलादेश की यात्रा कर समस्याओं के समाधान के प्रयास किये। 1991-92 के वर्षों में दोनों के बीच नदी-जल विवाद तथा चकमा शरणार्थियों की समस्र्या को सुलझाने के लिए सचिव स्तरीय कार्य दल बनाये गये तथा 16 जून, 1992 को भारत ने तीन बीघ क्षेत्र को बंगलादेश को हस्तान्तरित कर दिया। अगस्त, 1996 को दोनों देशों के विदेशमंत्रियों ने सद्भावना यात्राएँ कर मिल-बेठकर शांतिपूर्ण ढंग से समस्याओं के समुचित समाधान निकालने पर बल दिया। 12 दिसम्बर, 1996 गंगा जल के पाती के बंटवारे को लेकर एक संधि सम्पन्न हुई जिसे 1 जनवरी, 1997 से कार्यान्वित कर दिया गया। 9 मार्च, 1997 को दोनों देशों के बीच चकमा शरणार्थियों की वापसी संबंधी समझौता किया गया। जून, 1999 में भरत ने पहल करके कोलकाता-ढाका बस सेवा प्रारंभ की। अगस्त, 1999 को भारत के निरन्तर प्रयासों के पश्चात बंगलादेश ने अपनी भूमि से होकर पश्चिम बंगाल और पूर्वांचल के राज्यों के बीच भारतीय माल की आवाजाही की इजाजत दे दी। यद्यपि अप्रेल, 2001 में बंगलादेश की सीमा-सुरक्षा सेना द्वारा भारतीय सैनिकों के साथ जो बर्बर व अमानुषिक कृत्य किया गया, उससे भारत में आक्रोश पैदा हुआ। भारत ने इस संबंध में बंगलादेश सरकार से सम्पर्क साधकर तथा यथास्थिति से अवगत कराकर अपना विरोध दर्ज किया गया बंगलादेश सरकार की उचित कार्यवाही के आश्वासन

के कारण मित्रवत् सम्बन्धों में खरोंच नहीं आ पायी। जुलाई, 2001 में देशों के बीच यात्री रेलगाड़ी सेवा प्रारंभ करने के एक समझौते पर हस्ताक्षर हुए। आरक्षित सीटों वाली यह सुलभ एक्सप्रेस गाड़ी सियालदाह व बंगबंधु सेतु ईस्ट स्टेशनों के मध्य चलायी जायेगी।

(iv) भारत-बंगलादेश समबन्धों में बढ़ता तनाव—2001 में बंगम जिया की गठबन्धन सरकार ने बांगलादेश की सत्ता ग्रहण की। बेगम जिया की सरकार ने इस्लामिक तत्ववादियों का वर्चस्व है। 2001-2007 के बीच भारत-बंगलादेश के सम्बन्ध उतार-चढ़ाव भरे रहे हैं। यथा—

(a) बी.एन.पी. सरकार की भारत विरोधी नीति—जब भी बांग्लादेश में भारत विरोधी बंगम खालिदा जिया की बंगलादेश नेशलिस्ट पार्टी (बी.एन.पी.) की सरकार सत्ता में आई है, तब भारत व बांग्लादेश के सम्बन्ध नकारात्मक दिशा में मोड़ लेते रहे हैं। 1 अक्टूबर, 2001 के चुनावों में जब बेगम खालिदा जिया सत्ता में आई तो साउथ एशियान कांफ्रेंस से जुड़े बुद्धिजीवियों ने 4 अक्टूबर, 2001 को एक संयुक्त बयान में कहा कि "इस आम चुनाव के बाद बेगम खालिदा जिया के नेतृत्व में एक कट्टरपंथी समर्थक और तालिबानी सरकार सत्ता में आ रही है। बी.एन.पी. व उसकी सहयोगी पार्टियों की नीति सदैव ही भारत विरोधी रही है। जमात-ए-इस्लामी तो पूर्णतया पाकिस्तान समर्थक पार्टी है।"

(b) बंगलादेशी घुसपैठियों एवं अवैध शरणार्थियों की समस्या—भारत-बंगलादेश के मध्य सवार्वधिक संवेदनशील मुद्दा घुसपैठियों का रहा है। गृह मंत्रालय की एक रिपोर्ट के आधार पर 1971 के बाद से अब तक लगभग 30 लाख बंगलादेशी नागरिकों ने अपने को अवैध रूप से असम में स्थापित कर लिया है। औसतन 1000 बांग्लादेशी नागरिक प्रतिदिन भारत में घुसपैठ कर रहे हैं। एक अनुमान के अनुसार भारत में अवैध रूस से रहने वाले बांग्लादेशी घुसपैठियों की संख्या 1 करोड़ 50 लाख से अधिक हो गई है। बांग्लादेशी घुसपैठियों के आ जाने से भारत में राजनीतिक और सामाजिक समीकरण बदलने के साथ ही साथ कानून व व्यवस्था के लिए खतरा पैदा हो रहा है।

(c) बांग्लादेश में बढ़ते आतंकवादी शिविर—एक गोपनीय रिपोर्ट के अनुसार इस समय बांग्लादेश में लगभग 195 से अधिक आतंकवादी प्रशिक्षण शिविर चल रहे हैं। इसके साथ ही मदरसों में मजहबी तालीम देकर आतंकवाद की एक नई पौध तैयार करने का काम भी जोरों से चल रहा है। वर्तमान में अमरीकी दबाव के कारण आई.एस.आई. ने बांग्लादेश को अपने आतंकवादी प्रशिक्षण का आधर केन्द्र बना रखा है। बांग्लादेश राइफल्स का क्षेत्रीय मुख्यालय चटगांव और बांग्लादेश सेना की 103

तथा 105 पैदल ब्रिगेड के रंगावती और खगराचारी कार्यालय आतंकवादी संगठनों को शिविर संचालित करने में सक्रिय सहयोग दे रहे हैं। बांग्लादेश से संचालित उग्रवादी संगठन हरकत-उल-जिहाद-अल इस्लामी (हूजी) भारत के विभिन्न शहरों में आतंकवादी गतिविधियों का संचालन कर रहा है। वर्ष 2008 में जयपुर, बैंगलोर, अहमदाबाद, दिल्ली, मुम्बई, त्रिपुरा आदि शहरों में हुए बम विस्फोटों में बांगलादेशी आतंकवादी संगठन 'हूजी' का हाथ होने की आशंका व्यक्त की गई। भारतीय खुफिया एजेन्सी का मानना है कि भारी मात्रा में छोटे हथियार बांग्लादेश के जरिये भारत में आतंकवादी गुटों के हाथ लग रहे हैं। अमरीकी खुफिया एजेन्सी सी.आई.ए. ने इसे पुष्ट करते हुए कहा है कि बंगलादेश की दक्षिणी तटीय सीमा भारत से लगी उत्तरी सीमा पूरी तरह सक कानून विहीन और हथियारों का धंधा करने वाले गिराहों का अड्डा हो गई है। बांग्लादेश में लगभग 5 हजार ऐसी अवैध हथियार फैक्ट्रियाँ हैं जहाँ विदेशी कल-पुर्जों से अत्याधुनिक हथियार बनाए और बेचे जा रहे हैं। यद्यपि भारत सरकार ने विभिन्न राजनयिक माध्यमों से बंगलादेश सरकार के सामने आतंकवादी शिविरों का मामला उठाया है, किन्तु वर्तमान बांग्लादेश सरकार इसके अस्तित्व को स्वीकार करने से भी इनकार करती रही है।

(d) पूर्वी एशियायी देशों से बांग्लादेश सरकार के सामरिक समझौते— चीन तथा अन्य पूर्वी एशियायी देशों के साथ बांग्लादेश सरकार ने अनेक सामरिक समझौते किये हैं। यथा—

(अ) बांग्लादेश की प्रधानमंत्री खाजिदा जिया ने दिसम्बर, 2003 के आखिरी सप्ताह में चीन की यात्रा के दौरान वहाँ एक महत्वपूर्ण रक्षा समझौते पर भी हस्ताक्षर किये।

(ब) **म्यांमार** के नेता थान वूके ने दिसम्बर, 2003 में बांग्लादेश की यात्रा की थी। इसके अतिरिक्त **थाइलैंड** के प्रधनमंत्री ने भी बांग्लादेश की यात्रा कर खालिदा जिया सरकार के साथ अहम् समझौते किये।

(e) बंगलादेश की प्रधानमंत्री खालिदा जिया की भारत यात्रा (मार्च, 2006)—20 मार्च, 2006 को बांग्लादेश की प्रधानमंत्री खाजिदा जिया भारत की तीन दिवसीय यात्रा पर रहीं। प्रधानमंत्री मनमोहनसिंह के साथ वार्ता में दोनों प्रधानमंत्रियों ने स्वीकार किया कि दोनों देश आतंकवाद के शिकार हैं तथा इससे निपटने के लिए मिलकर संवर्ष करना चाहिए। दोनों देशों के बीच दो समझौतों पर हस्ताक्षर हुए। इसमें एक समझौता द्विपक्षीय व्यापार संवर्द्धन हेतु तथा दूसरा नशील पदार्थों की अवैध तस्करी रोकने से संबंधित है। वर्तमान में भारत-बांग्लादेश के रिश्तों में खटास का एक प्रमुख मुद्दा वहाँ तेजी से पनपता आतंकवाद है। दोनों देशों के बीच सबसे अहम् समस्या

है—पूर्वोत्तर के आतंककारियों को बांग्लादेश में पनाह। भारत बांग्लादेश को 195 आतंककारी प्रशिक्षण शिविरों की सूची पहले ही सौंप चुका है।

3. नेपाल के प्रति भारत की विदेश नीति—नेपाल हिमालय की गोद में भारत के उत्तर में स्थित एक छोट-सा राज्य है। यह भारत और चीन के बीच में स्थित है। इसलिए वह इन दोनों के बीच अन्तःस्थ राज्य (Buffer State) का कार्य करता है। इसलिए वह भारत तथाचीन से बराबर की दूरी के सिद्धान्त पर कार्य करता है।

इतिहास, संस्कृति और समाज की दृष्टि से नेपाल चीन की तुलना में भारत के अधिक नजदीक रहा है। स्वतंत्र भारत की दृष्टि से नेपाल के भू-रणनीतिक महत्व को ध्यान में रखते हुए नेपाल के साथ हर स्तर पर घनिष्ठ सम्बन्धों को बनाए रखने की नीति का पालन किया है। यह घनिष्ठता न केवल कूटनीतिक, अपितु सांस्कृतिक, व्यापारिक एवं सामरिक क्षेत्र में भी स्थापित की गई है। 1950 से 1970 तक दोनों के सम्बन्धों का आधारा 1951 की भारत-नेपाल संधि रही और इस काल में दोनों के सम्बन्ध निकटतम बने रहे लेकिन भारत पर चीन आक्रमण के समय नेपाल द्वारा तटस्थ दृष्टिकोण अपनाये जाने से दोनों देशों के संबंधों में खरोंच पैदा हुई लेकिन 1971 में दोनों देशों ने 5 वर्षीय 'परस्पर परम इष्ट व्यवहार' करने का समझौता कर पुनः मित्रवत् सम्बन्धों की स्थापना की। यद्यपि 1989 में द्विपक्षीय भारत-नेपाल संधि की समाप्ति के बाद कुछ समय के लिए तनावपूर्ण संबंध रहे, लेकिन 23 मार्च, 1990 को पुनः भारत-नेपाल संधि को बहाल करके दोनों देशों ने आयी कटुता को दूर कर लिया। 1991 से 2001 तक भारत-नेपाल सम्बन्धों में निरन्तर घनिष्ठता बढ़ती आ रही है। इस अवधि में भारत-नेपाल सहयोग को बढ़ाने के लिए अनेक महत्वपूर्ण व्यापारिक, जल संसाधनिक, पारगमन सम्बन्धी, विद्युत-ऊर्जा, नागरिक उड्डयन सम्बन्धी समझौते किये हैं। वाजपेयी शासनकाल में पोकरण-II परीक्षण के बाद भारत ने नेपाल के साथ निरन्तर सामरिक समझ को कायम करने का प्रयास किया है। भारत नेपाल के औद्योगिक विकास, जल-विद्युत सहयोग तथा सूचना प्रौद्योगिकी के विकास में सहायता कर रहा है, यद्यपि नेपाल में आई.एस.आई. की बढ़ती गतिविधियों के कारण दोनों देशों के मध्य मतभेद भी उठते रहते हैं, जो नेपाल द्वारा इन गतिविधियों के रोकने के आश्वासन देने पर समाप्त हो रहे हैं। अगस्त, 2002 में विदेशमंत्री जसवन्तसिंह ने नेपाल की सद्भावना यात्रा पर द्विपक्षीय व्यापार के मामले में दीर्घकालीन हितों की दिशा में कार्य करने का आह्वान किया। मार्च, 2002 में नेपाल के प्रधानमंत्री देउवा के भारत की यात्रा के भारत की यात्रा के दौरान दोनों देशों के मध्य व्यापार एवं पारगमन संधि का नवीनीकरण हुआ जो 5 दिसम्बर, 2001 को समाप्त हो गई थी। नवीन संधि 7 मार्च, 2007 तक प्रभावी रहेगी। संधि में पूर्वग्वर्ती प्रावधानों को कायम रखा गया है। **23 फरवरी, 2004** को भारत और नेपाल के बीच 14 विभिन्न मार्गों पर बस

सेवाएँ प्रारंभ करने के लिए एक समझौता हुआ। बस सेवा द्वारा नेपाल के जिन शहरों को भारतीय शहरों से जोड़ने का प्रस्ताव इस समझौते में किया गया है, उनमें काठमाण्डू के अतिरिक्त पोखरा, विराटनगर, नेपालगंज व बीरगंज आदि शामिल हैं ज्बकि भारतीय शहरों में नई दिल्ली, कोलकाता, दार्जिलिंग, पटना, लखनऊ, गया, बरेली, वाराणसी व सिलीगुड़ी आदि शामिल हैं।

नेपाल में संकटकाल और भारत की चिन्ता—1 फरवरी, 2005 को नेपाल नरेश ने नेपाल में आपातकाल लागू कर लोकतंत्र को विध्वंस करते हएु पूर्ण राजशाही स्थापित कर दी। इस घ्टनाक्रम के परिप्रेक्ष्य में भारत ने 2 फरवरी को घोषणा की कि भारत सार्क देशों की बैठक में भाग नहीं लेगा क्योंकि भारत लोकतंत्र विरोधी के साथ एक साझा मंच नहीं करना चाहता था। भारत द्वारा नेपाल को दी जाने वाली सैन्य सहायता को भी बन्द कर दिया गया।

नेपाल में लोकतंत्र बहाली और भारत की भूमिका—नेपाल नरेश के सत्ता का केन्द्र बने रहने की प्रबल इच्छा के परिणामस्वरूप नेपाल के राजनीतिक दल व माओवादी एक मंच पर आ गये। नेपाल में लोकतंत्र बहाली के बढ़ते अन्तर्राष्ट्रीय दबाव तथा राजशाही विरोधी प्रबल जन आन्दोलन के समक्ष झुकते हुए राजा ज्ञानेन्द्र ने 24 अप्रैल, 2006 को पुरानी संसद को बहाल किये जाने की घोषणा की। नरेश को समझाने तथा दबाव बनाने के लिए भारत ने डॉ. कर्णसिंह को नेपाल भेजा।

नेपाल के प्रधानमंत्री कोइराला की भारत यात्रा तथा भारत का नेपाल के पुनर्निर्माण हेतु सहयोग (जून, 2006)—नेपाल के प्रधानमंत्री कोइराला ने 6-9 जून, 2006 को भारत की यात्रा की। नेपाल अब हिन्दू राष्ट्र से धर्मनिरपेक्ष राष्ट्र के रूप में बदल चुका है। इस यात्रा के दौरान भारत के प्रधानमंत्री ने नेपाल की हर संभव सहायता का आश्वासन दिया। इस परिप्रेक्ष्य में 1000 करोड़ रुपये के सहायता पैकेज की घोषणा भारत ने की है।

नेपाल के प्रधानमंत्री प्रचंड की भारत यात्रा (अगस्त 2008)—नेपाल में राजशाही की समाप्ति के पश्चात पुष्प कमल दहल प्रचंड नेपाल के प्रधानमंत्री बने। प्रचंड ने अपनी भारत यात्रा के दौरान विभिन्न मुद्दों पर सहमति जताई। वे निम्न हैं—

(i) भारत ने नेपाल को बहुत-सी वस्तुएँ जैसे—चावल, गेहूँ, मक्का और चीनी इत्यादि पर निर्यात प्रतिबन्ध से मुक्त करने का निर्णय लिया।

(ii) भारत ने नेपाल को पेट्रोलियम पदार्थों की निर्बाध आपूर्ति के लिए 150 करोड़ रुपये की सहायता देने की घोषणा की।

(iii) दोनों पक्षों ने जल प्रबन्ध के लिए तीन सोपानों वाली एक संयुक्त क्रियाविधि की स्थापना का निर्णय लिया। इस प्रकार नेपाल के प्रति भारत की विदेश नीति परस्पर घनिष्ठ सम्बन्ध बनाए रखने की रही है।

4. भारत की भूटान के प्रति विदेश नीति—अगस्त, 1949 में भूटान सरकार ने स्वतंत्र भारत की सरकार से एक संधि की जिसके अन्तर्गत दोनों देशों ने चिरस्थायी शान्ति और मित्रता को सुर्निश्चित करने का आश्वासन दिया तथा दोनों देशों ने अपने सम्बन्ध पूर्ववत् मैत्रीपूर्ण बनाए रखने का निश्चय किया। भूटान ने इस संधि के माध्यम से वैदेशिक व प्रतिरक्षा का भार भारत को सौंप दिया।

(i) आर्थिक व राजनैतिक क्षेत्र में सहयोग की नीति–भारत ने भूटान को अनेक प्रकार से आर्थिक सहायता प्रदान कर उसने 300 करोड़ रू. की लागत से भूटान में 1000 किमी. लम्बी सड़क का निर्माण किया जिससे भूटानी विद्यार्थी भारत आने लगे। भारत ने भूटान में हवाई पट्टियाँ भी बनवायीं, जिन पर हैलीकॉप्टर उड़ सकते है। भारत के सहयोग से भूटान की नयी राजधानी थिम्पू का निर्माण किया गया। भारत ने भूटान में विद्यालय व अस्पताल भी बनवाए। सितम्बर, 1971 में भारत के समर्थन से भूटान संयुक्त राष्ट्र संघ का सदस्य बन गया। बंगलादेश के संकट के समय भूटान ने भारत ने बंगला देश को मान्यता दे दी। **जनता पार्टी के शासन काल में** भारतीय विदेशमंत्री वाजपेयी ने भूटान की यात्रा की। इस यात्रा के दौरान भूटान के व्यापारियों को अधिक सुविधा देने की भूटान की माँग को भारत ने स्वीकार कर लिया तथा भूटान की इस माँग को भी स्वीकार कर लिया कि नई दिल्ली में भूटान का राजदूतावास खोला जाये। साथ ही भारत ने भूटान को बंगला देश से भी राजनयिक सम्बन्ध स्थापित करने की सुविधा दे दी। इसके अतिरिक्त मार्च, 1978 को भारत को 70 करोड़ रूपये को अनुदान देना स्वीकार किया।

(ii) भूटान की अर्थव्यवस्था के आधुनिकीकरण में सहयोग—सन् 1981 में भारत ने भूटान को पारो नगर से कोलकाता तक अन्तर्राष्ट्रीय विमान सेवा प्रारंभ करने की अनुमति दी तथा भूटाने में रहने वाले 1500 तिब्बती शरणार्थियों को लेना स्वीकार किया। इसके अतिरिक्त दोनों देशों के रोजनेता परस्पर एक-दूसरे देशों की सद्भावना यात्रा करते रहे तथा इन यात्राओं के दौरान भारत ने समय-समय पर भूटान की आर्थिक विकास की समस्याओं को दूर करने के लिए आर्थिक, व्यापारिक तथा तकनीकी सहयोग प्रदान किया। वर्ष 1990 में भारत ने भूटान को कृषि, सिंचाई व सड़क परियोजनाओं में सहायता दी। इस प्रकार भारत ने कई प्रमुख परियोजनाएँ बनाकर भूटान की अर्थव्यवस्था के आधुनिकीकरण में महत्वपूर्ण भूमिका निभाई है। मार्च, 1996 में भारत-भूटान के बीच दो महत्वपूर्ण समझौते हुए जिसमें एक का सम्बन्ध

ताला हाइड्रोइलेक्ट्रिक प्रोजेक्ट से है और दूसरे का सम्बन्ध **दुंगसम सीमेण्ट प्रोजेक्ट** से है। प्रथम प्रोजेक्ट से बिजली का उत्पादन होगा और दूसरे से सीमेण्ट। इन प्रोजेक्टों से दोनों ही देशों को लाभ होगा।

(iii) भूटान में सक्रिय भारत विरोधी उग्रवादियों के विरुद्ध भूटानी सेना की कड़ी कार्यवाही—भारत-भूटान मित्रता के चलते ही दिसम्बर, 2003 में भूटानी धरती से भारत विरोधी गतिविधियों में सक्रिय उग्रवादियों के विरुद्ध कड़ी सशस्त्र कार्यवाही करके भूटानी सेना ने 125 उग्रवादियों को मौत के घाट उतारने तथा इनके शिविरों को नष्ट करने में सफलता प्राप्त की। बड़ी संख्या में उग्रवादियों के पकड़े जाने के भी समाचार थे, जिन्हें भारतीय सेना के सुपुर्द कर दिया गया। सेना की कार्यवाही से सर्वाधिक क्षति का सामना उल्फा को करना पड़ा।

(iv) भारत-भूटान मुक्त व्यापार समझौता—भारत एवं भूटान के बीच मुक्त व्यापार करार पर 28 जुलाई, 2006 को हस्ताक्षर हुए। यह समझौता दस वर्षों की अवधि के लिए लागू हुआ। इस करार के अन्तर्गत भारत, भूटान को तीसरे देशों के साथ उसके व्यापार तथा भारतीय भू-क्षेत्र के जरिए भूटान के एक हिस्से दूसरे हिस्से को वस्तुओं के संचालन को सुगम बनाने के लिए भू-आवेष्ठित भूटान को पार-गमन संबंधी सुविधाएँ भी प्रदान करता है। भूटान की आवश्यकताएँ मुख्यतः भारत के आयात के जरिए पूरी की जाती हैं। वाणिज्यिक सौदे भारतीय रुपये तथा भूटानी गुल्ट्रम में किये जाते हैं।

(v) भूटान में लोकतन्त्र की स्थापना और भारत-भूटान संबंध—मार्च, 2008 में भूटान में निष्पक्ष चुनावों के साथ ही भूटान में 100 वर्षों से चल रहे राजशाही शासन का अन्त हो गया और लोकतन्त्र का मार्ग प्रशस्त हुआ। भूटान में लोकतन्त्र की स्थापना के बाद सम्बन्धों में और सुधार आया है। भूटान के आर्थिक मामलों के मंत्री की भारत यात्रा के दौरान दोनों पक्ष द्विपक्षीय व्यापार को और बढ़ाने पर सहमत हुए। इससे स्पष्ट होता है कि भारत तथा भूटान के पारस्परिक संबंध घनिष्ठ मित्रता के हैं और दोनों की विदेश नीतियाँ परस्पर विश्वास, घनिष्ठता बढ़ाने और सहयोग की रही हैं।

5. श्रीलंका के प्रति भारत की विदेश नीति—भारत के प्राचीनकाल से ही श्रीलंका से घनिष्ठ सम्बन्ध रहे हैं। सैनिक तथा सामरिक दृष्टि सें श्रीलंका भारत के लिए अत्यधिक महत्वपूर्ण द्वीप है। यद्यपि दोनों देशों के सम्बन्ध मित्रतापूर्ण रहे हैं तथा 1950 से ही भारत और श्रीलंका के बीच भारतीय प्रवासियों तथा तमिल नागरिकों की समस्या के कारण दोनों देशों में तनाव पैदा होता रहा है। अक्टूबर, 1964 में भारत और श्रीलंका के बीच प्रवासी भारतीयों की समस्या को सुलझाने के लिए एक समझौता

हुआ तथा जनवरी, 1974 में इस समस्या के हल के लिए दूसरा समझौता हुआ। जून, 1974 में एक समझौते में भारत ने कच्छ द्वीप-टापू पर श्रीलंका की प्रभुसत्ता स्वीकार कर ली। 1976 में दोनों देशों के बीच बंगाल की खाड़ी और मन्नार की खाड़ी में समुद्री सीमाओं को निश्चित करने सम्बन्धी एक समझौता हुआ।

1982 से श्रीलंका की जातीय (तमिल) समस्या जारी है। यह समस्या समय-समय पर दोनों देशों के सम्बन्धों को प्रभावित करती आ रही है। प्रारंभ में भारत ने श्रीलंका की तमिल समस्या को सुलझाने के लिए प्रयत्न किये लेकिन जब इन प्रयत्नों पर श्रीलंका सरकार की प्रतिकूल प्रतिक्रिया होने लगी तो भारत सरकार ने श्रीलंकों की तमिल समस्या से दूर रहने की नीति अपना ली। 1987 में श्रीलंका सरकार ने **'आपरेशन लिबरेशन'** के अन्तर्गत जाफना में नरसंहार किया तो भारत सरकार ने इस नर-संहार की भर्त्सना की तथा भारत सरकार ने मानवीय आधार पर जाफना में राहत सामग्री पहुँचाई। भारत सरकार की इस कार्यवाही को श्रीलंका सरकार ने आन्तरिक मामलों में दखल की संज्ञा दी और श्रीलंकों की जातीय समस्या भारत-श्रीलंका समस्या में बदल गयी।

राजीव-जयवर्धने समझौता, 1987—29 जुलाई, 1987 को श्रीलंकों की तमिल समस्या के समाधान की शृंखला में राजीव-जयवर्धने के बीच 18 सूत्री शांति समझौता हुआ। इस समझौते की शर्तों को पूरा कराने के लिए भारत सरकार ने श्रीलंका में शांति-सेना भेजी। श्रीलंकों की शांति सेना ने यद्यपि श्रीलंकों को टूटने से बचाया, 1988 में उत्तर और पूर्व में प्रान्तीय, राष्ट्रपतीय तथा संसदीय चुनाव कराया, लिट्टे की उग्रता को कमजोर किया तथा जातीय समस्या की उग्रता को कमजोर किया, लेकिन चुनाव के बाद श्रीलंका के राष्ट्रपति ने जुलाई, 1989 में श्रीलंका से शांति सेना की वापसी की मांग कर डाली। फलतः अपने मकसद को पूरा किये बिना ही 24 मार्च, 1990 तक भारतीय सेनाएँ स्वदेश वापस आ गयीं।

भारत की श्रीलंका नीति में परिवर्तन (1989 से 2005 तक)—1989 से भारत सरकार ने तमिल सुरक्षा की जिम्मेदारी प्रेमदासा सरकार पर डाल दी। इसके बाद भारत और श्रीलंका के बीच मैत्री संधि हेतु वार्तायें होती रहीं। 1989 से 2005 की अवधि में दोनों देशों ने आर्थिक सहयोग के समझौते किय। 1998 में भारत-श्रीलंका मुक्त व्यापार समझौता हुआ। मई-जून, 2000 में श्रीलंका का जातीय संघर्ष खतरनाक मोड़ पर आ गया था, लेकिन 1987 के अनुभवों को देखते हुए तटस्थ रखने की नीति अपनायी। इससे न तो भारत-श्रीलंका संबंधों में कटुता आयी और न घनिष्ठता। बाद में समय-समय पर मानवीय आधार श्रीलंकों को आर्थिक सहायता खाद्यान्न तथा दवाओं के रूप में दी गई। तब से लेकर आज तक दोनों देशों के बीच मैत्रीपूर्ण सम्बन्ध बनु हुए हैं। भारत सरकार ने श्रीलंका की शांति-प्रक्रिया को हमेशा प्रोत्साहित किया

है तथा श्रीलंकों को आर्थिक सहयोग प्रदान किया। वर्तमान प्रधानमंत्री मनमोहन सिंह की भारत सरकार ने श्रीलंका के आंतरिक समस्या के समाधान के लिए भारत के हर प्रकार के सहयोग का आश्वासन दिया है।

(ब) भारत के अन्य पड़ौसी देशों के प्रति भारत की विदेश नीति—दक्षिण-एशिया के पड़ौसी राष्ट्रों के अतिरिक्त भारत के अन्य प्रमुख पड़ौसी देश हैं—चीन, आसियान के देश, रूस और उससे अलग हुए मध्य एशिया के देश तथा ईरान। इन सभी राष्ट्रों के प्रति भारत की विदेश नीति मित्रता के संबंध बनाये रखने की रही है। यथा—

(i) चीन के प्रति विदेश नीति—1962 के पूर्व तक भारत और चीन के बीच घनिष्ठता मित्रता के संबंध रहे। इस काल में भारत ने चीन को सुरक्षा परिषद की स्थायी सदस्यता का प्रबल समर्थन किया, पंचशील के सिद्धान्त पर चीन को सुरक्षा परिषद की स्थायीसदस्यता का प्रबल समर्थन किया, पंचशील के सिद्धान्त परचीन के साथ समझौता किया तथा तिब्बत पर चीन के प्रभुत्व को भी स्वीकार किया। इसके बावजूद चीन ने भारत पर 1962 में अचानक सैनिक आक्रमण कर अपनी विस्तारवादी नीति का परिचय देते हुए भारत की मापी जमीन को अपने अधिकार में ले लिया। तब से भारत और चीन के बीच मित्रता के संबंध समाप्त हो गये। उसके बाद भारत ने चीन के साथ यथार्थवादी नीति को अपना रखा है।

1963 से 1976 तक भारत-चीन सम्बन्धों में कटुता बनी रही। 1971 में चीनी विस्तारवादी नीति को देखते हुए भारत ने रूस के साथ 20 वर्षीय सैनिक संधि की। इस काल में भारत का कहना रहा कि चीन जब तक भारत की भूमि से हट नहीं जायेगा, तब तक दोनों देशों में मित्रता नहीं हो सकती।

1977-80 के वर्षों में भारत ने पहल कर चीन से राजदूत स्तर पर सम्बन्ध स्थापित कर लिए। जनता पार्टी के शासनकाल में चीन ने भी भारत से संबंध बढ़ाने के प्रयास किये। फलतः 1977 में 15 वर्षों बाद दोनों देशों के बीच पुनः व्यापारिक सम्बन्ध स्थापित हुए। यद्यपि 1981 के बाद से भारत-चीन सम्बन्धों की कटुता कुछ कम हुई लेकिन दोनों के मध्य सीमा-विवाद के होते तथा चीन द्वारा पाकिस्तान को सामरिक सहायता दिये जाने के कारण भारत चीन के प्रति सजग बना रहा। इस काल में भारत ने समझौता वार्ताओं, चीन की यात्रा तथा सीमा विवाद को सुलझाने के लिए संयुक्त कार्य दल के गठन पर सहमति के द्वारा चीन के साथ आयी कटुता को दूर कर नजदीकी सम्बन्धों की स्थापना की नीति का अनुसरण किया, लेकिन चीन द्वारा पाकिस्तान को नवीनतम सामरिक प्रक्षेपास्त्र उपलब्ध कराने से दोनों देशों में निकटता नहीं आ सकी।

1993 से 2007 की अवधि में भारत की चीन के प्रति निकट सम्बन्ध बनाने की विदेश नीति रही है। इसी संदर्भ में भारत ने सितम्बर, 1993 में चीन के साथ एक समझौता किया जिसमें नियंत्रण रेखा पर शांति बनाए रखने, सैनिकों की संख्या में कमी करने, परस्पर विश्वास बनाए रखने, सीमा-व्यापार बढ़ाने, पर्यावरण सहयोग करने, रेडियो तथा टी.वी. कार्यक्रमों के आदान-प्रदान करने संबंधी समझौते किये गए। जुलाई, 1994 में चीन के प्रधानमंत्री भारत की यात्रा पर आये। इस यात्रा के दौरान व्यापार तथा तकनीकी सहयोग संबंधी समझौते किये गये। 1996 में जियांग जेमिन की भारत यात्रा के दौरान सीमा पर सैनिक गतिविधियों में पारदर्शिता लाने संबंधी समझौता किया। इससे स्पष्ट होता है कि भारत चीन के साथ सीमा-विवाद को शांति से और मैत्रीपूर्ण ढंग से आपसी बातचीत से हल करने की नीति अपनाये हुए है, लेकिन चीन जिस प्रकार पाकिस्तान को सामरिक सहयोग कर रहा है, उसके कारण वह चीन के प्रति आशंकित भी रहा है। 1998-89 में भारत के पोकरण-II परमाणु परीक्षणों के बाद चीन ने भारत को घेरने की नीति अपनाई। एक तरफ उसने पाकिस्तान को सामरिक तकनीकी सहयोग जारी रखा तो दूसरी तरफ वह परमाणु अप्रसार और सी.टी.बी.टी. पर दबाव डालता रहा। लेकिन भारत ने दृढ़ता के साथ चीन के प्रति यथार्थवादी राष्ट्रीय हित से प्रेरित विदेश नीति अपना रखी है। एक तरफ भारत सीमा-विवाद को शांतिपूर्ण ढंग से वार्ता द्वारा हल करने में प्रयासरत है तो दूसरी तरफ व्यापारिक सहयोग द्वारा पारस्परिक घनिष्ठ सम्बन्ध बनाने की दिशा में आगे बढ़ रहा है, तीसरे वह अपनी सैनिक व सामरिक क्षमता को बढ़ाकर सामरिक क्षेत्र में बढ़ते चीन के खतरे पर ध्यान केन्द्रित किये हुए है और इसको ध्यान में रखते हुए अपनी विदेश नीति का संचालन कर रहा है। इसी सन्दर्भ में **अप्रेल, 2003** में भारत के रक्षामंत्री जार्ज फर्नांडिस नेचीन की यात्रा की तथा 22-27 जून, 2003 में भारत के प्रधानमंत्री वाजपेयी ने चीन की यात्रा की तथ इस यात्रा के दौरान दस समझौतों पर दोनों देशों के प्रमुखों ने हस्ताक्षर किये। जिसमें सीमा विवाद को शांतिपूर्वक वार्ताओं के माध्यम से हल करने, परस्पर व्यापार बढ़ाने, अन्तर्राष्ट्रीय आर्थिक-राजनीतिक क्षेत्र में मिलकर कदम उठाने आदि बातों पर सहमति हुई। तिब्बत और सिक्किम के विवादों को हल हो जाने पर दोनों में और निकटता आई है। भारत ने जहाँ तिब्बत को चीन का अभिन्न अंग स्वीकार कर लिया है, वहाँ चीन ने भी भारत में सिक्किम के विलय को स्वीकार कर लिया है और उसने अपनी वेब साइट में अक्टॅबर, 2003 से सिक्किम को एक पृथक राष्ट्र के रूप में दिखाना बंद कर दिया तथा मई, 2004 में प्रकाशित 'वर्ल्ड अफेयर्स ईयर बुक' में सिक्किम को भारत के अंग के रूप में प्रदर्शित किया था। इसके साथ ही पिछले 7-8 वर्षों से दोनों देशों के मध्य व्यापार में तीव्र गति से वृद्धि हुई है। जनवरी 2008 में भारत के प्रधानमंत्री डॉ. मनमोहन सिंह ने चीन यात्रा की। इस यात्रा के दौरान दोनों देशों ने सीमा विवादको हल करने तथा आपसी व्यापार को

बढ़ाने संबंधी विभिन्न विषयों पर चर्चा की। इससे स्पष्ट होता है कि 2000-2008 के काल में भारत तथा चीन के सम्बन्धों में निकटता बढ़ी है।

(ii) रूस व मध्य एशिया के राष्ट्रों के साथ विदेश नीति—भारत की प्रारंभ से ही रूस के साथ मित्रता की विदेश नीति रही है। 1992 से सोवियत संघ के विघटन के बाद अवश्य कुछ वर्षों के लिए भारत-रूस सम्बन्धों में कुछ दूरी आई लेकिन पुतिन के प्रशासन में पुनः भारत-रूस संबंधों में प्रगाढ़ता आई है। भारत रूस सम्बन्धों में मित्रता के प्रमुख बिन्दु हैं—सामरिक तथा तकनीकी सहयोग, व्यापारिक सहयोग तथा अन्तर्राष्ट्रीय आतंकवाद के प्रति समान दृष्टिकोण। वर्तमान में भारत की विदेश नीति रूस के साथ घनिष्ठ मित्रवत व्यवहार की बनी हुई है और रूस भी भारत के साथ मित्रवत् घनिष्ठता की विदेश नीति अपनाए हुए है। उसने कश्मीर के प्रश्न पर भारत का हमेशा समर्थन किया है, भारत की सामरिक आवश्यकताओं की पूर्ति में सहयोग किया है।

सोवियत संघ से पृथक् होकर बने मध्य एशिय के नवीन राष्ट्रों के प्रति भी भारत की विदेश नीति मित्रवत् सम्बन्ध बढ़ाने परस्पर आर्थिक व व्यापारिक सहयोग की नीति रही है। इसी नीति के तहत इन राष्ट्रों ने सुरक्ष परिषद में भारत के थायी सदस्य बनने के दावे का समर्थन करने का चयन दिया है।

(iii) अन्य पड़ौसी राष्ट्रों के प्रति विदेश नीति—भारत अपने अन्य पड़ोसी राष्ट्रों जैसे—ईरान, आसियान के देशों के साथ मैत्रीपूर्ण विदेश नीति का संचालन किये हुए है। इसी के अन्तर्गत भारत और ईरान, इण्डोनेशिया तथा वियतनाम के राजनेताओं ने परस्पर एक-दूसरे के देशों की यात्रायें कर आर्थिक-विकास तथा व्यापारिक सहयोग की दिश में कदम बढ़ाये हैं तथा अन्तर्राष्ट्रीय आतंकवाद के विरुद्ध मिलकर संघर्ष करने पर सहमति व्यक्त की है। उपर्युक्त विवेचन से स्पष्ट होता है कि भारत की विदेश नीति अपने पड़ोसी राष्ट्रों के प्रति मित्रवत् सम्बन्धों की स्थापना की रही है। भारत और पाकिस्तान के सम्बन्धों की पृष्ठभूमि भावनात्मक लगाव एवं अप्रत्याशित घअनाओं का इतिहास है। प्रसिद्ध पत्रकार **कुलदीप नैय्यर** ने भारत का पाकिस्तान के साथ सम्बन्धों की विविधता एवं विभिन्नता के कारण 'पाकिस्तान को दूरस्थ पडौसी की संज्ञा दी है।' वास्तव में पाकिस्तान भारत का ऐसा पड़ौसी राष्ट्र है जो सबसे निकट होते हुए भी सबसे दूर है। सजातीय संस्कृति तथा ऐतिहासिक अनुभूतियों की दृष्टि सेसबसे अधिक निकट है। किन्तु राजनीतिक अनुकूलन एवं विदेश नीति के परिप्रेक्ष्य में यह भारत से कहीं अधिक दूरस्थ है पाकिस्तान ऐसा राष्ट्र है जिससे भारत के रक्त सम्बन्ध है। भारत और पाकिस्तान के तनाव के मूल कारण पारस्परिक घृणा, प्रतिस्पर्द्धा, जातीय वैमनस्य और शत्रुता के दृष्टिकोण रहे हैं।

भारत एक विस्तृत भू-भाग और विशाल जनसंख्या वाला विश्व का सबसे बड़ा लोकतांत्रिक राष्ट्र है। भारत की विदेश नीति का विश्व की राजनीति पर गहरा प्रभाव पड़ता है। भारत का सांस्कृतिक अतीत अत्यन्त गौरवमय रहा है। **पावर एवं पर्किन्स** के शब्दों में "भारत की विदेश नीति की जड़ें विगत कई शताब्दियों से विकसित सभ्यताओं के मूल में छिपी हैं और इसमें चिन्तनशैलियों, ब्रिटिश नीतियों की विरासत, स्वाधीनता आन्दोलन तथा वैदेशिक मामलों में भारतीय राष्ट्रीय कांग्रेस की पहुँच गांधीवादी दर्शन का प्रभाव अहिंसा तथा साध्य साधनों के महत्व के गांधीवादी सिद्धान्तों आदि का प्रभावशाली योग रहा है।" परन्तु फिर भी विदेश नीति के कुछ ऐसे मूल आधार होते हैं, जो लगभग सब समय स्थिर रहते हैं। इन आधारों की क्रियान्विती भी कम या अधिक रूप में परिवर्तित होती रहती है, फिर भी वे उस दृष्टिकोण को अभिव्यक्त करते हैं, जो किसी समय अपनाई गई विदेश में अन्तर्निहित होते हैं। भारतीय संविधान का अनुच्छेद 51 भी ऐसे ही दृष्टिकोण और दिशा की अभिव्यक्ति करता है।

1. शांतिपूर्ण सहअस्तित्व—भारत की विदेश नीति के आधार पंचशील के सिद्धान्त हैं, अर्थात् प्रत्येक राष्ट्र की प्रादेशिक अखण्डता और सम्प्रभुता का सम्मान करना, किसी राज्य पर आक्रमण या उसकी सीमाओं का अतिक्रमण न करना, किसी राष्ट्र के आन्तरिक मामलों में हस्तक्षेप न करना, सभी के साथ समान व्यवहार और सहयोग करना तथा शांतूपर्ण सहअस्तित्व का सिद्धान्त अपनाते हुए सभी देशों के साथ शांतिपूर्वक रहना। भारत मतभेदों या विवादों को दूर करने के लिए युद्ध की यथार्थता में विश्वास नहीं करता। अतः अन्तर्राष्ट्रीय विवादों के निपटारे के लिए भारत शांतिमय साधनों, द्विपक्षीय या बहुपक्षीय वार्ताओं, समझौतों, मध्यस्थता, पंच निर्णय, विवाचन आदि पर बल देता है।

भारत की शांतिपूर्ण सहजीवन की नीति के बावजूद उसे तीन बार पाकिस्तान से (1947-48, 1965 और 1971) और एक बार चीन (1962) से आत्म-रक्षा के लिए युद्ध करना पड़ा। पाकिस्तान तथा चीन के शत्रुतापूर्ण रवैये के कारण भारत ने अपनी सैनिक तैयारी में ढील नहीं दी है। इस प्रकार भारत की शांतिपूर्ण सहअस्तित्व की नीति का यह अर्थ नहीं है कि जब उसकी अखण्डता को चुनौती दी जाए, तो वह चुपचाप बैठा रहे।

2. वार्ताओं और समझौतों की नीति—भारत ने अपनी समस्याओं को वार्ताओं एवं समझौतों से सुलझाया है। इसे निम्न बिन्दुओं के अन्तर्गत स्पष्ट किया गया है—

(अ) पड़ोसी देशों के साथ विवादों का शांतिपूर्ण ढंग से निपटारा करना—उसने अपने **पड़ोसी देशों के साथ** विवादों का निपटारा शांतिपूर्ण तरीके से किया है। यथा—

(i) 1960 में पाकिस्तान से सिन्धु जल संधि पर वर्षों से चले आ रहे नदियों के पानी संबंधी विवाद समाप्त करना।

(ii) 1965 में अनुचित निर्णय के बावजूद, कच्छ ट्रिब्यूनल के निर्णय को स्वीकार कर लेना।

(iii) 1966 में रूस की मध्यस्थता स्वीकारता करते हुए ताशकन्द समझौता करना।

(iv) 1972 में पाकिस्तान के साथ शिमला समझौता कर उसे युद्ध-बन्दी और अधिकृत भूमि वापस कर देना।

(v) नेपाल और श्रीलंका, से, अत्यधिक रियायतें देकर समझौते करना।

(vi) बंगलादेश से फरक्का समझौता करना, जिसके द्वारा भी भारत ने उसे अनेक रियायतें दी। 12 दिसम्बर, 1996 की गंगाजल संधि के द्वारा भारत ने दोनों देशों (भारत और बंगलादेश) के बीच 20-25 से चले आ रहे विवाद को शांतिमय तरीके से हल कर दिया।

(vii) चीन के साथ शांतिपूर्ण वार्ताओं के द्वारा सीमा-विवाद सुलझाने का प्रयत्न करना तथा आर्थिक व तकनीकी क्षेत्र में सहयोग बढ़ाने का प्रयास करना। इस सम्बन्ध में भारत ने समय-समय पर अनेक वार्ताएँ व समझौते किये हैं। सन् 2007 में ऐसे ही 13 समझौतों पर हस्ताक्षर हुए।

(ब) अन्तर्राष्ट्रीय विवादों को सुलझाने हेतु शांतिपूर्ण साधनों पर बल देना—भारत ने **अन्तर्राष्ट्रीय विवादों** कों सुलझाने के लिए सदैव शांतिपूर्ण साधनों पर बल दिया है। कोरिया, हिन्द-चीन, स्वेज संकट, कांगो संकट आदि समस्याओं को सुलझाने में भारत ने सक्रिय सहयोग दिया। यद्यपि भारत अब एक परमाणु शक्ति सम्पन्न राष्ट्र बन गया है फिर भी उसने स्पष्ट घोषणा कर दी है कि वह अणु-शक्ति का प्रयोग शांतिपूर्ण कार्यों तथा अपनी आत्मरक्षा के लिए करेगा। वह इसकी पहले पहल नहीं करेगा। भारत ने 1968 की परमाणु अस्त्र विस्तार निषेध संधि तथा 1996 की प्रस्तावित सी.टी.बी.टी संधि पर इसलिए हस्ताक्षर नहीं किये हैं, क्योंकि वह बड़े राष्ट्रों को परमाणु क्षेत्र में एकाधिकार देकर छोटे और अल्पविकसित राष्ट्रों को उनकी दया पर छोड़ देगी।

3. असंलग्नता या गुटनिरपेक्षता की नीति—1947 से ही भारत की विदेश नीति का मुख्य आधार गुटनिरपेक्षता की नीति रहा है। यह तटस्थता या अन्तर्राष्ट्रीय विवादों से दूर खड़े होकर तमाशा देखने की नीति नहीं है। भारत ने अन्तर्राष्ट्रीय विवादों के संबंध में अपना स्पष्ट और निष्पक्ष मत प्रकट किया है और उनको सुलझाने में

महत्वपूर्ण योगदान दिया है। इस नीति पर चलते हुए भारत किसी भी गुट या सैनिक संगठनों में सम्मिलित नहीं हुआ है। भारत की गुटनिरपेक्षता की नीति गतिशील और सकारात्मक रही है।

गुटनिरपेक्षता की नीति अपनाने के कारण—भारत द्वारा गुटनिरपेक्षता की नीति अपनाये जाने के निम्नलिखित कारण हैं—

(i) किसी भी गुट में शामिल होकर भारत विश्व के तनाव को बढ़ाना नहीं चाहता।

(ii) यदि भारत किसी गुट में सम्मिलित होता है तो उसे गुटों के नेताओं का दृष्टिकोण बपनाना पड़ेगा और भारत स्वतन्त्रतापूर्वक अपने विचार प्रकट नहीं कर पायेगा।

(iii) भारत का आर्थिक विकास विदेशी सहायता पर निर्भर करता है। यदि भारत एक गुट से जुड़ जायेगा तो दोनों गुटों से सहायता नहीं मिलेगी। उदाहरण के लिए, 1962 में चीनी आक्रमण के समय अमरीकी वायु सेना ने 90 घण्टे के अन्दर एक हजार टन युद्ध सामग्री को अमेरिका से भारत पहुँचा दिया तथा दूसरी ओर सोवियत संघ ने भी अपने मिग विमान देने तथा इसका कारखाना बना देने का वचन दिया।

(iv) भारत की भौगोलिक स्थिति गुटनिरपेक्षता की नीति अपनाने को बाध्य करती थी। भारत की सीमाएँ साम्यवादी देशों चीन और रूस से मिलती हैं, इसलिए पश्चिमी देशों के साथ गुटबन्दी करना विवेकसम्मत नहीं था, दूसरी ओर पश्चिमी देशों से विशाल आर्थिक सहायता मिलती थी, अतः साम्यवादी गुट में सम्मिलित होना भपी विवेकसम्मत नहीं था। भारत की गुटनिरपेक्षता की नीति के संबंध में **पं. नेहरू** का कथन है, ''जहाँ स्वतन्त्रता के लिए खतरा उपस्थित हो, जहाँ न्याय के लिए धमकी दी जाती हो अथवा जहाँ आक्रमण होता हो, वहाँ हम न तो तटस्थ रह सकते हैं और न तटस्थ रहेंगे।''

4. अफ्रेशियाई एकता की नीति—एशिया और अफ्रीका के अधिकांश देश साम्राज्यवाद और उपनिवेशवाद के शिकार रहे हैं। आर्थिक और औद्योगिक दृष्टि से ये देश अल्पविकसित, अर्द्धविकसित या पिछड़े हुए हैं और उनका जीवन-स्तर बहुत नीचा है। अतः भारत ने यह प्रयत्न किया कि इन देशों की स्वतंत्रता स्थायी रहे और ये देश पारस्परिक सहयोग द्वारा आर्थिक और सामाजिक उन्नति करें। इस नीति पर चलते हुए भारत ने 1947 में नई दिल्ली में एशियाई सम्मेलन आयोजित किया। दूसरा एशियाई सम्मेलन 1949 में नई दिल्ली में ही आयोजित किया गया, जिसने इण्डोनेशिया को स्वतंत्रता प्राप्त करने में बहुत सहायता दी। 18 अप्रैल, 1955 में में एशिया और अफ्रीका के देशों का सम्मेलन इण्डोनेशिया के बाण्डुंग नगर में, भारत की पहल पर

आयोजित किया गया था, जिसमें चीन ने भी भाग लिया। **सन् 2005** में इण्डोनेशिया की राजधानी जकार्ता में अफ्रीका-एशिया देशों के नेताओं से पिछले विवादों को भुलाकर एक नई क्षेत्रीय व्यवस्था के सृजन का आह्वान किया। इसमें उन्होंने विकासशील देशों की कृषि समस्याओं पर ध्यान केन्द्रित करते हुए विकसित देशों को कृषि रियायतें समाप्त करने तथा कृषि निर्यात की बाधाओं को हटाने पर बल दिया ताकि विकासशील देशों के करोड़ों कृषकों की आजीविका को संरक्षित किया जा सके। इसके साथ ही उन्होंने सम्मेलन में उपस्थित विभिन्न देशों के राष्ट्राध्यक्षों के साथ आतंकवाद, स्वास्थ्य, पर्यटन, विज्ञान और प्रौद्योगिकी, जैव प्रौद्योगिकी तथा ऊर्जा में परस्पर सहयोग की अपील की। वर्तमान समय में भारत की पहल पर संयुक्त राष्ट्र संघ के अन्दर एशियाई-अफ्रीकी एकता ने एक ठोस रूप ले लिया है और यह स्पष्ट कर दिया है कि अन्तर्राष्ट्रीय संगठन महाशक्तियों के संकेतों पर नहीं चल सकता। हिमतक्षेस (हिन्द महासागरीय तटीय क्षेत्रीय सहयोग) के माध्यम से एक बार पुनः एशिया, अफ्रीका और आस्ट्रेलिया के बीच एकता और भाईचारा स्थापित करने की कोशिश की गई है। इसका उद्देश्य हिन्दमहासागर के तटीय देशों में पारस्परिक व्यापार और आर्थिक सहयोग को बढ़ावा देकर, आर्थिक एकजुटता के आधार पर एक, हिन्द महासागर के बाजार की रचना करना है।

5. रंगभेद, जातिभेद, उपनिवेशवाद और साम्राज्यवाद का विरोध—स्वतंत्रता प्राप्त करने के बाद से ही भारत ने अन्य परतन्त्र देशों की स्वतंत्रता के लिए प्रयत्न किए, श्रीलंका, इण्डोनेशिया, मलेशिया, हिन्द-चीन तथा अफ्रीका के अनेक देशों ने अपनी स्वतन्त्रता प्राप्ति में भारत से प्रेरणा ही नहीं, खुला समर्थन भी प्राप्त किया। दक्षिणी अफ्रीका और रोडेशिया की अल्पमत गोरी सरकारों और उनकी रंगभेद-भाव की नीति के विरुद्ध भारत ने निरन्तर प्रचार किया है। अल्जीरिया के स्वतंत्रता संग्राम का भारत ने खुलकर समर्थन किया। इजरायल के विरुद्ध भारत ने अरबों का समर्थन किया है। संयुक्त राष्ट्र संघ की न्यास परिषद ने भारत ने सक्रिय भूमिका निभाई है। भारत की गुटनिरपेक्षता की नीति भी छोटे देशों के बड़े राष्ट्रों के साम्राज्यवादी चंगुल से बचने का एक साधन है। अमेरिका के काले लोगों के विरुद्ध रंग भेद-भाव की नीति का भारत ने विरोध किया है। बंगलादेश को पाकिस्तानी साम्राज्यवाद से मुक्त करोन में भारत का प्रमुख हाथ था।

6. संयुक्त राष्ट्र संघ तथा अन्तर्राष्ट्रीयता का समर्थक—भारत की विदेश नीति के लक्ष्य संयुक्त राष्ट्र संघ के लक्ष्यों के समान ही है। भारत की सदैव अन्तर्राष्ट्रीय संगठनों और कानून के प्रति निष्ठा रही है। कश्मीर के संबंध में भारत को संयुक्त राष्ट्रसंघ ने निराश किया, फिर भी उसने उसके युद्ध-विराम और जनमत संग्रह के प्रस्ताव को (अपनी व्याख्यानुसार) स्वीकार कर लिया। भारत ने संयुक्त राष्ट्र संघ

और इसके विभिन्न अंगों को सक्रिय सहयोग दिया। निःशस्त्रीकरण के प्रस्तावों और प्रयत्नों का भारत ने सदैव समर्थन किया है। संयुक्त राष्ट्र संघ की माँग पर भारत ने शान्ति रखने के लिए कोरिया, मिस्र और कांगों में अपनी सेनायें भेजीं तथा हिन्द-चीन के तटस्था आयोग का भारत अध्यक्ष था। आज भी संयुक्त राष्ट्र संघ में भारत का अटूट विश्वास है और उसकी यह नीति है कि दुनिया के अन्तर्राष्ट्रीय विवादों को सुलझाने में विश्व संस्था का अधिकाधिक प्रयोग किया जाए। जून, 2005 में **ग्रुप-4** के सदस्य देशों जापान, जर्मनी, ब्राजील और भारत—ने संयुक्त राष्ट्र सुरक्षा परिषद में स्थायी सदस्यता के लिए औपचारिक दावेदारी पेश की, लेकिन वीटो के अधिकार पर दावा फिलहाल छोड़ दिया गया। ग्रुप-4 के सदस्य देशों ने इस प्रस्ताव में 15 वर्ष तक वीटो के अधिकार का उपयोग न करने की बात कही।

7. सभी राष्ट्रों से मैत्रीपूर्ण सम्बन्ध—भारत ने अपने पड़ौसी देशों से ही नहीं, बल्कि विश्व के प्रत्येक देश से मैत्रीपूर्ण संबंध स्थापित करने का सदैव प्रयास किया है। भारत ने अनेक देशों से मैत्रीपूर्ण सन्धियाँ की हैं, जैसे नेपाल, बंगलादेश, अफगानिस्तान म्यामांर, इण्डोनेशिया, मिस्र, सोवियत संघ, इराक, सीरिया, जापान आदि। भारत ने अपनी पहल पर ही, चीन और पाकिस्तान से सामान्य संबंध स्थापित किए। पाकिस्तान का शत्रुतापूर्ण रवैया होते हुए भी व्यापार, यात्रा, डाकतार, सलाल जल आदि के संबंध में सन्धियाँ कीं और पाकिस्तान-अफगानिस्तान मतभेदों का कोई लाभ नहीं उठाया। नेपाल, म्यांमार, बंगलादेश, श्रीलंका आदि देशों से तो भारत ने अपने हितों को आघात पहुंचा कर भी समझौते किए। भारत आसियान के राष्ट्रों के साथ मैत्रीपूर्ण संबंधों की स्थापना तथा पारस्परिक सहयोग की नीति अपनाये हुए है।

8. विभाजित देशों के प्रति सहानुभूतिपूर्ण नीति—भारत ने विश्व के विभाजित देशों के प्रति सदैव सहानुभूति रवैया अपनाया है क्योंकि भारत स्वयं विभाजन के दुष्परिणाम भुगत चुका है। मुख्यतः यही कारण था कि भारत ने फिलिस्तीन के विभाजन का विरोध किया था तथा अरबों एवं यहूदियों के एक संघ का समर्थन किया था। इसी तरह भारत ने कोरिया तथा वियतनाम के विभाजन का भी विरोध किया तथा पूर्व एवं पश्चिमी जर्मनी के एकीकरण का समर्थन किया।

वर्तमान दश्का में भारतीय विदेश नीति में कुछ नये आयाम जुड़े हैं। इनका विवेचन निम्नलिखित बिन्दुओं के अन्तर्गत किया गया है—

1. अन्तर्राष्ट्रीय आतंकवाद के संगठित विरोध की नीति—अटल बिहारी वाजपेयी की सरकार ने अपनी विदेश नीति में अन्तर्राष्ट्रीय आतंकवाद को समाप्त करने को दिशा में विभिन्न अन्तर्राष्ट्रीय मंचों के माध्यम से इस दिशा में कार्य करने

के लिए पहल करने की नीति का वरण किया है। आतंककारी गतिविधियों र अंकुश लगाने के लिए भारत सभी बड़े-छोटे देशों के इस बुराई के खिलाफ संगठित होकर कार्य करने पर दे रहा है। हालांकि विश्व के सभी देश अन्तर्राष्ट्रीय आतंकवाद की खिलाफत तो करते रहे हैं, लेकिन उससे निपटने की दिशा में विशेष रुचि प्रदर्शित नहीं कर रहे हैं। भारत इस दिशा में पहल करने की नीति का अनुसरण कर रहा है। यथा—

(i) अप्रेल, 2000 में जी-77 देशों के शिखर सम्मेलन में भारत ने इस दिशा में सभी देशों को प्रेरित किया। परिणामत: अपने पारित प्रस्ताव में जी-77 शिखर सम्मेलन ने आतंकवाद पर अंकुश लगाने के लिए संगठित प्रयास की आवश्यकता बतायी।

(ii) जून, 2000 में सम्पन्न जी-15 के काहिरा शिखर सम्मेलन तथा 30-31 मई, 2001 के जकार्ता शिखर सम्मेलन में भी भारत की पहल पर अन्तर्राष्ट्रीय आतंकवाद की कड़ी भर्त्सना की गई और इस बारे में संयुक्त राष्ट्र संघ के तहत समझौते की जरूरतों पर जोर दिया गया।

(iii) वाजपेयी सरकार ने अन्तर्राष्ट्रीय आतंकवाद के संगठित विरोध के लिए एक तरफ जहाँ सभी अन्तर्राष्ट्रीय मंचों पर आवाज उठायी, दूसरी तरफ वहाँ विभिन्न देशों के साथ द्विपक्षीय समझौतों व वार्ताओं में मिलजुलकर अन्तर्राष्ट्रीय आतंकवाद के विरोध के संदर्भ में पहल की। जनवरी, 2001 में भारत के प्रधानमंत्री ने इण्डोनेशिया की यात्रा की। इस यात्रा के दौरान कश्मीर मुद्दे पर इण्डोनेशिया के राष्ट्रपति श्री वाहिद ने भारतीय दृष्टिकोण का समर्थन करते हुए आतंकवाद का पुरजोर विरोध किया। 30-31 मई, 2001 को जी-15 राष्ट्रों के 11वें शिखर सम्मेलन में भी आतंकवाद की भर्त्सना की गई। रूस तथा ईरान ने भी भारत के दृष्टिकोण का समर्थन करते हुए अन्तर्राष्ट्रीय आतंकवाद का मिलकर विरोध करने पर बल दिया।

(iv) सितम्बर 2006, में आयोजित गुट-निरपेक्ष देशों के 14वें सम्मेलन में भारत ने दक्षिण-एशिया क्षेत्र में हो रही आतंकवादी गतिविधियों को नियंत्रित करने का संकल्प किया।

(v) दक्षेस कोलंबों शिखर सम्मेलन 2008 में आयोजित सार्क के 15वें शिखर सम्मेलन में भारतीय प्रधानमंत्री ने आतंकवाद के प्रति सभी सदस्य देशों से अपनी प्रतिबद्धताओं को ईमानदारी से लागू करने की अपील की।

2. नई परमाणु नीति—मई, 1998 के भारत के परमाणु परीक्षण के बाद से भारत की परमाणु नीति में एक परिवर्तन आया है। इसका विवेचन निम्नलिखित बिन्दुओं के अन्तर्गत किया गया है—(अ) परमाणु परीक्षण (ब) नवीन परमाणु नीति।

(अ) भारत का परमाणु परीक्षण (मई, 1998) और भारतीय विदेश नीति—मई, 1998 के परमाणु विस्फोट के बाद विश्व मीडिया ने काफी जोर-शोर से यह रेखांकित किया कि भारत की विदेश नीति में बदलाव आ गया है। लेकिन अन्तर्राष्ट्रीय परिवर्तित परिस्थितियों के अन्तर्गत भारत का यह नीतिगत परिवर्तन ठीक उसी प्रकार का है, जैसाकि 1971 में रूस से की गई 20 वर्षीय संधि से असंलग्नता की नीति में आया परिवर्तन था। पाकिस्तान-चीन-अमरीका की घेरेबन्दी को तोड़ने की दृष्टि से भी इसे परिवर्तित विदेश नीति कहा जा सकता है।

(ब) नवीन परमाणु नीति—18 अगस्त, 1999 को भारत सरकार ने अपनी नवीन परमाणु नीति के सम्बन्ध में एक दस्तावेज प्रकाशित किया। पोकरण में किए गए परमाणु बम विस्फोट के बाद इसके उपयोग को लेकर जो भ्रम की स्थिति उत्पन्न हो गई थी, उसे इस घोषित नवीन परमाणु नीति से एक स्पष्ट दिशा दे दी गई। परमाणु नीति पर भारत सरकार ने राष्ट्रव्यापी विचार-विमर्श का आमंत्रण दिया। इस तरह की कार्यवाही फ्रांस को छोड़कर अन्य किसी भी परमाणु शक्ति सम्पन्न देश ने नहीं की। अमरीका ने भारत की नीति को पाकिस्तान के परिप्रेक्ष्य में देखते हुए आलोचना की जबकि भारत ने अपना परमाणु विकास पाकिस्तान को देखकर नहीं किया। उसने यह विकास अपनी प्रतिरक्षा तथा अगली सदी में बनने वाले संभावित शक्ति समीकरणों के संदर्भ में किया और यह किसी भी तरीके से परमाणु होड़ को जन्म नहीं देगा। इस मसौदे की प्रमुख विशेषताएँ इस प्रकार हैं—

(i) शस्त्र नियंत्रण की नीति—इस परमाणु नीति के मसौदे में '**शस्त्र नियंत्रण**' के सिद्धान्त को अपनाया गया है। यह सिद्धान्त इस बात की पुष्टि करता है कि भारत विश्वसनीयत न्यूनतम प्रतिरोधक सिद्धान्त का पालन करते हुए अपने पास हथियार रखेगा।

(ii) पहल न करने की नीति—इस नीति की दूसरी प्रमुख विशेषता यह है कि भारत किसी भी देश पर पहले हमला नहीं करेगा, परन्तु उस पर हमला किया गया तो उसका मुँहतोड़ जवाब देगा।

(iii) उत्तरदायी नीति—प्रधानमंत्री या प्रधानमंत्री द्वारा नामित व्यक्ति परमाणु विस्फोट के लिए उत्तरदायी होगा। इस प्रश्न पर उठने वाले संवैधानिक व राष्ट्रीय विवाद को हल करने के लिए राष्ट्रीय बहस का सुझाव दिया गया है।

(iv) परमाणु रहित देश पर परमाणु हमला न करने की नीति—भारत ने किसी भी परमाणु हथियार नहीं रखने वाले देश पर परमाणु प्रहार नहीं करने की नीति की घोषणा की है, जबकि अन्य परमाणु शक्ति सम्पन्न शक्तियां ऐसी घोषणा तो दूर परमाणु हथियार नहीं रखने वाले देशों को भी परमाणु धमकियां देती रही हैं। एन.पी.टी.

में शामिल परमाणु हथियार नहीं रखने वाले देशों को भारत की इस नीति की तरफ ध्यान देना चाहिए।

(v) एन.पी.टी. के अनेक प्रावधानों की पूर्ति—यद्यपि भारत एन.पी.टी. के भेदभावपूर्ण होने के कारण उसका सदस्य नहीं है, तथापि उसने अपनी परमाणु नीति में उसके अनेक प्रावधानों को पूरा किया गया है। यथा—

(i) एन.पी.टी. की धारा 6 में परमाणु निःशस्त्रीकरण के लक्ष्य का उल्लेख किया गया है, भारत ने हमेशा इसका समर्थन किया है और उसने विश्व को परमाणु हथियारों से मुक्त बनाने के लिए परमाणु हथियार समझौते की बातचीत शुरू करने की मांग की है।

(ii) एन.पी.टी. की पहली धारा में परमाणु हथियारों का हस्तांतरण न करने के लिए कहा गया है। भारत ने सदा इसका पालन किया है और कभी भी परमाणु हथियारों या तकनीक का हस्तांतरण अथवा उसका निर्यात नहीं किया है। अब भारत ने अपने निर्यातों में इस व्यवस्था को और कड़ा कर दिया है।

(vi) आत्मरक्षा की नीति—भारत की परमाणु नीति आत्मरक्षा के लिए विकसित की गई नीति है। अर्थात् भारत ने परमाणु शक्ति का विकास किसी के खिलाफ प्रयोग करने के लिए नहीं किया है, बल्कि सिर्फ आत्मरक्षा के लिए किया है।[1]

इस प्रकार भारत ने यह स्पष्ट कर दिया है कि उसे न केवल परमाणु हथियार बनाने में दक्षता हासिल की है बल्कि उसे इसके रखरखाव, संचालन, तैनाती और नियंत्रण के बारे में भी पूरी जानकारी है।

3. दक्षिण-पूर्व एशिया में बढ़ती रुचि—वाजपेयी सरकार ने दक्षिण-पूर्व एशिया के देशों के साथ सम्बन्धों को मजबूत करने के विशेष प्रयास किये। यथा—

(i) नवम्बर 2000 में म्यांमार के वाइस चेयरमैन ने भारत की यात्रा के दौरान भारत को आश्वस्त किया कि वह भारत के विरुद्ध आंदोलनकारियों को शह नहीं देगा।

(ii) नवम्बर, 2000 में ही भारत के राष्ट्रपति ने सिंगापुर की यात्रा की। इस यात्रा के दौरान दोनों देशों ने पारस्परिक सम्बन्धों को मजबूत बनाने का प्रयास किया। दोनों देशों के बीच तीन समझौतों पर हस्ताक्षर हुए। इनमें पारस्परिक व्यापार बढ़ाने, निवेश प्रवाह को बढ़ावा देने तथा स्वतंत्र व्यापार क्षेत्र की स्थापना की संभावनाएँ तलाशने के लिए परस्पर सहमति पर हस्ताक्षर किये गये।

(iii) जनवरी, 2001 में भारत के तत्कालीन प्रधानमंत्री अटल बिहारी वाजपेयी ने 14 वर्षों के अन्तराल के बाद एक उच्चस्तरीय शिष्टमंण्डल के साथ **वियतनाम**

व **इण्डोनेशिया** की यात्रा की। भारत ने वियतनाम के साथ परमाणु ऊर्जा के शांतिपूर्ण उपयोग एवं संस्कृति व कला के क्षेत्रों के तीन द्विपक्षीय समझौतों पर हस्ताक्षर किये तथा पाँच आर्थिक एवं वाणिज्यिक सहमति ज्ञापनों पर हस्ताक्षर किये। इसी प्रकार इण्डोनेशिया के साथ पारस्परिक सहयोग के समझौते किये। इण्डोनेशिया के साथ भारत के नौ-सैनिक क्षेत्र में रक्षा-सहयोग का भी समझौता किया।

मई, 2001 में प्रधानमंत्री वाजपेयी ने मलेशिया की यात्रा की तथा दोनों देशों के बीच मौजूदा व्यापार को दुगुना करने पर सहमति हुई।

(iv) अप्रैल, 2002 में प्रधानमंत्री वाजपेयी ने सिंगापुर व कम्बोडिया की यात्रा की। भारत और सिंगापुर के बीच आतंकवाद के विरुद्ध संघर्ष, पारस्परिक व्यापार, जैव व सूचना प्रौद्योगिकी में सहयोग के मामलों में सहमति हुई। भारत ने कम्बोडिया के साथ भी तीन समझौते किये।

(v) नवम्बर, 2002 में आसियान शिखर सम्मेलन में भारत ने भाग लिया तथा आतंकवाद के विरुद्ध अभियान में दोनों नक एकजुटता व्यक्त की। इसके अतिरिक्त नवम्बर, 2002 में भारत में कम्बोडिया, लाओस तथा थाइलैंड के साथ पारस्परिक, व्यापारिक व आर्थिक सहयोग बढ़ाने के समझौते किये।

(vi) भारत और आसियान के मध्य दूसरी शिखर बैठक का आयोजन 7-8 अक्टूबर, 2003 को इण्डोनेशिया में हुआ। इसमें भारत के प्रधानमंत्री वाजपेयी ने भारत और आसियान के देशों के साथ आर्थिक रिश्तों में और प्रगाढ़ता लाने की बात कही।

29-30 नवम्बर, 2004 को लाओस की राजधानी विएनतिएन में आसियान शिखर सम्मेलन के दौरान भारत के प्रधानमंत्री डॉ. मनमोहनसिंह ने एशियायी आर्थिक विकास समूह के गठन का एक प्रस्ताव दिया। 30 नवम्बर, 2004 को आसियान और भारत के बीच एक ऐतिहासिक समझौता हुआ जिसमें शान्ति, सहयोग और विकास को आधार बनाया गया। भारत-आसियान चतुर्थ शिखर बैठक **13 दिसम्बर, 2005** को कुआलालम्बपुर में सम्पन्न हुई। डॉ. मनमोहन सिंह ने आसियान के साथ सहयोग सम्वर्द्धन के कुछ ठोस प्रस्तावों की पेशकश की। दक्षिण-पूर्व एशिया में विद्यार्थियों, उद्यमियों व प्रशासनिकों में 'कम्युनिकेशन्स स्किल' के विकास हेतु आसियान के चार देशों में स्थायी अंग्रेजी शिक्षा केन्द्रों की स्थापना हेतु स्वीकृति प्रदान की। **जनवरी, 2007** में भारत के प्रधानमंत्री ने दोनों, आसियान तथा पूर्वी एशियायी शिखर सम्मेलन में भाग लिया। आसियान के देशों तथा भारत ने आतंकवादी गतिविधियों के विरोध में संगठित मुहिम चलाने तथा मुक्त व्यापार समझौता लागू करने पर सहमति हुई। भारत के प्रधानमंत्री ने आसियान और भारत के बीच बेहतर हवाई सम्पर्क स्थापित करने हेतु 'मुक्त आकाश नीति' का भी उल्लेख किया। इससे आसियान से भारत

के सम्पर्कों में प्रगाढ़ता आयेगी। 2005-06 में आसियान और भारत के बीच व्यापार 22 अरब डॉलर तक सीमित है जिसे वर्ष 2007 तक बढ़ाकर 30 अरब डॉलर करने का लक्ष्य निर्धारित किया गया है।

4. रूस के साथ बढ़ती मित्रता—प्रधानमंत्री वाजपेयी के काल में पुनः भारत-रूस के सम्बन्धों में मित्रता बढ़ी है। दोनों ने आतंकवाद के विरोध में समान दृष्टिकोण अपनाते हुए घोषणा की हैं। रूस ने भातर के सामरिक सहयोग के अनेक समझौते किये हैं तथा सुरक्षा परिषद् में स्थायी सदस्यता के सन्दर्भ में भारत की दावेदारी का समर्थन किया है।

5. खाड़ी व पश्चिम एशियाई देशों के लिए गतिशील पहल—वाजपेयी सरकार के विदेशमंत्रियों ने पश्चिम एशियाई देशों की यात्राएँ कीं तथा इण्डोनेशिया, इराक, ईरान तथा तुर्क के शासनाध्यक्ष भी भारत आये। प्रधानमंत्री वाजपेयी ने 10 अप्रेल, 2001 को ईरान की यात्रा की। दोनों देशों के शासनाध्यक्षों ने तेहरान घोषणा पत्र पर हस्ताक्षर किये। इसमें आपसी सहयोग के चार समझौतों पर हस्ताक्षर किये। दिल्ली घोषणा-पत्र में गैस और तेल क्षेत्र में दोनों के व्यापक सहयोग की बात कही गयी।

6. जी-8 (जून, 2003) तथा विश्व व्यापार संगठन (9-2003) में विकासशील देशों के पक्ष में जबर्दस्त पैरवी करना—वर्तमान में अन्तर्राष्ट्रीय राजनीति व अन्तर्राष्ट्रीय सम्बन्धों का आधार आर्थिक तथा व्यापारिक विकास व नीतियाँ बनती जा रही हैं। इस सम्बन्ध में विकसित देशों ने विकासशील देशों का शोषण करने का प्रयत्न किया है। भारत की वाजपेयी सरकार ने विकसित देशों के इस कुचक्र को तोड़ने का संगठित प्रयास किया है। यथा—

(i) **जून, 2003** के जी-8 देशों के सम्मेलन में भारत को एक मेहमान देश के रूप में आमंत्रित किया गया था। भारत को वहाँ महज चिन्ताएँ जताने भर का हक था। लेकिन प्रधानमंत्री वाजपेयी ने विकास के मुद्दों पर अमीर देशों को उनके कृत्यों का आइना दिखाया। प्रधानमंत्री वाजपेयी ने चार-सूत्री एजेण्डे का प्रस्ताव सम्मेलन में रखा। यह एजेण्डा तीसरी दुनिया के निर्यात के रास्ते से शुल्क और गैर-शुल्क बाधायें हटाने, विकसित देशों में घरेलू कृषि सब्सिडी खत्म करने, विकासशील देशों की श्रम शक्ति के लिए दरवाजे खुले रखने और विश्व दवा बाजार में इन देशों की पहुँच सुनिश्चित करने से संबंधित था। यह एजेण्डा विश्व कारोबार के भटकावों की नब्ज पकड़ने के साथ-साथ संरक्षणवाद और मुक्त बाजार जैसे प्रश नों पर विकसित देशों की दोहरी नीतियों को भी उजागर करता है।

(ii) **सितम्बर, 2003** में विश्व व्यापार संगठन के सम्मेलन में भारत के नेतृत्व में विकासशील देशों ने अपने पक्ष की जबर्दस्त पैरवी की। फलतः विकसित देश कोई भी शोषणकारी निर्णय लेने में सफल नहीं हो सके।

7. अमरीकीपरस्त विदेश नीति—सोवियत संघ के पतन के पश्चात भारत के शासक वर्ग को लगा कि उसका हित विश्व की एकमात्र महाशक्ति संयुक्त राज्य अमरीका को खुश करने में निहित है। इस सोच ने भारत की विदेश नीति को नया मोड़ दिया है और स्वतंत्र विदेश नीति का स्थान अमरीकापरस्त विदेश नीति ने ले लिया है। वाजपेयी सरकार ने इस परिवर्तित विदेश नीति का शुभारंभ किया तथा डॉ. मनमोहनसिंह की सरकार उसे आगे बढ़ा रही है। डॉ. मनमोहन सिंह की जुलाई, 2005 में अमरीकी यात्रा के दौरान किया गया परमाणु समझौता इसी तथ्य को स्पष्ट करता है। सितमबर, 2008 में अमेरिकी सीनेट ने इस समझौते को अन्तिम मंजूरी प्रदान कर दी हे। इस समझौते से भारत में फार्मा, आई.टी., अंतरिक्ष एवं सुरक्षा जैसे उच्च प्रौद्योगिक उद्योगों के रास्ते खुलेंगे।

8. यूरोपीय संघ के साथ सम्बन्धों को और सुदृढ़ करने की नीति—भारत के प्रधानमंत्री डॉ. मनमोहन सिंह ने यूरोपीय संघ के देशों के साथ व्यापार बढ़ाने एवं सम्बन्धों में निकटता लाने की दृष्टि से 2007 में ब्रिटेन, हेलसिंकी व फिनलैंड की यात्रा की। प्रधानमंत्री की ब्रिटेन यात्रा के दौरान दोनों देशों के नेताओं ने आतंकवाद का मिल-जुलकर मुकाबला करने पर बल दिया।

ब्रिटेन की यात्रा के बाद प्रधानमंत्री ने अपनी हेलसिंकी यात्रा में यूरोपीय संघ के नेताओं से बातचीत की और 7वें भारत-यूरोपीय संघ व्यापार तथा राजनीतिक शिखर सम्मेलन में आतंकवाद, संयुक्त राष्ट्र, आई.एम.एफ. और डब्ल्यू टी ओ सरीखी अन्तर्राष्ट्रीय संस्थाओं में सुधार की आवश्यकता पर बल दिया।

फिनलैंड ने सुरक्षा परिषद् में भारत की स्थायी सदस्यता की वकालत की और ऊर्जा आवश्यकता की पूर्ति हेतु परमाणु ऊर्जा के अलावा पवन, सौर, लघु पन बिजली क्षेत्र में सहयोग की आवश्यकता रेखांकित की। यूरोपीय संघ के साथ भारत की बढ़ती यह निकटता भविष्य में अमरीकी विकल्प और चीन के बढ़ते प्रभाव और उससे उत्पन्न चुनौतियों का मुकाबला करने में भी सक्षम होगी।

◆ ◆ ◆

11

फिलिस्तीन की विदेश नीति

मिस्त्र तथा अन्य रब इजराइल के अस्तित्व को मान्यता देने के लिए तैयार हैं, परन्तु वे जोर्डन नदी के तट और गाजापट्टी को मिलाकर स्वाधीन फिलिस्तीन राज्य का निर्माण करना चाहते हैं, परन्तु इजराइल न तो स्वाधीन फिलिस्तीन राज्य के निर्माण का इच्छुक है, और न ही वह फिलिस्तीनियों को आत्म-निर्णय का अधिकार देने के पक्ष में है। पश्चिमी एशिया में शान्ति-व्यवस्था की प्रक्रिया धीमी गति से चल रही है। इस प्रक्रिया का विवचेन निम्न बिन्दुओं के अन्तर्गत किया गया है—

1. मिस्त्र-इजराइल सन्धि (1979)—26 मार्च, 1979 को मिस्त्र और इजराइल ने शान्ति सन्धि पर वाशिंगटन में हस्ताक्षर कर दिये। इस सन्धि के अनुसार इजराइल ने स्वीकार किया कि जोर्डन के पश्चिमी तट और गाजापट्टी पर रहने वाले लोगों को स्वायत्तता प्रदान की जायेगी, इजराइल अधिकांश अधिकृत अरब क्षेत्रों को खाली कर देगा, इजराइली सेनायें सिनाय से हट जायेंगी। मिस्त्र ने इजराइल को मान्यता दे दी तथा दोनों ने विवादों को शान्तिपूर्ण ढंग से हल करने का आश्वासन दिया। लेकिन दो-तीन अरब राष्ट्रों को छोड़कर सभी अरब राष्ट्रों ने इस सन्धि का विरोध किया। 'मिस्त्र' को अरब लीग से निकाल दिया गया। इस प्रकार मिस्त्र का बहिष्कार कर दिया गया और इजराइल से संघर्ष जारी रखने का संकल्प दोहराया।

2. कैम्प डेविड वार्ता—पश्चिमी एशिया में शान्ति स्थापित करने के लिए सितम्बर, 1978 में कैम्प डेविड में वार्ता हुई इसमें तय हुआ कि—

(i) इजरायल समूचे सिनाई में मिस्त्र की प्रभुसत्ता को फिर स्वीकार करते हुए वहाँ से अपना हवाई अड्डा समाप्त कर देगा।

(ii) इजरायली सेनाएँ शान्ति सन्धि पर हस्ताक्षर होने के बाद (इजरायली) संसद की स्वीकृति के बाद तीन महीने से लेकर 9 महीने की अवधि में हट जायेंगी।

(iii) दोनों पखों के मध्य राजनयिक सम्बन्ध स्थापित हो जायेंगे।

(iv) दस्तावेज में स्पष्ट कर दिया गया है कि पांच वर्ष के संक्रान्ति काल में इजरायल जॉर्डन के पश्चिमी तट और गाजा पट्‌टी से अपने सैनिक नियन्त्रण पूरी तरह समाप्त कर देगा। इन क्षेत्रों के लोगों को स्वशासन और पूर्ण स्वायत्तता प्रदान कर दी जायेगी। लेकिन सुरक्षा सम्बन्धी कुछ कारणों से इजरायल अपने सैनिक रखेगा।

3. कैम्प डेविड समझौते के बाद के अन्य समझौते—कैम्प डेविड समझौते के बाद मिस्त्र और इजराइल की सरकारों के बीच अन्य अनेक समझौते हुए। यथा—(i) दोनों देशों में सिनाय क्षेत्र से इजराइलय के हटने के सम्बन्ध में एक समझौता हुआ। (ii) दोनों देशों के बीच कुछ व्यापारिक समझौते भी हुए। (iii) 19 जनवरी, 1980 को अस्वान में दोनों देशों द्वारा नागरिक सेवा के लिए जल, थल और वायु मार्गों को खोल दिया गया। (iv) जनवरी, 1980 में इजराइल ने मिस्त्र में अपना राजदूत नियुक्त किया तथा इजरायल ने सनिाय क्षेत्र खाली कर दिया।

4. इजरायल-लेबनान युद्ध 1982 एवं दोनों के मध्य समझौता (17 मई, 1983)—यद्यपि कैम्प डेविड समझौते के बाद मिस्त्र और इजराइल में निकटता आई, लेकिन फिलिस्तीन की समस्या पर इजराल ने कठोर रुख अपनाकर इस निकटता को कम कर दिया और अरब राष्ट्रों में कटुता आ गई। 6 जून, 1982 को लेबनान पर इजराइली आक्रमण इस उद्‌देश्य से किया गया कि वह पी.एल.ओ. को ध्वस्त करना अर्थात् फिलिस्तीनियों को सबक सिखाना, दक्षिण लेबनान में शान्ति क्षेत्र स्थापित करना तथा वहाँ की नदियों के जल का प्रयोग करना चाहता था। इसके साथ ही इजराल लेबनान में इजराइल समर्थक सरका स्थापित करने का इच्छुक भी था। लेबनान युद्ध को अकेले फिलिस्तीनियों ने ही लड़ा। इससे इजराइल की यह भ्रान्ति खत्म हो गई कि वह फिलिस्तीनियों को नष्ट कर सकता है। लेकिन इस युद्ध में फिलिस्तीनियों के एकीकृत संगठन को अत्यधिक हानि हुई। लेबनान युद्ध समाप्त ही तब हुआ जब पी.एल.ओ. (7 अगस्त, 1982 को) दक्षिणी लेबनान छोड़ने के लिए तैयार हो गया। 17 मई, 1983 को लेबनान और इजराइल ने एक शान्ति समझौते पर हस्ताक्षर किये। इसके बाद लेबनान ने मांग की कि वह अब इजराइली फौजें हट जानी चाहिए।

5. फिलिस्तीन राज्य की घोषणा (नवम्बर, 1988)—फिलिस्तीन क्षेत्रों को इराइल से वापस पाने के लिए पी.एल.ओ. के नेता यासिर अराफात ने अमरीका को खुश करने की नई नीति अपनाई और 15 नवम्बर, 1988 को इसने इजराइल धिकृत इलाके में स्वतन्त्र फिलिस्तीन राष्ट्र की स्थापना की घोषणा की। अराफात ने अपनी घोषणा में कहा कि इजराइल अधिकृत पश्चिमी तट और गाजापट्टी स्वाधीन फिलिस्तीन राज्य की सीमायें होंगी और यरूशलम उसकी राजधानी होगी। इसमें संसदीय शासन प्रणाली का अनुसरण किया जायेगा। विश्व के अनेक देशों ने इस नये फिलिस्तीनी राज्य को मान्यता प्रदान कर दी। लेकिन इजराइल अभी स्वतन्त्र फिलिस्तीन के अस्तित्व को स्वीकार करने के लिए तैयार नहीं था।

6. फिलिस्तीनी स्वशासन पर ओस्लो समझौता (13 सितम्बर, 1993)—13 सितम्बर, 1993 को वाशिंगटन में इजराइल तथा फिलिस्तीनी मुक्ति संगठन ने एतिहासिक समझौते पर हस्ताक्षर किये।

समझौते या घोषणा पत्र की मुख्य व्यवस्थाएँ—समझौते की मुख्य व्यवस्थाओं का विवेचन अग्रलिखित बिन्दुओं के अन्तर्गत किया गया है—

(i) पारस्परिक मान्यता—इस समझौते के द्वारा पी.एल.ओ. तथा इजराइल ने एक-दूसरे को मान्यता प्रदान कर दी।

(ii) सीमित स्वायत्ता—समझौते के तहत इजराइल पाँच वर्ष के अन्तरिम काल में गाजापट्टी और पश्चिमी किनारे से अपनी सेनाएँ हटा लेगा और 13 अप्रैल, 1994 तक इजराइल गाजापट्टी और जेरिको नगर से अपनी सेनाएँ हटा लेगा। इन क्षेत्रों में प्रभुसत्ता तो इजराइल की रहेगी, परन्तु सीमित नियन्त्रण अब फिलिस्तीनियों के हाथों में रहेगा। जिन विषयों पर फिलिस्तीनियों का नियन्त्रण रहेगा, वे हैं—शिक्षा, संस्कृति, स्वास्थ्य, समाज कल्याण, प्रत्यक्ष कर और पर्यटन।

(iii) समितियाँ—इस समझौते के अन्तर्गत निम्न समितियों के गठन की व्यवस्था की गई—

(i) संयुक्त इजराल-फिलिस्तीन सम्पर्क समिति।

(ii) इजराइल-फिलिस्तीन अर्थकि सहयोग समिति—यह समिति पयेजल, बिजली, वित्त व यातायात जैसे कार्यों पर नियन्त्रण रखेगी।

(iii) निर्वासित फिलिस्तीनियों को बसाने सम्बन्धी समिति।

(iv) फिलिस्तीन पुलिस बल—इसका गठन पी.एल.ओ. के लड़ाकुओं से किया जायेगा।

(v) फिलिस्तीन स्वायत्ता परिषद्—सन्दर्भित क्षेत्र की शासन व्यवस्था हेतु एक फिलिस्तीनी स्वायत्तता परिषद का गठन किया जाएगा। इसके लिए चुनाव 13 जुलाई, 1994 तक करा लिये जायेंगे। इस प्रक्रिया में जोर्डन को भी निमन्त्रित कि ा जाएगा।

(vi) स्थायी समाधान हेतु व्यवस्था—फिलिस्तीनी समस्या के स्थाधी समाधान हेतु 13 सिदम्बर, 199 से वार्ता प्रारम्भ होगी और तीन वर्ष के भीतर 13 दिसम्बर, 1998 तक यह समझौता हो जायेगा।

7. काहिरा समझौता (4 मई, 1994)—4 मई, 1994 को काहिरा में मिस्त्र के राष्ट्रपति हुस्नी मुबारक की अध्यक्षता में इजरायल और पी.एल.ओ. के बीच गाजापट्टी और जेरिको नगर के स्वशासन को फिलिस्तीनियों को सौंपने सम्बन्धी एक समझौता हुआ। यासिर अराफात को इन क्षेत्रों का चेयरमैन बनाकर फिलिस्तीन राष्ट्र निर्माण के प्रथम चरण को साकार किया गया। यासिर अराफात ने 5 जुलाई, 1994 को जेरिको में फिलिस्तीनी सरकार के अध्यक्ष के रूप में शपथ ली। अक्टूबर, 1995 में पी.एल.ओ. और इजराल के मध्य पश्चिमी तट के शहरों के नियन्त्रण के सम्बन्ध में भी समझौता हो गया।

8. इजराइल-जोर्डन समझौता (25 जुलाई, 1994)—इजराइल के साथ मिस्त्र और फिलिस्तीन में समझौतों के बाद इजराइल और जोर्डन ने वाशिंगटन में 25 जुलाई, 1994 को एक समझौते पर हस्ताक्षर किये।

इस सन्धि के बाद इजरायल ने 1948 में जोर्डन से छीना 381 वर्ग कि.मी. का मरुस्थलीय क्षेत्र जोर्डन को लौटा दिया। साथ ही दोनों देश सीमाएँ खोलने व यारमुक नदी पर नई परियोजनाओं में सहयोग करने पर भी सहमत हो गए।

9. ताबा समझौता (24 सितम्बर, 1995)—मिस्त्र में ताबा बनाम कस्थान पर फिलिस्तीनी मुक्ति संगइन और इजराइल के बीच 24 सितम्बर, 1995 को एक समझौता हुआ जिस पर 28 सितम्बर, 1995 को वाशिंगटन में हस्ताक्षर हुए। इसके अनुसार 5878 वर्ग किमी. का फिलिस्तीनी परिक्षेत्र जिस पर इजराइल ने 1967 के युद्ध में कब्जा कर लिया था, अब फिलिस्तोनी स्वशासन के अन्तर्गत आ जायेगा।

फिलिस्तीन राष्ट्रीय परिषद् के चुनाव एवं यासिर अराफात का प्रथम निर्वाचित राष्ट्रपति के रूप में शपथ ग्रहण करना—फिलिस्तीनी राष्ट्रीय परिषद् के लिए चुनाव 21 जनवरी, 1996 को आयोजित कराये गए। यासिर अराफारत की पार्टी को राष्ट्रीय परिषद् में 88 में से 65 स्थान प्राप्त हुए। उन्होंने 13 फरवरी, 1996 को फिलिस्तीन के प्रथम निर्वाचन राष्ट्रपति के रूप में शपथ ग्रहण की।

10. हेब्रान समझौता (1997)—जनवरी, 1997 में फिलिस्तीन और इजरायल के बीच हेब्रान समझौता सम्पन्न हुआ। इस समझौते के प्रमुख प्रावधान थे—

(i) पश्चिमी तट के 80% ग्रामीण क्षेत्र को इजरायल अगस्त, 1998 तक तीन चरणों में खाली कर देगा। ये चरण समझौते के माह बाद, आठ माह बाद और अगस्त, 1998 में उठाये जायेंगे।

(ii) सम्पूर्ण पश्चिमी तट पर फिलिस्तीनी सत्ता का नियन्त्रण होगा किन्तु यहूदी बस्ती तथा सैनिक क्षेत्र इजरायल के नियन्त्रण में रहेंगे।

(iii) हेब्रान में सुरक्षा व्यवस्था हेतु 400 फिलिस्तीनी सिपाही संकटकालीन स्थिति के लिए तुरन्त हस्तक्षेपकारी दल के रूप में नियुक्त किये जायेंगे।

(iv) इजरायल कुछ फिलिस्तीनी कैदियों को मुक्त कर देगा।

यह समझौता नेतान्याहू की यहूदी तत्ववाद और अरब विरोधी लीक से हटने का कोई संकेत नहीं देता।

11. बेई समझौता (अक्टूबर, 1998)—23 अक्टूबर, 1998 को अमरीकी राष्ट्रपति क्लिंटन के अथक प्रयासों से इजरायली प्रधानमन्त्री बेंजामिन नेतान्याहू और फिलिस्तीनी नेता यासिर अराफात के बीच एक समझौता सम्पन्न हुआ।

इस समझौते के प्रमुख प्रावधान निम्नलिखित थे—

(i) समझौतो के अनुसार इजरायल जोर्डन नदी के अपने कब्जे वाले 15.2 प्रतिशत भाग से अपनी फौजों को वापस बुलाकर इलाके को पूरी तरह फिलिस्तीनी सुरक्षा नियन्त्रण में सौंप देगा। इसके बदले में वहां बसे यहूदियों की फिलिस्तीनियों से सुरक्षा की जिम्मेदारी अराफात ने लेना मंजूर किया।

(ii) इजरायल ने, इस समझौते के अन्तर्गत, अपनी जेलों में बंद 3000 फिलिसतीनतियों में से 750 को रिहा करने पर भी रजमांदी जता दी। इन कैदियों को अराफात ने राजनीतिक बंदियों की संज्ञा दी थी।

(iii) इस समझौते में फिलिस्तीन ने अपने चार्टर से एक राष्ट्र के तौर पर इजरायल का नामोनिशान मिटा देने का संकल्प हटा देने का वचन दिया।

(iv) इजरायल ने संदिग्ध फिलिस्तीनी आतंकवादियों को इजरायल प्रत्यर्पण की अपनी माँग छोड़ दी और यह तय किया गया कि कथित आतंकवादियों की गिरफ्तारी और उनसे हथियार जमा कराने का दायित्व अमरीकी जासूसी संस्था सी.आई.ए. की देख-रेख में फिलिस्तीनियों पर होगा।

(v) समझौते की सभी शर्तों को पूरा करने की अंतिम समय सीमा 4 मई, 1999 निश्चित की गयी। इसमें फिलिस्तीनी राज्य, उसकी सीमाएँ, प्रसिद्ध तीर्थ स्थल येरूशलम का भविष्य, शरणार्थियों की समस्याएँ, जल बँटवारा तथा इजरायली सैनिकों की पूर्णतया वापसी आदि सभी शामिल थे।

समझौते पर दोनों पक्षों के हस्ताक्षर हो जाने के बाद दोनों ही देश पश्चिमी तट के इजरायली कब्जे वाले भाग से इजरायली सेना की वापसी और फिलिस्तीन को राज्य का दर्जा दिये जाने की दिशा में कार्य करेंगे। राज्य का दर्जा हासिल करने के लिए निहायत जरूरी भूमि क्षेत्र फिलिस्तीन को इस समझौते ने पहले ही दे दिया था। यह समझौता यासिर अराफात के लिए एक बड़ी उपलब्धि थी।

12. कैम्प डेविड में फिलिस्तीन और इजरायल सम्मेलन (जुलाई, 2000)—11 जुलाई, 2000 से राष्ट्रपति क्लिण्टन की मध्यस्थता में वाशिंगटन के पास कैम्प डेविड में इजरायल और फिलिस्तीन की समस्याओं को सुलझाने के लिए एक सम्मेलन प्रारम्भ हुआ। दोनों देशों के नेता 15 दिन (11 जुलाई, 2000 से 25 जुलाई, 2000) तक वार्ता करते रहे, लेकिन यह वार्ता अन्ततः विफल रही।

इस वार्ता के तीन प्रमुख विवाद के मुद्दे थे—

(1) येरूशलम पर नियन्त्रण

(2) भावी फिलिस्तीनी राज्य की सुरक्षित सीमाएँ

(3) फिलिस्तीनी शरणार्थियों का भविष्य।

फिलिस्तीनी व इजराइल दोनों ही यरूशलम को अपनी राजधानी के रूप में प्राप्त करना चाहते थे। अराफात यरुशलम की पुरानी यहूदी बस्तियाँ तथा पश्चिमी दीवार इजरायल के लिए छोड़ने को तैयार थे, लेकिन वे पूर्वी यरूशलम को अपनी राजधानी बनाना चाहते थे। इजराइल किसी भी हालत में यरूशलम का विभाजन नहीं होने देना चाहता, वह यरूशलम पर यहूदी एकाधिकार चाहता था। अमरीका ने प्रस्ताव किया कि यरूशलम का विभाजन न करते हुए वहाँ पर इजराइल व फिलिस्तीन का साझा प्रशासन स्थापित कर दिया जाये। यह अराफात को स्वीकार्य नहीं हुआ। इस प्रकार वार्ता बिना किसी नतीजे के असफल रही।

13. पुनः इजरायल-फिलिस्तीन संघर्ष—इस प्रकार मध्य-पूर्व की शान्ति प्रक्रिया एक अन्तहीन सिलसिला बन गयी थी। 7 मार्च, 2001 को इजरायल में एरियल शेरोन द्वारा प्रधानमन्त्री पद ग्रहण करने के बाद मध्य एशिया शांतिवार्ता अब खटाई में पड़ गई क्योंकि नए प्रधानमन्त्री का दृष्टिकोण बराक की तुलना में अधिक कठोर था। फिलिस्तीनी भी उन्हें अपना कट्टर शत्रु मानते थे।

दिसम्बर, 2001 में इजरायल ने फिलिस्तीन सरकार के मुख्यालय पर हमला बोल दिया और अराफात को उसके मुख्यालय में नजरबन्द कर दिया। इजरायल और अमरीका चाहते थे कि अराफात अपने पद से इस्तीफा दें और कोई दूसरा नेता फिलिस्तीनियों की ओर से बता करे। लेकिन आम फिलिस्तीनियों में अराफात अभी

भी लोकप्रिय थे। इजरायल और अमरीका के 'अराफात हटाओ' के निर्देश की विश्व जनमत ने तीखी प्रतिक्रिया की। 22 अप्रैल, 2002 को संयुक्त राष्ट्र सघ के महासचिव कोफी अन्नान ने फिनलैण्ड के राष्ट्रपनति के नेतृत्व में फिलिस्तीनी शिविर पर इजरायली हमालें की जाँच के लिए एक जाँच दल गठित किया जिसे अमरीका रोक नहीं कसा। मई, 2002 में आराफात नजरबन्दी से मुक्त हुए। लेकिन इजरायल और अमेरिका दोनों फिलिस्तीन का नेतृत्व अराफात को हटाकर किसी अन्य को देना चाहते थे, तांकि उस पर अपने प्रभाव को स्थापित किया जा सके।

14. इजरायल द्वारा पश्चिमी तट पर सुरक्षा दीवार के निर्माण को रोकने हेतु संयुक्त राष्ट्र प्रस्ताव (अक्टूबर, 2003)—इजरायल ने पश्चिमी तट पर फिलिस्तीनी क्षेत्र के एक स्सि को अपनी सुरक्षा नाकेबन्दी के लिये प्रयोग करना प्रारम्भ कर दिया। इजरायल के इस कार्य की निन्दा करने के लिए सुरक्षा परिषद् में एक प्रस्ताव लाया गया, जिस पर 14 अक्टूबर, 2003 को अमरीका ने वीटो कर दिया। इसके बाद 191 सदस्यीय संयुक्त राष्ट्र महासभा ने 21 अक्टूबर, 2003 को एक प्रस्ताव पारित करके इजरायल से यह कहा कि वह आतंकवादी हमलों को रोकने के नाम पर फिलिस्तीनी क्षेत्र के पश्चिमी तट पर सुरक्षा दीवार के र्निाण का कार्य रोक दे। प्रस्ताव में इस दीवार के निर्माण को अन्तर्राष्ट्रीय नियमों के प्रतिकूल बताया गया। इससे बातचीत प्रभावित होगी तथा दोनों पक्षों के लिए कोई मात्र हल ढूँढने में इससे दिक्कत आयेगी। प्रस्ताव के पक्ष में 144 मत पड़े जबकि 4 मत इसके विपक्ष में पड़े जिसमें दो मत अमरीका और इजरायल के थे। फिलिस्तीनी आत्मघाती हमलों से निपटने के लिए पश्चिमी तट पर 145 किमी. लम्बी दीवार का निर्माण इजरायल द्वारा किया जा चुका था। इसी को रोकने के क्रम में यह प्रस्ताव लाया गया था। महासभा के इस प्रस्ताव के बावजूद 336 किमी. लम्बी सुरक्षा दीवार के निर्माण कार्य को जारी रखने की घोषणा इजरायल ने की।

15. स्वतन्त्र फिलिस्तीन के गठन हेतु रोड मैप ऑफ पीस (दिसम्बर, 2003)—दिसम्बर, 2003 के पहले सप्ताह में इजरायल तथा फिलिस्तीनी नेताओं ने एक शांति योजना पर हस्ताक्षर किये। इसे जेनेवा समझौता, 2003 कहा गया7 इस योजना के प्रमुख प्रस्ताव निम्न थे—

(i) पूर्व येरूसलेम के निकटवर्ती क्षेत्रों पर फिलिस्तीन राज्य की प्रभुसत्ता होगी तथा माउण्ट टेम्पल भी उसके अधिकार में होगा।

(ii) येरूसलेम के पुराने शहर पर फिलिस्तीन का अधिकार होगा।

(iii) इजरायल की सेना गाजापट्टी के पूर्व से तथा पश्चिमी किनारे से हट जायेगी। इस क्षेत्र की यहूदी बस्तियों को खाली करके नष्ट कर दिया जायेगा।

(iv) इजरायल तथा अधिकृत पदेश के मध्य हरित रेखा पर बनाई गई बस्तियों पर इजरायल का अधिकार होगा।

(v) गाजा के समीपवर्ती मरुभूमि का एक भाग इजरायल फिलिस्तीन को सौंप देगा।

(vi) येरूसलेम दोनों राज्यों की राजधानी होगी।

(vii) लाखों विस्थापित फिलिस्तीनियों में से मात्र 30000 को इजरायल में वापस लौटकर बसने का अधिकार होगा।

इस समझौते ने एक बार पुनः शान्ति की आशा की किरण पैदा की। इजरायल में हुए एक जनमत संग्रह के बहुमत ने इस योजना के पक्ष में मत दिया। यासिर अराफात ने इसका स्वागत किया लेकिन अरब जनता का एक भाग इससे रुष्ट रहा। उनकी दृष्टि में इसमें इजरायल को अनुचित रियायतें दी गई हैं। इस योजना को अन्तर्राष्ट्रीय समुदाय का भी व्यापक समर्थन मिला।

लेकिन 2004 में इजरायल के प्रधानमन्त्री की एक-पक्षीय घोषणाओं व कार्यवाहियों से यह शान्ति प्रक्रिया पुनः रुक गई।

16. अराफात का निधन तथा अब्बास नये राष्ट्रपति—11 नवम्बर, 2004 को अराफात का निधन हो गया और 8 जनवरी, 2005 को सम्पन्न हुए चुनावों में भारी बहुमत से महमूद अब्बास को फिलिस्तीन का राष्ट्रपति चुना गया। नेता चने जाने के बाद राष्ट्रपति अब्बास ने इजरायल की ओर शांति का हाथ बढ़ाया। फलस्वरूप फरवरी, 2005 में दोनों के बीच संघर्ष विराम की साझा घोषणा हुई। शान्ति प्रक्रिया को आगे बढ़ाने के क्रम में अगस्त, 2005 में इजरायल ने गाजापट्टी में स्थापित यहूदी बस्ती को खाली कर दिया।

17. फिलिस्तीनी चुनावों में उग्रवादी 'हमास' की विजय : शान्ति प्रक्रिया में पुनः बाधा (2006)—25 जनवरी, 2006 को फिलिस्तीनी संसद के चुनावों में उग्रवादी हमास ने 132 सीटों में से 76 सीटों पर विजय प्राप्त कर शान्ति प्रक्रिया को उलझा दिया। यथा—

(i) हमास ने आज तक इजरायल को मान्यता नहीं दी है।

(ii) अमरीका द्वारा पहले से जारी आतंकवादी संगठनों की सूची में अलकायदा की तरह हमास का नाम भी शामिल है और हमास इजराइल को जड़ मूल से उखाड़ फेंकने की बात करता है। इसलिए पश्चिची एशिया मं शान्ति स्थापित करने का मसला पुनः पेचीदा हो गया है।

उपर्युक्त दोनों तर्कों के आधार पर इजराइल ने फिलिस्तीन सत्ता को दी जाने वाली धनराशि रोक ली है।

(iii) पश्चिमी के सभी प्रमुख देशों ने हमास की सरकार को मान्यता देने के स्थान पर उसके बहिष्कार करने की घोषणा कर दी।

(iv) फिलिस्तीन की सरकार बड़ी सीमा तक विदेशों से प्राप्त हो रहे अनुदान पर निर्भर करती है जिसका 80 प्रतिशत अमरीका तथा यूरोपीय यूनियन से प्राप्त होता है। अब इजरायली राजस्व औ अनुदान दोनों बन्द हैं। इसके अमानवीय दुष्परिणाम सामने आने लगे हैं।

18. प्रजातांत्रिक होने की सजा—फिलिस्तीन में अराफात के बाद पहले चुनाव में वहाँ की जनता ने 'हमास' में अपना विश्वास व्यक्त किया। फिलिस्तीन के चुनाव प्रजातंत्र की जीत थी, किन्तु उसके परिणाम संयुक्त राज्य अमरीका तथा इजरायल को नापसन्द थे। फलतः हमास सरकार को मान्यता देने के स्थान पर इन ताकतों ने फिलिस्तीन की जनता को दण्डित करने का निर्णय लिया। वे उसे सबक सिखाना चाहते हैं कि प्रजातन्त्र का तात्पर्य अपनी मनपसन्द सरकार चुनना नहीं अपितु संयुक्त राज्य अमरीका की पसन्द की सरकार चुनना होता है।

19. फिलिस्तीन में गृह-युद्ध (2007)—अलफतेह ने भी अपनी चुनावी हार को सहजता से स्वीकार नहीं किया। इसने अलफतेह और हमास के बीच सशस्त्र अक्राव को जन्म दिया। हमास के सैन्य गुट गाजापट्टी पर पूर्ण नियन्त्रण कर वहाँ से अलफतेह को खदेड़ दिया। 14 जून, 2007 को फिलिस्तीन के राष्ट्रपति अब्बास, जो अलफतेह के नेता हैं, ने हमास सरकार को बर्खास्त कर दियसा, जबकि संसद में हमास का बहुमत है। अब्बास ने अलफतेह ने एक अन्य नेता सलाम फैय्यद को प्रधानमन्त्री नियुक्त कर दिया जिसने 17 जून, 2007 को अपना मंत्रिमण्डल गठित कर लिया। इस स्थिति में सरकार का काम-काज पूर्णतः ठप है। वर्तमान में फिलिस्तीन में गृहयुद्ध जारी है। इजरायल व अमरीका ने अब्बास के इस कदम का समर्थन किया है तथा रोकी गई धनराशि जारी किये जाने की भी घोषणा कर दी है।

पश्चिमी एशियाई राजनीति में फिलिस्तीनी मुक्ति संगठन की प्रमुख भूमिका रही है। अरब-इजराइल संघर्ष के मूल में फिलिस्तीनी समस्या तथा इजराइल का जन्म रहा है। विवेचन की सुविधा के लिए इसका विश्लेषण अग्रलिखित बिन्दुओं के अन्तर्गत किया गया है—

संयुक्त राष्ट्र संघ के चार्टर के अनुच्छेद 11, 26 और 47 में निरस्त्रीकरण सम्बन्धी व्यवस्थाओं का वर्णन मिलता है। चार्टर में इस विषय को संयुक्त राष्ट्र महासभा और सुरक्षा परिषद् दोनों की कार्यसूची में शामिल किया गया है। संयुक्त राष्ट्र संघ के

अनुच्छेद 11 में यह व्यवस्था है कि, ''महासभा अन्तर्राष्ट्रीय शान्ति और सुरक्षा बनाये रखने में सहयोग के सिद्धान्त पर विचार कर सकती है, निमें निःशस्त्रीकरण और शस्त्र नियन्त्रण भी सम्मिलित होंगे।''

अनुच्छेद 26 में व्यवस्था है कि, ''अन्तर्राष्ट्रीय शान्ति व सुरक्षा की स्थापना व अभिवृद्धि के लिए सुरक्षा परिषद् सेना स्टाफ समिति की सहायता से ऐसी योजनाएँ बनाने के लिए उत्तरदायी होगी, जिसमें संसार के मनुष्यों के आर्थिक साधनों का उपयोग शस्त्रीकरण के लिये कम से कम हो। ये योजनायें संयुक्त राष्ट्र संघ के सदस्यों के सामन पेश की जायेंगी जिससे कि वे शस्त्रों के नियमन की समुचित व्यवस्था निर्धारित कर सकें।''

अनुच्छेद 47 के अनुसार, ''सैनिक स्टॉफ समिति का यह उत्तरदायित्व है कि अन्तर्राष्ट्रीय शान्ति और सुरक्षा की स्थापना हेतु सैनिक आवश्यताओं, सेनाओं के प्रयोग और कमाण्ड, शस्त्रों के नियमन और सम्भावित निःशस्त्रीकरण सम्बन्धी सभी प्रश्नों पर सुरक्षा परिषद को परामर्श और सहायता प्रदान करे।'' चार्टर के उपर्युक्त अनुच्छेदों से स्पष्ट है कि निःशस्त्रीकरण संयुक्त राष्ट्र संघ का अभिभावी (Overriding) कार्य नहीं है। 1946 से 1960-61 के मध्य निःशस्त्रीकरण के सम्बन्ध में अनेक आयोग, समितियों का गठन अुआ, अनेक सम्मेलन हुए लेकिन किसी सर्वसम्मत निर्णय पर नहीं पहुँचा जा सका तथा ये प्रयास लगभग निष्फल रहे। इनमें प्रमुख आयोग, सम्मेलन तथा समितियाँ निम्नलिखित थीं—

(i) अणु शक्ति आयोग, 1946

(ii) परम्परागत हथियारों का आयोग, 1948

(iii) संयुक्त राष्ट्र निःशस्त्रीकरण आयोग, 1952

(iv) पाँच सदस्यीय निःशस्त्रीकरण समिति, 1955

(v) बुल्गानिन योजना, 1958

(vi) दस राष्ट्रों का निःशस्त्रीकरण सम्मेलन तथा 18 सदस्यीय निःशस्त्रीकरण समिति, 1961

25 जुलाई, 1963 को मास्को में सोवियत संघ, अमेरिका व ब्रिटेन के प्रतिनिधियों ने लम्बी वार्ताओं के बाद एक '**सीमित अणु प्रतिबन्ध सन्धि**' पर हस्ताक्षर किये। राष्ट्रपति **कैनेडी** ने इस सन्धि पर टिप्पणी करते हुए कहा, ''अन्धकार की सघनता को चीरती हुई प्रकाश की किरण उदित हुई है। मास्को में एक सन्धि हुई है जिसके अनुसार पृथ्वी, बाह्य अन्तरिक्ष अथवा जल के भीतर सभी तरह के परमाणु परीक्षणों पर प्रतिबन्ध लगा दिया जायेगा। पहली बार परमाणु विनाश की शक्तियों को अन्तर्राष्ट्रीय

नियन्त्रण में लाए जा सकने के लिए एक समझौता हुआ है।'' इस सन्धि को 10 अक्टूबर, 1963 को लागू किया गया। इस प्रकार इस सन्धि द्वारा भू-गर्भ अणु परीक्षणों को छोड़कर आकाश, समुद्र तथा वायुमण्डल में अणु परीक्षण करने पर प्रतिबन्ध लगा दिया गया। चीन इस सन्धि का विरोधी था। भारत सहित 110 अन्य देशों ने इस सन्धि पर हस्ताक्षर किये। इस सन्धि द्वारा अमरीका, रूस तथा ब्रिटेन ने बाह्य आकाश में न्यूक्लीय शस्त्रों का भेजा जाना निषिद्ध मान लिया।

बाह्य आकाश का प्रयोग वैज्ञानिक शोधों और शान्पिूर्ण उद्देश्यों के लिये किया जायेगा। कोई भी राज्य बाह्य आकाश के किसी भी भाग पर राष्ट्रीय प्रभुसत्ता का दावा नहीं करेगा तथा चन्द्रमा और खगोलीय पिण्डों पर सैनिक अड्डे स्थापित नहीं किये जायेंगे। 9 दिसम्बर, 1966 को संयुक्त राष्ट्रसंघ ने इस सन्धि को स्वीकार कर लिया। परमाणु शक्ति के तीव्र संहारक प्रसार से विश्व को बचाने के लिये अणु शक्ति का प्रयोग शान्तिपूर्ण कार्यों में किये जाने पर अधिक बल दिया जाने लगा है। इसी उद्देश्य से नवम्बर, 1968 में संयुक्त राष्ट्र संघ की महासभा की राजनीतिक समिति ने परमाणु अस्त्र विस्तार निषेध सन्धि का प्रस्ताव रखा जिस पर संघ के 112 सदस्यों में से 110 ने पक्ष में मत दिया। क्यूबा इसमें तटस्थ रहा तथा अल्बानिया ने इसके विपक्ष में मत दिया। 12 जून, 1968 को महासभा के अधिवेशन में कुछ संशोधनों सति इस सन्धि को स्वीकार कर लिया गया। प्रस्ताव के पक्ष में 95, विपक्ष में चार तथा 21 राष्ट्रों ने मतदान में भाग नहीं लिया, जिनमें भारत, फ्रांस, स्पेन और ब्राजील मुख्य थे। 15 मार्च, 1970 को इसे लागू कर दिया गया। 11 फरवरी, 1971 को सोवियत संघ, विब्रटेन तथा संयुक्त राज्य अमरीका तथा 64 अन्य देशों ने न्यूक्लीय मुक्त समुद्र तल सन्धि पर हस्ताक्षर किये। इस सन्धि के अनुसार देश के प्रादेशिक समुद्र के 19 किलोमीटर का क्षेत्र छोड़कर समुद्रतल और महासमुद्रतल पर न्यूक्लीय अस्त्र और भयानक विनाश के अन्य परमाणु अस्त्र नहीं बिछाये जायेंगे। सन् 1972 में पूर्व सोवियत संघ और अमरीका के मध्य यह सन्धि सम्पन्न हुई थी। इस सन्धि के अन्तर्गत दोनों ही राष्ट्रों ने हवाई-सुरक्षा एवं सामरिक प्रक्षेपास्त्र सुरक्षा को छोड़कर सामरिक युद्ध कौशल के प्रक्षेपास्त्रों व प्रणालियों पर प्रतिबन्ध लगा दिया था। इस सन्धि के तहत कम रफ्तार के प्रक्षेपास्त्रों की सीमा 40000 फीट की ऊँचाई में 2 किमी. प्रति सैकण्ड रखा गया था जिसे 1997 में संशोधित कर 3 किमी. प्रति सैकण्ड कर दिया गया।

सन्धि का उल्लंघन—अमरीका द्वारा इस सन्धि का निरन्तर उल्लंघन किया जाता रहा है। अमरीका ने सामरिक रक्षा पहल और राष्ट्रीय प्रक्षेपास्त्र सुरक्षा कार्यक्रम को अपनाते हुए इस सन्धि से हटने की घोषणा कर दी है। ये वार्तायें अमेरिका और सोवियत संघ के मध्य कभी फिनलैण्ड की राजधानी हेलसिंकी और कभी ऑस्ट्रिया की राजधानी वियेना में 1969-1972 में हुईं। इन वार्ताओं के परिणामस्वरूप 26 मई,

1971 को सामरिक शस्त्रों के परिसीमन के सम्बन्ध में एक सन्धि हुई। अमेरिका और सोवियत संघ ने वस्तुतः दो समझौते किये—(i) प्रक्षेपास्त्र-विरोधी अस्त्रों को सीमित करने सम्बन्धी, तथा (ii) रगमरिक आक्रमण अस्त्रों के परिसीमन सम्बन्धी उपायों पर अन्तरिम समझौता। पहला समझौता अनिश्चित काल के लिए है तथा दूसरा 5 वर्षों के लिए है। पहले समझौते ने अमेरिका और सोवियत संघ के लिए प्रक्षेपास्त्रों को सुरक्षा प्रदान करने वाले स्थलों को दो तक सीमित कर दिया—एक, देशों की राजधानियों की सुरक्षा के लिए और दूसरा, अन्तर्महाद्वीपीय प्रक्षेपास्त्रों की सुरक्षा के लिए। निरस्त्रीकरण के सभी पहलुओं का अध्ययन करने तथा परमाणु शस्त्रों की अनियन्त्रित होड़ को मर्यादित करने आदि अनेक उद्देश्यों को दृष्टिगत रखते हुए गुट-निरपेक्ष देशों के अनुरोध पर 23 मई से 30 जून, 1978 तक एक पांच साप्ताहिक संयुक्त राष्ट्र संघ की महासभा के एक विशेष अधिवेशन का आयोजन किया गया। इसमें संयुक्त राष्ट्र संघ के 149 सदस्यों ने भाग लिया। सम्मेलन महाशक्तियों के कठोर दृष्टिकोण के कारण अपने मर्यादित उद्देश्यों को प्राप्त करने में असफल रहा। लेकिन इस अधिवेशन की कुछ विशिष्ट उपलब्धियाँ भी रहीं—

(i) इस अधिवेशन ने निरस्त्रीकरण पर संयुक्त राष्ट्र संघ के महत्त्व एवं उसकी भूमिका को बढ़ा दिया। इस अधिवेशन ने संयुक्त राष्ट्र संघ के सभी सदस्यों के एक निरस्त्रीकरण आयोग की व्यवस्था की। इस प्रकार इस निरस्त्रीकरण आयोग के द्वारा अधिवेशन ने संयुक्त राष्ट्र संघ को निरस्त्रीकरण पर विचार-विमर्श का एक निकाय प्रदान कर दिया। इस प्रकार इसने निरस्त्रीकरण को व्यापक आधार पर प्रदान कर दिया।

(ii) इस अधिवेश ने महाशक्तियों के पाखण्ड का पर्दाफाश कर दिया।

(iii) इसने विश्व निरस्त्रीकरण सम्मेलन के मार्ग को प्रशस्त कर दिया।

1979 में अमरीका और सोवितय संघ में साल्ट-2 (SALT-2) समझौते पर हस्ताक्षर हुए। इसके बाद इस सन्धि का दोनों देशों की संसदों द्वारा अनुमोदन होना था। अमरीकी कांग्रेस इस पर विचार कर रही थी कि अफगानिस्तान में सोवियत संघ का हस्तक्षेप हो गया। राष्ट्रपति कार्टर ने इस हस्तक्षेप के विरोध में साल्ट-2 के अनुमोदन को स्थगित कर दिया और इस प्रकार गतिरोध की स्थिति आ गयी। 8 दिसम्बर, 1987 को दोनों महाशक्तियों ने ऐहिासिक मध्यम दूरी प्रक्षेपास्त्र सन्धि पर हस्ताक्षर किये। इस सन्धि में दोनों देश मध्यम व कम दूरी के प्रक्षेपास्त्र नष्ट करने को सहमत हो गए। सन्धि के अनुसार एस. एस.-4, एस. एस.-12, एस. एस.-20 तथा एस. एस.-23 सोवियत संघ के प्रक्षेपास्त्रों तथा अमेरिका के पर्शिंग 1-ए और पर्शिंग-2 प्रक्षेपास्त्रों को नष्ट किया जायेगा। इन हथियारों की मारक क्षमता 50 किमी. से 5 हजार किमी. है। 19 नवम्बर, 1990 को पेरिस में वारसा और नाटो सन्धि देशों के 34 शासनाध्यक्षों

ने एक ऐहिासिक सन्धि पर हस्ताक्षर किये। इसमें दोनों गुटों के लिए सैनिकों की संख्या निर्धारित नही की गयी है, लेकिन परम्परागत शस्त्रों की अधिकतम संख्या निर्धारित कर दी है तथा सन्धि में जाँच-पड़ताल की भी व्यवस्था की गयी है ताकि कोई भी पक्ष उसका उल्लंघन न कर सके। 31 जुलाई, 1991 को मास्कों में अमरीकी राष्ट्रपति जॉर्ज बुश और सोवियत राष्ट्रपति गोर्बाच्योव ने 'सामरिक हथियारों की कटौती' की सन्धि पर हस्ताक्षंर किये। इसके अनुसार दोनों महाशक्तियाँ अपने परामणु शस्त्रों में स्वेच्छा से 30% की कटौती करने को सहमत हो गयीं। 28 दिसम्बर, 1991 को जॉर्ज बुश ने घोषणा की कि अमेरिका अपने परमाणु हथियारों में एकतरफा भारी कटौती करेगा। इसके अन्तर्गत निम्न बातें मुख्य हैं—

(i) यूरोप और विश्व में कहीं भी विद्यमान अमेरिका के कम दूरी तक मार करने वाले सभी सामरिक परमाणु हथियारों को समाप्त करना,

(ii) जहाजों और पनडुब्बियों से छोड़ी जाने वाली सभी समुद्री परमाणु मिसाइलों की समाप्ति,

(iii) सभी अमरीकी युद्धक बमवर्षकों को 24 घन्टे चौकसी की हालत में न रखने का फैसला, तथा

(iv) 'स्टार्ट' सन्धि के अन्तर्गत जिन हथियारों को निष्क्रिय करने की सहमति हुई थी उन्हें निर्धारित अवधि से पहले नष्ट करने का फैसला।

राष्ट्रपति गोर्बाच्योव ने भी अपने देश के परमाणु हथियारों में कमी करने की घोषणा, अमरीकी घोषणा के प्रत्युत्तर में की। उसने कहा कि—(1) जंगी जहाजों और बहुउद्देश्यीय पनडुब्बियों से भी सामरिक हथियारों को हटा लिया जायेगा, (2) भारी बमवर्षकों को तैयारी की स्थिति से हटा लिया जायेगा, (3) सोवियत संघ के छोटे आकार के सचल अन्तर्महाद्वीपीय बैलेस्टिक प्रक्षेपास्त्रों को सक्रिय नहीं किया जायेगा, (4) सामरिक महत्त्व के आक्रामक हथियारों में कटौती की जायेगी।

3 जनवरी, 1993 को मास्को में प्रतीक्षित परमाणु परिसीमन सन्धि (स्टार्ट-2) पर अन्ततः अमरीका के राष्ट्रपति जॉर्ज बुश और रूस के राष्ट्रपति बोरिस येल्तसिन ने हस्ताक्षर किये। सन् 2003 तक दो-तिहाई अमरीकी और रूसी परमाणु प्रक्षेपास्त्रों को समाप्त कर दिया जायेगा। दोनों देश जमीन पर तैनात बहुमुखास्त्री प्रक्षेपास्त्रों को तो बिल्कुल ही समाप्त कर देंगे तथा प्रत्येक के पास तीन हजार से साढ़े तीन हजार परमाणु प्रक्षेपास्त्र रह जायेंगे। इस समय दोनों के पास कुल मिलाकर 20 हजार के लगभग परमाणु हथियार हैं जिन्हें प्रक्षेपास्त्र पर रखकर दागा जा सकता है। इस सन्धि के तहत अमरीका अपना वर्चस्व बनाये रखेगा। वह पनडुब्बियों से छोड़े जा सकने वाले परमाणु प्रक्षेपास्त्रों को नष्ट नहीं करेगा। रूस अपने एस. एस. 19 प्रक्षेपास्त्रों को

समाप्त करने के लिये तभी राजी हुआ जब अमरीका अपना **स्टार वार** कार्यक्रम छोड़ने को तैयार हुआ। अमरीका ने 13 मई, 1993 को स्टार वार प्रोग्राम को समाप्त करने की घोषणा की।

विश्व को रासायनिक हथियारों से मुक्त करने के लिए विश्व के लगभग एक सौ बीस देशों के प्रतिनिधि पेरिस में एकत्रित हुये। इन्होंने 14 जनवरी, 1993 को रासायनिक हथियारों से सम्बन्धित समझौते पर हस्ताक्षर किये। इस मसझौते का उद्देश्य विश्व को रासायनिक हथियारों से मुक्त करना है। भारत ने इस पर हस्ताक्षर किये, किन्तु इजराइल, इराक और अरब के अन्य देशों ने इस पर हस्ताक्षर नहीं किये। इस प्रकार निःशस्त्रीकरण की दिशा में यह सन्धि अत्यन्त महत्त्व की है। इसके बाद ये देश अन्य देशों को भी परमाणु परसीमन के लिए प्रभावी प्रेरक की भूमिका निबाहने में सफल हो सकते हैं।

C.T.B.T.)—सी. टी. बी. टी. अर्थात् वयापक आणविक परीक्षण प्रतिबन्ध सन्धि विश्व भर में किये जाने वाले परमाणु परीक्षणों पर रोक लगाने के उद्देश्य से लायी गयी सन्धि या समझौता है। इस सन्धि पर 24 सितम्बर, 1996 से हस्ताक्षर प्रारम्भ हुए थे। अब तक कुल मिलाकर 154 राष्ट्रों ने इस पर हस्ताक्षर किये हैं जिनमें से 45 ने इसका विधिवत् अनुमोदन भी कर दिया है। भारत, पाकिस्तान व उत्तर कोरिया ने इस पर हस्ताक्षर नहीं किये हैं। नाभिकीय हथियारों द्वारा होने वाले विध्वंस से विश्व को बचाने की दिशा में नाभिकीय शस्त्रों की संख्या में दो-तिहाई कटौती के लिए मास्को में रूस के राष्ट्रपति पुतिन तथा अमेरिका राष्ट्रपति जॉर्ज ब्रुश ने 24 मई, 2002 को एक संधि पर हस्ताक्षर किये। संधि के तहत सन् 2012 तक दोनों देश अपने नाभिकीय हथियारों की संख्या घटाकर 1700 से 2200 के मध्य ले आयेंगे। वर्तमान में दोनों के पास छः छः हजार नाभिकीय शस्त्र हैं। दोनों की संसद द्वारा अनुमोदन के पश्चात् यह संधि प्रभावी हो जायेगी। परमाणु अप्रसार सन्धि की समीक्षा के लिए 2 मई, 2005 को न्यूयार्क में द्वितीय सम्मेलन हुआ। इसमें 190 देशों के प्रतिनिधियों ने भाग लिया। यह सम्मेलन ऐसे आयोजित किया गया जब ईरान और उत्तरी कोरिया के कथित गुप्त परमाणु कार्यक्रमों का खुलासा हुआ। ईरान के विदेश मंत्री कमला खराजी परमाणु अप्रसार संधि के इस प्रावधान पर अड़े रहे जिसके तहत ईरान सहित 182 देशों ने परमाणु हथियार नष्ट कर दिए जबकि अमेरिका और कुछ अन्य देश नए मानदण्ड निर्धारित करते हुए एक बार फिर से विचार करने के पक्षाधर थे।

अरब-इजरायल संघर्ष मूलतः फिलिस्तीन में यहूदी राज्य इजराइल की स्थापना और उसके परिणामस्वरूप विभिन्न समस्याओं से सम्बन्धित समस्या है। दूसरे शब्दों में, अरब-इजराइल संघर्ष अरब देशों द्वारा इजराइल राज्य के अस्तित्व की स्वीकृति, फिलिस्तीनी अरब शरणार्थियों को फिलिस्तीन वापस लौटाने, फिलिस्तीनियों के आत्म-

निर्णय के अधिकार तथा फिलिस्तीन राज्य की स्थापना, युद्धों के परिणामस्वरूप अधिकृत अरब क्षेत्रों को इजराइल द्वारा खाली करने, इजराइल बस्तियों को हटाने, पश्चिमी एशिया में महाशक्तियों की प्रतिस्पर्द्धा को समाप्त करने तथा स्थायी, समुचित एवं सदेच्छु शान्ति स्थापित करने से सम्बन्धित समस्या रही है। इस विविध हितों के टकराव के कारण ही अरब-इजराइल समस्या का 1948 से ही समाधान नहीं हो सका। यह समस्या चार युद्धों (1948-49), (1956, 1967 और 1973) को जन्म दे चुकी है। यद्यपि 1979 में मिस्त्र और इजराइल में अमेरिका के प्रयत्नों से सन्धि हो चुकी है, लेकिन अधिकांश अरब राष्ट्रों द्वारा इस सन्धि का उग्र विरोध करने के कारण अरब-इजराइल समस्या का स्थायी व अन्तिम हल नहीं हो सका। अन्ततः 13 दिसम्बर, 1993 को इजराइल और फिलिस्तीन मुक्ति संगठन ने खूनी संघर्ष को अलविदा करते हुए अधिकृत क्षेत्र फिलिस्तीन स्वशासन के बारे में ऐतिहासिक समझौते पर हस्ताक्षर कर अरब-इजराइल विवाद को शान्ति का एक विराम दिया। उसके बाद हुए समझौते इस शांति व फिलिस्तीन-इजरायल सह-अस्तित्व की प्रक्रिया को आगे बढ़ा रहे हैं। यद्यपि अभी भी इजरायल की लिकुद पार्टी तथा फिलिस्तीनियों का 'हमस संगठन' इस प्रक्रिया में व्यवधान डाल रहा है। अरब-इजराइल संघर्ष के प्रमुख मुद्दे निम्नलिखित हैं—

1. सीमा विवाद—अरब-इजरायल संघर्ष का कारण सीमा-विवाद है। इजराल उत्तर में लेबनान, पूरब में सीरिया और जोर्डन तथा दक्षिण-पश्चिम में मिस्त्र के अरब राज्यों से घिरा हुआ है। अरब राज्य इजरायल के प्रबल विरोधी हैं और इनके साथ उसके सीमा-विवादों के कारण प्रायः अशान्ति बनी रहती है। वे इजरालय के पास 1947 में संयुक्त राष्ट्र संघ द्वारा स्वीकृत विभाजन में निर्धारित प्रदेश को ही रहने देना चाहते हैं, किन्तु इजरायल के पास इस समय उससे अधिक प्रदेश है। अरब इसे वापस लेना चाहते हैं। इस कारण पड़ोसी अरब राज्यों से इजरायल के प्रायः झगड़े होते रहते हैं।

2. इजराइल राज्य की मान्यता एवं सुरक्षा—अरब-इजराइल संघर्ष में बसेस प्रमुख मुद्दा अरब राष्ट्रों द्वारा इजराइल राज्य की स्वीकृति एवं मान्यता का था। अबर राष्ट्रों ने 1948 में इजराइल की स्थापना के समय से ही, इजराइल के अस्तित्व को स्वीकार नहीं किया। 1948 से ही अरब राष्ट्रों ने इजराइल को समुद्र में धकेलने अर्थात् उसे समूल नष्ट करने के प्रयत्न जारी रखे। अनेक बार पराजित एवं अपमानित होने के पश्चात् भी अरब राष्ट्रों के इस संकल्प में विशेष परिवर्तन नहीं आया। अरब राष्ट्रों ने इजराइल को कभी शान्ति से नहीं रहने दिया, उन्होंने उसका बहिष्कार किया, जलमार्गों (स्वेज नहर व अकाबा की खाड़ी) की नाकेबन्दी की तथा इजराइल से व्यापार करने वाली कम्पनियों को ब्लैक लिस्ट किया। 1990 के खाड़ी युद्ध में अरबों के विभाजित होने के बाद अरबों के स्वर में अन्तर आया। लेकिन 1993 के फिलिस्तीन-इजराइल

समझौते ने इस मुद्दे को कुछ हद तक परे ढकेल दिया है या सुलझा लिया है।

3. इजराइल के जीवन-मरण का प्रश्न—अरब राष्ट्रों ने इजराइल को नष्ट करने के लिए उसकी अर्थव्यवस्था का गला घोंटने का प्रयास किया, तो इजराइल ने स्पष्ट घोषणा कर दी कि जब तक अरब राष्ट्र उसके अस्तित्व को स्वीकार नहीं करेंगे और भविष्य के लिए उसे सुरक्षा की गारण्टी नहीं देंगे, तब तक वह अधिकृत अरब क्षेत्र खाली नहीं करेगा।

1979 की मिस्त्र-इजराइल सन्धि द्वारा इजराल के प्रमुख विरोधी मिस्त्र ने इजराइल को मान्यता दे दी तथा अन्य मतभेद भी दोनों ने दूर कर लिये, लेकिन अन्य अरब राष्ट्रों ने इस सन्धि का कड़ा विरोध किया। 1993 से 1997 के बीच हुए विभिन्न समझौतों ने आज इस समस्या को भी बहुत हद तक सुलझा लिया है।

4. फिलिस्तीनी शरणार्थियों की समस्या—अरब-इजराइल संघर्ष की एक अन्य महत्त्वपूर्ण समस्या फिलिस्तीनी अरब शरणार्थियों की है। इजराइल की स्थापना के समय वहाँ अरब निवासी स्वेच्छा या दबाव से भागकर अन्य अरब देशों, विशेषकर जोर्डन में चले गये थे, इनकी संख्या इस समय लगभग 15 लाख है और अभी ये दयनीय स्थिति में शरणार्थी शिविरों में संयुक्त राष्ट्र संघ की सहायता से रह रहे हैं।

शरणार्थी समस्या के मुद्दे—फिलिस्तीन अरब शरणार्थियों की समस्या के निम्नलिखित मुद्दे हैं—

(i) अरब राष्ट्र इन्हें अपना नागरिक नहीं बनाना चाहते।

(ii) इजराइल इन्हें अपने घरों (फिलिस्तीन) को नहीं लौटने देना चाहता, यद्यपि संयुक्त राष्ट्र संघ ने दिसम्बर, 1945 के प्रस्तावों के द्वारा इजराइल से ऐसा करने के लिए कहा था। इजराइल का कहना है कि अरब देशों से निकाले गये यहूदी इजराइल में आकर बस गये हैं, इसलिए अरब देशों को ही इन शरणार्थियों को बसाना चाहिए।

(iii) इजराइल फिलिस्तीनी शरणार्थियों से सीधी बातचीत नहीं करना चाहता। इजराइल शरणार्थियों की समस्या अरब राष्ट्रों की समस्या समझता है। इस समस्या का समाधान तभी हो सकता है जब इजराइल फिलिस्तीनी अरबों के वैध अधिकार स्वीकार कर ले। जिस तर्क से यहूदियों के लिए पृथक् राज्य की आवश्यकता थी, आज वही तर्क फिलिस्तीनियों के पक्ष में है।

5. अधिकृत अरब क्षेत्रों को खाली करना—अरब-इजरायल संघर्ष का एक अन्य मुद्दा इजराइल द्वारा अधिकृत अरब भूमि को खाली करना है। जैसे—पश्चिम में गाजा-पट्टी एवं सिनाय, पूर्व में पश्चिमी किनार (जोर्डन नदी का तट), उत्तर में गोलन पहाड़ियाँ, यरूशलम का अरब हिस्सा, लेबनान का दक्षिणी क्षेत्र आदि। इजराइल

इन क्षेत्रों को सदैव के लिए अपने अधिकार में रखना चाहता है। यरूशलम पर भी इजराइल का अधिकार अरबों को असहनीय है।

6. इजराइल बस्तियों को हटाने की समस्या—अधिकृत अरब क्षेत्र में यहूदियों की बस्तियाँ स्थापित होने से इजराइल-अरब समस्या और अधिक जटिल हो गई7 ये बस्तियाँ गाजापट्टी में रफिया नामक क्षेत्र में, शर्म-अल-लेख के मार्ग पर, जोर्डन नदी की घाटी में, इज्जियोन खण्ड में, यरूशलम के पास तथा गोलन पहाड़ियों में स्थित हैं। अन्तर्राष्ट्रीय कानून के अनुसार ये बस्तियाँ अवैध हैं, किन्तु इजराइल इन्हें वैध एवं आवश्यक बताता है, उसका कहना है कि उसकी सुरक्षा की दृष्टि से ये बस्तियाँ आवश्यक हैं।

7. स्थायी शांति का मुद्दा—पश्चिमी एशिया में युद्ध विराम की नहीं, स्थायी शान्ति की आवश्यकता है। यह तनाव के उन कारणों को समाप्त करने की आवश्यकता है जो समय-समय पर युद्धों को जन्म देते रहे हैं। दोनों पक्षों को एक-दूसरे का अस्तित्व स्वीकार कर, अच्छे पड़ोसियों की तरह रहना होगा।

8. फिलिस्तीनियों को आत्म-निर्णय का मुद्दा—फिलिस्तीनी शरणार्थी लम्बे समय से आत्म-निर्णय के अधिकार की मांग कर रहे हैं।

◆ ◆ ◆

12

अन्तर्राष्ट्रीय विदेश नीति

भूगोलवेत्ताओं के अनुसार हमारी पृथ्वी को गोलार्द्धों में विभाजित है—उत्तरी गोलार्द्ध और दक्षिणी गोलार्द्ध। उत्तरी गोलार्द्ध में अधिकांशत उत्तरी अमेरिका औरयूरोप का क्षेत्र आता है। इसमें उन्नत, समृद्ध, विकसित और औद्योगिक देश अधिक हैं। दक्षिण गोलार्द्ध में निर्धन, पिछड़े, किासशील और शोषित देश अधिक हैं। राजनीति में उत्तर-दक्षिण संवाद का अर्थ इसी आधार पर विकसित तथा विकासशील राष्ट्रों के मध्य विचार-विमर्श से लिया जाता है।

द्वितीय विश्व युद्ध के बाद दक्षिण के अधिकांश देश उत्तर के देशों की गुलामी से मुक्त होकर स्वतन्त्रत सम्प्रभु राष्ट्र बनकर विश्व व्यवस्था के सम्मुख उभरे हैं। स्वतन्त्रता के बा इन्होंने पाया कि वे आर्थिक दृष्टि से पूंजीवादी देशों के शिकंजे में फंसे हुए हैं, विश्व अर्थव्यवस्था का वर्तमान ढाँचा दक्षिण के देशों के हित में नहीं है। इस सम्बन्ध में समय-समय पर विचार व्यक्त होते रहे हैं।

(1) जनसंख्या, उत्पादन और प्रति व्यक्ति आय का अन्तर्विरोध—दक्षिण के विकासर्ील राष्ट्रों की जनसंख्या विश्व की कुल जनसंख्या का 73.6% है, जबकि विश्व के कुल उत्पादन में उनका हिस्सा मात्र 21.5% है, दूसरी तरफ विकसित राष्ट्रों की कुल आबादी कु ल जनसंख्या का महज 26.4% है जो विश्व के कुल उत्पादन

के 78.5% का भागी है। इसी प्रकार विकासशील राष्ट्रों की प्रति व्यक्ति आय 730 डॉलर है, जबकि उतर के विसित राष्ट्रों की प्रति व्यक्ति आय 10720 डॉलर है।

(2) आर्थिक सहायता का मिथक—दक्षिण के विकासशील देश यह महसूस करने लगे हैं कि आर्थिक सहायता के नाम पर उत्तर के समृद्ध देश उनकी सहायता नहीं करते, अपितु ऐसा व्यूह तैयार कर देते हैं जिसमें उत्तरोत्तर विकासशील देशों पर ऋण बढ़ता जाता है। इस प्रकार विपरीत व्यापार की शर्तों और बढ़ते ऋण भारत ने विकासशील देशों के भुगतान सन्तुलन को प्रतिकूल बना दिया है।

(3) प्रतिकूल व्यापार शर्तें—विकसित देशों के उदासीनतापूर्ण दृष्टिकोण के कारण विकासशील देशों की व्यापार शर्तें प्रतिकूल होती गईं तथा विश्व के कुल व्यापार में उनका सापेक्ष भाग कम होता चला गया।

(4) व्यापार घाटा—विकासशील देशों का व्यापार घाटा निर्यात घटने के कारण तिगुने-चौगुने से भी अधिक हो गया है।

(5) गैट का उदासीन रवैया—विकासशील देशों की यह शिकायत रही है कि गैट के अन्तर्गत आयोजित मन्त्रणाओं पर धनी एवं विकसित देशों का वर्चस्व रहता है और ये देश विकासशील देशों से आने वाली वस्तुओं पर विद्यमान प्रतिबन्धों में किसी प्रकार की रियायत देने को तैयार नहीं हैं।

आज आर्थिक एवं राजनीतिक क्षेत्र में दुनिया दो भागों में बँटी हुई है उत्तर और दक्षिण। 'उत्तर', अमरी या विकसित देशों का प्रतीक है और 'दक्षिण', गरीब या विकासशील देशों का प्रतीक है। दक्षिण गोलार्द्ध के विकासशील निर्धन राष्ट्रों में निरन्तर बनी रहने वाली मन्दी की स्थिति, उत्तर के अर्थात् विकसित राष्ट्रों की बढ़ती संरक्षणवादी नीति के कारण इन विकासशील राष्ट्रों की स्थिति बदतर होती जा रही है। इस विश्व अर्थव्यवस्था के अन्यायमूलक पक्ष से लड़ने के लिए विकासशील देशों ने अपने विभिन्न मंचों से आपसी सहयोग की आवश्यकता पर जोर दिया है। समूह-15 के घोषणा पत्र में दक्षिण-दक्षिण सहयोग की अवधारणा के उद्देश्य को स्पष्ट करते हुए कहा गया है कि, "दक्षिण-दक्षिण सहयोग की अवधारणा का उद्देश्य है सामूहिक आत्मनिर्भरता और सार्वभौमिक विकास के लिए सांगोपांग रणनीति तैयार करना।" दक्षिण-दक्षिण सहयोग (संवाद) का वास्तविक सूत्रपात सन् 1968 में नई दिल्ली में आयोजित द्वितीय अंकटाड के सम्मेलन में विकासशील राष्ट्रों में आपसी सहयोग की आवश्यकता पर बल देने के साथ हुआ। इसके बाद 1970 में लुसाका सम्मेलन में तथा 1974 में संयुक्त राष्ट्र सभा में विकासशील राष्ट्रों के आपसी सहयोग का विशेष उल्लेख किया गया। इसके बाद 1975 में लीमा के विदेशमन्त्रियों के सम्मेलन, 1976 में निर्गुट सम्मेलन तथा चौथे अंकटाड सम्मेलन में इस प्रकार के सहयोग की

अवधारणा की पुष्टि की गई। सन् 1979 में ग्रुप-77 की बैठक में भी विकासशील राष्ट्रों के मध्य आपसी व्यापार की वृद्धि की आवश्यकता एवं सामूहिक आत्मनिर्भरता की आवश्यकता पर बल दिया गया।

मई, 1981 में काराकास में विकासशील राष्ट्रों के मध्य आर्थिक सहयोग पर एक उच्च स्तरीय बैठक हुई। इस बैठक में इस विषय को नया आयाम प्रदान किया गया एवं विकासशील राष्ट्रों के मध्य प्रशुल्क अधिमानों की विश्वव्यापी प्रणाली की माँग की गयी ताकि व्यापार सम्वर्द्धन, उत्पादन व रोजगार में वृद्धि हो सके। अक्टूबर, 1982 में ग्रुप-77 के मन्त्रियों ने न्यूयार्क में एक घोषणा स्वीकार कर विकासशील राष्ट्रों के मध्य प्रशुल्क अधिमानों की स्थापना पर वार्ताएँ आरम्भ कीं। इस कार्यक्रम का उद्देश्य विकासशील राष्ट्रों के मध्य आपसी व्यापार में अधिमानों व दीर्घकालीन समझौतों जैसे प्रत्यक्ष उपाय अपनाकर उनके आपसची व्यापार में वृद्धि करना था। 1986 में गुटनिरपेक्ष देशों के हरारे शिखर सम्मेलन में 'दक्षिण-दक्षिण संवाद' की आवश्यकता को प्रतिपादित करते हुए **रॉबर्ट मुगाबे** ने कहा कि, ''दक्षिण-दक्षिण सहयोग और सामूहिक आत्म-निर्भरता को अपनाए बिना अन्तर्राष्ट्रीय आर्थिक सम्बन्धों में सुधार लाना सम्भव नहीं।''

दक्षिण-दक्षिण सहयोग का अर्थ एवं इसका औपचारिक गठन

अर्थ—'दक्षिण-दक्षिण सहयोग' गुट निरपेक्ष संगठन का आर्थिक विस्तार है जिसके अन्तर्गत विकासशील राष्ट्रों को अन्तर्राष्ट्रीय आर्थिक सम्बन्धों में सुधार लाने के लिए सामूहिक आत्म-निर्भरता तथा आपसी व्यापार में अधिमानों एवं दीर्घकालीन समझौतों के द्वारा अपने व्यापार को विकसित करना है।

दक्षिण आयोग का औपचारिक गठन—2 अक्टूबर, 1987 को दक्षिण-दक्षिण सहयोग का औपचारिक गठन हुआ और दक्षिण-आयोग का निर्माण किया गया। इसका मकसद विकासशील राष्ट्रों के आपसी सहयोग को नई दिशा देना एवं समन्वय स्थापित करना था। आयोग ने अपना कार्यालय स्विट्जरलैण्ड के जिनेवा शहर में खोला। तंजानिया के भूतपूर्व राष्ट्रपति ज्यूलियस न्यूरेरे ने इस 28 सदस्यीय आयोग के अध्यक्ष का पद सम्भाला तथा भारत के भूतपर्वू वित्तमंत्री डॉ. मनमोहन सिंह आयोग के महासचिव बनाये गए। आयोग के अन्य सदस्यों में क्यूबा के उपराष्ट्रपति कार्लोस राफेल रोड्रिक्स, जमैका के भूतपूर्व प्रधानमंत्री माइकेल मांडले तथा आइवरी कोस्ट के उद्योगपति अबूबकर दियावी औत्ता कुछ महत्त्वपूर्ण सदस्य थे। इस आयोग ने अपनी 320 पेज की अध्ययन रिपोर्ट अक्टूबर, 1990 में जेनेवा में प्रस्तुत की। इसमें आयोग के महासचिव मनमोहन सिंह द्वारा कहा गया कि विकसित देशों द्वारा प्रस्तुत विकास की अवधारणाओं से दक्षिण (विकासशील) के देशों की कोई बेहतरी हासिल कर

लेना एक खूबसूरत भूल ही होगी। इस आयोग की रिपोर्ट में कहा गया था कि अन्तर्राष्ट्रीय वित्तीय संस्थानों द्वारा प्रदत्त विकासजन्य नीतियाँ सिर्फ विकसित देशों की ही हित चिन्ता करती हैं न कि विकासशील देशों के 3.5 अरब नागरिकों की।

बी. डी. एस. गौतम ने अपने लेख 'दक्षिण-दक्षिण सहयोग : जरूरत एवं सम्भावनाएँ' में दक्षिण-दक्षिण सहयोग के अनेक कारगों को स्पष्ट किया है जिन्हें निम्नलिखित बिन्दुओं के अन्तर्गत बताया गया है—

(1) खेदजन्य स्पष्टता—दक्षिण आयोग की रिपोर्ट की प्रस्तावना में कहा गया था कि आर्थिक, प्राकृतिक और मानवीय संसाधनों से सम्पन्न विकासशील देश विकसित देशों के महज कूटनीतिक दावपेचों के चलते गरीबी और अविकास के शिकार हैं। 'खेदजन्य स्पष्टता' शीर्षक के तहत रिपोर्ट में कहा गया था कि वर्तमान विश्व अर्थव्यवस्था में विदेशी कर्ज एक ऐसा अवहनीय बोझ है जिसके भार में दबरक, अफ्रीका, लेटिन अमेरिका और एशियाई देशों की अर्थव्यवस्थाएँ चरमराकर बैठ रही हैं, जबकि विकसित देशों की अर्थव्यवस्थाएँ अपने व्यापार, मुद्रा एवं तकनीकी संरक्षणवाद के चले निरन्तर लाभ वाली अर्थव्यवस्थाएँ बनी हुई हैं।

(2) दान का मिथक—दान का मिथक (द मिथ ऑफ एड) नाम से यूनीसेफ द्वारा प्रकाशित एक रिपोर्ट के अध्ययन में कहा गया है कि 70 के दशक में भले ही विकसित देशों में पूँजी प्रवाह विकासशील देशों को रहा हो, मगर 80 का दशक (80 से 90) इसका उल्टा रहा है। इस अवधि में विकासशील देशों ने विकसित देशों को ब्याज के रूप में जो पूंजी लौटायी, वह उनके द्वारा लिये गये कर्ज से कई गुना थी। अपने कर्ज के मुकाबले 1983 में विकासशील देशों ने विकसित देशों को 3 अरब डॉलर की भुगतान किया जो 1988 में बढ़कर 53 अरब डॉलर हो गया है और 93 तक इसके 55 अरब डॉलर तक पहुंच जाने की उम्मीद है।

(3) विकसित पूंजीवादी देशों के खत्म होते प्राकृतिक खनिज भण्डार—विश्व में कच्चे माल के सन्दर्भ में विकासशील देश अत्यन्त सम्पन्न हैं। लेकिन कच्चे माल की खपत (उपभोग) में वे विपन्न हैं। **श्री गौतम** के अनुसार, "यह विकसित देशों की चालाक नीतियाँ ही हैं कि महज 32% कच्चे माल की उपलब्धता में 38% उत्पादन और 64% का उपभोग अपने खाते में लिखाते हैं जबकि विकासशील या दक्षिण के देश 45% कच्चे माल की उपलब्धता के बावजूद महज 11% का उपभोग कर पाते हैं।"

(4) उत्तर के देशों की व्यापारिक संरक्षणवाद की नीति—विकास गति से अधिक दक्षिण-दक्षिण सहयोग की आवश्यकता उत्तर के देशों द्वारा व्यापारिक संरक्षणवाद अपनाये जाने के कारण महसूस की जा रही है। 35 करोड़ सम्पन्न

उपभोक्ताओं वाले यूरोप की किलेबन्दी, अमरीका का कनाडा और कुछ लेटिन-अमरीका देशों के साथ मुक्त व्यापार तथा एशिया प्रशान्त में उभरता नया व्यापारिक मेन ब्लॉक कुछ ऐसी समूहबन्दी हैं जिसने दक्षिण के गरीब देशों के समक्ष व्यापार एवं विकास दोनों सन्दर्भों में नई चुनौतियाँ खड़ी की हैं। इनके मुकाबले का एक ही रास्ता है—दक्षिण के देशों की व्यापक एकता तथा उनमें परस्पर व्यापाक निर्भरता।

यही कारण है कि 1992 में डकार में सम्पन्न हुए तीसरे विकासशील देशों के 'समूह-15' के सम्मेलन ने दक्षिण-दक्षिण सहयोग पर बहुत जोर दिया है और इस सम्मेलन में यह आशा जगाई थी कि विकासशील देश विकास की दिशा में भरोसेमन्द भागीदार की भूमिका निभाने के लिए तैयार हैं। पारस्परिक सहयोग हेतु सम्मेलन में सात नई परियोजनायें हाथ में ली गई हैं तथा पहले से चली आ रही छः परियोजनाओं की सकारात्मक समीक्षा की है। दक्षिण-दक्षिण संवाद का आह्वान करने वाले विभिन्न अन्तर्राष्ट्रीय मंच निम्नलिखित हैं—

(1) अंकटाड सम्मेलन—अंकटाड अर्थात् संयुक्त राष्ट्र संघ के व्यापार एवं आर्थिक विकास पर हुए अधिवेशन से पूर्व विदेशी व्यापार तथा सहायता सम्बन्धी समस्याओं पर गैट (GATT) के अन्तर्गत विचार किया जाता था। गैट का अल्पविकसित देशों को आशानुरूप लाभ नहीं मिल सका था। इसी कारण अन्तर्राष्ट्रीय आर्थिक सहयोग हेतु एक नया कार्यक्रम आरम्भ किया गया जिसे अंकटाड की संज्ञा दी गई। अंकटाड की स्थापना संयुक्त राष्ट्र संघ की महासभा के एक स्थायी अंग के रूप में 30 दिसम्बर, 1964 को हुई थी। विकासशील देशों के विदेश सन्दर्भ में इसके द्वारा अन्तर्राष्ट्रीय आर्थिक सम्बन्धों का अध्ययन किया जाता है। अब तक इसके दस सम्मेलन हो चुके हैं। दसवां सम्मेलन 18-19 फरवरी, 2000 (बैंकाक-थाइलैण्ड) में हुआ। इसका सम्मेलन प्रति चार वर्ष बाद होता है। इन सम्मेलनों में विकासशील देशों के मध्य आपसी सहयोग के स्वर मुखरित हुए हैं।

(2) ग्रुप-77 की बैठकें—1960 के दशक में संयुक्त राष्ट्र संघ के नये सदस्यों में एशिया और अफ्रीका के लगभग दो-तिहाई सदस्य थे जो अपने को ग्रुप-77 कहने लगे। इस समुदाय की स्थापना 1964 में संयुक्त राष्ट्र संघ के तत्वाधान में की गई थी। अब इनकी संख्या 134 हो गई है फिर भी इन्हें ग्रुप-77 के नाम से ही जाना जाता है। ये देश संयुक्त राष्ट्र संघ के माध्यम से विश्व अर्थव्यवस्था की संरचना में बुनियादी परिवर्तन करना चाहते हैं। ये संगठित होकर सौदेबाजी करना चाहते हैं तथा समुद्र से सम्बन्धित विधि, शस्त्र नियन्त्रण, आणविक ऊर्जा, अन्तर्राष्ट्रीय व्यापार जैसे मुद्दों पर लिये जाने वाले निर्णयों को विकासशील देशों के हितों के अनुकूल मोड़ना चाहते हैं। जी-77 का एक छोटा समूह जी-24 है। जी-24 ही वर्तमान में जी-77 की ओर से संयुक्त राष्ट्र में विकासशील राष्ट्रों की ओर से विभिन्न मुद्दों पर वार्ता

करत है। इस ग्रुप की यह शिकायत है कि विकसित राष्ट्र विकासशील राष्ट्रों के लिए व्यापक सन्तुलित आर्थिक नीतियों को आगे बढ़ाने में असफल रहे हैं।

(3) गुट-निरपेक्ष आन्दोलन के शिखर सम्मेलन—गुट निरपेक्ष आन्दोलन के अधिकांश देश तीसरे विश्व के हैं। गुट निरपेक्ष विकासशील व गरीब राष्ट्रों का ऐसा मंच है जिसके माध्यम से ये राष्ट्र परस्पर सहयोग एवं आर्थिक सहयोग के लिए सहमत हुए हैं। गुट निरपेक्ष आन्दोलन हरारे सम्मेलन में आर्थिक सहयोग बढ़ाने के लिए विकासशील राष्ट्रों का एक आयोग गठित करने का फैसला किया गया है। इस आयोग से यह अपेक्षा की गई कि यह विकासशील राष्ट्रों में गरीबी, भुखमरी, निरक्षरता के उन्मूलन तथा आर्थिक समस्याओं के निवारण हेतु उपाय सुझाये। गुट निरपेक्ष आन्दोलन का पहला सम्मेलन सितम्बर, 1961 में बेलग्रेड में हुआ जिसमें केवल 25 सदस्य थे। अब तक इसके 14 सम्मेलन हो चुके हैं। 14वां सम्मेलन वर्ष 2006 में हवाना (क्यूबा) में हुआ। जिसमें 118 प्रतिनिधियों ने भाग लिया।

(4) ग्रुप-15 सम्मेलन—जी-15 या ग्रुप-15 19 प्रतिनिधि विकासशील देशों का अन्तर्राष्ट्रीय आन्दोलन है। इसका गठन 1989 में बेलग्रेड में गुट निरपेक्ष शिखर सम्मेलन की बैठक में किया गया। इस समूह में उन देशों को भी शामिल किया गया है जो विकासशील देश तो हैं, परन्तु गुट-निरपेक्ष आन्दोलन् के सदस्य नहीं है। इसके सदस्य हैं—अल्जीरिया, अर्जेन्टीना, ब्राजील, चिली, मिस्त्र, जमेका, भारत, इण्डोनेशिया, मलेशिया, मैक्सिको, नाइजीरिया, पेरू, सेनेगल, वेनेजुएला, जिम्बाब्वे, केन्या, श्रीलंका, ईरान तथा कोलम्बिया। जी-15 का उद्देश्य विकासशील देशों के मध्य सहयोग, नीतिगत समन्वय और उनके विकास से सम्बन्धित समसओं के बारे में समय-समय पर विचार करना है। यह संगठन प्रारम्भ से ही विकासशील देशों के लिए एक शक्तिशाली कार्यक्रम के रूप में उभरा है। समूह-15 के शासनाध्यक्षों का शिखर सम्मेलन वर्ष में एक बार होता है। इसका पहला शिखर सम्मेलन कुआलालम्पुर में सन् 1990 में हुआ। इस ग्रुप का उद्देय दक्षिण एशिया के लिए क्रिया ग्रुप (Action Group) का काम करना था। जी-15 के नेताओं ने स्पष्ट किया कि यह क्रिया ग्रुप (Action Group) विद्वानों के गुट या दक्षिण-दक्षिण सहयोग के ग्रुप तथा नाम (NAM) आन्दोलन का प्रतिद्वन्द्वी नहीं था इसकी भूमिका एक उत्प्रेरक समूह के रूप में है जिसका उद्देश्य बढ़ते दक्षिण-दक्षिण सहयोग की कार्यवाही को तेज करना था। जी-15 की विज्ञप्ति में कई गम्भीर मामलें (वित्त, ऋण, व्यापार, तकनीक, आतंकवाद तथा पर्यावरण) शामिल किये गये। कार्यवाही के सम्बन्ध में नेताओं ने यह स्वीकार किया कि अनेक देशों के वित्त विशेषज्ञ आपस में मिले तथा साझे दृष्टिकोण स्थापित करने के लिए बाहरी ऋण समस्या के बारे में विचार-विमर्श करें।

30-31 मई, 2001 को जी-15 राष्ट्रों का जकार्ता में 11वां शिखर सम्मेलन हुआ। इस सम्मेलन में सदस्य देशों के वक्ताओं ने कहा कि वैश्वीकरण की चुनौतियों को विकासशील देश पारस्परिक सहयोग की नीति अपनाकर ही मुकाबला कर सकते हैं। 31 मई, 2001 को जारी की गई संयुक्त घोषणा में स्पष्ट कहा गया कि जी-15 के सदस्य देश निर्यात छूट, डम्पिंग रोधी तथा सुरक्षात्मक प्रावधानों के विरुद्ध सुरक्षात्मक साधनों के द्वारा मुकाबला करेंगे। इसके साथ ही कमेटी ने इस बात पर भी बल दियसा कि वह आतंकवाद की भर्त्सना करती है तथा गरीबी से लड़ने के प्रति अपनी प्रतिबद्धता का समथ्रन करती है। 27-28 फरवरी, 2004 को 19 विकासशील राष्ट्रों के समूह जी-15 का **12वां शिखर सम्मेलन** वेनेजुएला की राजधानी कराकस में सम्पन्न हुआ। जी-15 का यह सम्मेलन काफी समय पूर्व ही होना था, किन्तु वेनेजुएला की आन्तरिक राजनीतिक समस्याओं के चलते यह स्थगित होता रहा। इस सम्मेलन में अफ्रीका के विकास पर विशेष बल दिया गया तथ इसके लिए एक कोष गठित करने की बात कही गयी। भारत के विदेशमंत्री श्री सिन्हा ने इस कोष में 10 करोड़ डॉलर के भारत के योगदान का संकल्प व्यक्त किया। श्री सिन्हा ने यह भी स्वीकार किया कि अफ्रीका की मदद का दायित्व अकेले विकसित देशों पर छोड़कर विकासशील राष्ट्र अपनी जिम्मेदारियों से नहीं बच सके। जी-15 की अनेक योजनाओं, जैसे—जीन बैंक परियोजना, सूचना-प्रौद्योगिकी के प्रशिक्षण पाठ्यक्रमों का संचालन तथा नाइजीरिया मशीन टूल्स का पुनर्जीवीकरण आदि शामिल हैं। जी-15 का आगामी शिखर सम्मेलन अल्जीरिया में होगा।

(5) दक्षिण आयोग—हरारे शिखर सम्मेलन में दक्षिण-दक्षिण सहयोग को दिशा देने के लिए दक्षिण आयोग की स्थापना का वर्णन लिया गया। 2 अक्टूबर, 1987 को दक्षिण आयोग का गठन किया गया। इस आयोग ने जिनेवा में अपना कर्यालय खोला। दक्षिण आयोग की स्थापना का प्रमुख उद्देश्य विकासशील देशों में आयी आर्थिक समस्याओं से लड़ने के लिए एक बहुमुखी रणनीति तैयार करना था।

(6) इब्सा सम्मेलन (सितम्बर, 2006)—तीन देशों—भारत, ब्राजील व दक्षिण अफ्रीका के समूह (IBSA) की पहली शिखर वार्ता ब्राजीलिया में 13 सितम्बर को हुई। इब्सा के तीनों सदस्य देशों ने इब्सा के तीन वर्षों में आपसी सहयोग के प्रति सन्तोष व्यक्त करते हुए इसे दक्षिण-दक्षिण सहयोग का ज्वलंत उदाहरण बताया। भारत के प्रधानमंत्री डॉ. मनमोहन सिंह ने कहा कि ब्राजील को जहाँ एथेनॉल के उत्पादन एवं उपभोक्ता पर विशेषज्ञता प्राप्त है, वहीं द. अफ्रीका कोयले के गैसीयकरण में तथा भारत को पवन ऊर्जा के उत्पादन में दक्षता प्राप्त है। इन क्षेत्रों में तीनों देशों के पारस्परिक सहयोग से ऊर्जा के क्षेत्र में भारी सफलता प्राप्त की जा सकती है।

साथ ही इस सम्मेलन में पारस्परिक हितों के विभिन्न राजनीतिक, आर्थिक, क्षेत्रीय व वैश्विक मुद्दों पर साझा दृष्टिकोण अपनाने व परस्पर सहयोग करने पर बल दिया।

17 जुलाई, 2007 को इसके विदेश मंत्रियों के संयुक्त आयोग की चौथी बैठक नई दिल्ली में सम्पन्न हुई। ब्राजील और दक्षिण अफ्रीका परमाणु सामग्री आपूर्तिकर्ता देश समूह के सदस्य हैं। इस बैठक में इन देशों ने भारत के असैन्य परमाणु कार्यक्रम के प्रति समर्थन व्यक्त किया है। इस अवसर पर तीनों देशों के विदेशमंत्रियों ने बैठक में त्रि-पक्षीय सहयोग और विकासशील देशों के बीच निकट सम्बन्धों को बढ़ाने के उपायों पर विचार-विमर्श किया। दक्षिण के देशों के पास अथवा प्राकृतिक सम्पदा है जिसकी उत्तर के देशों को आवश्यकता है। यदि कच्चे माल की आपूर्ति, मूल्य निर्धारण एवं वितरण के बारे में दक्षिण के देश प्रभावशाली नियन्त्रा की नीति अपनाते हैं तो स्वाभाविक रूप से अमीर देश उनकी आवश्यकताओं एवं आकांक्षाओं को समझने को विवश होंगे। जिससे उनकी उत्तर के देशों के साथ सौदा करने की स्थिति सुदृढ़ होगी। तेल उत्पादक अरब राष्ट्रों ने इसे स्पष्ट कर दिया है। पिछले कुछ वर्षों में विकासशील देशों ने पश्चिमी देशों पर खाद्य निर्भरता में महत्त्वपूर्ण कमी की है। टेक्नोलॉजी में भी भारत सहित तीसरी दुनिया के अनेक राष्ट्रों ने महत्त्वपूर्ण प्रगति की है। ये राष्ट्र अपने साथी पिछड़े राष्ट्रों को महत्त्वपूर्ण तकनीकी देने की स्थिति में हैं। इस प्रकार दक्षिण-दक्षिण सहयोग की अनेक परिस्थितियाँ उपस्थिति हैं, फिर भी दक्षिण-दक्षिण सहयोग के मार्ग में अनेक रुकावटें और चुनौतियाँ हैं। यथा—

1. दक्षिण के विकासशील देशों के बीच आपसी मतभेद और प्रतिद्वन्द्विता विद्यमान है।

2. द्वितीय विश्व युद्ध के बादविकासशील देशों के मध्य ही युद्ध व संघर्ष हुये हैं।

3. आर्थिक मुद्दों के बारे में भी इन देशों के मध्य समन्वित दृष्अिकोण का अभाव है। यही कारण है कि तेल निर्यातक देश अपने अतिरिक्त धन को विकासशील देशों में निवेश करने के बजाय पश्चिमी बैंकों में जमा करते हैं।

4. अन्तर्राष्ट्रीय व्यापार तथा वित्त संस्थाएँ विकसित राष्ट्रों के हितों की पूर्ति हेतु विकासशील राष्ट्रों को दबा रही है।

5. दक्षिण के विकासशील देश अपने विकास के लिए पश्चिमी राष्ट्रों पर निर्भर हैं।

9 से 13 दिसम्बर, 1996 को सिंगापुर में आयोजित विश्व व्यापार संगठन का मंत्रिस्तरीय सम्मेलन में इसी कारण विकासशील देश श्रम मानकों, बहुपक्षीय निवेश

समझौतों, सरकारी प्राप्तियों में पारदर्शिता तथा व्यापार के सरलीकरण की विधियों के सम्बन्ध में प्रारम्भ के कड़े रुख को अन्त तक बनाये न रख सके और इन विषयों को इस आधार पर शामिल करने की स्वीकृति दे दी कि उनके हितों को कोई आघात न पहुँचे और वह भविष्य में इनसे जुड़े समझौतों पर अपना निर्णय सुरक्षित कर सकें। इस सम्मेलन में बहुमत के स्थान पर स्पष्ट सर्वसम्मति की शर्त विकासशील देशों ने मनवाकर एक उपलब्धि अवश्य हासिल की है।

◆ ◆ ◆

13

सार्क तथा आसियान की विदेश नीति

सार्क के कार्य एवं भूमिका का विवेचन सार्क के शिखर सम्मेलन में सदस्य देशों की विभिन्न समस्याओं एवं सहयोग के विभिन्न पहलुओं पर हुए विचार-विमर्श, सम्पन्न हुए समझौतों तथा समापन साझी घोषणाओं के आधार पर स्पष्ट किया जा सकता है। यथा—

(1) पहला शिखर सम्मेलन—सार्क का पहला शिखर सम्मेलन बंगलादेश की राजधानी ढाका में 7-8 दिसम्बर, 1985 में हुआ जिसमें दक्षिण एशिया के 7 देशों ने विभिन्न समस्याओं और भाई-चारे तथा सहयोग के विभिन्न पहलुओं पर विस्तार से विचार-विमर्श एवं विश्लेषण किया।

(2) द्वितीय शिखर सम्मेलन (बंगलौर 16-17 नवम्बर, 1986)—इस सम्मेलन में यह निश्चित किया गया कि सार्क का सचिवालय काठमाण्डू में स्थापित होगा। सहयोग के क्षेत्र में नशीले पदार्थों की तस्करी रोकने, पर्यटन के विकास, रेडियो, दूरदर्शन प्रसारण कार्यक्रम, विपदा प्रबन्ध पर अध्ययन सम्मिलित किये गये।

(3) तीसरा शिखर सम्मेलन (काठमाण्डू नवम्बर, 1987)—इ सम्मेलन में आतंकवाद की समस्या पर सभी राष्ट्रों ने खुलकर विचार किया तथा एक आतंकवादी निरोधक ने खुलकर विचार किया तथा एक आतंकवादी निरोधक समझौता किया साथ

ही इसमें खाद्य, सुरक्षा भण्डार की स्थापना एवं पर्यावरण की समस्या पर भी विचार-विमर्श हुआ।

(4) चतुर्थ शिखर सम्मेलन (इस्लामाबाद—दिसम्बर, 1988)—इस सम्मेलन में शताब्दी के अन्त तक इस क्षेत्र के एक अरब से अधिक आबदी की आवास व शिक्षा देने की योजना पर विशेष्ज्ञ बल दिया गया। इसके साथ इसमें मादक द्रव्यों के खिलाफ संघर्ष तथा परमाणु नि:शस्त्रीकरण पर बल दिया गया।

(5) पांचवां शिखर सम्मेलन (नवम्बर-1990—मालदीव)—इस सम्मेलन में दक्षिण एशियाई देशों ने आर्थिक क्षेत्र में आपसी सहयोग मजबूत करने के लिए संयुक्त उद्योग स्थापित करने तथा क्षेत्रीय परियोजनाओं हेतु सामूहिक कोष गठित करने का निर्णय लिया गया।

(6) छठा शिखर सम्मेलन (दिसम्बर, 1991—कोलम्बो)—इस सम्मेलन में आतंकवाद रोकने, निरस्त्रीकरण को बढ़ावा देना, मानवाधिकारों के प्रश्न को आर्थिक व सामाजिक दृष्टि से देखने, व्यापार के उदारीकरण को बढ़ावा देने, गरीबी उन्मूलन तथा प्राथमिक शिक्षा को बढ़ावा देने जैसे विषयों पर सहमति हुई।

(7) सातवां शिखर सम्मेलन (ढाका—अप्रैल, 1993)—इस सम्मेलन में आतंकवाद के खिलाफ संयुक्त अभियान चलाने, आपसी आर्थिक सहयोग, दक्षिण एशिया वरीयता व्यापार पर बल दिया गया। दक्षिण एशियाई वरीयता व्यापार समझौता को मंजूरी दिये जाने से दक्षिण एशियसा में आर्थिक सहयोग के नये युग का सूत्रपात हुआ।

(8) आठवां शिखर सम्मेलन (मई-1995—नई दिल्ली)—इस सम्मेलन में आतंकवाद एवं गरीबी के खिलाफ युद्ध की घोषणा की गयी। इस सम्मेलन में सात देशों के राष्ट्राध्यक्षों ने दक्षिण एशिया अधिमान्य व्यापार समझौता (SAFTA) लागू करना स्वीकार कर लिया।

(9) नवां शिखर सम्मेलन (मई, 1997—माले)—इस सम्मेलन में दक्षिण एशियई क्षेत्र में शांति एवं स्थिरता का माहौल बनाए रखने तथा इस क्षेत्र के त्वरित सामाजिक-आर्थिक विकास के लिए अच्छे पड़ौसी के सम्बन्ध होने पर बल दिया गया। साप्टा के विकास पर बल दिया गया तथा दक्षिण एशिया में आतंकवादी गतिविधियाँ संचालित करने वाले गुटों के निर्देशों में धन एकत्रित करने पर तुरन्त रोक लगाने पर बल दिया गया। अन्तर्राष्ट्रीय आतंकवाद के सम्बन्ध में संयुक्त राष्ट्र घोषणा पत्र को स्वीकार किये जाने पर बल दिया गया।

(10) दसवां शिखर सम्मेलन (जुलाई, 1998—कोलम्बो)—इस सम्मेलन में व्यापार और निवेश के प्रमुख आर्थिक क्षेत्रों में सहयोग बढ़ाने के लिए कुछ महत्त्वपूर्ण

निर्णय लिये गये। इस सम्मेलन में जनसंख्या की बढ़ोत्तरी को रोकने, शिक्षा, स्वास्थ्य, पोषण, बाल-कल्याण और महिलाओं के विकास पर बल दिया गया। सार्क नेताओं ने वर्ष 2002 तक दक्षिण एशिया में गरीबी उन्मूलन के लिए प्रतिबद्धता व्यक्त की।

(11) ग्यारहवां शिखर सम्मेलन (जनवरी, 2002—काठमाण्डू)—इ सम्मेलन में आतंकवाद के सफाये के प्रति प्रतिबद्धता व्यक्त की गयी तथा दक्षिण एशिया मुक्त व्यापार क्षेत्र का मसौदा, 2002 के अन्त तक कर लेने की मंश व्यक्त की गयी है।

(12) 12वां शिखर सम्मेलन (4-6 जनवरी, 2004)—दक्षेस का 12वां शिखर सम्मेलन पाकिस्तान की राजधानी इस्लामाबाद में 4-6 जनवरी, 2004 को सम्पन्न हुआ। इस सम्मेलन में निर्धनता उन्मूलन तथा बीमारियों की समाप्ति, आतंकवाद की समस्या के निराकरण, साफ्टा समझौता (व्यापारिक सहयोग) आदि पर बल दिया गया।

(13) 13वां शिखर सम्मेलन (12-13 नवम्बर, 2005)—सार्क का 13वां शिखर सम्मेलन 12-13 नवम्बर, 205 को ढाका में सम्पन्न हुआ। सममेलन के समापन से पूर्व तीन महत्त्वपूर्ण समझौतों पर हस्ताक्षर किये गये। ये समझौते दोहरे करारोपण से बचाव, बीसा नियमों में उदारता तथा दक्षेस संचार से सम्बन्धित हैं। इसके अतिरिक्त इसमें आतंकवाद की समाप्ति के लिए परस्पर सहयोग, निर्धनता निवारण तथा व्यापार एवं आर्थिक क्षेत्रों में निकट सहयोग की बातें शामिल हैं। 30 करोड़ डॉलर के प्रारम्भिक बजट से क्षेत्र के लिए एक गरीबी उन्मूलन कोष के गठन को सहमति इसमें व्यक्त की गई है। इसके साथ ही इसमें अफगानिस्तान को संगठन का सदस्य बनाने तथा चीन व जापान को पर्यवेक्षक का दर्जा प्रदान करने पर भी राष्ट्रों ने सहमति व्यथ्त की।

(14) 14वां शिखर सम्मेलन (अप्रेल, 2007)—सार्क का 14वां शिखर सम्मेलन 3-4 अप्रैल, 2007 को नई दिल्ली में सम्पन्न हुआ। इस सम्मेलन में अफगानिस्तान को सार्क का आठवां सदस्य बना लिया गया। इस सम्मेलन में अमरीका, चीन, जापान, दक्षिण कोरिया व यूरोपीय संघ के प्रतिनिधि पर्यवेक्षक के रूप में शामिल हुए। ईरान को भी पर्यवेक्षक का दर्जा प्रदान करने का फैसला इस सम्मेलन में किया गया। इस सम्मेलन में गरीबी, आतंकवाद व संगठित अपराधों को समाप्त करना तथा साफ्टा पर अमल करने जैसे बिन्दुओं पर विशेष चर्चा की गई।

(15) सार्क का 15वाँ शिखर सम्मेलन 2 से 3 अगस्त, 2008 को कोलम्बों (श्रीलंका) में आयोजित किया गया। सम्मेलन में आतंकवाद के विरुद्ध क्षेत्रीय कानूनी खाका तैयार करने पर बल दिया गया। इसके अलावा क्षेत्रीय व्यापार प्रतिबन्धों को समाप्त करने, ऊर्जा एवं खाद्यान्न संकट की चुनौतियों का एकजुट होकर मुकाबला

करने तथा क्षेत्र के सामाजिक और आर्थिक विकास के लिए व्यापक कार्य योजना बनाने की प्रतिबद्धता व्यक्त की गयी। इसमें 16वें सार्क सम्मेलन में मालदवी में आयोजित करने का फैसला भी लिया गया। सम्मेलन के अन्त में हमारे लोगों के विकास के लिए भागीदारी (Partnership for Growth for our People) नामक 41 सूत्री घोषणा-पत्र जारी किया गया।

दक्षिण एशिया क्षेत्रीय सहयोग परिषद (SAARC) का महत्त्व

दक्षिण एशिया क्षेत्रीय सहयोग परिषद के महत्त्व को इस क्षेत्र के विद्वानों ने विभिन्न दृष्टियों से स्पष्ट किया है। कुछ प्रमुख बातें निम्नलिखित हैं—

(1) क्षेत्रीय अस्मिता का एहसास—भारत के तत्कालीन विदेश मंत्री दिनेश सिंह ने सार्क के महत्त्व को स्पष्ट करते हुए कहा था कि—"ढाका परिषद क्षेत्रीय संगठनों की कड़ी में इस क्षेत्र की रिक्तता को भरती है। संसार में यही एकमा ऐसा क्षेत्र है जिसका कोई क्षेत्रीय संगठन नहीं है। सभी दूसरे देश अपने स्वयं के समूहों में संलग्न हो चुके हैं। दक्षिण एशिया संस्था की अनुपस्थिति मेरे विचार से एक वृहद् एशिन संगठन के उदय को रोके हुए है। अब हमारी एक दक्षिण एशिया परिषद है, मुझे आशा है कि यह एक विस्तत विचार-विमर्श में एक बड़े समूह को हिस्सा लेने को सम्भव बनायेगी।" इसमें सर्वाधिक महत्त्वपूर्ण एवं नई बात यह थी कि इस प्राकृतिक भू-खण्ड की क्षेत्रीय अस्मिता का एहसास उत्पन्न किया गया। ढाका घोषणा व सार्क चार्टर में बार-बार दक्षिण एशिया के जन के **ऐतिहासिक एवं सांस्कृतिक एकत्व** का इजहार किया गया।

(2) साझयी समझ का उदीयमान मंच—राष्ट्रपति इरशाद ने सप्त सदस्यीय परिवार कविता के माध्यम से इसकी भावनात्मक एकता को स्पष्ट किया, तो नेपाल के महाराजा वीरेन्द्र ने क्षेत्रीय एकात्मकता के पालक हिमालय का स्मरण किया। भारत के भूतपूर्व प्रधानमन्त्री राजीव गांधी तथा लंका के राष्ट्रपति जयवर्द्धने ने इस क्षेत्रीय एकात्मकता को साझी समझ का परिणाम बताया। इस प्रकार सभी राष्ट्रों ने इस सम्मेलन को विवादों के अखाड़े से अलग रखते हुए साझी समझ के द्वारा पारस्परिक सौहार्द एवं शालीनता के व्यवहार की बात की। इस सम्मेलन में छोटे-बड़े सभी राष्ट्रों को बराबर का स्थान दिया गया।

(3) गुट-निरपेक्ष-स्वतन्त्रता और सार्वभौमिकता के सिद्धानतों का पालन—सार्क आपसी सहयोग का संगठन है। यह इस क्षेत्र में आर्थिक विकास का वाहक है। चार्टर में समान मुद्दों पर अन्तर्राष्ट्रीय मंचों पर साझा रणनीति, गुट-निरपेक्षता, स्वतन्त्रता, सार्वभौमिकता के सिद्धान्तों की पालना पर अत्यधिक जोर दिया गया है। आपसी समझदारी, विश्वास तथा एक-दूसरे की समस्याओं को समझने के प्रयास

(परस्पर सार्वभौमिकता तथा स्वतन्त्रता के सिद्धान्तों को मानते हुए) को सार्क को नये युग की शुरुआत कहा जा रहा है।

(4) आर्थिक तथा तकनीकी विकास—सार्क के सहमति के मुद्दों में दक्षिण एशिया के देशों की समृद्धि हेतु अर्थपूर्ा सहयोग को स्पष्ट किया गया है कि इस पर परिषद् के माध्यम से इस क्षेत्र के सन्देह, भय, आशंका, मनमुटाव को दूर कर परस्पर सहयोग के द्वारा शान्ति, सामाजिक न्याय तथा आर्थिक-समृद्धि के प्रयास सफल हो सकेंगे। ऐसा विश्वास पहली बार मिलकर व्यक्त किया गया है। 14 सितम्बर, 1988 के सार्क के सदस्य देशों (भारत, पाकिस्तान, नेपाल, बांग्लादेश, श्रीलंका, भूटान व मालदीव) के इंजीनियरों, वास्तुविदों व निर्माणकर्ताओं के लिए रुड़की में 'सस्ते मकान' विषय पर 10 दिन का प्रशिक्षण कार्यक्रम प्रारम्भ हुआ। इसमें आवासों, स्कूलों, अस्पतालों, सामुदायिक भवन, सामग्रियों आदि के पाठ्यक्रम शामिल हैं। इसमें हर देश से तीन प्रतिनिधि भाग ले रहे हैं। इस प्रकार स्पष्ट है कि सार्क के देश पारस्परिक सहयोग से अपने आर्थिक तथा तकनीकी विकास में महत्त्वपूर्ण वृद्धि कर सकते हैं। इसी प्रकार सहयोग के दूसरे क्षेत्रों को खोजकर इस दिशा में आगे बढ़ा जा सकता है। दसवें सम्मेलन में सार्क देशों के केन्द्रीय बैंक के गवर्नरों तथा वित्त सचिवों की सालाना बैठक बुलाने का प्रावधान किया गया है तथा इन राष्ट्रों के विज्ञान एवं तकनीकी मंत्रियों की बैठकें आयोजित किये जाने की बात पर सहमति दसवें शिखर सम्मेलन में हुई है।

(5) उपक्षेत्रीय सहयोग—सार्क देशों के विदेशमंत्रियों ने दिसम्बर, 1996 की नई दिल्ली की बैठक में दो उपक्षेत्रीय सहयोग समूह के निर्माण पर सहमति दी। ये थीं—

(i) पहला समूह—नेपाल, भूटान, बांग्लादेश और भारत।

(ii) दूसरा समूह—श्रीलंका, मालदीव और भारत।

स्पष्ट है कि पाकिस्तान को छोड़कर सार्क के सभी देश इसमें शामिल हैं। प्रथम उपक्षेत्रीय सहयोग समूह के चारों देशों के अधिकारी और विशेषज्ञ सहयोग की परियोजनाओं का निर्माण करेंगे। यह समूह जल, ऊर्जा, पर्यावरण, संचार, परिवहन, पर्यअन और निवेश के क्षेत्रों में विकास में सहयोग करेगा। दूसरे, समूह उक्त क्षेत्रों के अतिरिक्त नौवहन के विकास में भी सहयोग करेगा।

दक्षिण एशियाई क्षेत्रीय सहयोग परिषद् की त्रुटियाँ तथा सीमाएँ
(Errors and Limitations of SAARC)

दक्षिण एशिया क्षेत्रीय सहयोग परिष्द् के ढाका सम्मेलन के महत्तव को अनेक

विद्वानों तथा राजनीतियों ने अनेक दृष्टियों से जहाँ स्पष्ट किया है, वहीं साथ-साथ उन्होंने इस परिषद् की अनेक त्रुटियों एवं सीमाओं पर भी अपने विचार व्यक्त किये हैं। इन त्रुटियों एवं सीमाओं को अग्रलिखित बिन्दुओं के अन्तर्गत स्पष्ट किया गया है—

(1) सामान्य लक्ष्यों को प्राप्त करने में असफलत—दक्षेस (सार्क) ने गरीबी निवारण, मुक्त व्यापार एवं अच्छे पड़ोसी सम्बन्ध जैसे ऊँचे लक्ष्य तो निर्धारित किये हैं, लेकिन कोई उपलब्धि हासिल करने में विफल रहे हैं। दक्षेस के सदस्य देश गरीबी को कम करने में असफल रहे हैं। इस समस्या से निपटने के लिए सार्थक सम्भावित प्रयास नहीं किया गया। इसके अलावा व्यापार बाधाओं का अस्तित्व एवं अपर्याप्त व्यापार सुविधा तंत्र सहयोग प्रयास में बाधक है।

(2) 'क्षेत्रीय जन' की वास्तविक सहभागिता का अभाव—यद्यपि 'सार्क' सम्मेलनों में हुए भाषणों, घोषणाओं व प्रारूपों में बार-बार 'क्षेत्रीय जन' का उल्लेख हुआ है तथापि इस सम्मेलन में इस क्षेत्रीय जन की वास्तविक सहभागिता का अभाव था। इसकी योजना व आयोजना में क्षेत्रीय जन का कोई साथ नहीं है तथा भावनात्मक रूप से जन में भी क्षेत्रीय एकात्मकता का एहसासजगे, इसके लिए कुछ भी नहीं किया गया। जिस कट्टरता से सरकारीपन का प्रदर्शन किया गया उसे सराहा नहीं जा सकता।

(3) दक्षिणी एशियाई पहचान की कमी—दक्षेस के देशों में दक्षिण एशियाई पहचान की कमी है क्योंकि पाकिस्तान अपने आपको दक्षिण एशिया की अपेक्षा इस्लामिक पश्चिम एशिया का अंग समझता है ताकि वह इस्लामिक बम के निर्माण हेतु धन प्राप्त करता रहे। श्रीलंका एशियान राष्ट्रों का सदस्य बनना चाहता है और नेपाल हिमालय से कभी उत्तर (चीन) की ओर कदम बढ़ाता है तो कभी दक्षिण (भारत) की ओर निहारता है। इस प्रकार स्पष्ट है कि सभी राष्ट्र एशियाई पहचान का दृढ़ता से टिके हुए नहीं दिखाई देते हैं।

(4) आर्थिक विकास हेतु पारस्परिक व्यापार वृद्धि की उपेक्षा—कुछ विद्वानों ने इस आधार पर भी 'दक्षिण एशिया क्षेत्रीय सहयोग परिषद' की आलोचना की है कि यद्यपि सार्क का आधार 'साझा बाजार' की तरह पारस्परिक व्यापार वृद्धि है, लेकिन इसमें व्यापार तथा आर्थिक विकास सम्बन्धी मुद्दे कम उठाये गये हैं और राजनीतिक मुद्दे अधिक।

(5) विश्वास का संकट—सार्क के देशों में परस्पर विश्वास का गम्भीर संकट है। प्रत्येक देश अपनी समस्याओं के लिए दूसरे को दोषी ठहराता है। उदाहरण के लिए, भारत का मानना है कि पाकिस्तान पंजाब के सिक्ख उग्रवादियों और कश्मीर के आतंकवादियों को सहयोग कर रहा है। श्रीलंका का मानना है कि भारत तमिल

उग्रवादियों को शह दे रहा है। नेपाल और भूटान भी भारत के प्रति ऐसा ही रुख किये हुए हैं। पाकिस्तान की विदेश नीति भारत विरोध पर आधारित है। अतः स्पष्ट है कि सार्क देशों में परस्पर सहयोग का अभाव है।

(6) महाशक्तियों के हित—महाशक्तियों के हित सार्क के देशों के मार्ग में सबसे बड़ी बाधा बने हुए हैं। अमेरिका 1990 तक सोवियत संघ के प्रभाव को रोकने के लिए पाकिस्तान को आर्थिक व सैनिक सहायता देता रहा। पाकिस्तान उन्हें भारत के विरुद्ध प्रयोग करता रहा। सोवितय संघ के बाद 1992 से अमेरिका अपने आर्थिक तथा सैनिक उद्योगों के लाभ के लिए भी यहाँ प्रतिस्पर्द्धा बनाए रखना चाहता है। जब तक इस क्षेत्र के राष्ट्र अमेरिकी हाथों में खेलते रहेंगे तब तक सहयोग असम्भव है।

(7) साहस व संकल्प का अभाव—हिन्द महासागर चीन व अमरीका की साम्राज्यवादी स्पर्द्धा का शिकार होता जा रहा है। इने सशस्त्र बेड़ों और अड्डों ने इसके भविष्य को अशांत कर दिया है। फिर भी दक्षेस किसी भी सम्मेलन में इस पर चर्चा करने तथा उनके इरादों का विरोध करने का साहस नहीं जुटा पाया है।

(8) ऊँची व्यापारिक प्रशुल्क दरें—दक्षिण एशियाई देशों में शुल्क की दर बहुत ऊँची है। पाकिस्तान एवं बांग्लादेश में आयात शुल्क 25 प्रतिशत तक है जबकि आसियान के सदस्य देश पारस्परिक व्यापार में शामिल 96 प्रतिशत वस्तुओं पर 5 प्रतिशत या उससे कम आयात शुल्क लगाते हैं। इस प्रकार दक्षेस आसियान की अपेक्षा इस परिप्रेक्ष्य में काफी पीछे है।

(9) क्षेत्रीय एकता का अभाव—दक्षेस के देशों में क्षेत्रीय एकता का अभाव है। उत्पादन के मामलों में भारत की स्थिति तुलनात्मक रूप से बेहतर होने के कारण उसके पड़ौसी देशों के साथ व्यापारिक सम्बन्धों में असहमति है जिसने क्षेत्रीय एकता को प्रभावित किया है। इसके अतिरिक्त भारत एवं पाकिस्तान की राजनीति प्रतिद्वन्द्विता दक्षेस की प्रगति के मार्ग में बाधक बनी है। उपर्युक्त विवेचन से स्पष्ट है कि सार्क के देश पारस्परिक टकराव, तनाव व अविश्वास के कारण सार्क की गतिविधियों को तीव्रगति से आगे बढ़ाने में असमर्थ रहे हैं। समय-समय पर सार्क की निर्धारित बैठकें इनके तनाव के कारण स्थगित तक हुई हैं परन्तु यह तथ्य है कि यह एक ऐसा मंच है जिसमें दक्षिणी एशियाई देश नियमित रूप से मिल-बैठकर सरकारी, मंत्रिस्तरीय तथा शिखर स्तर पर समस्याओं के बारे में चर्चा करते हैं।

दक्षिण-पूर्वी एशियायी राष्ट्र संघ—आसियान

(Association of South-East Asian Nations—ASEAN)

दक्षिण-पूर्वी एशियाई राष्ट्र संघ (आसियान) की स्थापना 8 अगस्त, 1967 को बैंकॉक में 5 मौलिक सदस्यों द्वारा की गयी। ये मौलिक सदस्य हैं—इण्डोनेशिया,

थाइलैण्ड, फिलिपीन्स, मलेशिया और सिंगापुर। **ब्रुनई दारुसलेम** इस समूह में 1984 में शामिल हुआ। उसके बाद **वियतनाम** 28 जुलाई, 1995 को, **लाओस** और **म्यांमार** 23 जुलाई, 1997 को इस समूह में शामिल हुए। **कम्बोडिया** इस समूह में शामिल होने वाला सबसे नया राज्य है। वह 30 अप्रैल, 1999 में शामिल हुआ इस प्रकार आसियान में वर्तमान में दस सदस्य हैं—इण्डोनेशिया, मलेशिया, सिंगापुर, फिलिपीन्स, थाईलैण्ड, ब्रुनई, वियनाम, म्यांमार, लाओस और कम्बोडिया। इराका कार्यालय जकार्ता (इण्डोनेशिया) में है और उसका अध्यक्ष महासचिव होता है। आसियान क्षेत्र की कुल जनसंख्या लगभग 500 मिलियन है। इसका कुल क्षेत्रफल 4.5 वर्ग किलोमीटर है। कुल सम्मिलित जीडीपी 700 बिलियन यू. एस. डॉलर है, कुल व्यापार प्रायः 850 बिलियन यू. एस. डॉलर है।

आसियान की संस्थाएँ/संगठन

आसियान की प्रमुख संस्थाएँ निम्न हैं—

(1) शिखर सम्मेलन—यद्यपि सार्क के चार्टर की तरह आसियान के घोषणा पत्र में इसके सदस्य देशों के शिखर सम्मेलन की सुनिश्चित व्यवस्था नहीं की गई है, तथापि इन देशों के शिखर सम्मेलन यदा-कदा होते रहे हैं। अब तक इसके 12 शिखर समेलन हो चुके हैं। इसके सदस्यों का पहला शिखर सम्मेलन 1976 में, दूसरा शिखर सम्मेलन 1977 में, तीसरा शिखर सम्मेलन 1987 में, चौथा शिखर सम्मेलन 1992 में, पाँचवां शिखर सम्मेलन 1995 में तथा छठा शिखर सम्मेलन 1988 में हुआ। इसका सातवां शिखर सम्मेलन नवम्बर, 2001 में बादर सेरी वेगावन (ब्रूनेई) में, आठवां शिखर सम्मेलन नवम्बर, 2002 में, नवां शिखर सम्मेलन अक्टूबर, 2003 में बाली (इण्डोनेशिया) में, दसवां शिखर सम्मेलन नवम्बर, 2004 में विएनतिएन (लाओस) में, 11वां शिखर सम्मेलन दिसम्बर, 2005 में क्वालालम्पुर में तथा 12वां शिखर सम्मेलन 13 जनवरी, 2007 को सेबू में सम्पन्न हुआ।

(2) मंत्रिस्तरीय बैठकें—आसियान के सदस्य देशों की मन्त्रिस्तरीय बैठकें वर्ष में एक बार होती हैं। इसकी मंत्रिस्तरीय बैठकें नियमित रूप से होती आ रही हैं। इन बैठकों की प्रमुख विशेषताएँ निम्न हैं—

(i) इन बैठकों में सदस्य देशों के मन्त्री (विदेशमंत्री) ही भाग नहीं लेते हैं, बल्कि क्षेत्र के व्यापार से जुड़े हुए साझेदार देशों के मन्त्री भी—अमरीका, जापान, कनाडा, यूरोपीय आर्थिक समुदाय, दक्षिण कोरिया, न्यूजीलैण्ड, ऑस्ट्रेलिया आदि—बैठकों में पर्यवेक्षकों के रूप में हिस्सा लेते रहें हैं।

(ii) इन बैठकों के अन्त में जो घोषणा पत्र जारी किया जाता है, उसमें सदस्य राष्ट्रों से सांस्कृतिक, आर्थिक और व्यापार सम्बन्धी विषयों पर सहयोग करने और

विकसित राष्ट्रों से विकासशील राष्ट्रों में अधिक पूंजी निवेश करने, उन्हें प्रौद्योगिकी मुहैया कराने और संरक्षणवाद की नीति न अपनाने की अपीलें जारी की जाती हैं।

(iii) **त्रयी**—आसियान देशों की मंत्रिस्तरीय बैठक में आसियान का एजेण्डा सुझाने वाली एक त्रयी है। इसमें पिछले वर्ष का अध्यक्ष, वर्तमान अध्यक्ष तथा आने वाले वर्ष का अध्यक्ष मिलकर कार्यवाली सुझाते हैं। इस त्रयी की स्थापना के प्रस्ताव को 33वें सम्मेलन (जुलाई, 2000) में थाइलैण्ड के विदेशमन्त्री सुरिन पिस्तुवान ने रखा, जिसे स्वीकार कर लिया गया। यह त्रयी भी उन्हीं मुद्दों पर अपनी भूमिका अदा कर सकेगी जिन पर आम सहमति बन गई हो।

(3) सचिवालय—आसियान का एक सचिवालय है। इसकी स्थापना 1976 में जकार्ता में की गयी थी। इसके अध्यक्ष को महासचिव कहते हैं जिसकी नियुक्ति दो वर्ष के लिए की जाती है। इसके महासचिव का पद इसके सदस्य देशों में बारी-बारी से घूमता रहा है और देश के चुनाव का आधार अकरादि क्रम है। सचिवालय के ब्यूरो निदेशकों तथा अन्य पदों की भर्ती तीन वर्ष बाद होती है। सचिवालय आसियान के प्रशासकीय मामलों की देखभाल करता है।

(4) आसियान क्षेत्रीय सुरक्षा मंच—इस मंच की स्थापना 1993 में हुई। 10 आसियान देशों के अतिरिक्त अमरीका, चीन, जापान, कनाडा, न्यूजीलैण्ड, यूरोपीय यूनियन, पापुआ, न्यूगिनी, ऑस्ट्रेलिया और दक्षिण कोरिया इसके सदस्य थे। 23 जुलाई, 1996 को औपचारिक घोषणा कर भारत को आसियान क्षेत्रीय मंच का सदस्य बना लिया गया।

यह मंच एशिया प्रशांत क्षेत्र के राजनीतिक और सुरक्षा से सम्बद्ध मसलों पर विचार करता है।

(5) पूर्वी एशियाई देशों के विदेशमंत्रियों की बैठक—आसियान का एक अन्य आयाम पूर्वी एशियाई देशों के विदेश मंत्रियों की बैठक का है। इसमें अमरीका की भी सहभागिता बनी रहती है। मलेशिया की राजधानी कुआलालम्पुर में दिसम्बर, 2005 में प्रस्तावित पूर्वी एशिया शिखर बैठक में भाग लेने के लिए भारत को भी आमंत्रित किया गया है। भारत के अतिरिक्त ऑस्ट्रेलिया और न्यूजीलैण्ड को भी इस बैठक में लिए न्यौता भेजा गया। इस बैठक में भारत को आमंत्रित करने का निर्णय 10 आसियान देशों के विदेश मंत्रियों ने 26-27 जुलाई, 2005 को विएनटिएन में सम्पन्न बैठक में लिया गया। आसियान के 10 सदस्य देशों के अतिरिक्त आसियान +3 के तीन देशों—चीन, जापान और दक्षिण कोरिया के विदेश मंत्रियों ने भी इस पर सहमति व्यक्त की।

आसियान का स्वरूप एवं उद्देश्य—आसियान के निर्माण के प्रमुख उद्देश्य निम्न हैं—

(1) आसियान के निर्माण का मुख्य उद्देश्य है—दक्षिण-पूर्वी एशिया में प्रगति को त्वरित करना और उसके आर्थिक स्थायित्व को बनाये रखना।

(2) इसके निर्माण का अन्य उद्देश्य है—सदस्य राष्ट्रों में राजनीतिक, सामाजिक, आर्थिक, सांस्कृतिक, व्यापारिक, वैज्ञानिक, तकनीकी, प्रशासनिक आदि क्षेत्रों में परस्पर सहायता करना।

(3) सामूहिक सहयोग से साझी समस्याओं का हल ढूंढना।

(4) इस क्षेत्र में साझा बाजार तैयार करना तथा सदस्य देशों के बीच व्यापार को बढ़ावा देना।

उपर्युक्त उद्देश्यों से स्पष्ट होता है कि आसियान एक गैर-सुरक्षात्मक संगठन है। इसकी प्राथमिकताएँ आर्थिक विकास, पारस्परिक व्यापार में अधिकाधिक वृद्धि और सांस्कृतिक सम्पर्क है। इसका जोर राजनीतिक स्थिरता को बनाये रखते हुए आर्थिक विकास को अधिकाधिक गति देना है।

आसियान के मौलिक सिद्धान्त—ट्रीटी ऑफ एमिटी एण्ड कोऑपरेशन इन साउथ-ईस्ट एशिया (टी.ए.सी.) वाली, इण्डोनेशिया, 1976 में निहित आसियान द्वारा अंगीकृत सिद्धान्त निम्नलिखित हैं—

(1) सभी राष्ट्रों की स्वतन्त्रता, सार्वभौमिकता, समानता, राजक्षेत्रीय सम्पूर्णता और राष्ट्रीय पहचान के प्रति पारस्परिक सम्मान।

(2) बाह्य हस्तक्षेप, उच्छेदन या अवपीड़न से मुक्ति अपने राष्ट्रीय अस्तितव के संचालन का प्रत्येक राष्ट्र का अधिकार,

(3) एक-दूसरे के आंतरिक मामलों में हस्तक्षेप।

(4) शान्तिपूर्ण तरीकों से मतभेदों या झगड़ों का समाधान।

(5) धमकी या बल प्रयोग का परित्याग, और

आसियान का कार्य एवं भूमिका

आसियान के कार्यों का क्षेत्र काफी विस्तृत है। यथा—

(1) सामाजिक एवं सांस्कृतिक क्षेत्र के कार्य—इसी सामाजिक एवं सांस्कृतिक गतिविधियों से सम्बन्धित स्थायी समिति ने जनसंख्या नियन्त्रण, शैक्षणिक, खेल, सामाजिक कल्याण एवं दवाइयों के निर्माण पर नियन्त्रण आदि से सम्बन्धित

अनेक परियोजनाएँ बनायी हैं। 1969 में संचार व्यवस्था एवं सांस्कृतिक गतिविधियाँ बढ़ाने के लिए एक समझझैता किया गया जिसके अन्तर्गत आसियान के सदस्य देश रेडियो एवं दूरदर्शन के माध्यम से एक-दूसरे के कार्यक्रमों का परस्पर आदान-प्रदान करते रहे हैं। पर्यटन के क्षेत्र में इसने 'आसियाण्टा' नामक सामूहिक संगठन स्थापित किया है जो बिना 'वीसा' के सदस्य राष्ट्रों में पर्यटन की सुविधा प्रदान करता है।

(2) कृषि के क्षेत्र में सहयोग—आसियान ने खाद्य-सामग्री के उत्पादन में प्राथमिकता देने के लिए किसानों को तकनीकी शिक्षा देने के लिए कुछ कदम उठायें हैं जो विशषकर गन्ना, चावल तथा पशुपालन में सहायक होते हैं।

(3) साझा बाजार—प्राथमिकता के आधार पर सीमित वस्तुओं का साझा बाजार स्थापित करने के सम्बन्ध में आसियान प्रयत्नशील है। 1976 में बाली शिखर सम्मेलन में इसने तीन सुझाव रखे—(1) बाहरी आयात कम करके सदस्य राष्ट्र पारस्परिक व्यापार को महत्त्व देंगे (2) अधिशेष, खाद्य एवं ऊर्जा वाले राष्ट्र इन क्षेत्रों में अभाव से पीड़ित आसियान देशों को मदद देंगे तथा (3) आसियान के देश व्यापार को अधिकाधिक क्षेत्रीय बनाने का प्रयास करेंगे।

(4) अन्तर्राष्ट्रीय अर्थव्यवस्था की माँग—जनवरी, 1992 में चौथे शिखर सम्मेलन में आसियान ने नई अन्तर्राष्ट्रीय अर्थव्यवस्था की माँग की जिसमें विकासशील और विकसित देशों के बीच कोई भेदभाव न रहे।

(5) दक्षिण-पूर्वी एशिया को परमाणु मुक्त क्षेत्र बनाने पर जोर—1992 में आसियान ने अपने घोषणा-पत्र में दक्षिण पूर्वी एिशया को शान्ति क्षेत्र बनाने पर जोर दिया। आसियान संगठन की जुलाई, 1999 की बैठक में एशियाई क्षेत्र की सुरक्षा के सम्बन्ध में गहन विचार-विमर्श किया गया। इस दृष्टि से सबसे बड़ी पहल **दक्षिण-पूर्वी एशियाई परमाणु मुक्त क्षेत्र से सम्बन्धित सन्धि** के महत्त्व को स्वीकार करने की रही। चीन ने 27 जुलाई, 1999 को इस आशय की घोषणा की। चीन इस तरह की घोषणा करने वाला परमाणु क्लब का पहला सदस्य राष्ट्र है। चीन की घोषणा के एक दिन बाद 28 जुलाई, 1999 को भारत भी इस क्षेत्र को परमाणु मुक्त क्षेत्र बनाने के लिए एक सन्धि पर अनुमोदन के लिए राजी हो गया। इस प्रकार चीन और भारत द्वारा इस सम्बन्ध में अपनी सहमति का संकेत देने से एशिया का यह क्षेत्र तो परमाणु खतरे से मुक्त हो जायेगा। इस सन्धि के अनुसार 'आसियान' का कोई सदस्य देश परमाणु अस्त्रों का न निर्माण करेगा और न उनका संग्रह कर सकेगा। परमाणु अस्त्रों की आवाजाही भी नहीं होगी। जो परमाणु शक्तियाँ इस सन्धि के सम्बन्ध में प्रोटोकॉल (सहमति पत्र) पर हस्ताक्षर करेंगी, उनको भी इस सन्धि के प्रावधानों का पालन करना पड़ेगा।

(6) मुक्त व्यापार क्षेत्र—इस क्षेत्र को एक मुक्त व्यापार क्षेत्र बनाना है। इससे सम्बन्धित कार्य जनवरी, 1993 से प्रारम्भ हुआ। इन देशों ने मुक्त व्यापार हेतु 15 उत्पादों की सूची भी तैयार कर ली है। इसमें तेल, सीमेण्ट, रसायन उर्वरक, प्लास्टिक, लुग्दी और रबड़ का सामान शामिल है। इन वस्तुओं पर तटकर में कमी लायी जायेगी। 13 जनवरी, 2007 को सेबू में सम्पन्न 12वें शिखर सम्मेलन में इन देशों ने 2015 तक मुक्त व्यापार क्षेत्र स्थापित करने का लक्ष्य निर्धारित किया है। यह व्यापार क्षेत्र विश्व का सबसे बड़ा व्यापार क्षेत्र होने का दावा आसियान नेताओं ने किया है।

(7) स्थायी तथा क्षेत्रीय स्वार्थों का समन्वय—जुलाई, 2000 में सम्पन्न हुए आसियान के 33वें मंत्रिस्तरीय सम्मेलन का मुख्य विषय था—स्थानीय एवं क्षेत्रीय स्वार्थों में समन्वय। इस बात को बार-बार कहा गया कि आज विश्व का केन्द्रीभूत विषय है—अर्थव्यवस्था। लेकिन अर्थव्यवस्था की दृष्टि से आसियान देशों का स्तर व उनके संसाधन समान नहीं है। विश्व-व्यापार संगठन में इन देशों के हितों की रक्षा कैसे की जाए? यह मुख्य प्रश्न था। लेकिन इस पर अन्तर्राष्ट्री मुद्रा कोष तथा विश्व बैंक के नाराज हो जाने के भय से खुलकर चर्चा नहीं हो सकी और कोई निर्णय न हो सका। इसमें केवल यही माना गया कि भू-मण्डलीकरण का लाभ क्षेत्री स्तर पर प्रापत करना कठिन है। अतः प्रत्येक राष्ट्र अपनी-अपनी विशेष तैयारी से ही इन लाभों को प्राप्त कर सकता है। इस सबके बावजूद सर्वसम्मति से यह बात कही गयी कि चीन को विश्व व्यापार संघ की सदस्यता प्रदान की जानी चाहिए।

(8) आतंकवाद के विरुद्ध एक समझौता—2007 में सेबू में सम्पन्न 12वें शिखर सम्मेलन में आसियान के देशों ने आतंकवाद के विरुद्ध एक समझौता किया है। इस समझौते के लागू होने से एक आसियान देश से दूसरे में संदिग्धों की छानबीन करना, खुफिया जानकारी आदान-प्रदान करना तथा संदिग्धों का प्रत्यर्पण आसान हो जायेगा। सदस्य देश आतंकवाद का इसके सभी रूपों में विरोध, निषेध व खात्मा करने पर सहमत हुए हैं।

(9) आसियान का चाट्टर बनाने का संकल्प—12वें शिखर सम्मेलन में आसियान देशों ने आसियान का पहला चाट्टर बनाने के संकल्प पर हस्ताक्षर किये हैं। इसका उद्देश्य लगभग 40 वर्ष पूर्व वियतनाम युद्ध के समय स्थापित आसियान को यूरोपीय संघ की तर्ज पर नियम-कायदों से बंधी एक संस्था में बदलना है। चार्टर स्थापित होने के बाद संवेदनशील मामलों पर फैसला सहमति के आधार पर किया जाएगा, जबकि गैर-विवादास्पद मुद्दों पर मतदान की प्रक्रिया अपनाई जाएगी। इससे आसियान को चार्टर का उल्लंघन करने वाले सदस्यों को निलम्बित करने या सदस्यता खत्म करने का अधिकार मिल जाएगा।

आसियान के समक्ष चुनौतियाँ

आसियान के देशों के समक्ष मुख्यतः निम्नलिखित चुनौतियाँ हैं—

(1) सुरक्षा सम्बन्धी चुनौतियाँ—आसियान देशों की सुरक्षा सम्बन्धी चुनौतियों का विवेचन निम्नलिखित बिन्दुओं के अन्तर्गत किया गया है—

(i) अमरीका और आसियान सुरक्षा—आसियान सुरक्षा मंच के सदस्यों की दृष्अि से इस क्षेत्र में अमरीका की सामरिक उपस्थिति बड़ी महत्त्वपूर्ण है। इस क्षेत्र में अमरीका के लगभग एक लाख सैनिक हैं। अमरीका यहाँ अपने आर्थिक हितों औ व्यापार मार्गों की सुरक्षा के लिए ही नहीं है, क्षेत्रीय हितों को अपने विश्वव्यापी हितों के साथ मिलाकर अमरीका एशिया प्रशानत क्षेत्र में अपनी निर्णायक भूमिका अदा करने के अधिकार को भी सुरक्षित रखना चाहता है। चीन की इस क्षेत्र में बढ़ती सामरिक भूमिका के आधार पर अमरीका इस क्षेत्र में अपनी सामारिक उपस्थिति को आवश्यक मानता है और इसे इस देश के अधिसंख्य देश स्वीकार भी करते हैं।

इस बीच इस क्षेत्र में रूस के राष्ट्रपति येल्तसिन और चीन के राष्ट्रपति जियांग झेमिन ने दोनों देशों के बीच सैनिक और आर्थिक सहयोग बढ़ाने के लिए कई महत्त्वपूर्ण समझौते किये हैं। इनका लक्ष्य है—अमरीका को एशिया से अपने कदम पीछे हटाने को बध्य किया जाये। अमरीका भी अब महसूस कर रहा है कि एशियायी दौड़ में रूस और चीन के साथ हो जाने से एशिया पर प्रभाव जमाने के लिए एक ओर रूस और चीन तथा दूसरी ओर अमरीका तथा जापान के बीच रस्साकशी शुरू हो सकती है जो हथियारों की होड़ का रूप भी ले सकती है।

पूर्वी तिमोर में अमेरिकी इच्छा के अनुरूप ऑस्ट्रेलियाई सेना के दखल और द्वि-राष्ट्रवाद के सिद्धान्त के आधार पर इण्डोनेशिया के विभाजन ने इस क्षेत्र के देशों को आशंकित किया है। अब ये सोचने लगे हैं कि क्या हम आपस में मिलकर ऐसी समस्याओं का समाधान नहीं कर सकते। जैसा तिमोर में हुआ वैसा ही यदि मोलुकास तथा असेह में हुआ, तो यह स्थिति इस क्षेत्र के लिए शुभ नहीं होगी। इसीलिये **आसियान के 33वें सम्मेलन** (बैंकाक, जुलाई, 2000) **में इण्डोनेशिया की राष्ट्रीय अखण्डता और सम्प्रभुता के पक्ष में अपने स्वर को मुखरित किया।** क्योंकि संयुक्त राष्ट्र व अन्य पाश्चात्य महाशक्तियों द्वारा इण्डोनेशिया पर दबाव डाला जा रहा है कि व तिमोर की तरह ही मोलुकास और असेह में भी अन्तर्राष्ट्रीय सहयोग प्राप्त करे। जहाँ मुसलमान अखण्ड इण्डोनेशिया के समर्थक हैं, वहाँ ईसाई पृथकतावादी एवं हिंसाचारी बने हुए हैं। इस प्रकार के द्वि-राष्ट्रवाद की आग यदि क्षेत्रव्यापी हो गई तो परिणाम बहुत भयानक होंगे।

(ii) चीन और आसियान सुरक्षा—चीन की निरन्तर बढ़ती हुई राष्ट्रीय शक्ति और इस क्षेत्र में उसकी बढ़ती महत्त्वकांक्षाओं के कारण इन देशों के लिए सुरक्षा एक विशेष मुद्दा बन गया है। **एक तरफ** चीन अपनी सेनाओं का आधुनिकीकरण कर रहा है। **दूसरे,** म्यांमार (बर्मा) के साथ उसके सैनिक सम्बन्ध निरन्तर बढ़ रहे हैं। उसके कोको द्वीप समूह में चीनी सहायता से स्थापित की जा रही नौ-सैनिक सुविधाएँ इण्डोनेशिया, इंग्लैण्ड और जापान के लिए चिन्ताएँ पैदा करती हैं। यहाँ से चीन इण्डोनेशिया के मलक्का और जलडमरूमध्य पर आसानी से नजर रख सकता है। यहाँ चीन पुरानी बर्मा रोड से यांगोना तक पहुँच गया है और म्यांमार में वह अपनी सैनिक उपस्थिति दर्ज करा कर बंगाल की खाड़ी में पैर जमा रहा है। ऐसी स्थिति में आसियान देश म्यांमार को एक किनारे पटक देने की बजाए उसको एशिया क्षेत्रीय मंच पर लाए हैं। **तीसरे,** दक्षिण चीन सागर में फैले पार्सोल और स्प्रातली द्वीप समूहों की सम्प्रभुता को लेकर चीन और आसियान देशों के बीच विवाद है। **चौथे,** चीन कभी भी प्रावासी चीनियों के हितों की रक्षा के लिए नाम पर इन दोनों देशों की आन्तरिक राजनीति में हस्तक्षेप कर सकता है।

वर्तमान विश्व राजनीति में एक प्रमुख प्रवृत्ति क्षेत्रीय सहयोग के आर्थिक समूह बनाने की है। इसके प्रमुख उदाहरण निम्नलिखित हैं—नाफ्टा, यूरोपीय आर्थिक समुदाय, एपेक, आसियान, हिमतक्षेस, एम-8, बिस्टेक, शंघाई-5, अफ्रीकी संघ, यूरेशियायी इकॉनॉमिक कम्युनिटी तथा सार्क आदि। यहाँ पर हमारा प्रतिपाद्य का विवेचन करना है। दक्षिण एशियसाई क्षेत्रीय सहयोग संगठन (सार्क) की स्थापना दिसम्बर, 1985 में हुई। सार्क की स्थापना में बांग्लादेश के तात्कालीन राष्ट्रपति **'जिआउर्रहमान'** की महत्त्वपूर्ण भूमिका रही। प्रारम्भ सार्क में सात देश सम्मिलित थे—भारत, पाकिस्तन, श्रीलंका, बांग्लादेश, मालदीव, भूटान तथा नेपाल।

सन् 2007 में 14वें शिखर सम्मेलन में **अफगानिस्तान** को सार्क के आठवें सदस्य के रूप में मान्यता प्रदान की गई। इस प्रकार वर्तमान में सार्क में आठ सदस्य राष्ट हैं। सार्क की स्थापना के साथ ही दक्षिण एशिया में क्षेत्रीय सहयोग की प्रक्रिया प्रारम्भ हुई और सदस्य राष्ट्रों ने आपसची सहयोग का संकल्प लिया।

सार्क का संगठन (Organization of SAARC)—सार्क के संगठन का विवेचन निम्नलिखित बिन्दुओं के अन्तर्गत किया गया है—

(1) चार्टर के प्रमुख उद्देश्य (अनुच्छेद प्रथम)—चार्टर के प्रथम अनुच्छेद में चार्टर के उद्देश्यों का वर्णन किया गया है जो कि निम्नलिखित हैं—

(i) दक्षिण एशिया के लोगों के कल्याण में वृद्धि तथा उनके जीवन-स्तर में उन्नति लाना।

(ii) इस क्षेत्र में आर्थिक विकास, सामाजिक प्रगति तथा सांस्कृतिक विकास लाना तथा सभी व्यक्तियों को मर्यादा से रहने के अवसर प्रदान करना तथा उनकी पूर्ण क्षमता का उपयोग करना।

(iii) दक्षिण एशिया के देशों के बीच सामूहिक आत्म-विश्वास को शक्ति प्रदान करना तथा उसे विकसित करने का प्रयास करना।

(iv) एक-दूसरे की समस्याओं को समझने, सुलझाने तथा परीस्पर विश्वास को लाने में योगदान करना।

(v) आर्थिक, सामाजिक, सांस्कृतिक, तकनीकी तथा वैज्ञानिक क्षेत्रों में परस्पर सहयोग और गतिशील सामंजस्य में विकास करना।

(vi) दूसरे विकासशील देशों के साथ पारस्परिक सहयोग में वृद्धि करना।

(vii) समान हित के मामलों में अन्तर्राष्ट्रीय आधारों पर परस्पर सहयोग में वृद्धि।

(viii) समान उद्‌देश्यों वाले क्षेत्रीय और अन्तर्राष्ट्रीय संगठनों के साथ सहयोग करना।

(2) दक्षिण एशिया क्षेत्रीय सहयोग परिषद् के सिद्धान्त—सार्क (SAARC) के चार्टर के अनुच्छेद दो में इसके सिद्धान्तों का वर्णन किया गया है जो निम्नलिखित हैं—

(i) परिषद की संरचना के अन्तर्गत सम्प्रभु समानता, क्षेत्रीय एकता, राजनीतिक स्वतन्त्रता, दूसरों के आन्तरिक मामलों में अहस्तक्षेप तथा पारस्परिक लाभ के सिद्धान्तों के आधार पर सभी सदस्य पारस्परिक सहयोग करेंगे।

(ii) यह सहयोग द्वि-पक्षीय तथा बहु-पक्षीय सहयोग का विकल्प नहीं होगा बल्कि उनका पूरक होगा।

(iii) यह सहयोग द्वि-पक्षीय तथा बहु-पक्षीय सहयोग दायित्वों से असम्बद्ध होगा।

(3) दक्षिण एशिया क्षेत्रीय सहयोग परिषद् का संगठन—सार्क के चार्टर के अनुच्छेद 3 से 8 तक परिषद् के संगठन सम्बन्धी धाराएँ हैं। इनके अन्तर्गत दक्षेस की निम्न संस्थाओं की रचना की गई है—

(i) शिखर सम्मेलन—अनुच्छेद तीन में कहा गया है कि राष्ट्राध्यक्ष प्रतिवर्ष शिखर सम्मेलन में भाग लेंगे। इसमें सदस्य देशों के शासनाध्यक्ष भाग लेते हैं। **पहला** शिखर सम्मेलन सन् 1985 में ढाका (बांग्लादेश) में सम्पन्न हुआ। **दूसरा** 1986 में बंगलौर (भारत) में, **तीसरा** सन् 1987 में काठमाण्डू (नेपाल) में, **चौथा** 29-31

दिसम्बर, 1988 को इस्लामाबाद (पाकिस्तान) में आयोजित किया गया। **पाँचवाँ** शिखर सम्मेलन का आयोजन 1989 में मालदवी की राजधानी माले में हुआ। इसका **छठा** शिखर सम्मेलन श्रीलंका की राजधान्री कोलम्बो में 21 दिसम्बर, 1991 को हुआ। इस सम्मेलन में मानवाधिकारों पर जोर दिया गया था। सार्क का **सातवां** शिखर सम्मेलन ढाका (बंग्लादेश) में 10-11 अप्रैल, 1993 में सम्पन्न हुआ। इस शिखर सम्मेलन की महत्त्वपूर्ण उपलब्धि यह है कि इसमें **सेप्टा** (SAPTA) अर्थात् दक्षिण एशियाई व्यापार वरीयता संगठन की स्थापना की गई। इसका **आठवां शिखर सम्मेलन** 2 से 4 मई, 1995 के दौरान नई दिल्ली में हुआ। 12 से 14 मई, 1997 को मालदीव की राजधानी माले में इसका **नौवां शिखर सम्मेलन** हुआ। 28 से 31 जुलाई, 1998 की अवधि में श्रीलंका की राजधानी कोलम्बो में इसका **दसवां शिखर सम्मेलन** हुआ और इसका **11वां शिखर सम्मेलन** 5-6 जनवरी, 2002 को नेपाल की राजधानी काठमाण्डू में सम्पन्न हुआ। इसका 12वां शिखर सम्मेलन पाकिस्तान की राजधानी इस्लामाबाद में 4-6 जनवरी, 2004 को सम्पन्न हुआ। इसका **तेरहवां शिखर सम्मेलन** 12-13 नवम्बर, 2005 को ढाका (बांग्लादेश) में सम्पन्न हुआ तथा 14वां शिखर सम्मेलन 3-4 अप्रैल, 2007 को नयी दिल्ली में सम्पन्न हुआ। इसका पन्द्रहवां सम्मेलन 2 से 3 अगस्त, 2008 कोलम्बो (श्रीलंका) में आयोजित किया गया।

इस प्रकार अब तक इसके 15 शिखर सम्मेलन सम्पन्न हो चुके हैं।

(ii) मन्त्रिपरिषद्—अनुच्छेद चार में सभी राष्ट्रों के विदेशमंत्रियों की एक मंत्रिपरिषद् होगी जिसके निम्नलिखित कार्य होंगे—(क) परिषद की नीतियों का निर्माण करना, (ख) परिषद के अन्तर्गत सहयोग की प्रगति का मूल्यसांकन करना, (ग) यदि आवश्यक हो तो परिषद के अन्तर्गत अतिरिक्त तकनीक की स्थापना करना तथा (घ) परिषद के समान हित के मामलों पर विचार-विमर्श करना। मंत्रिपरिषद् जहाँ तक सम्भव हो, नियमित सभाएँ करती रहेगी।

(iii) स्थायी समिति—अनुच्छेद पाँच में एक **स्टेंडिंग (स्थायी) समिति** की बात कही गई जिसके कार्य परिषद की योजनाओं को स्वीकृति देना, उनका वित्तीय प्रबन्ध करना, आन्तरिक, सामाजिक प्राथमिकताएँ निर्धारित करना तथा योजनाओं के कार्यान्वयन से सम्बन्धित अन्य कार्य करना।

(iv) तकनीकी समितियाँ—अनुच्छेद छः के अन्तर्गत तकनीकी कमेटी की व्यवस्था है। यह कमेटी क्षेत्रीय सहयोग के विस्तार व सम्भावनाओं को निर्धारित करेगी। योजनाओं का निर्माण करेगी, उन योजनाओं के वित्तीय कार्यान्वयन को निर्धारित करेगी तथा उनके कार्यान्वयन का मूल्यांकन कर स्थायी समिति को प्रदान करेगी। इस समिति का अध्यक्ष वर्ण क्रमानुसार प्रति दो वर्ष के परिवर्तन पर प्रत्येक राज्य का सदस्य होगा।

(v) कार्यकारी समिति—अनुच्छेद सात के अन्तर्गत Action Committees के निर्माण का प्रावधान है। स्थायी समिति आवश्यकता पड़ने पर एक या दो एक्शन कमेटी का निर्माण कर सकती है।

(vi) सचिवालय—अनुच्छेद आठ के अन्तर्गत एक सचिवालय का प्रावधान है जिसमें कहा गया है कि मंत्रिपरिषद् उचित समय पर एक सचिवालय का निर्माण करेगी तथा उसके संगठन तथा कार्यों का निर्धारण करेगी।

इसकी स्थापना दूसरे सार्क सम्मेलन के बाद 16 जनवरी, 1987 को काठमाण्डू में की गई। 17 जनवरी, 1987 से सचिवालय ने कार्य करना शुरू कर दिया है। **महासचिव** का कार्यकाल 2 वर्ष रखा गया है तथा महासचिव पद सदस्यों में बारी-बारी से घूमता रहता है। दक्षेस में महासचिव का पद सदस्य राष्ट्रों में अंग्रेजी की वर्णमाला के क्रमानुसार प्रदान किया जाता है। सार्क सचिवालय को सात भागों में विभक्त किया गया है और प्रत्येक भाग के अध्यक्ष को निदेशक कहते हैं। सार्क सचिवालय ने वर्ष 2003 में श्रीलंका में एक सांस्कृतिक केन्द्र और मालदीव में तटीय प्रबन्धन केन्द्र की स्थापना की। दक्षिण एशिया के देशों के बीच विकास एवं सहयोग गतिविधियों को बढ़ावा देने के उद्देश्य से अब तक सर्ा के 5 केन्द्र खोले जा चुके हैं। ढाका में कृषि व मौसम विज्ञान पर शोध के लिए दो अलग-अलग केन्द्रों की स्थापना की गई है जबकि दिल्ली में सार्क का एक शोध केन्द्र स्थापित है।

(4) वित्तीय व्यवस्था—चाद्टर के अनुच्छेद नवम् के अन्तर्गत वित्तीय व्यवस्थाओं का प्रावधान किया गया है। प्रत्येक राज्य स्वैच्छिक रूप से इस हेतु योगदान देगा। प्रत्येक तकनीकी समिति अपने द्वारा प्रस्तुत योजना के कार्यान्वयन की वित्तीय कीमत का निर्धारण करेगी। यदि पर्याप्त वित्तीय स्रोत इस परिषदीय क्षेत्र के अन्तर्गत उपलब्ध न हो सकें तो स्थायी समिति की अनुमति से बाह्य स्रोतों से धन प्राप्त करने की व्यवस्था की जायें। सचिवालय के व्यय को पूरा करने के लिए सदस्य देश्यों के अंशदान को निम्न प्रकार निर्धारित किया गया है—भारत 32%, पाकिस्तान 25%, नेपाल, बांग्लादेश एवं श्रीलंका प्रत्येक का 11%, भूटान एवं मालद्वीप का प्रत्येक का 5%।

◆ ◆ ◆